NZZ **LIBRO**

Max Lüscher-Marty
Theorie und Praxis der Geldanlage

Band 1: Traditionelle Investments und Fundamentalanalyse
ISBN 978-3-03810-293-9

Band 2: Portfoliomanagement, Technische Analyse und Behavioral Finance
ISBN 978-3-03810-294-6

Band 3: Derivatprodukte und alternative Investments
ISBN 978-3-03810-295-3

Alle drei Bände zusammen:
ISBN 978-3-038210-296-0

Max Lüscher-Marty

Theorie und Praxis der Geldanlage

Band 2:
Portfoliomanagement, Technische Analyse und Behavioral Finance

2., überarbeitete Auflage

NZZ Libro

Bibliografische Information der Deutschen Nationalbibliothek

Die Deutsche Nationalbibliothek verzeichnet diese Publikation
in der Deutschen Nationalbibliografie; detaillierte bibliografische Daten
sind im Internet über http://dnb.d-nb.de abrufbar.

2., überarbeitete Auflage 2017
© 2017 NZZ Libro, Neue Zürcher Zeitung AG, Zürich

Lektorat: Ruth Rybi, Gockhausen-Zürich
Einbandgestaltung: icona basel, Basel
Gestaltung, Satz: Claudia Wild, Konstanz
Druck, Einband: Kösel GmbH, Altusried-Krugzell

ISBN 978-3-03810-294-6

www.nzz-libro.ch
NZZ Libro ist ein Imprint der Neuen Zürcher Zeitung.

Inhaltsübersicht

1	**Kennzahlen des Portfoliomanagements**	13
	Einführung und Lernziele	15
1.1	Basiskennzahlen der Portfoliotheorie	19
1.2	Erweiterte Kennzahlen der Portfoliotheorie	47
1.3	Basiskennzahlen der Kapitalmarkttheorie	63
1.4	Risikoadjustierte Performancekennzahlen der Kapitalmarkttheorie	80
1.5	Zusammenfassung	86
2	**Theorie der Portfoliooptimierung**	89
	Einführung und Lernziele	91
2.1	Effizienzhypothese	93
2.2	Portfolio-Selection-Modell von Markowitz	95
2.3	Capital Asset Pricing Model	118
2.4	Exkurs: Indexmodell von Sharpe	122
2.5	Zusammenfassung	131
3	**Anlagepolitik, Asset Allocation und Performancemessung**	133
	Einführung und Lernziele	135
3.1	Anlagepolitik	139
3.2	Asset Allocation	157
3.3	Benchmarking und Performancemessung	173
3.4	Zusammenfassung	189
4	**Rechtliche und ergänzende Aspekte des Portfoliomanagements**	191
	Einführung und Lernziele	193
4.1	Anlageberatung und Vermögensverwaltung	197
4.2	Kundenanalyse im Privatkundengeschäft	213
4.3	Anlagerichtlinien und Benchmarks im Vorsorgegeschäft	226
4.4	Zusammenfassung	241

5	**Technische Analyse**	243
	Einführung und Lernziele	245
5.1	Charts (Kursbilder)	247
5.2	Verfahren der Technischen Analyse	255
5.3	Zusammenfassung	283

6	**Behavioral Finance**	285
	Einführung und Lernziele	287
6.1	Grundlagen	289
6.2	Fehler bei der Informationswahrnehmung/-verarbeitung	291
6.3	Fehler bei der Ergebnisbewertung	307
6.4	Andere Fehlerquellen	313
6.5	Zusammenfassung	317

Anhang	319

Inhaltsverzeichnis

1	**Kennzahlen des Portfoliomanagements**	13
	Einführung und Lernziele	15
1.1	**Basiskennzahlen der Portfoliotheorie**	19
1.1.1	Überblick	19
1.1.2	Rendite	21
	1.1.2.1 Brutto-/Nettorendite, Nominal-/Realrendite	21
	1.1.2.2 Perioden- und Gesamtrendite	22
	1.1.2.3 Price Return und Total Return	22
	1.1.2.4 Geometrisches Mittel diskreter Periodenrenditen	25
	1.1.2.5 Arithmetisches Mittel stetiger Periodenrenditen	28
1.1.3	Risiko	32
	1.1.3.1 Risiko als Streuungsmass	32
	1.1.3.2 Normalverteilungshypothese	33
	1.1.3.3 Varianz und Standardabweichung	36
1.1.4	Kovarianz und Korrelation	44
1.2	**Erweiterte Kennzahlen der Portfoliotheorie**	47
1.2.1	Ausfallrisiko (Shortfall Risk)	47
1.2.2	Ausfallrisiko (Shortfall Risk) und Anlagehorizont	51
1.2.3	Exkurs: diversifiziertes Aktien-/Bondportfolio und Anlagehorizont	54
1.2.4	Durchschnittsrendite und Anlagehorizont	56
1.2.5	Value at Risk	58
1.2.6	Maximum Drawdown	62
1.3	**Basiskennzahlen der Kapitalmarkttheorie**	63
1.3.1	Überblick	63
1.3.2	Alpha, Beta und marktspezifische Rendite	64
1.3.3	Bestimmungsmass R^2 und titelspezifisches Risiko	70
1.3.4	Betas, Alphas und R^2 ausgewählter SMI-Titel	71
1.3.5	Diversifikation des titelspezifischen Risikos	72
1.3.6	Beta im Capital Asset Pricing Model (CAPM)	74
1.3.7	Exkurs: Arbitrage Pricing Theory (APT)	76

1.4   Risikoadjustierte Performancekennzahlen der Kapitalmarkttheorie   80
1.4.1   Sharpe Ratio   80
1.4.2   Treynor Ratio   82
1.4.3   Jensen-Alpha   84

1.5   Zusammenfassung   86

2   Theorie der Portfoliooptimierung   89
           Einführung und Lernziele   91

2.1   Effizienzhypothese   93

2.2   Portfolio-Selection-Modell von Markowitz   95
2.2.1   Zwei-Anlagen-Fall   95
           2.2.1.1 Grundlagen   95
           2.2.1.2 Portfoliorendite und Portfoliorisiko   96
           2.2.1.3 Das «Wunder der Diversifikation»   97
           2.2.1.4 Effiziente Portfolios   102
           2.2.1.5 Anlegerindividuelle Portfolioauswahl   103
2.2.2   Mehr-Anlagen-Fall   107
           2.2.2.1 Grundlagen   107
           2.2.2.2 Praktisches Beispiel   109
           2.2.2.3 Modifikationen   115
2.2.3   Kritische Würdigung des Markowitz-Modells   117

2.3   Capital Asset Pricing Model   118
2.3.1   Grundlagen   118
2.3.2   Tangentialportfolio und Kapitalmarktlinie   119

2.4   Exkurs: Indexmodell von Sharpe   122
2.4.1   Inputgrössen   122
           2.4.1.1 Marktrendite und Aktienrendite   122
           2.4.1.2 Marktvarianz und Aktienvarianz   123
           2.4.1.3 Alpha und Beta   124
           2.4.1.4 Titelspezifische Aktienvarianz   126

2.4.2 Diversifikationseffekt 127
    2.4.2.1 Portfoliorendite 127
    2.4.2.2 Portfoliovarianz 127
    2.4.2.3 Effizienzkurve 128
2.4.3 Indexmodell und Portfolio-Selection-Modell im Vergleich 130

2.5 Zusammenfassung 131

3 Anlagepolitik, Asset Allocation und Performancemessung 133
    Einführung und Lernziele 135

3.1 Anlagepolitik 139
3.1.1 Entscheidparameter 139
3.1.2 Anlageuniversum: Assetklassen, Produkte, Länder/Währungen 140
3.1.3 Managementstil: passives versus aktives Portfoliomanagement 142
3.1.4 Anlagehorizont: Long-Term versus Short-Term 144
3.1.5 Anlagestil: Value Investing versus Growth Investing 144
3.1.6 Börsensegmente: Large Caps versus Small Caps 145
3.1.7 Investment Grade: sichere versus spekulative Anleihen 146
3.1.8 Markttrends: Trendsetting versus Contrary Opinion 147
3.1.9 Portfolio Insurance: hedged versus unhedged 148
    3.1.9.1 Stop-Loss-Strategie 148
    3.1.9.2 Constant Proportion Portfolio Insurance (CPPI) 149
    3.1.9.3 Time-Invariant Portfolio Protection (TIPP) 151
3.1.10 Analysetechnik: Fundamentalanalyse versus Technische Analyse 152
3.1.11 Research: Primär-Research versus Sekundär-Research 152
3.1.12 Beispiel einer Anlagepolitik 152

3.2 Asset Allocation 157
3.2.1 Anlageprozess 157
3.2.2 Strategische Asset Allocation 158
    3.2.2.1 Komponenten, Ausgestaltung 158
    3.2.2.2 Bestimmung der Benchmarks 159
    3.2.2.3 Bestimmung der Grundstrategie 161
3.2.3 Taktische Asset Allocation 167
    3.2.3.1 Portfoliosteuerung 167
    3.2.3.2 Titelselektion 169
    3.2.3.3 Portfolioabsicherung 170
3.2.4 Beurteilung des Asset-Allocation-Ansatzes 171

3.3   Benchmarking und Performancemessung   173
3.3.1   Benchmarking   173
        3.3.1.1 Benchmark-Portfolio   173
        3.3.1.2 Tracking Error   176
        3.3.1.3 Information Ratio   178
        3.3.1.4 Attribution   179
3.3.2   Portfoliorendite bei Einlagen und Entnahmen   182
        3.3.2.1 Problemstellung   182
        3.3.2.2 Vereinfachte Renditebestimmung   183
        3.3.2.3 Kapitalgewichtete Rendite   184
        3.3.2.4 Zeitgewichtete Rendite   186
3.3.3   Global Investment Performance Standards   187

3.4   Zusammenfassung   189

4   Rechtliche und ergänzende Aspekte des Portfoliomanagements   191
           Einführung und Lernziele   193

4.1   Anlageberatung und Vermögensverwaltung   197
4.1.1   Informationspflichten des Effektenhändlers   197
4.1.2   Anlageberatung   200
4.1.3   Bankinterne Vermögensverwaltung   201
4.1.4   Bankexterne Vermögensverwaltung   206
4.1.5   Unabhängigkeit der Finanzanalyse   208
4.1.6   Finanzdienstleistungsgesetz (FIDLEG)   208

4.2   Kundenanalyse im Privatkundengeschäft   213
4.2.1   Aspekte der Kundenanalyse   213
4.2.2   Rendite-/Risikoprofil, Anlegertypen und Anlagestrategien   214
4.2.3   Rahmendaten zur Objektivierung der Kundenanalyse   222

4.3   Anlagerichtlinien und Benchmarks im Vorsorgegeschäft   226
4.3.1   AHV/IV/EO-Ausgleichsfonds   226
        4.3.1.1 Fondsvermögen   226
        4.3.1.2 Anlagerichtlinien   227
4.3.2   Pensionskassen   229
        4.3.2.1 Pensionskassenvermögen   229
        4.3.2.2 Anlagerichtlinien   231

4.3.3   Pensionskassen-Benchmarkindizes 234
        4.3.3.1 Pictet-BVG-Indizes 234
        4.3.3.2 Credit Suisse Schweizer Pensionskassen Index ... 239

4.4   Zusammenfassung 241

5   **Technische Analyse** 243
       Einführung und Lernziele 245

5.1   Charts (Kursbilder) 247
5.1.1   Skalierung der Preisachse 247
5.1.2   Skalierung der Zeitachse 248
5.1.3   Linien-, Balken- und Kerzencharts 249
5.1.4   Point & Figure Charts 251
5.1.5   Adjustierung von Aktienkursen 253

5.2   Verfahren der Technischen Analyse 255
5.2.1   Dow-Theorie 255
5.2.2   Elliott-Wellen-Theorie 257
5.2.3   Advance-Decline Line 260
5.2.4   Gleitende Durchschnitte 261
        5.2.4.1 Einfacher gleitender Durchschnitt 261
        5.2.4.2 Gewichtete gleitende Durchschnitte 266
        5.2.4.3 Prozent- und Bollinger-Bänder 267
5.2.5   Oszillatoren 268
        5.2.5.1 Momentum 268
        5.2.5.2 Relative Strength Index (RSI) 269
        5.2.5.3 Stochastik-Oszillator 271
        5.2.5.4 Moving Average Convergence/Divergence (MACD) ... 272
5.2.6   Trendlinien und Trendkanäle 273
5.2.7   Unterstützungs- und Widerstandslinien 276
5.2.8   Chartformationen 277
        5.2.8.1 Trendbestätigungsformationen 277
        5.2.8.2 Trendumkehrformationen 279
5.2.9   Andere Chartindikatoren 281
5.2.10 Aktienmarktvolatilität 281

5.3   Zusammenfassung 283

6   Behavioral Finance   285
        Einführung und Lernziele   287

6.1   Grundlagen   289

6.2   Fehler bei der Informationswahrnehmung/-verarbeitung   291
6.2.1   Mental Accounting   291
6.2.2   Verfügbarkeitsheuristik   292
6.2.3   Ankerheuristik   295
6.2.4   Repräsentativitätsheuristik   296
6.2.5   Selektive Wahrnehmung   303
6.2.6   Selektives Entscheiden   306

6.3   Fehler bei der Ergebnisbewertung   307
6.3.1   Wertfunktion   307
6.3.2   Reflection Effect   308
6.3.3   Dispositionseffekt   309
6.3.4   Sunk Cost Effect   310
6.3.5   Relative Bewertung im Licht des Mental Accounting   310
6.3.6   Exkurs: die «Zürich-Axiome»   311

6.4   Andere Fehlerquellen   313
6.4.1   Harmoniebedürfnis   313
6.4.2   Attributionsverzerrung   314
6.4.3   Selbstüberschätzung   314
6.4.4   Herdenverhalten   314
6.4.5   Mean Reversion   315

6.5   Zusammenfassung   317

Anhang   319
        Literaturverzeichnis und ausgewählte Literaturhinweise   321
        Register   325
        Der Autor   331

1 Kennzahlen des Portfoliomanagements

Einführung und Lernziele

Seit den 1950er-Jahren haben sich neben Wirtschaftswissenschaftlern zunehmend Akademiker anderer Fachrichtungen des Problems der optimalen Geldanlage angenommen, insbesondere Mathematiker, Statistiker und Informatiker. Sie haben versucht, aus der «Kunst des Geldanlegens» eine Wissenschaft zu machen. Die Vergabe des Nobelpreises an die Herren Markowitz, Sharpe und Miller im Jahr 1990 sowie an die Herren Scholes und Merton im Jahr 1997 hat die «Wissenschaft des Geldanlegens» und mithin die Portfolio- und Kapitalmarkttheorie erst recht salonfähig gemacht.

Arbeitsinstrument der Portfolio- und Kapitalmarkttheorie – man spricht auch von modernem Portfoliomanagement (englisch: Modern Portfolio Theory, MPT) – ist die Mathematik-Statistik. Anhand mathematisch-statistischer Kennzahlen wird versucht, die Rendite-/Risikoeigenschaften von Investments und deren Beziehungen untereinander zu fassen. Während die Portfoliotheorie Regeln für die optimale Mischung von Portfolios aufstellt, verspricht die Kapitalmarkttheorie Antwort(en) auf die Frage, ob und unter welchen Voraussetzungen sich das Eingehen von zusätzlichem Risiko lohnt.

Anhand eines Schaubildes **(Abb. 1)** legen wir offen, welche Aspekte (Facetten) das moderne Portfoliomanagement umfasst und welche ergänzenden Themen wir in diesem Band aufgreifen werden:

Aspekte des Portfoliomanagements

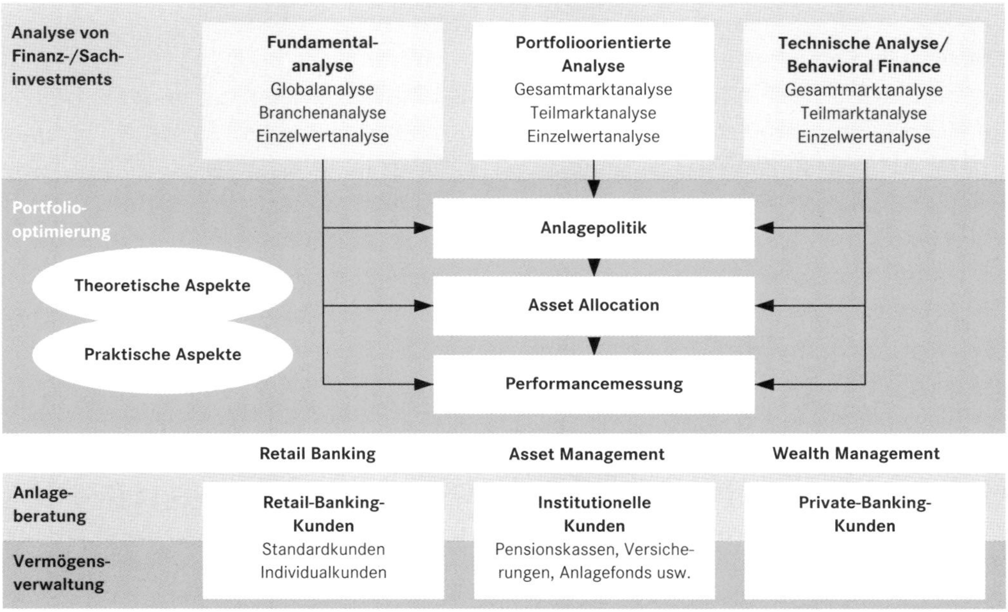

Abb. 1

Wie ersichtlich, unterscheidet unser Schaubild drei Ebenen: Analyse von Finanz- und Sachinvestments, Portfoliooptimierung, Anlageberatung und Vermögensverwaltung: Der ersten Ebene (Analyse von Finanz-/Sachinvestments) lassen sich die Kapitel 1, 5 und 6 von *Theorie und Praxis der Geldanlage*, Band 2, zuordnen. Das erste Kapitel beschäftigt sich mit den portfolioorientierten Kennzahlen der Finanzanalyse. Dieser streng mathematisch-statistischen Sichtweise stellen wir im fünften und sechsten Kapitel die Technische Analyse und die Behavioral Finance gegenüber. Beide Analyseansätze haben das Verhalten von Finanzmarktteilnehmern im Auge: die Technische Analyse indirekt, indem sie Kursverläufe oder etwa Handelsvolumen studiert, die Behavioral Finance direkt, indem sie die Entscheidungen von Anlegern, Tradern oder Hedgern kritisch hinterfragt. Die Fundamentalanalyse – dies als Anmerkung – haben wir im ersten Band dieser Lehrbuchreihe abgedeckt. Wir verweisen insbesondere auf das Kapitel «Aktien und Aktienbewertung». Die Analyse von Sachinvestments greifen wir in Band 3 am Beispiel von Immobilienfonds auf.

Der zweiten Ebene (Portfoliooptimierung) sind das zweite und das dritte Kapitel gewidmet. Kapitel 2 knüpft an Kapitel 1 an und führt in die Theorie der Portfoliooptimierung ein. Im Zentrum steht das Markowitz-Modell. Kapitel 3 setzt sich mit der Anlagepolitik, der Asset Allocation und der Performancemessung auseinander. Es verbindet die Theorie mit der Praxis der Portfoliooptimierung.

Die Anlageberatung und die Vermögensverwaltung (Ebene 3 unseres Schaubildes) behandeln wir in Kapitel 4 unter dem Titel «Rechtliche und ergänzende Aspekte des Portfoliomanagements». Im Fokus ist – vorab aus der Sicht der Banken – das Privatkundengeschäft. Ergänzend thematisieren wir beispielhaft die Anlagerichtlinien und die Benchmarks im Vorsorgegeschäft (Pensionskassen, AHV/IV/EO).

Dieses erste Kapitel umfasst vier Teile:

In Teil 1 beschäftigen wir uns mit den Rendite-/Risikokennzahlen der Portfoliotheorie. Zunächst klären wir wichtige Renditebegriffe (Brutto-/Nettorendite, Perioden-/Gesamtrendite, Price/Total Return, diskrete/stetige Rendite) und machen uns mit der korrekten Bestimmung von Durchschnittsrenditen vertraut. Danach widmen wir uns der Standardabweichung als Risikomass und der Korrelation als «Beziehungsmass» der Portfoliotheorie.

Teil 2 ist den erweiterten Kennzahlen der Portfoliotheorie gewidmet, insbesondere dem Ausfallrisiko (Shortfall Risk) und dem Value at Risk. Wir machen uns vertiefte Gedanken über den Anlagehorizont und betonen so den praktischen Nutzen dieser beiden Risikokennzahlen.

In Teil 3 setzen wir uns zunächst à fond mit den Basiskennzahlen der Kapitalmarkttheorie (Alpha, Beta, R^2) auseinander und lernen auf diese Weise den Unterschied zwischen titel- und marktspezifischer Rendite sowie zwischen titel- und marktspezifischem Risiko kennen. Auf dieser Grundlage wird es leicht fallen, die Kerngedanken des Capital Asset Pricing Model (CAPM) und sogar der Arbitrage Pricing Theory (APT) zu verstehen.

Teil 4 thematisiert die risikoadjustierten Performancekennzahlen der Kapitalmarkttheorie, namentlich die Sharpe Ratio, die Treynor Ratio und das Jensen-Alpha. Diese Kennzahlen erlauben eine Antwort auf die Frage, ob die Rendite von Investments mit dem eingegangenen Risiko in Einklang steht.

Ausgewählte Rendite-/Risikobegriffe (Brutto-/Nettorendite, Perioden-/Gesamtrendite, Price/Total Return, diskrete/stetige Rendite, Standardabweichung, Verlustrisiko, Beta usw.) haben wir in den Grundzügen bereits in Band 1 angesprochen. Auch mit dem Anlagehorizont haben wir uns schon früher beschäftigt. Ziel dieses Kapitels ist es, unser Wissen zu verfestigen, zu vertiefen und zu erweitern. Ein Mittel dazu ist die rechnerische Herleitung vertrauter und weniger vertrauter Kennzahlen der Portfolio- und Kapitalmarkttheorie. Das rein Rechnerische ist aber nicht das Ziel, sondern vielmehr Mittel zum Zweck. Wer weiss, was hinter einer Kennzahl steckt, wird besser in der Lage sein, deren Aussagegehalt zu beurteilen und deren Wert (oder Unwert) zu erkennen.

Lernziele

Nach dem Studium dieses Kapitels kann der Leser
- folgende Renditebegriffe bestimmen und erklären: Brutto-/Nettorendite, Perioden-/Gesamtrendite, Price/Total Return, diskrete/stetige Rendite;
- aufgrund von diskreten und stetigen Renditen korrekte Durchschnittsrenditen bestimmen;
- die Standardabweichung von Finanzinvestments berechnen und korrekt interpretieren;
- die Kovarianz und die Korrelation von Finanzinvestments berechnen und korrekt interpretieren;
- das Ausfallrisiko (Shortfall Risk) und den Value at Risk (VaR) berechnen und korrekt interpretieren;
- den Zusammenhang zwischen Risiko und Anlagehorizont differenziert beschreiben;
- das Alpha und das Beta von Aktien herleiten und erklären;
- die Kennzahl R^2 korrekt interpretieren;
- zwischen titelspezifischem und marktspezifischem Risiko unterscheiden;
- die Möglichkeiten und Grenzen der Reduktion des titelspezifischen Risikos aufzeigen;
- die CAPM-Formel herleiten und begründen;
- die Arbitrage Pricing Theory (APT) in ihren Grundzügen erklären;
- zwischen ein- und zweidimensionaler Performancemessung unterscheiden;
- die Sharpe Ratio, die Treynor Ratio und das Jensen-Alpha berechnen und korrekt interpretieren.

1.1 Basiskennzahlen der Portfoliotheorie

1.1.1 Überblick

Gleich wie die Fundamentalanalyse und die Technische Analyse arbeitet auch das Portfoliomanagement mit Kennzahlen. **Abbildung 2** führt relevante Kennzahlen des Portfoliomanagements in systematisierter Form auf.

Kennzahlen des Portfoliomanagements			
Kennzahlen	**Renditekennzahlen**	**Risikokennzahlen**	**Beziehungskennzahlen**
Basiskennzahlen der Portfoliotheorie	Bruttorendite, Nettorendite Gesamtrendite, Periodenrendite Price Return, Total Return arithmetisches Mittel/ geometrisches Mittel diskrete Rendite, stetige Rendite	Varianz Standardabweichung **Erweiterte Kennzahlen:** Ausfallrisiko (Shortfall Risk) Value at Risk/Value at Gain	Kovarianz Korrelation
Basiskennzahlen der Kapitalmarkttheorie	Titelspezifische Rendite (Alpha), marktspezifische Rendite	Marktspezifisches Risiko (Beta), titelspezifisches Risiko	R^2 (R Quadrat)
Risikoadjustierte Performancekennzahlen der Kapitalmarkttheorie		Sharpe Ratio Treynor Ratio Jensen-Alpha	
Aktive/passive Performance-Kennzahlen	Out-/Underperformance (relative aktive Rendite)	Tracking Error (relatives aktives Risiko)	
		Information Ratio Attribution	
Handling von Portfolioeinlagen/-entnahmen	Kapitalgewichtete Rendite, zeitgewichtete Rendite		

Abb. 2

Die portfoliotheoretischen Basiskennzahlen entsprechen jenen Inputgrössen, die Harry M. Markowitz in den 1950er-Jahren für sein Portfolio-Selection-Modell – wir werden es in Kapitel 2 ausführlich darstellen – postuliert hat. Die Bausteine bzw. Inputgrössen des Markowitz-Modells **(Abb. 3)** sind die erwarteten Renditen von Investments, deren Varianz (Standardabweichung) und deren Kovarianz (Korrelation).

Die Rendite als portfolioorientierte Basiskennzahl entspricht der erwarteten durchschnittlichen Rendite. Man spricht von Erwartungswert. Im Vordergrund stehen erwartete Jahresrenditen. Die Erwartungswerte werden in der Regel auf der Grundlage von Vergangenheitsdaten gemittelt. Die erwartete Jahresrendite entspricht demnach dem Mittelwert der Jahresrenditen über einen bestimmten historischen Zeitraum (z. B. der letzten zehn Jahre). Varianz und Standardabweichung drücken aus, wie stark die Periodenrenditen (z. B. Jahres-, Quartals-, Monatsrenditen) um den Erwartungswert streuen. Kovarianz und Korrelation quantifizieren im Finance den Gleichlauf bzw. Ungleichlauf der Renditeentwicklung zweier Investments.

Portfoliotheoretische Basiskennzahlen

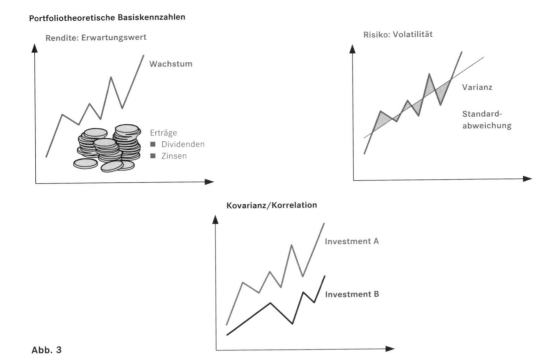

Abb. 3

Wir wollen die portfoliotheoretischen Basiskennzahlen am Beispiel eines Zwei-Anlagen-Falls aufbauen. Für zwei fiktive Aktien A und B hält **Tabelle 1** die Kurs- und die Dividenden-entwicklung fest:

Aktie A	Ende 2012	Ende 2013	Ende 2014	Ende 2015	Ende 2016	Ende 2017
Kurs	150.00	193.00	215.00	162.00	205.00	224.00
Dividende		4.00	5.00	4.00	6.00	6.00
Aktie B	**Ende 2012**	**Ende 2013**	**Ende 2014**	**Ende 2015**	**Ende 2016**	**Ende 2017**
Kurs	635.00	590.00	684.00	764.00	682.00	819.00
Dividende		7.00	8.00	8.00	8.00	9.00

Tab. 1

Der Einfachheit halber unterstellen wir eine Dividendenausschüttung jeweils zu Jahresende. Die Dividenden (Bruttodividenden) werden umgehend zu Jahresendkursen reinvestiert.

Anhand von **Abbildung 4** lassen sich – fürs Erste – drei Besonderheiten von Aktie A bzw. Aktie B erkennen:

- Aktie A hat im Betrachtungszeitraum (Ende 2012 – Ende 2017) prozentual besser per-formt als Aktie B.
- Aktie A unterliegt prozentual stärkeren jährlichen Kursschwankungen als Aktie B.
- Die Kurse von Aktie A und Aktie B haben sich dreimal gegenläufig (2013, 2015, 2016) und zweimal gleichläufig entwickelt (2014, 2017).

Aktie A und Aktie B: Kurse und Dividenden
Logarithmische Skala

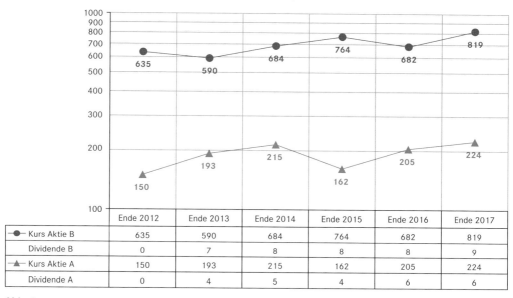

	Ende 2012	Ende 2013	Ende 2014	Ende 2015	Ende 2016	Ende 2017
Kurs Aktie B	635	590	684	764	682	819
Dividende B	0	7	8	8	8	9
Kurs Aktie A	150	193	215	162	205	224
Dividende A	0	4	5	4	6	6

Abb. 4

Im Folgenden gehen wir auf die Basiskennzahlen des Portfoliomanagements einzeln ein. Wir machen die rechnerische Bestimmung der Rendite (Erwartungswert) und ihrer Erscheinungsformen transparent. Ebenso zeigen wir die Herleitung und die Interpretation der Varianz und der Standardabweichung sowie der Kovarianz und der Korrelation konkret auf.

1.1.2 Rendite

1.1.2.1 Brutto-/Nettorendite, Nominal-/Realrendite

Die Bruttorendite entspricht der Performance[1] eines Investments ohne Berücksichtigung von Gebühren (z. B. Verwaltungskommission, Transaktionskosten) und Steuern. Die Nettorendite ist folglich die Performance «unter dem Strich», d. h. nach Abzug von Gebühren und Steuern. Bei unserem Streifzug durch die Kennzahlen des Portfoliomanagements arbeiten wir durchwegs mit Bruttorenditen.

Bringt man die Teuerung ins Spiel, lässt sich zwischen Nominal- und Realrenditen unterscheiden. Vereinfacht ergibt sich die Realrendite, indem man von der Nominalrendite die Teuerung abzieht. Eine Nominalrendite von 4,00 % pro Jahr und eine Jahresteuerung von 2,50 % ergeben eine Realrendite von 1,50 %.

---

1   In der Literatur wird der Begriff «Performance» oft nur als risikoadjustierte Rendite verwendet. Wir fassen den Begriff weiter und verweisen auf die Ausführungen zu den risikoadjustierten Performancekennzahlen (Sharpe Ratio, Treynor Ratio, Jensen-Alpha).

1.1.2.2 Perioden- und Gesamtrendite

Die Periodenrendite entspricht der Performance eines Investments während eines standardisierten kalendarischen Zeitraums. Die am häufigsten rapportierte Periodenrendite ist die Jahresrendite. Von Fall zu Fall interessieren aber auch Tages-, Wochen-, Monats-, Quartals- oder Halbjahresrenditen.

Die Gesamtrendite entspricht der Performance eines Investments während eines beliebigen – meist mehrjährigen – Betrachtungs- bzw. Anlagezeitraums. Ein Beispiel dafür ist die Performance eines Anlagefonds für die letzten fünf Jahre.

Bei gegebenem Anfangs- und Endkapital rechnen sich die Gesamtrendite und die Periodenrendite gleichermassen wie folgt:

$$\textbf{Gesamt-/Periodenrendite (r)} \quad = \frac{K_n}{K_0} - 1 \text{ oder } \frac{\Delta K}{K_0}$$

K_n = Endkapital
K_0 = Anfangskapital
ΔK = Kursveränderung ($K_n - K_0$)

Beispiel

a. Aktie A notiert Ende 2014 mit CHF 215.00 und Ende 2015 mit CHF 162.00. Welches ist – ohne Berücksichtigung der Dividendenzahlungen – die Jahresrendite 2015?

b. Aktie A notiert Ende 2012 mit CHF 150.00 und 5 Jahre danach, Ende 2017, mit CHF 224.00. Welches ist – ohne Berücksichtigung der Dividendenzahlungen – die Gesamtrendite?

Lösung

a. Jahresrendite 2015 Aktie A $\quad = \dfrac{162.00}{215.00} - 1 = \textbf{-0.2465} \quad$ bzw. $-24,65\,\%$

b. Gesamtrendite 2012/2017 Aktie A $\quad = \dfrac{224.00}{150.00} - 1 = \textbf{0.493333} \quad$ bzw. $49,33\,\%$

Aus Perioden- und/oder Gesamtrenditen lassen sich Durchschnittsrenditen ermitteln, z.B. Monats-, Quartals- oder Jahresdurchschnittsrenditen. Die besonderen Probleme bei der Bestimmung von Durchschnittsrenditen behandeln wir weiter hinten ausführlich.

1.1.2.3 Price Return und Total Return

Werden nur die Kursveränderungen eines Investments betrachtet und allfällige Erträge (Dividenden, Zinsen) vernachlässigt, spricht man von Price Return (Kursrendite). Die Gesamtrendite 2012/2017 von 49,33 % und die Jahresrendite 2015 von −24,65 % für Aktie A entsprechen somit dem Price Return.

Der Total Return (Totalertrag) setzt sich zusammen aus Kursveränderungen (Kursgewinne/-verluste) und Erträgen (Dividenden, Zinsen). Nimmt man vereinfachend an, der Ertrag falle am Ende einer Investmentperiode an, rechnet sich der Total Return (Gesamtrendite, Periodenrendite) wie folgt:

$$\textbf{Total Return (r)} \quad = \frac{K_n + E}{K_0} - 1 \quad \text{oder} \quad \frac{\Delta K + E}{K_0}$$

K_n = Endkapital, K_0 = Anfangskapital,
E = Periodenertrag, ΔK = Kursveränderung

Beispiel
Aktie A notiert Ende 2012 mit CHF 150.00 und Ende 2013 mit CHF 193.00. Die Dividendenausschüttung (brutto) beträgt CHF 4.00. Welches ist der Total Return?

Lösung
$$\text{Total Return 2013} = \frac{193.00 + 4.00}{150.00} - 1 \qquad = \textbf{0.313333}$$

oder:
$$\frac{(193.00 - 150.00) + 4.00}{150.00} \qquad = \textbf{0.313333}$$

Der Total Return 2013 von Aktie A beträgt 31,33 %.

Bei der Total-Return-Betrachtung werden anfallende Erträge zum jeweils aktuellen Kurs reinvestiert. Fallen in regelmässigen oder unregelmässigen Zeitabständen Erträge an, ist jedes Mal, wenn ein Ertrag gutgeschrieben wird, das neue Endkapital zu berechnen. Für Aktien gilt:

$$\textbf{Endkapital einer Periode (K}_\textbf{n}\textbf{)} \quad = \frac{P_n}{P_{n-1}} \cdot K_{n-1} + E$$

P_n = Aktienschlusskurs, P_{n-1} = Aktienschlusskurs Vorperiode,
K_{n-1} = Endkapital Vorperiode, E = Periodenertrag

Beispiel
Für Aktie A sind folgende Kurse und Jahresdividenden bekannt:

Aktie A	Ende 2012	Ende 2013	Ende 2014	Ende 2015	Ende 2016	Ende 2017
Kurs	150.00	193.00	215.00	162.00	205.00	224.00
Dividende		4.00	5.00	4.00	6.00	6.00

Der Einfachheit halber unterstellen wir eine Dividendenausschüttung (brutto) zu Jahresende. Die Dividenden werden Jahr für Jahr umgehend reinvestiert. Welches ist das Kapital (Depotwert) Ende 2013, Ende 2014 ... Ende 2017?

Lösung

$$K_{2013} = 193.00 + 4.00 \qquad\qquad = \mathbf{197.00}$$

$$K_{2014} = \left(\frac{215.00}{193.00} \cdot 197.00\right) + 5.00 = \mathbf{224.46}$$

$$K_{2015} = \left(\frac{162.00}{215.00} \cdot 224.46\right) + 4.00 = \mathbf{173.12}$$

$$K_{2016} = \left(\frac{205.00}{162.00} \cdot 173.12\right) + 6.00 = \mathbf{225.08}$$

$$K_{2017} = \left(\frac{224.00}{205.00} \cdot 225.08\right) + 6.00 = \mathbf{251.94}$$

Das folgende Diagramm visualisiert die Kursentwicklung und die Kapitalentwicklung (Endkapital) bei jährlicher Dividendenreinvestition von Aktie A. Ausgewiesen wird ausserdem der Total Return (TR) diskret und stetig (siehe weiter hinten).

Aktie A: Kurs- und Kapitalentwicklung
Arithmetische Skala

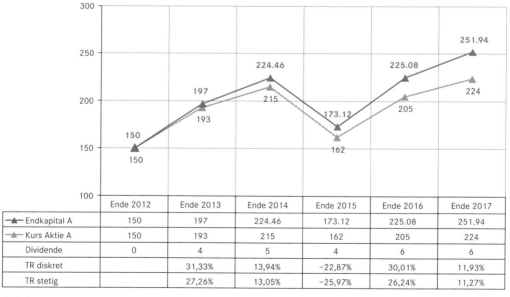

	Ende 2012	Ende 2013	Ende 2014	Ende 2015	Ende 2016	Ende 2017
Endkapital A	150	197	224.46	173.12	225.08	251.94
Kurs Aktie A	150	193	215	162	205	224
Dividende	0	4	5	4	6	6
TR diskret		31,33%	13,94%	−22,87%	30,01%	11,93%
TR stetig		27,26%	13,05%	−25,97%	26,24%	11,27%

Abb. 5

Für Aktie B präsentieren sich die Kurs- und die Kapitalentwicklung wie folgt:

Aktie B: Kurs- und Kapitalentwicklung
Arithmetische Skala

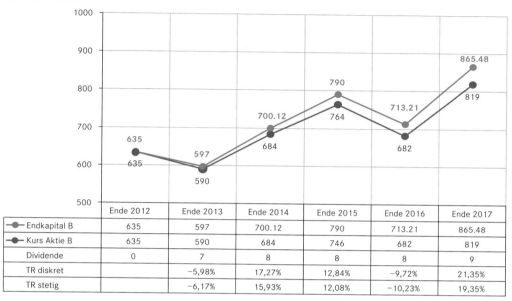

	Ende 2012	Ende 2013	Ende 2014	Ende 2015	Ende 2016	Ende 2017
Endkapital B	635	597	700.12	790	713.21	865.48
Kurs Aktie B	635	590	684	746	682	819
Dividende	0	7	8	8	8	9
TR diskret		−5,98%	17,27%	12,84%	−9,72%	21,35%
TR stetig		−6,17%	15,93%	12,08%	−10,23%	19,35%

Abb. 6

1.1.2.4 Geometrisches Mittel diskreter Periodenrenditen

Im modernen Portfoliomanagement spielen zukünftige Renditen eine wichtige Rolle. Man spricht von erwarteten Renditen oder – allgemein – von Erwartungswerten. Die realistische Schätzung künftiger Renditen (Erwartungswerte) gelingt in der Regel nur, wenn historische Renditen in die Zukunft projiziert werden. Man schliesst also vereinfachend von der Renditegeschichte in die Zukunft. Basis für die Ermittlung künftiger bzw. erwarteter Renditen bildet von Fall zu Fall der Mittelwert historischer Jahres-, Monats-, Quartals-, Wochen- oder Tagesrenditen.

Diskrete und stetige Renditen

Korrekte Mittelwerte können anhand diskreter oder stetiger Periodenrenditen bestimmt werden. Diskrete Renditen sind solche, die in bestimmten Zeitabständen ermittelt werden, z. B. jährlich, monatlich oder täglich. Erfolgt die Renditeberechnung jederzeit, d. h. unendlich häufig, werden sogenannt stetige Renditen generiert. Bei verzinslichen Investments würde das bedeuten, dass die Zinserträge jederzeit berechnet und zum Kapital geschlagen werden. Man spricht deshalb auch von jederzeitiger Verzinsung oder Augenblicksverzinsung. Auf die stetigen Renditen im Allgemeinen und das arithmetische Mittel von stetigen Renditen im Speziellen gehen wir weiter hinten näher ein.

Das geometrische Mittel diskreter Jahresrenditen ergibt sich von Fall zu Fall wie folgt:

a. **Geometrische ∅-Rendite (r)** $\quad = \left(\dfrac{K_1}{K_0} \cdot \dfrac{K_2}{K_1} \cdot ... \dfrac{K_n}{K_{n-1}}\right)^{\frac{1}{n}} - 1$

oder:

b. **Geometrische ∅-Rendite (r)** $\quad = (1 + r_1 \cdot 1 + r_2 \cdot ... 1 + r_n)^{\frac{1}{n}} - 1$

oder:

c. **Geometrische ∅-Rendite (r)** $\quad = \left(\dfrac{K_n}{K_0}\right)^{\frac{1}{n}} - 1$

K_0 = Anfangskapital, K_1 = Endkapital Jahr 1, K_2 = Endkapital Jahr 2,
K_n = Endkapital, n = Anzahl Jahre, r = Rendite (z. B. 0.0875 für 8,75 %)

Die obigen Formeln können auch wie folgt geschrieben werden:

a. **Geometrische ∅-Rendite (r)** $\quad = \sqrt[n]{\dfrac{K_1}{K_0} \cdot \dfrac{K_2}{K_1} \cdot ... \dfrac{K_n}{K_{n-1}}} - 1$

oder:

b. **Geometrische ∅-Rendite (r)** $\quad = \sqrt[n]{1 + r_1 \cdot 1 + r_2 \cdot ... 1 + r_n} - 1$

oder:

c. **Geometrische ∅-Rendite (r)** $\quad = \sqrt[n]{\dfrac{K_n}{K_0}} - 1$

Wir machen im Folgenden die Berechnung des geometrischen Mittels diskreter Renditen am Beispiel unserer Aktien A und B mithilfe der ersten «Formel-Reihe» transparent:

Beispiel

Für unsere Aktien A und B kennen wir für die letzten 5 Jahre die Wertentwicklung (siehe Seiten 24 und 25):

Investment	Ende 2012	Ende 2013	Ende 2014	Ende 2015	Ende 2016	Ende 2017
Aktie A	150.00	197.00	224.46	173.12	225.08	251.94
Aktie B	635.00	597.00	700.12	790.00	713.21	865.48

Welches ist für die Aktie A bzw. für die Aktie B

a. das geometrische Mittel diskreter Renditen (r) aufgrund der Periodenanfangs- und der Periodenendwerte?

b. das geometrische Mittel diskreter Renditen (r) aufgrund der Periodenrenditen (Jahresrenditen)?

c. das geometrische Mittel diskreter Renditen (r) aufgrund des Anfangs- und des Endwerts?

Lösung

a. Aktie A (r) $= \left(\dfrac{\cancel{197.00}}{150.00} \cdot \dfrac{\cancel{224.46}}{\cancel{197.00}} \cdot \dfrac{\cancel{173.12}}{\cancel{224.46}} \cdot \dfrac{\cancel{225.08}}{\cancel{173.12}} \cdot \dfrac{251.94}{\cancel{225.08}}\right)^{\frac{1}{5}} - 1 \qquad = \mathbf{0.10928}$

Aktie B (r) $= \left(\dfrac{\cancel{597.00}}{635.00} \cdot \dfrac{\cancel{700.12}}{\cancel{597.00}} \cdot \dfrac{\cancel{790.00}}{\cancel{700.12}} \cdot \dfrac{\cancel{713.21}}{\cancel{790.00}} \cdot \dfrac{865.48}{\cancel{713.21}}\right)^{\frac{1}{5}} - 1 \qquad = \mathbf{0.06389}$

b. Aktie A (r) $= (1.313333 \cdot 1.139391 \cdot 0.771273 \cdot 1.300139 \cdot 1.119335)^{\frac{1}{5}} - 1$

$= \mathbf{0.10928}^{1)}$

Aktie B (i) $= (0.940157 \cdot 1.172730 \cdot 1.128378 \cdot 0.902797 \cdot 1.213500)^{\frac{1}{5}} - 1$

$= \mathbf{0.06389}^{2)}$

c. Aktie A (r) $= \left(\dfrac{251.94}{150.00}\right)^{\frac{1}{5}} - 1 \qquad\qquad = \mathbf{0.10928}$

Aktie B (r) $= \left(\dfrac{865.48}{635.00}\right)^{\frac{1}{5}} - 1 \qquad\qquad = \mathbf{0.06389}$

[1] Die diskrete Rendite (Total Return) 2013 von Aktie A ist 31,3333 %, mathematisch geschrieben 0.313333. Sind der Periodenanfangs- und der Periodenendwert nicht bekannt, ist $1 + r = 1 + 0.313333$ bzw. 1.313333.

[2] Die diskrete Rendite (Total Return) 2013 von Aktie B ist $-5,9843 \%$, mathematisch geschrieben -0.059843. Sind der Periodenanfangs- und der Periodenendwert nicht bekannt, ist $1 + r = 1 + -0.059843$ bzw. 0.940157.

Wie ersichtlich, sind die Lösungswege a. und c. identisch. Alle Zwischenwerte in Lösungsweg a. kürzen sich weg. Sind die Periodenanfangs- und die Periodenendwerte eines Investments nicht verfügbar, führt am relativ aufwendigen Lösungsweg b. nichts vorbei.

Manche Leser werden sich fragen, weshalb Durchschnittsrenditen nicht einfach mithilfe des arithmetischen Mittels bestimmt werden können. Das folgende Beispiel ist die Antwort darauf:

Beispiel

Eine Aktie ist gestern von CHF 1000.00 auf CHF 900.00 gesunken. Der Tagesverlust wird mit «roten» 10,00 % ausgewiesen. Heute schliesst die Aktie wieder mit CHF 1000.00. Es wird ein «grüner» Kursgewinn von 11,11 % angezeigt. Welches ist das arithmetische und welches das geometrische Mittel?

Lösung

Arithmetisches Mittel: $\dfrac{-10{,}00\,\% + 11{,}11\,\%}{2} \quad = 0{,}555\,\%$

Geometrisches Mittel: $\left(\dfrac{900}{1000} \cdot \dfrac{1000}{900}\right)^{\frac{1}{2}} - 1 \quad = 0{,}00\,\%$

bzw. $\qquad\qquad (0.9000 \cdot 1.1111)^{\frac{1}{2}} - 1 = \mathbf{0{,}00\,\%}$

Das arithmetische Mittel diskreter Renditen führt – wie das Beispiel zeigt – in die Irre. Gleich hohe absolute Kursgewinne/-verluste (in unserem Beispiel $-/+$ CHF 100.00) führen zu abweichenden diskreten Renditen. Grund dafür ist die unterschiedliche Basis (in unserem Beispiel CHF 1000.00 bzw. CHF 900.00).

Am Beispiel von Aktie A lässt sich der «Zusammenhang» zwischen historischen Renditen und Erwartungswert wie folgt veranschaulichen:

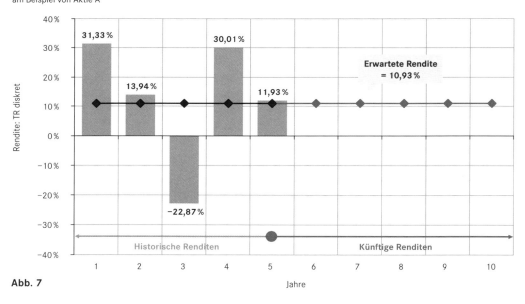

Historische Periodenrenditen und Erwartungswert
am Beispiel von Aktie A

Abb. 7

1.1.2.5 Arithmetisches Mittel stetiger Periodenrenditen

Stetige Renditen basieren – wir wissen es bereits – auf dem Prinzip der Augenblicksverzinsung. Die Renditeberechnung erfolgt nicht im Jahres-, Monats-, Tages-, Stunden- oder Minutenintervall, sondern augenblicklich (jederzeit).

Stetige Periodenrenditen rechnen sich wie folgt:

Stetige Rendite (rs) $\qquad = \quad \ln\!\left(\dfrac{K_n}{K_0}\right)$

oder (Total Return):
Stetige Rendite (rs) $\quad = \quad \ln\left(\dfrac{K_n + E}{K_0}\right)$

oder (Umwandlung diskreter Renditen):
Stetige Rendite (rs) $\quad = \quad \ln(1+r)$

Der Ausdruck **ln** steht für **natürlicher Logarithmus** («logarithmus naturalis»).

Professionelle Rechner liefern «ln» auf Tastendruck. Beim **HP 17bII+** bzw. **HP 19BII** muss zunächst das Mathematik-Menü (MATH) aktiviert werden (der HP 19BII verlangt zusätzlich einen Klick auf «LOGN»). Jetzt kann die Operation «$K_n \div K_0 =$» eingegeben werden. Ein Klick auf Taste «LN» liefert das Ergebnis. Ist die diskrete Rendite (r) bekannt, z. B. 8,75 %, lautet die Eingabe wie folgt: 1.0875 → LN (Ergebnis 0.083881).

Beispiel

Aktie A notiert Ende 2012 mit CHF 150.00 und Ende 2013 mit CHF 193.00. Die Dividendenausschüttung (brutto) beträgt CHF 4.00. Der diskrete Total Return ist 31,33 % (siehe Beispiel auf Seite 23). Welches ist der stetige Total Return?

Lösung

Total Return 2013 stetig: $\quad \ln\dfrac{193.00 + 4.00}{150.00} \quad = \textbf{0.272568} \quad$ bzw. 27,26 %

Total Return 2013 stetig: $\quad \ln 1.313333 \quad\quad = \textbf{0.272568} \quad$ bzw. 27,26 %

Stetige Renditen haben den grossen Vorteil, dass gleiche absolute «ups and downs» denselben Prozentwert ergeben. Stetige Minusrenditen können deshalb – anders als diskrete Minusrenditen – auch grösser als −100 % sein. Quasi als Nebeneffekt generiert das arithmetische Mittel stetiger Renditen korrekte Durchschnittsrenditen. Wir legen dies am Beispiel auf Seite 28 (oben) offen:

Beispiel

Eine Aktie ist gestern von CHF 1000.00 auf CHF 900.00 gesunken. Der Tagesverlust wird mit «roten» 10,00 % ausgewiesen. Heute schliesst die Aktie wieder mit CHF 1000.00. Es wird ein «grüner» Kursgewinn von 11,11 % angezeigt.
a. Welches ist die stetige Rendite gestern und heute?
b. Welches ist das arithmetische Mittel aus den beiden stetigen Tagesrenditen?

Lösung

a. Stetige Rendite gestern: $\ln\dfrac{900}{1000}$ $= -0.105361$

Stetige Rendite heute: $\ln\dfrac{1000}{900}$ $= +0.105361$

b. Arithmetisches Mittel: $\dfrac{-10.5361\,\% + 10.5361\,\%}{2} = 0.00\,\%$

Stetige Renditen (rs) lassen sich wie folgt in diskrete Renditen (r) «zurückrechnen»:

Diskrete Rendite (r) $= e^{rs} - 1$

Die Zahl **e** – man nennt sie nach dem Schweizer Mathematiker Leonhard Euler (1707–1783) die eulersche Zahl – hat den Wert **2.718281828....** Es handelt sich um einen Grenzwert. Bezogen auf Zinseszinsberechnungen bedeutet dies, dass immer kleinere Verzinsungsperioden ab einem gewissen Punkt keinen Zusatzertrag mehr abwerfen.

Bei einer stetigen Rendite (rs) von z.B. 8,3881 % ergibt sich die diskrete Rendite von 8,75 % mit dem **HP 17bII+** bzw. **HP 19BII** wie folgt: 0.083881 → EXP −1.

Beispiel

Der stetige Total Return 2013 von Aktie A ist 27,26 % (mathematisch: 0.272568). Welches ist die diskrete Rendite?

Lösung

Diskrete Rendite:

$2.71828^{0.272568} - 1 =$ **0.313333** mit HP17b/19B: 0.272565 → EXP − 1 = **0.313333**

Beispiel

Für unsere Aktien A und B kennen wir für die letzten 5 Jahre die Wertentwicklung (siehe Seiten 24 und 25):

Investment	Ende 2012	Ende 2013	Ende 2014	Ende 2015	Ende 2016	Ende 2017
Aktie A	150.00	197.00	224.46	173.12	225.08	251.94
Aktie B	635.00	597.00	700.12	790.00	713.21	865.48

Welches ist für die Aktie A bzw. für die Aktie B

a. das arithmetische Mittel stetiger Renditen (rs) aufgrund der Periodenanfangs- und der Periodenendwerte?

b. das arithmetische Mittel stetiger Renditen (rs) aufgrund der Periodenrenditen?

Lösung

a. Aktie A (rs) $= \dfrac{\left(\ln\dfrac{197.00}{150.00}\right) + \left(\ln\dfrac{224.46}{197.00}\right) + \left(\ln\dfrac{173.12}{224.46}\right) + \left(\ln\dfrac{225.08}{173.12}\right) + \left(\ln\dfrac{251.94}{225.08}\right)}{5}$

$= 0.10371$

Aktie B (rs) $= \dfrac{\left(\ln\dfrac{597.00}{635.00}\right) + \left(\ln\dfrac{700.12}{597.00}\right) + \left(\ln\dfrac{790.00}{700.12}\right) + \left(\ln\dfrac{713.21}{790.00}\right) + \left(\ln\dfrac{865.48}{713.21}\right)}{5}$

$= 0.06193$

b. Aktie A (rs) $= \dfrac{0.272568 + 0.130494 - 0.259713 + 0.262471 + 0.112735}{5}$

$= 0.10371$

Aktie B (rs) $= \dfrac{-0.061708 + 0.159335 + 0.120781 - 0.102257 + 0.193508}{5}$

$= 0.06193$

Hinweis

Die stetige Durchschnittsrendite von 0.10371 bzw. 10,371 % für Aktie A lässt sich mithilfe des HP17b/19B wie folgt in die diskrete Durchschnittsrendite von 0.10928 bzw. 10,928 % (siehe Seite 30) zurückrechnen:

0.10371 → EXP −1 = 0.109279 bzw. 10,928 %

Die Renditewerte von Aktie A und Aktie B ergeben zusammenfassend folgendes Bild:

Datum	Aktie A			Aktie B		
	Kapital-entwicklung	Diskrete Rendite	Stetige Rendite	Kapital-entwicklung	Diskrete Rendite	Stetige Rendite
31.12.2012	150.00			635.00		
31.12.2013	197.00	+31,33 %	+27,26 %	597.00	−5,98 %	−6,17 %
31.12.2014	224.46	+13,94 %	+13,05 %	700.12	+17,27 %	+15,93 %
31.12.2015	173.12	−22,87 %	−25,97 %	790.00	+12,84 %	+12,08 %
31.12.2016	225.08	+30,01 %	+26,24 %	713.21	−9,72 %	−10,23 %
31.12.2017	251.94	+11,93 %	+11,27 %	865.48	+21,35 %	+19,35 %
Arithmetisches Mittel		+12,87 %	+10,37 %		+7,15 %	+6,19 %
Geometrisches Mittel		+10,93 %			+6,39 %	

Tab. 2

Ein Vergleich der diskreten und stetigen Renditewerte macht deutlich, dass positive diskrete Renditen stets höher sind als stetige und negative diskrete Renditen stets weniger tief als stetige.

1.1.3 Risiko

1.1.3.1 Risiko als Streuungsmass

Im allgemeinen Sprachgebrauch ist «Risiko» negativ besetzt. Risiko kann Gefahr (z. B. Unfallgefahr, Todesgefahr, Brandgefahr), Scheitern (z. B. an einer Prüfung, an einem Sportwettkampf) oder etwa Verlust (z. B. Arbeitsplatzverlust, Vermögensverlust) bedeuten.

Im Finance kann «Risiko» nicht nur für «Verlustgefahr», sondern auch für «Gewinnchance» stehen. Das ist typisch für jene Risikokennzahlen, die auf dem statistischen Konzept der Varianz basieren und inhaltlich der Standardabweichung entsprechen. Als Streuungsmass gibt die Standardabweichung an, wie stark die Periodenrenditen eines Investments um die Durchschnittsrendite (Mittelwert) streuen.

Ein Kernsatz des modernen Finance lautet, dass zwischen Rendite und Risiko ein positiver Zusammenhang besteht. Je höher die Renditeerwartungen eines Investors, desto höher sind die Anforderungen an seine Risikotoleranz. Umgekehrt gilt: Je geringer die Risikotoleranz eines Investors, desto mehr muss er seine Renditeerwartungen zurückstecken.

Abbildung 8 macht für unsere Aktien A und B die Streuung der stetigen Jahresrenditen um ihren historischen Mittelwert transparent. Einerseits ist der Mittelwert von Aktie A höher als jener von Aktie B. Andererseits schwanken die Jahresrenditen von Aktie A stärker als jene von Aktie B.

Für Aktie A rechnet sich eine **Breite** (auch Spannweite genannt) von 53,23 % (−25,97 % bis +27,26 %) und für Aktie B eine solche von 29,58 % (−10,23 % bis +19,35 %). Der Nachteil der Spannweite ist, dass sie lediglich auf den beiden Extremwerten basiert. Sie sagt nichts aus

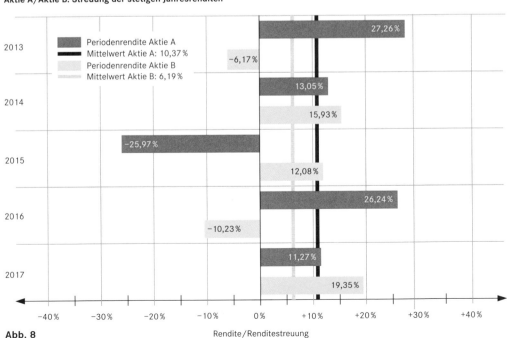

Aktie A/Aktie B: Streuung der stetigen Jahresrenditen

	Legende
	Periodenrendite Aktie A
	Mittelwert Aktie A: 10,37 %
	Periodenrendite Aktie B
	Mittelwert Aktie B: 6,19 %

Abb. 8   Rendite/Renditestreuung

über die Werte, die dazwischenliegen. Ausserdem schlägt ein einziger «Ausreisser» voll auf die Spannweite durch. Die Statistik hat deshalb aussagekräftigere Streuungsmasse entwickelt: die Varianz und die Standardabweichung.

Die Standardabweichung – im Finance meist als Volatilität bezeichnet – ist die bekannteste Kennzahl für die Renditeschwankungen von Investments. Die Verwendung der Standardabweichung (allenfalls der Varianz) als Risikomass ist vertretbar, sofern Renditen von Finanzinvestments in etwa normalverteilt sind. Wir beschäftigen uns im Folgenden zunächst mit der Normalverteilungshypothese und anschliessend mit der rechnerischen Bestimmung und Interpretation der Varianz und der Standardabweichung.

1.1.3.2 Normalverteilungshypothese

Viele natürliche, soziale, technische oder wirtschaftliche Phänomene sind näherungsweise normalverteilt. Nach ihrem Entdecker, dem deutschen Mathematiker Carl Friedrich Gauss (1777–1855), spricht man auch von der gaussschen Normalverteilung. Aufgrund ihrer Gestalt bezeichnet man die Normalverteilung oft als Glockenkurve. Was Normalverteilung bedeutet, wollen wir anhand eines Beispiels **(Abb. 9)** erklären:

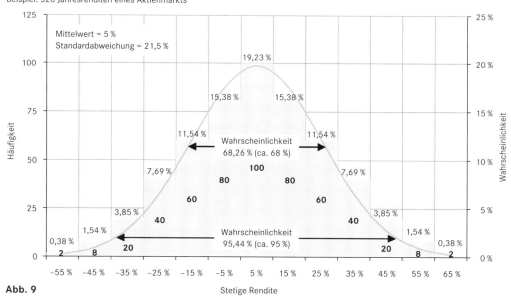

Histogramm mit Normalverteilungskurve
Beispiel: 520 Jahresrenditen eines Aktienmarkts

Abb. 9

Beispiel

Für einen fiktiven Aktienmarkt sind 520 stetige Jahresrenditen bekannt. Für die Auswertung sind 13 Intervalle zu je 10 % gebildet worden. Es ergab sich die in **Abbildung 9** dargestellte Verteilung. Die fett gedruckte Zahl in den einzelnen Säulen gibt den absoluten Wert wieder (z. B. 100 beobachtete Renditen von 0,00 % bis 10,00 % (Klassenmitte = 5,00 %). Die Prozentzahl oberhalb der einzelnen Säulen steht für den relativen Wert (z. B. 100 von 520 Jahresrenditen = 19,23 %). Der relative Wert drückt die statistische Wahrscheinlichkeit aus, mit der eine einzelne Jahresrendite in eine bestimmte Klasse (Intervall) fällt. Die Wahrscheinlichkeit, dass eine Jahresrendite z. B. ins Intervall 20 % bis 30 % (Klassenmitte = 25 %) fällt, ist 11,54 % (60/520 = 11,54 %).

Unser Beispiel lässt folgende Merkmale der Normalverteilung erkennen:

1. Ereignisse im Bereich des Mittelwertes (auch Erwartungswert genannt) sind am häufigsten (wahrscheinlichsten). Je mehr ein Ereignis vom Mittelwert abweicht, desto unwahrscheinlicher wird es.
2. Ereignisse verteilen sich symmetrisch um den Mittelwert. Positive und negative Abweichungen vom Mittelwert sind genau gleich wahrscheinlich.
3. Sind der Mittelwert und die Standardabweichung von näherungsweise normalverteilten Phänomenen bekannt, lässt sich die Eintretenswahrscheinlichkeit bestimmter Ereignisse vorhersagen. In unserem Beispiel ist der Mittelwert +5,00 % und die Standardabweichung 21,50 %. Anhand dieser Datenbasis lässt sich sagen, dass rund 68 % (genau: 68,26 %) aller beobachteten Jahresrenditen zwischen −16,50 % und +26,50 % (5,00 % −/+ 21,50 %) notieren und rund 95 % (genau: 95,44 %) zwischen −38,00 % und +48,00 % (5,00 % −/+2 · 21,50 %). Ebenso wäre die Aussage möglich, dass rund 16 % (genau: 15,87 %) aller Jahresrenditen schlechter ausfallen als −16,50 % und besser als +26,50 %.

Dass die Annahme, stetige Renditen seien in etwa normalverteilt, etwas für sich hat, wird aus **Abbildung 10** ersichtlich. Die Daten sind der Studie «Die Performance von Aktien und Obligationen in der Schweiz – Eine empirische Untersuchung seit 1925» der Banque Pictet & Cie. SA entnommen. Die Datenreihe der Originalstudie vom Januar 1988 ist bis Ende 2016 aufdatiert.

Im Diagramm sind 13 Intervalle (Klassen) mit einer Klassenbreite von je 10 % dargestellt. In der höchsten Säule sind die «Aktienjahre» mit Jahresrenditen von +2,42 % bis +12,42 % (Klassenmitte 7,42 %) aufgeführt. Die Säulen stehen für die historische relative Häufigkeit. Die Normalverteilungskurve gibt die theoretisch zu erwartende Verteilung bei einer Standardabweichung von 18,91 % und einer stetigen Rendite (Mittelwert) von 7,42 % an. Wie ersichtlich, sind mehrere Klassen übervertreten. Ein Beispiel dafür ist die mittlere Klasse (Klassenmitte 7,42 %). Sie müsste theoretisch rund 19 Werte umfassen (20,86 % von 91). Tatsächlich fallen 25 Aktienjahre (27,47 % von 91) in das mittlere Intervall. Etliche Klassen sind untervertreten, so etwa das Intervall mit der Klassenmitte −12,58 % und das Intervall mit der Klassenmitte 27,42 %. Mögliche Ursachen für die Abweichungen sind der kurze Betrachtungszeitraum (91 Jahre), die

Verteilung stetiger CH–Aktienrenditen: 1926–2016
Mittelwert = 7,42 %, Standardabweichung = 18,91 %

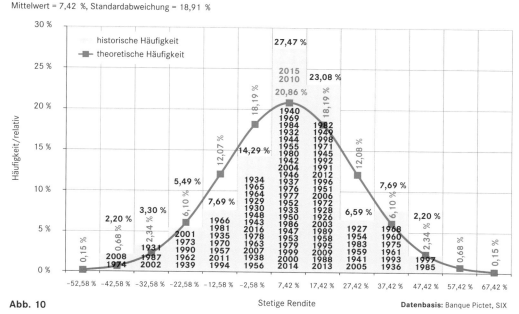

Abb. 10 Stetige Rendite **Datenbasis:** Banque Pictet, SIX

willkürliche Klassenbildung oder schlicht die Tatsache, dass stetige CH-Aktienrenditen nur näherungsweise normalverteilt sind.

Abbildung 11 veranschaulicht die Verteilung stetiger CH-Obligationenrenditen für denselben Zeitraum (1926–2016). Die Klassenbreite ist mit 4 % (statt wie oben mit 10 %) definiert.

Verteilung stetiger CH–Bondrenditen: 1926: 2016
Mittelwert = 4,27 %, Standardabweichung = 3,47 %

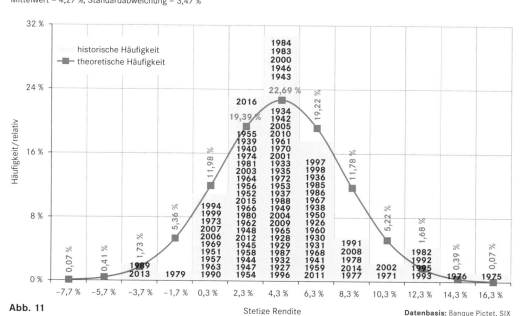

Abb. 11 Stetige Rendite **Datenbasis:** Banque Pictet, SIX

1.1.3.3 Varianz und Standardabweichung

Die Varianz (σ^2) und die Standardabweichung (σ) für eine Datenbasis x (z. B. die Jahresrenditen unserer Aktie A) berechnen sich wie folgt:

Varianz:
$$\sigma_x^2 = \frac{\sum_{i=1}^{n}\left(x_i - \mu_x\right)^2}{n-1}$$

Standardabweichung:
$$\sigma_x = \sqrt{\frac{\sum_{i=1}^{n}\left(x_i - \mu_x\right)^2}{n-1}}$$

Für Stichprobenwerte wird anstelle des griechischen Buchstabens σ (sprich «sigma») der Buchstabe s verwendet. Das Kürzel für die Varianz ist dann s^2. Anstelle des griechischen Buchstabens μ (sprich «mü») – er symbolisiert den Mittelwert – steht für Stichprobenwerte $\overline{x}$ (sprich «x quer»). Wir verwenden im Folgenden einheitlich die griechischen Buchstaben σ und μ.

Da diese Formeln dem mathematisch Ungeschulten kaum weiterhelfen, wollen wir die Berechnung für unsere Aktien A und B Schritt für Schritt aufzeigen und anschliessend erklären **(Tab. 3)**. Die Werte für «x_i» ($+27.26\,\%$, $+13.05\,\%$, $-25.97\,\%$, $+26.24\,\%$, $+11.27\,\%$) bzw. «y_i» ($-6.17\,\%$, $+15.93\,\%$, $+12.08\,\%$, $-10.23\,\%$, $+19.35\,\%$) entsprechen den stetigen Jahresrenditen (Total Return) 2013, 2014, 2015, 2016 und 2017.

Aktie A (x)		Aktie B (y)	
$x_i - \mu_x$	$(x_i - \mu_x)^2$	$y_i - \mu_y$	$(y_i - \mu_y)^2$
$+27.26 - 10.37 = +16.89$	$+16.89^2 = \quad 285.27$	$-6.17 - 6.19 = -12.36$	$-12.36^2 = \quad 152.77$
$+13.05 - 10.37 = +2.68$	$+2.68^2 = \quad 7.18$	$+15.93 - 6.19 = +9.74$	$+9.74^2 = \quad 94.87$
$-25.97 - 10.37 = -36.34$	$-36.34^2 = 1\,320.60$	$+12.08 - 6.19 = +5.89$	$+5.89^2 = \quad 34.70$
$+26.24 - 10.37 = +15.87$	$+15.87^2 = \quad 251.86$	$-10.23 - 6.19 = -16.42$	$-16.42^2 = \quad 269.62$
$+11.27 - 10.37 = +0.90$	$+0.90^2 = \quad 0.81$	$+19.35 - 6.19 = +13.16$	$+13.16^2 = \quad 173.19$
$\sum_{i=1}^{n}\left(x_i - \mu_x\right)^2 \qquad = 1\,865.72$		$\sum_{i=1}^{n}\left(y_i - \mu_y\right)^2 \qquad = 725.15$	
$\sigma_x^2 = \dfrac{\sum_{i=1}^{n}\left(x_i - \mu_x\right)^2}{n-1} = \dfrac{1865.72}{4} = \mathbf{466.43}$		$\sigma_y^2 = \dfrac{\sum_{i=1}^{n}\left(y_i - \mu_y\right)^2}{n-1} = \dfrac{725.15}{4} = \mathbf{181.29}$	
$\sigma_x = \sqrt{\dfrac{\sum_{i=1}^{n}\left(x_i - \mu_x\right)^2}{n-1}} = \sqrt{466.43} = \mathbf{21.60}$		$\sigma_y = \sqrt{\dfrac{\sum_{i=1}^{n}\left(y_i - \mu_y\right)^2}{n-1}} = \sqrt{181.29} = \mathbf{13.46}$	

Tab. 3

Die Berechnung der Standardabweichung(en) lässt sich wie folgt beschreiben:

1. In einem ersten Schritt werden die Abweichungen der einzelnen Merkmalswerte x_i (bzw. y_i) vom Mittelwert μ_x (bzw. μ_y) berechnet. Variable x verwenden wir für Aktie A, Variable y für Aktie B.
2. Dann werden die Abweichungen zum Mittelwert einzeln quadriert.
3. Die quadrierten Abweichungen werden addiert.
4. Die Summe der quadrierten Abweichungen wird durch «n − 1» dividiert. Das ergibt den Wert für die Varianz (Aktie A = 466.43, Aktie B = 181.29).
5. Zieht man die Wurzel aus der Varianz, erhält man die Standardabweichung. Die Standardabweichung von Aktie A beträgt 21,60 %, die Standardabweichung von Aktie B 13,46 %.

Die Standardabweichung für unsere Aktie A von 21,60 % und jene für unsere Aktie B von 13,46 % lässt sich aufgrund der Normalverteilungshypothese wie folgt interpretieren (siehe auch die Standardnormalverteilungstabellen, **Tab. 4a/4b**):

■ Künftige stetige Jahresrenditen von **Aktie A** liegen mit einer Wahrscheinlichkeit von rund 68 % (68,26 %) im Bereich von −11,23 % bis +31,97 % (10,37 % durchschnittliche Jahresrendite −/+21,60 %) und mit einer Wahrscheinlichkeit von rund 95,00 % (95,44 %) im Bereich von −32,83 % bis +53,57 % (10,37 % −/+43,20 %). 43,20 % (2 · 21,60 %) entsprechen zwei Standardabweichungen.

■ Künftige stetige Jahresrenditen von **Aktie B** liegen mit einer Wahrscheinlichkeit von rund 68 % (68,26 %) im Bereich von −7,27 % bis +19,65 % (6,19 % durchschnittliche Jahresrendite −/+13,46 %) und mit einer Wahrscheinlichkeit von rund 95,00 % (95,44 %) im Bereich von −20,73 % bis +33,11 % (6,19 % −/+26,92 %). 26,92 % (2 · 13,46 %) entsprechen zwei Standardabweichungen.

Die **Abbildungen 12** und **13** veranschaulichen die beiden Standardabweichungen auf der Basis stetiger[1] Werte.

Wie ersichtlich hat der vom modernen Portfoliomanagement verwendete Begriff «Risiko» eine ganz besondere Bedeutung. Risiko bedeutet nicht nur die Aussicht auf weniger als den erhofften Ertrag. Es bedeutet auch die Chance, den erwarteten Ertrag zu übertreffen.

Unsere Aktien A und B stehen beispielhaft für den positiven Zusammenhang zwischen Risiko und Ertrag. Mehr Rendite (10,37 % bei Aktie A gegenüber 6,19 % bei Aktie B) kann im

---

[1] Die stetigen Werte lassen sich in diskrete umrechnen. Die diskreten Werte von −21,55 % bzw. +26,75 % (siehe oben rechts in Abb. 12) resultieren mit dem HP17b/19B wie folgt: −0.2160 → EXP → −1 → · 1.1093 bzw. +0.2160 → EXP → −1 → · 1.1093. Wir verweisen auf unsere Ausführungen zum Value at Risk.

statistischen Mittel nur dann erzielt werden, wenn ein grösseres Risiko (21,60 % bei Aktie A gegenüber 13,46 % bei Aktie B) in Kauf genommen wird. **Abbildung 14** verdeutlicht diesen Zusammenhang:

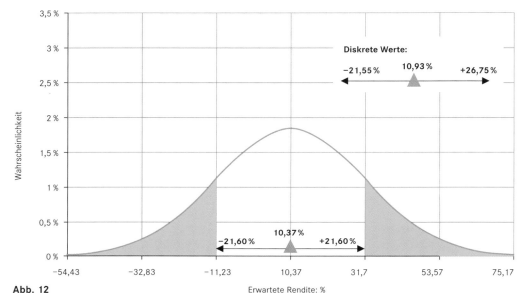

Abb. 12

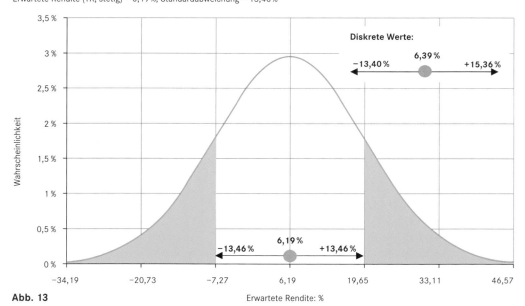

Abb. 13

Aktie A, Aktie B: Rendite-/Risikoprofil

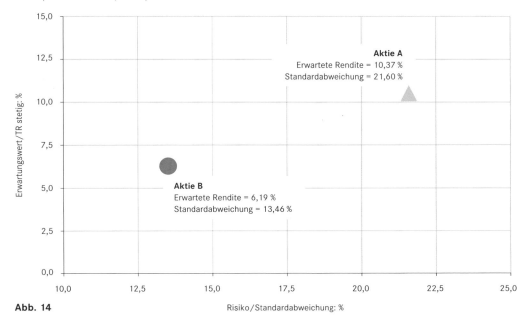

Abb. 14

In unseren Beispielen haben wir die Standardabweichung aufgrund von Jahresrenditen bestimmt. Rechnet man auf der Basis von Tages-, Wochen- oder Monatsrenditen, erhält man entsprechend die täglichen, wöchentlichen oder monatlichen Standardabweichungen.

Eine bestimmte Standardabweichung (σ_{T1}) lässt sich wie folgt in eine andere Periodizität (σ_{T2}) umrechnen:

$$\sigma_{T2} = \sqrt{\frac{T_2}{T_1}} \cdot \sigma_{T1}$$

T_1 bzw. T_2 stehen von Fall zu Fall für Tage, Monate oder Jahre.

Beispiel

a. Die jährliche Standardabweichung von Aktie A ist 21,60 %. Welches ist die 1-Monats-Standardabweichung?

b. Die jährliche Standardabweichung von Aktie B ist 13,46 %. Welches ist die 2-Jahres-Standardabweichung?

Lösung

a. 1-Monats-Standardabweichung von Aktie A $= \sqrt{\dfrac{1}{12}} \cdot 21.60 \quad = \quad$ **6,2354 %**

b. 2-Jahres-Standardabweichung von Aktie B $= \sqrt{\dfrac{2}{1}} \cdot 13.46 \quad = \quad$ **19,0353 %**

Flächeninhalte der Standardnormalverteilung*)
bei alternativen negativen N-Werten

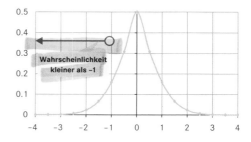

*) Mittelwert (µ) = 0, Standardabweichung (σ) = 1

N-Wert negativ	0.00	0.01	0.02	0.03	0.04	0.05	0.06	0.07	0.08	0.09
−4.0	0.0000	0.0000	0.0000	0.0000	0.0000	0.0000	0.0000	0.0000	0.0000	0.0000
−3.9	0.0000	0.0000	0.0000	0.0000	0.0000	0.0000	0.0000	0.0000	0.0000	0.0000
−3.8	0.0001	0.0001	0.0001	0.0001	0.0001	0.0001	0.0001	0.0001	0.0001	0.0001
−3.7	0.0001	0.0001	0.0001	0.0001	0.0001	0.0001	0.0001	0.0001	0.0001	0.0001
−3.6	0.0002	0.0002	0.0001	0.0001	0.0001	0.0001	0.0001	0.0001	0.0001	0.0001
−3.5	0.0002	0.0002	0.0002	0.0002	0.0002	0.0002	0.0002	0.0002	0.0002	0.0002
−3.4	0.0003	0.0003	0.0003	0.0003	0.0003	0.0003	0.0003	0.0003	0.0003	0.0002
−3.3	0.0005	0.0005	0.0005	0.0004	0.0004	0.0004	0.0004	0.0004	0.0004	0.0003
−3.2	0.0007	0.0007	0.0006	0.0006	0.0006	0.0006	0.0006	0.0005	0.0005	0.0005
−3.1	0.0010	0.0009	0.0009	0.0009	0.0008	0.0008	0.0008	0.0008	0.0007	0.0007
−3.0	0.0013	0.0013	0.0013	0.0012	0.0012	0.0011	0.0011	0.0011	0.0010	0.0010
−2.9	0.0019	0.0018	0.0018	0.0017	0.0016	0.0016	0.0015	0.0015	0.0014	0.0014
−2.8	0.0026	0.0025	0.0024	0.0023	0.0023	0.0022	0.0021	0.0021	0.0020	0.0019
−2.7	0.0035	0.0034	0.0033	0.0032	0.0031	0.0030	0.0029	0.0028	0.0027	0.0026
−2.6	0.0047	0.0045	0.0044	0.0043	0.0041	0.0040	0.0039	0.0038	0.0037	0.0036
−2.5	0.0062	0.0060	0.0059	0.0057	0.0055	0.0054	0.0052	0.0051	0.0049	0.0048
−2.4	0.0082	0.0080	0.0078	0.0075	0.0073	0.0071	0.0069	0.0068	0.0066	0.0064
−2.3	0.0107	0.0104	0.0102	0.0099	0.0096	0.0094	0.0091	0.0089	0.0087	0.0084
−2.2	0.0139	0.0136	0.0132	0.0129	0.0125	0.0122	0.0119	0.0116	0.0113	0.0110
−2.1	0.0179	0.0174	0.0170	0.0166	0.0162	0.0158	0.0154	0.0150	0.0146	0.0143
−2.0	0.0228	0.0222	0.0217	0.0212	0.0207	0.0202	0.0197	0.0192	0.0188	0.0183
−1.9	0.0287	0.0281	0.0274	0.0268	0.0262	0.0256	0.0250	0.0244	0.0239	0.0233
−1.8	0.0359	0.0351	0.0344	0.0336	0.0329	0.0322	0.0314	0.0307	0.0301	0.0294
−1.7	0.0446	0.0436	0.0427	0.0418	0.0409	0.0401	0.0392	0.0384	0.0375	0.0367
−1.6	0.0548	0.0537	0.0526	0.0516	0.0505	0.0495	0.0485	0.0475	0.0465	0.0455

N-Wert negativ	0.00	0.01	0.02	0.03	0.04	0.05	0.06	0.07	0.08	0.09
−1.5	0.0668	0.0655	0.0643	0.0630	0.0618	0.0606	0.0594	0.0582	0.0571	0.0559
−1.4	0.0808	0.0793	0.0778	0.0764	0.0749	0.0735	0.0721	0.0708	0.0694	0.0681
−1.3	0.0968	0.0951	0.0934	0.0918	0.0901	0.0885	0.0869	0.0853	0.0838	0.0823
−1.2	0.1151	0.1131	0.1112	0.1093	0.1075	0.1056	0.1038	0.1020	0.1003	0.0985
−1.1	0.1357	0.1335	0.1314	0.1292	0.1271	0.1251	0.1230	0.1210	0.1190	0.1170
−1.0	0.1587	0.1562	0.1539	0.1515	0.1492	0.1469	0.1446	0.1423	0.1401	0.1379
−0.9	0.1841	0.1814	0.1788	0.1762	0.1736	0.1711	0.1685	0.1660	0.1635	0.1611
−0.8	0.2119	0.2090	0.2061	0.2033	0.2005	0.1977	0.1949	0.1922	0.1894	0.1867
−0.7	0.2420	0.2389	0.2358	0.2327	0.2296	0.2266	0.2236	0.2206	0.2177	0.2148
−0.6	0.2743	0.2709	0.2676	0.2643	0.2611	0.2578	0.2546	0.2514	0.2483	0.2451
−0.5	0.3085	0.3050	0.3015	0.2981	0.2946	0.2912	0.2877	0.2843	0.2810	0.2776
−0.4	0.3446	0.3409	0.3372	0.3336	0.3300	0.3264	0.3228	0.3192	0.3156	0.3121
−0.3	0.3821	0.3783	0.3745	0.3707	0.3669	0.3632	0.3594	0.3557	0.3520	0.3483
−0.2	0.4207	0.4168	0.4129	0.4090	0.4052	0.4013	0.3974	0.3936	0.3897	0.3859
−0.1	0.4602	0.4562	0.4522	0.4483	0.4443	0.4404	0.4364	0.4325	0.4286	0.4247
0.0	0.5000	0.4960	0.4920	0.4880	0.4840	0.4801	0.4761	0.4721	0.4681	0.4641

Tab. 4a

Beispiel: Die jährliche (diskrete) Durchschnittsrendite von CH-Aktien (1926–2016) ist 7,71 %. Die jährliche Standard-abweichung ist 18,91 %. Wie hoch ist die Wahrscheinlichkeit einer Jahresrendite von weniger als 0,00 %?
Lösung: N = (0−7.71) ÷ 18.91 = −0.41. Der entsprechende Tabellenwert ist 0.3409. Die Wahrscheinlichkeit (WS) einer Minusrendite ist 34,09 %. Umgekehrt ist die WS einer positiven Jahresrendite 65,91 % (1−0.3409).

Flächeninhalte der Standardnormalverteilung[*]
bei alternativen positiven N-Werten

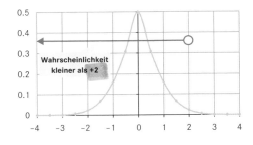

[*] Mittelwert (μ) = 0, Standardabweichung (σ) = 1

N-Wert positiv	0.00	0.01	0.02	0.03	0.04	0.05	0.06	0.07	0.08	0.09
0.0	0.5000	0.5040	0.5080	0.5120	0.5160	0.5199	0.5239	0.5279	0.5319	0.5359
0.1	0.5398	0.5438	0.5478	0.5517	0.5557	0.5596	0.5636	0.5675	0.5714	0.5753
0.2	0.5793	0.5832	0.5871	0.5910	0.5948	0.5987	0.6026	0.6064	0.6103	0.6141
0.3	0.6179	0.6217	0.6255	0.6293	0.6331	0.6368	0.6406	0.6443	0.6480	0.6517
0.4	0.6554	0.6591	0.6628	0.6664	0.6700	0.6736	0.6772	0.6808	0.6844	0.6879
0.5	0.6915	0.6950	0.6985	0.7019	0.7054	0.7088	0.7123	0.7157	0.7190	0.7224
0.6	0.7257	0.7291	0.7324	0.7357	0.7389	0.7422	0.7454	0.7486	0.7517	0.7549
0.7	0.7580	0.7611	0.7642	0.7673	0.7704	0.7734	0.7764	0.7794	0.7823	0.7852
0.8	0.7881	0.7910	0.7939	0.7967	0.7995	0.8023	0.8051	0.8078	0.8106	0.8133
0.9	0.8159	0.8186	0.8212	0.8238	0.8264	0.8289	0.8315	0.8340	0.8365	0.8389
1.0	0.8413	0.8438	0.8461	0.8485	0.8508	0.8531	0.8554	0.8577	0.8599	0.8621
1.1	0.8643	0.8665	0.8686	0.8708	0.8729	0.8749	0.8770	0.8790	0.8810	0.8830
1.2	0.8849	0.8869	0.8888	0.8907	0.8925	0.8944	0.8962	0.8980	0.8997	0.9015
1.3	0.9032	0.9049	0.9066	0.9082	0.9099	0.9115	0.9131	0.9147	0.9162	0.9177
1.4	0.9192	0.9207	0.9222	0.9236	0.9251	0.9265	0.9279	0.9292	0.9306	0.9319
1.5	0.9332	0.9345	0.9357	0.9370	0.9382	0.9394	0.9406	0.9418	0.9429	0.9441
1.6	0.9452	0.9463	0.9474	0.9484	0.9495	0.9505	0.9515	0.9525	0.9535	0.9545
1.7	0.9554	0.9564	0.9573	0.9582	0.9591	0.9599	0.9608	0.9616	0.9625	0.9633
1.8	0.9641	0.9649	0.9656	0.9664	0.9671	0.9678	0.9686	0.9693	0.9699	0.9706
1.9	0.9713	0.9719	0.9726	0.9732	0.9738	0.9744	0.9750	0.9756	0.9761	0.9767
2.0	0.9772	0.9778	0.9783	0.9788	0.9793	0.9798	0.9803	0.9808	0.9812	0.9817
2.1	0.9821	0.9826	0.9830	0.9834	0.9838	0.9842	0.9846	0.9850	0.9854	0.9857
2.2	0.9861	0.9864	0.9868	0.9871	0.9875	0.9878	0.9881	0.9884	0.9887	0.9890
2.3	0.9893	0.9896	0.9898	0.9901	0.9904	0.9906	0.9909	0.9911	0.9913	0.9916
2.4	0.9918	0.9920	0.9922	0.9925	0.9927	0.9929	0.9931	0.9932	0.9934	0.9936

N-Wert positiv	0.00	0.01	0.02	0.03	0.04	0.05	0.06	0.07	0.08	0.09
2.5	0.9938	0.9940	0.9941	0.9943	0.9945	0.9946	0.9948	0.9949	0.9951	0.9952
2.6	0.9953	0.9955	0.9956	0.9957	0.9959	0.9960	0.9961	0.9962	0.9963	0.9964
2.7	0.9965	0.9966	0.9967	0.9968	0.9969	0.9970	0.9971	0.9972	0.9973	0.9974
2.8	0.9974	0.9975	0.9976	0.9977	0.9977	0.9978	0.9979	0.9979	0.9980	0.9981
2.9	0.9981	0.9982	0.9982	0.9983	0.9984	0.9984	0.9985	0.9985	0.9986	0.9986
3.0	0.9987	0.9987	0.9987	0.9988	0.9988	0.9989	0.9989	0.9989	0.9990	0.9990
3.1	0.9990	0.9991	0.9991	0.9991	0.9992	0.9992	0.9992	0.9992	0.9993	0.9993
3.2	0.9993	0.9993	0.9994	0.9994	0.9994	0.9994	0.9994	0.9995	0.9995	0.9995
3.3	0.9995	0.9995	0.9995	0.9996	0.9996	0.9996	0.9996	0.9996	0.9996	0.9997
3.4	0.9997	0.9997	0.9997	0.9997	0.9997	0.9997	0.9997	0.9997	0.9997	0.9998
3.5	0.9998	0.9998	0.9998	0.9998	0.9998	0.9998	0.9998	0.9998	0.9998	0.9998
3.6	0.9998	0.9998	0.9999	0.9999	0.9999	0.9999	0.9999	0.9999	0.9999	0.9999
3.7	0.9999	0.9999	0.9999	0.9999	0.9999	0.9999	0.9999	0.9999	0.9999	0.9999
3.8	0.9999	0.9999	0.9999	0.9999	0.9999	0.9999	0.9999	0.9999	0.9999	0.9999
3.9	1.0000	1.0000	1.0000	1.0000	1.0000	1.0000	1.0000	1.0000	1.0000	1.0000
4.0	1.0000	1.0000	1.0000	1.0000	1.0000	1.0000	1.0000	1.0000	1.0000	1.0000

Tab. 4b

<u>Beispiel:</u> CH-Aktienrenditen (1926–2016) weisen einen Mittelwert von 7,71 % (diskret) und eine Standardabweichung von 18,91 % auf. Wie hoch ist die Wahrscheinlichkeit einer Jahresperformance von mehr als 10,00 %?
<u>Lösung:</u> N = (10.00 − 7.71) ÷ 18.91 = +0.12. Der entsprechende Tabellenwert ist 0.5478 bzw. 54,78 %. Die Wahrscheinlichkeit einer Jahresrendite von mehr als 10,00 % ist 45,22 % (1 − 0.5478).

1.1.4 Kovarianz und Korrelation

Die dritte Inputgrösse im Portfolio-Selection-Modell von Markowitz ist die Kovarianz bzw. die Korrelation. Die beiden Werte drücken den Parallelitätsgrad zweier Zahlenreihen aus. Solche Zahlenreihen sind bspw. die Jahresrenditen von 2012 bis 2017 unserer beiden Aktien A und B, die Monatsrenditen 2016 von Novartis Namen (NOVN) im Vergleich zum Swiss Market Index (SMI) oder etwa die Tagesrenditen 2016 des Swiss Performance Index (SPI) im Vergleich zum MSCI World Total Return Index (CHF).

Kovarianz (S) und Korrelation (R) berechnen sich wie folgt:

$$\textbf{Kovarianz:} \quad S_{xy} = \frac{\sum_{i=1}^{n} (x_i - \mu_x) \cdot (y_i - \mu_y)}{n - 1}$$

$$\textbf{Korrelation:} \quad R_{xy} = \frac{S_{xy}}{\sigma_x \cdot \sigma_y}$$

Diese Grössen (Kovarianz, Korrelation) wollen wir für unsere Aktien A und B ermitteln (Tab. 5). In den Tabellenspalten «xi − µx» bzw. «yi − µy» wird für Aktie A bzw. Aktie B für jedes Jahr die Abweichung vom Mittelwert bestimmt. In Spalte 3 werden die Abweichungen miteinander multipliziert und anschliessend addiert. Daraus lassen sich in einem ersten Schritt die Kovarianz und in einem zweiten Schritt die Korrelation bestimmen.

$x_i - \mu_x$	$y_i - \mu_y$	$(x_i - \mu_x) \cdot (y_i - \mu_y)$
$+27.26 - 10.37 = +16.89$	$-6.17 - 6.19 = -12.36$	$+16.89 \cdot -12.36 = -208.76$
$+13.05 - 10.37 = +2.68$	$+15.93 - 6.19 = +9.74$	$+2.68 \cdot +9.74 = +26.10$
$-25.97 - 10.37 = -36.34$	$+12.08 - 6.19 = +5.89$	$-36.34 \cdot +5.89 = -214.04$
$+26.24 - 10.37 = +15.87$	$-10.23 - 6.19 = -16.42$	$+15.87 \cdot -16.24 = -260.59$
$+11.27 - 10.37 = +0.90$	$+19.35 - 6.19 = +13.16$	$+0.90 \cdot +13.16 = +11.84$
	$\sum_{i=1}^{n} (x_i - \mu_x) \cdot (y_i - \mu_y)$	$= \mathbf{-645.45}$
Kovarianz (S_{xy})	$S_{xy} = \dfrac{\sum_{i=1}^{n} (x_i - \mu_x) \cdot (y_i - \mu_y)}{n - 1} = \dfrac{-645.45}{5 - 1}$	$= \mathbf{-161.36}$
Korrelation (R_{xy})	$R_{xy} = \dfrac{S_{xy}}{\sigma_x \cdot \sigma_y} = \dfrac{-161.36}{21.60 \cdot 13.46}$	$= \mathbf{-0.555}$

Tab. 5

Ist das Vorzeichen der **Kovarianz** positiv, haben beide Zahlenreihen die gleiche Richtungstendenz. Ein negativer Wert weist auf eine gegenläufige Entwicklung hin. Die Kovarianz ist ein blosser Hilfswert. Sie ermöglicht die Bestimmung der Korrelation und anderer statistischer Kennzahlen.

Die Skala des **Korrelationskoeffizienten** reicht von -1.00 bis $+1.00$. Ein Korrelationskoeffizient von $+1.00$ besagt, dass beide Zahlenreihen «gleichlaufend» sind. Die prozentualen Schwankungen bzw. der Kursverlauf brauchen dabei nicht identisch zu sein. Bei einer Korrelation von -1.00 laufen die Zahlenreihen entgegengesetzt. Die Schwankungen heben sich gegenseitig auf. Bei einer Korrelation von 0.00 lässt sich zwischen zwei Zahlenreihen kein Zusammenhang ausmachen. Der für unser Beispiel ermittelte Korrelationskoeffizient von -0.555 weist – alles in allem – auf eine gegenläufige Entwicklung hin.

Es ist üblich, die Korrelationskoeffizienten wie folgt einzustufen:

- ■ $R \leq 0.2$ = sehr geringe Korrelation,
- ■ $0.2 < R \leq 0.5$ = geringe Korrelation,
- ■ $0.5 < R \leq 0.7$ = mittlere Korrelation,
- ■ $0.7 < R \leq 0.9$ = hohe Korrelation,
- ■ $0.9 < R \leq 1.0$ = sehr hohe Korrelation.

Für negative Korrelationen gelten die Ausprägungen entsprechend. Bei unserem Beispiel (-0.555) können wir von einer mittleren negativen Korrelation sprechen.

Die Beziehung zwischen Aktie A und Aktie B lässt sich mithilfe eines Streudiagramms **(Abb. 15)** veranschaulichen. Wie ersichtlich (siehe Quadrate), liegen dreimal gegenläufige Renditeentwicklungen vor und nur in zwei Fällen ist sowohl die Jahresrendite von Aktie A als auch jene von Aktie B positiv. Der Verlauf der Trendlinie (siehe weiter hinten) von links oben nach rechts unten ist Ausdruck der negativen Korrelation.

Korrelation Aktie A / Aktie B
Renditen (TR stetig)

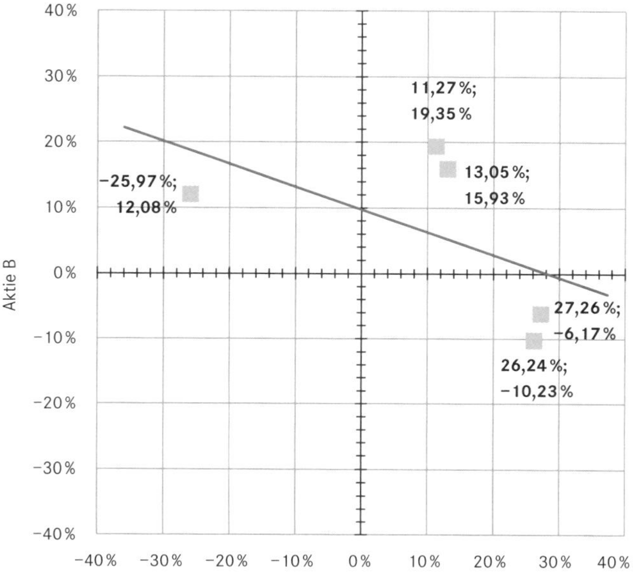

Abb. 15   Aktie A

Die folgenden Diagramme stellen beispielhaft Korrelationswerte von $+1.00$, -1.00 und 0.00 dar:

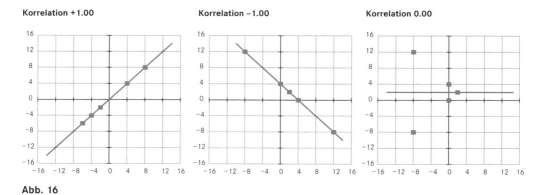

Abb. 16

Allgemein lässt sich sagen: Je breiter die Streuung der Renditepaare um die Trendlinie (auch Regressionsgerade genannt), desto schwächer ist der Zusammenhang. Wir gehen später nochmals darauf ein.

1.2 Erweiterte Kennzahlen der Portfoliotheorie

Die Standardabweichung als Risikomass stiftet immer wieder Verwirrung. Dass «Risiko» sowohl das Verfehlen als auch das Übertreffen der erwarteten Rendite bedeutet, hat mit dem umgangssprachlichen Risikobegriff wenig gemein.

Wie wir im Folgenden zeigen werden, ist es relativ einfach, die Standardabweichung in besser verständliche bzw. leichter kommunizierbare Risikomasse zu konvertieren. Das gilt – ohne Vorbehalt – für das Ausfallrisiko (englisch: Shortfall Risk). Mit dem Value at Risk tun sich auch Profis gelegentlich schwer.

1.2.1 Ausfallrisiko (Shortfall Risk)

Das Ausfallrisiko steht für die Wahrscheinlichkeit, eine individuell festgelegte Mindestrendite zu verfehlen. Man spricht auch von Ausfallwahrscheinlichkeit. Ein Spezialfall des Ausfallrisikos ist das Verlustrisiko. Es steht für die Wahrscheinlichkeit, nach Ablauf einer bestimmten Anlagedauer weniger zu besitzen als zu Beginn. Die Ausfallwahrscheinlichkeit (kurz: AFW) lässt sich wie folgt bestimmen:

$$\textbf{AFW} \quad = N \left(\frac{r_{(min)A} - r_{(E)A}}{\sigma_A} \right)$$

$r_{(min)A}$ entspricht der individuell fixierten Mindestrendite für eine Aktie A. $r_{(E)A}$ ist die für Aktie A objektiv zu erwartende Rendite und σ_A die Standardabweichung von Aktie A. N ist ein Wert aus der Verteilungsfunktion der Standardnormalverteilung (siehe **Tabellen 4a/4b**).

Beispiel

Gegeben ist unsere Aktie A, für die wir auf der Grundlage der letzten 5 Jahre (Ende 2012–Ende 2017) eine stetige Durchschnittsrendite von 10,37 % ($r_{(E)A}$) und eine Standardabweichung (σ_A) von 21,60 % ermittelt haben.

a. Wie hoch ist die Wahrscheinlichkeit, mit Aktie A auf Jahresbasis einen Verlust einzufahren? Mit anderen Worten: Wie hoch ist das Verlustrisiko bzw. die Wahrscheinlichkeit einer Negativrendite (Minusrendite)?

b. Ein Investor strebt mit Aktie A eine stetige Zielrendite von 12,50 % an. Wie hoch ist die Wahrscheinlichkeit, die Mindestrendite ($r_{(min)A}$) von 12,50 % zu verfehlen?

Lösung

a. AFW 0,00 % Aktie A $\quad = N\left(\dfrac{0.00 - 10.37}{21.60}\right) = N(-0.480093)$

Der N-Wert beträgt rund -0.48.

Die Ausfallwahrscheinlichkeit kann aus der Standardnormalverteilungstabelle **(Tab. 4a)** in der fünftuntersten Zeile (-0.4), neunte Spalte (0.08), abgelesen werden. Der einschlägige Tabellenwert ist 0.3156. Die Wahrscheinlichkeit, mit Aktie A auf Jahresbasis eine Negativrendite zu erzielen, ist demnach 31,56 %. Entsprechend ist die Wahrscheinlichkeit einer positiven Rendite 68,44 % (100,00 % $-$ 31,56 %).

b. AFW 12,50 % Aktie A $\quad = N\left(\dfrac{12.50 - 10.37}{21.60}\right) = N(+0.098611)$

Der N-Wert beträgt rund $+0.10$.

Die Ausfallwahrscheinlichkeit kann aus der Standardnormalverteilungstabelle **(Tab. 4b)** in der zweiten Zeile (0.1), erste Spalte (0.00), abgelesen werden. Der einschlägige Tabellenwert ist 0.5398. Die Wahrscheinlichkeit, mit Aktie A auf Jahresbasis die Zielrendite von 12,50 % zu verfehlen, ist 53,98 %. Entsprechend ist die Wahrscheinlichkeit, die Zielrendite zu übertreffen, 46,02 % (100,00 % $-$ 53,98 %).

Hinweis

Mit der diskreten Rendite $r_{(E)A}$ von 10,93 % ergäbe sich im Fall a. ein Verlustrisiko von ca. 30,50 % und im Fall b. eine Ausfallwahrscheinlichkeit von ca. 53,00 %.

Anhand unseres Beispiels lässt sich auch die Wahrscheinlichkeit einer (stetigen) Jahresrendite im Bereich «mehr als 0,00 %, jedoch weniger als 12,50 %» ($\geq 0,00 \% < 12,50 \%$) ermitteln. Die Wahrscheinlichkeit einer Jahresrendite von weniger als 12,50 % ($< 12,50 \%$) haben wir mit 53,98 % bestimmt (siehe Fall b.), jene von weniger als 0,00 % ($< 0,00 \%$) mit 31,56 % (siehe Fall a.). Entsprechend ist die Wahrscheinlichkeit «mehr als 0,00 %, jedoch weniger als 12,50 %» 22,42 % (53,98 % $-$ 31,56 %).

Das Verlustrisiko von Aktie A bzw. die Wahrscheinlichkeit einer Negativrendite auf Jahresbasis (siehe Fall a. in unserem Beispiel) lässt sich auch grafisch darstellen (siehe **Abb. 17**).

Abbildung 18 veranschaulicht das Ausfallrisiko von rund 54,00 % für unsere Aktie A bei einer Zielrendite von 12,50 % (die Ausfallwahrscheinlichkeit von 53,93 % ist exakt mit Excel berechnet).

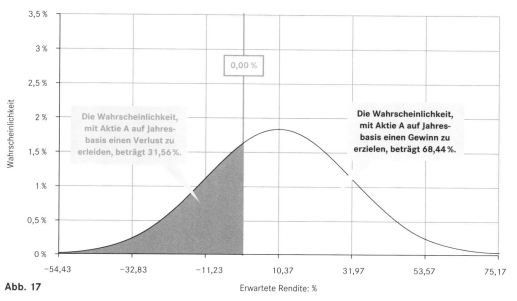

Abb. 17

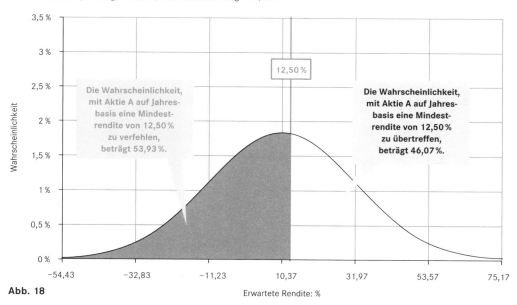

Abb. 18

Aus praktischer Sicht stellt sich unweigerlich die Frage, ob denn das Konzept der Ausfallwahrscheinlichkeit den Praxistest besteht. Anhand der Pictet-Studie zum Aktien- und Bondmarkt Schweiz wollen wir deshalb überprüfen, ob die theoretischen und die historischen Ausfallwahrscheinlichkeiten einigermassen übereinstimmen.

Beispiel

Für den Aktienmarkt Schweiz lässt sich aufgrund der Pictet-Studie (1926–2016) eine jährliche stetige Durchschnittsrendite von 7,42 % und eine jährliche Standardabweichung von 18,91 % berechnen.

a. Welches ist das theoretische Verlustrisiko bzw. die Wahrscheinlichkeit einer Minusrendite auf Jahresbasis?
b. Welches ist die theoretische Ausfallwahrscheinlichkeit bei einer Zielrendite von 10,00 %?

Lösung

a. AFW 0,00 % CH-Aktien $= N\left(\dfrac{0.00 - 7.42}{18.91}\right) = N(-0.392385)$

Der N-Wert beträgt rund -0.39.

Die Ausfallwahrscheinlichkeit kann aus der Standardnormalverteilungstabelle (siehe **Tab. 4a**) in der viertuntersten Zeile (–0.3), letzte Spalte (0.09), abgelesen werden. Der einschlägige Tabellenwert ist 0.3483. Die Wahrscheinlichkeit einer Minusrendite auf Jahresbasis ist demnach 34,83 %.

a. AFW 10,00 % CH-Aktien $= N\left(\dfrac{10.00 - 7.42}{18.91}\right) = N(+0.136436)$

Der N-Wert beträgt rund $+0.14$.

Die Ausfallwahrscheinlichkeit kann aus der Standardnormalverteilungstabelle (**Tab. 4b**) in der zweiten Zeile (0.1), fünfte Spalte (0.04), abgelesen werden. Der einschlägige Tabellenwert ist 0.5557. Die Wahrscheinlichkeit, den Zielwert von +10,00 % zu verfehlen, ist demnach 55,57 %.

Abbildung 19 macht die Verteilung stetiger CH-Aktienrenditen von 1926 bis 2016 transparent.

Während 91 Jahren hat der **CH-Aktienmarkt** 28 Mal negativ performt. Das historische Verlustrisiko ist demnach 30,77 % (28/91). Aufgrund der theoretischen Wahrscheinlichkeit hätten rund 32 Minusjahre (34,83 % von 91) erwartet werden müssen.

Während 91 Jahren hat der CH-Aktienmarkt 40 Mal die Zielrendite von 10,00 % übertroffen und entsprechend 51 Mal verfehlt. Die historische Ausfallwahrscheinlichkeit bei einer Zielrendite von 10,00 % ist demnach 56,04 % (51/91). Die theoretische Ausfallwahrscheinlichkeit ist 55,57 %.

Unser kleiner «Praxistest» macht deutlich, dass das Konzept der Ausfallwahrscheinlichkeit gute Dienste leistet. Das Konzept einfach zu negieren, wäre ganz gewiss unklug.

Für den **Bondmarkt Schweiz** rechnet sich aufgrund der Pictet-Studie (stetige Rendite = 4,27 %, Standardabweichung = 3,47 %) ein Verlustrisiko pro Jahr von 10,93 % (N-Wert = -1.230548, gerundet -1.23). Historisch ist das Verlustrisiko 8,79 %. In acht von 91 Jahren war die CH-Bondrendite negativ.

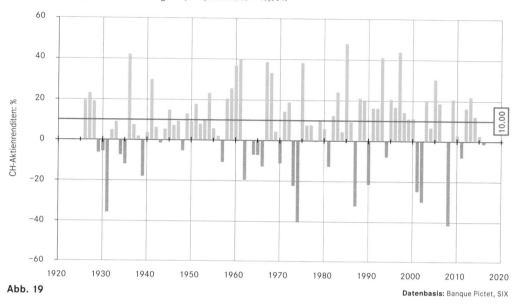

Abb. 19

Datenbasis: Banque Pictet, SIX

1.2.2 Ausfallrisiko (Shortfall Risk) und Anlagehorizont

Im letzten Abschnitt haben wir uns auf das Ausfallrisiko auf Jahresbasis konzentriert. Jetzt wenden wir uns einer Mehrjahresbetrachtung zu. Wir zeigen auf, wie sich das Ausfallrisiko bei einem Anlagehorizont von zwei, fünf, zehn oder mehr Jahren bestimmen lässt und wie sich die Ausfallwahrscheinlichkeit mit zunehmender Anlagedauer verändert. Ein besonderes Augenmerk richten wir auf das Verlustrisiko.

Wer auf mittlere/lange Sicht investiert, darf damit rechnen, dass sich sein Vermögen durch periodische Erträge (Zinsen, Dividenden) und/oder Kurswertsteigerungen vermehrt. Auch wenn Gewinnphasen immer wieder von Verlustperioden abgelöst werden – Finanzanlagen scheinen mittel-/langfristig einem positiven Trend zu folgen. **Abbildung 20** zur Wertentwicklung von CH-Aktien und CH-Obligationen ist ein Beleg dafür (Datenbasis: Banque Pictet & Cie. SA).

Ein konzentrierter Blick auf unser Diagramm macht deutlich, dass es für CH-Aktien nur sehr wenige Zehnjahresperioden gab, die mit einer Vermögenseinbusse endeten. Tatsächlich lassen sich für CH-Aktien seit Ende 1925 nur drei Zehnjahresperioden ausmachen, die mit einem Verlust schlossen. Es sind dies die Perioden 1928 bis 1938, 1929 bis 1939 und 1930 bis 1940. Bei insgesamt 82 Zehnjahresperioden von Ende 1925 bis Ende 2016 ergibt sich so für CH-Aktien ein historisches Verlustrisiko von 3,66 % (3/82).

Zur theoretischen Bestimmung der Ausfallwahrscheinlichkeit bzw. des Verlustrisikos auf Mehrjahresbasis können wir uns auf den bereits bekannten Lösungsweg stützen. Die zusätzliche Arbeit besteht lediglich darin, die Rendite und die Standardabweichung auf den gewünschten Anlagezeitraum umzurechnen.

Wertentwicklung CH-Aktien und CH-Bonds
Jahresschlusswerte: 31.12.1925–31.12.2016

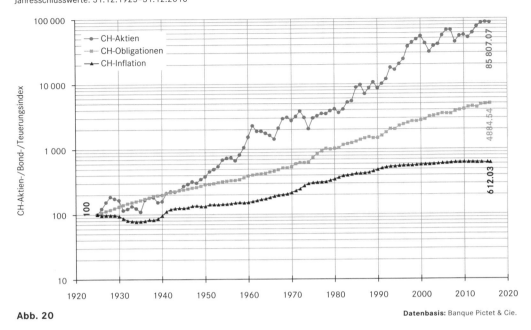

Abb. 20   **Datenbasis:** Banque Pictet & Cie.

Beispiel

Für den CH-Aktienmarkt gilt für den Zeitraum von 1925 bis 2016 eine jährliche stetige Durchschnittsrendite von 7,42 % und eine jährliche Standardabweichung von 18,91 %. Welches ist das theoretische Verlustrisiko bei einem Anlagehorizont von 5 Jahren?

Lösung

Zunächst sind die jährliche stetige Durchschnittsrendite (Erwartungswert) und die jährliche Standardabweichung auf eine Anlagedauer von 5 Jahren umzurechnen:

Erwartungswert (stetig) 5 Jahre $= 5 \cdot 7.42 \quad = \textbf{37,10 \%}$

Standardabweichung 5 Jahre $\quad = 18.91 \cdot \sqrt{5} = \textbf{42,28 \%}$

Auf dieser Datenbasis rechnet sich das theoretische Verlustrisiko auf Fünfjahresbasis wie folgt:

AFW/5 Jahre 0,00 % $\quad = N\left(\dfrac{0.00 - 37.10}{42.28}\right) \quad = N - 0.877483$

Der N-Wert beträgt rund -0.88.

Die Ausfallwahrscheinlichkeit kann aus der Standardnormalverteilungstabelle **(Tab. 4a)** in der neuntuntersten Zeile (-0.8), zweitletzte Spalte (0.08), abgelesen werden. Der einschlägige Tabellenwert ist 0.1894.

Lösung (Fortsetzung)

Die Wahrscheinlichkeit, mit CH-Aktien auf Fünfjahresbasis eine Minusrendite zu erzielen, ist 18,94 %. Entsprechend ist die Wahrscheinlichkeit einer positiven Rendite auf Fünfjahresbasis 81,06 % (100.00 – 18.94).

Das theoretische Verlustrisiko des CH-Aktienmarkts bei einem Anlagehorizont von fünf Jahren lässt sich wie folgt visualisieren (Werte exakt mit Excel berechnet):

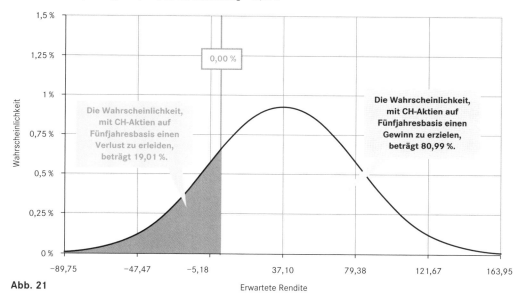

CH-Aktienmarkt: Verlustrisiko, Anlagehorizont 5 Jahre
Erwartete Rendite (TR stetig) = 37,10 %, Standardabweichung = 42,28 %

Abb. 21

Für ausgewählte Anlagehorizonte treten Negativrenditen für **CH-Aktien** (μ_{ann} = 7,42 %, σ_{ann} = 18,91 %) mit theoretischen bzw. historischen (effektiven) Wahrscheinlichkeiten wie folgt auf:

Kennzahlen	1 Jahr	2 Jahre	3 Jahre	4 Jahre	5 Jahre	10 Jahre	15 Jahre	20 Jahre
Stetige Rendite	7,42 %	14,84 %	22,26 %	29,68 %	37,10 %	74,20 %	111,30 %	148,40 %
Standardabweichung	18,91 %	26,74 %	32,75 %	37,82 %	42,28 %	59,80 %	73,24 %	84,57 %
Verlustrisiko/ theoretisch[1]	34,74 %	28,95 %	24,84 %	21,63 %	19,01 %	10,73 %	6,43 %	3,96 %
Verlustrisiko/ historisch	30,77 %	30,00 %	22,47 %	21,59 %	16,09 %	3,66 %	0,00 %	0,00 %

[1] mit Excel exakt berechnet (N-Wert 5 Jahre: –0.877399)

Tab. 6

Wie ersichtlich nimmt die Standardabweichung mit zunehmender Anlagedauer höhere Werte an. Das Risiko bzw. die Volatilität steigt. Trotzdem nimmt das Verlustrisiko von Jahr zu Jahr ab. Der Grund dafür sind die positiven Renditeerwartungen. Wären die Renditeerwartungen auf lange Sicht negativ, nähme das Verlustrisiko von Jahr zu Jahr zu.

Allgemein gilt: Je länger der Anlagehorizont, je höher die erwartete Rendite (Erwartungswert) und je tiefer die Standardabweichung, desto kleiner ist das Verlustrisiko eines Investments. Nimmt man die Rendite-/Risikokennzahlen für CH-Aktien zum Nennwert, drängen sich Aktien erst ab einem Anlagehorizont von fünf Jahren und mehr auf. Bei einem Anlagehorizont von bloss einem Jahr erscheint das Verlustrisiko von rund einem Drittel zu hoch. Interessant ist in diesem Zusammenhang ein Vergleich zwischen theoretischem und historischem Verlustrisiko **(Tab. 6, 7)**. Das effektive (historische) Verlustrisiko scheint – vor allem bei längerem Anlagehorizont – etwas kleiner zu sein als das theoretische.

Für ausgewählte Anlagehorizonte treten Negativrenditen für **CH-Bonds** (μ_{ann} = 4,27 %, σ_{ann} = 3,47 %) mit theoretischen bzw. historischen (effektiven) Wahrscheinlichkeiten wie folgt auf:

Kennzahlen	1 Jahr	2 Jahre	3 Jahre	4 Jahre	5 Jahre	10 Jahre	15 Jahre	20 Jahre
Stetige Rendite	4,27 %	8,54 %	12,81 %	17,08 %	21,35 %	42,70 %	64,05 %	85,40 %
Standardabweichung	3,47 %	4,91 %	6,01 %	6,94 %	7,76 %	10,97 %	13,44 %	15,52 %
Verlustrisiko/ theoretisch[1]	10,92 %	4,09 %	1,65 %	0,69 %	0,30 %	0,00 %	0,00 %	0,00 %
Verlustrisiko/ historisch	8,79 %	3,33 %	0,00 %	0,00 %	0,00 %	0,00 %	0,00 %	0,00 %

[1] mit Excel exakt berechnet

Tab. 7

Aufgrund ihrer Rendite-/Risikoeigenschaften eignen sich Obligationen (Bonds) vor allem für Anleger mit einem mittelfristigen Anlagehorizont von zwei bis fünf Jahren. Bei einem Anlagehorizont von bloss einem Jahr erscheint das Verlustrisiko von rund 10 % zu hoch.

1.2.3 Exkurs: diversifiziertes Aktien-/Bondportfolio und Anlagehorizont

An dieser Stelle mag die Frage interessieren, wie hoch denn der Aktienanteil eines Portfolios sein darf, um am Laufzeitende wenigstens gleich viel zu besitzen wie bei Laufzeitbeginn. Das Minimalziel wäre demnach der Werterhalt bzw. der Kapitalschutz. Wir wollen diese Frage am Beispiel einer «Zwei-Anlagen-Welt» mit Aktien und Obligationen (Zerobonds) beantworten.

Beispiel

Ein Investor hat einen Anlagehorizont von 5 Jahren. Er möchte CHF 100 000.00 so in CH-Aktien und erstklassige CHF-Zerobonds aufteilen, dass das Endkapital auf keinen Fall kleiner ist als das Anfangskapital. Mit anderen Worten: Der Investor will vollen Kapitalschutz bzw. ein Verlustrisiko von 0,00 %. CHF-Zerobonds mit einer Laufzeit von 5 Jahren rentieren mit 4,00 %. Wie hoch darf der Aktienanteil sein?

Lösung

Gesucht ist zunächst der Barwert (K_0) der Zerobonds, d. h. jenes Betrags, der heute investiert werden muss, um nach Ablauf von 5 Jahren CHF 100 000.00 «auf sicher» zu haben.

$$\text{Barwert } (K_0) \quad = \frac{100\,000.00}{1.04^5} = \mathbf{82\,192.71}$$

Kauft der Investor heute für CHF 82 192.71 CHF-Zerobonds mit einer Rendite von 4,00 % und für CHF 17 807.29 (100 000.00 − 82 192.71) CH-Aktien, ist der Kapitalschutz nach 5 Jahren auch dann gewährleistet, wenn das Aktienengagement mit einem Totalverlust endet. Ist Kapitalerhalt das Minimalziel, besteht das Portfolio aus 17,81 % Aktien und 82,19 % Obligationen (Zerobonds).

Je länger der Anlagehorizont – das ist unmittelbar einsichtig –, desto höher darf der Aktienanteil sein. Aus der Werterhaltungsoptik wird aber auch klar, dass der Aktienanteil bei tiefem Zinsniveau tief und bei hohem Zinsniveau hoch sein darf.

Die Zusammensetzung eines Aktien-/Bondportfolios in Abhängigkeit des Zinsniveaus und des Anlagehorizonts präsentiert sich wie folgt:

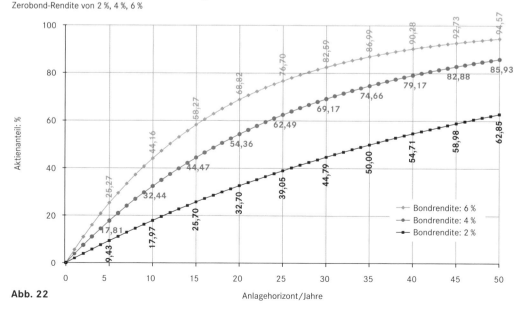

Diversifiziertes Aktien-/Bondportfolio und Anlagehorizont
Zerobond-Rendite von 2 %, 4 %, 6 %

Abb. 22 Anlagehorizont/Jahre

1.2.4 Durchschnittsrendite und Anlagehorizont

Je länger der Anlagehorizont, je höher die erwartete Rendite (Erwartungswert) und je tiefer die Standardabweichung, desto kleiner ist das Verlustrisiko eines Investments. Das ist die Schlussfolgerung, die wir weiter vorn gezogen haben. Nun erweitern wir unseren Tour d'Horizon zum Anlagehorizont um einen letzten Abschnitt und machen uns Gedanken über den Zusammenhang zwischen Anlagedauer und Durchschnittsrendite. Die lange Datenreihe der Pictet-Studie zum CH-Aktienmarkt wird uns dabei einmal mehr eine wertvolle Hilfe sein.

Abbildung 23 macht zunächst die Entwicklung der stetigen Durchschnittsrenditen des CH-Aktienmarkts seit 1926 transparent. Wie man sieht, schwanken die Durchschnittsrenditen zu Beginn sehr stark. Mit zunehmender Anlagedauer werden jedoch die Renditeausschläge immer moderater, d. h., der Einfluss eines weiteren Börsenjahrs wird von Mal zu Mal kleiner. Die nach 1935 laufend abnehmende Standardabweichung der Durchschnittsrenditen ist Ausdruck davon.

Für den Zeitraum vom 31.12.1925 bis zum 31.12.2016 rechnet sich für den CH-Aktienmarkt – wir wissen es bereits – eine stetige Durchschnittsrendite von 7,42 % pro Jahr. Die historische Standardabweichung für denselben Zeitraum ergibt, wie ein Blick auf das Diagramm zeigt, einen Wert von 3,06 %. Mit einer Wahrscheinlichkeit von 68,26 % dürfen somit für den Aktienmarkt Schweiz bei einem Anlagehorizont von 91 Jahren Durchschnittsrenditen im Bereich von + 4,36 bis + 10,48 % (7.42 −/+ 3.06) erwartet werden. Mit einer Wahrscheinlichkeit von 95,44 % liegt der Streubereich zwischen + 1,30 % und + 13,74 % (7.42 −/+ 2 × 3.06). Die Wahrscheinlichkeit, mit CH-Aktien bei einem derart langen Anlagehorizont weniger zu besitzen als zu Beginn, ist demnach verschwindend klein. Wie der aufmerksame Leser schon

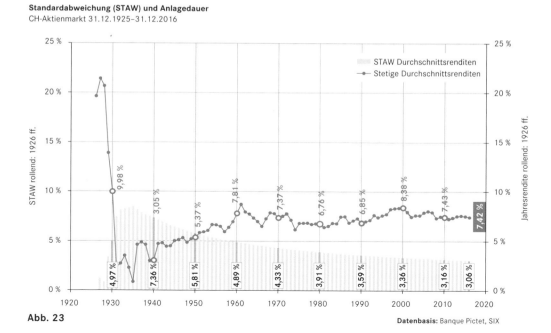

Standardabweichung (STAW) und Anlagedauer
CH-Aktienmarkt 31.12.1925–31.12.2016

Abb. 23

Datenbasis: Banque Pictet, SIX

bemerkt hat, ist diese Feststellung deckungsgleich mit jener im Abschnitt «Ausfallrisiko (Shortfall Risk) und Anlagehorizont».

Ist die Standardabweichung von Jahresrenditen (σ_{ann}) bekannt, lässt sich die Standardabweichung der Durchschnittsrenditen ($\sigma\mu_t$) bei einem Anlagehorizont von zwei, fünf, zehn ($\sigma\mu_2, \sigma\mu_5, \sigma\mu_{10}$) oder mehr Jahren wie folgt bestimmen:

$$\sigma\mu_t = \frac{1}{\sqrt{n}} \cdot \sigma_{ann}$$

σ_{ann} = jährliche Standardabweichung
n = Anlagedauer (Anzahl Jahre)

Es kann nicht überraschen, dass sich das theoretische Ausfallrisiko im Allgemeinen bzw. das Verlustrisiko im Besonderen auch aufgrund der Standardabweichung der Durchschnittsrenditen ($\sigma\mu_t$) bestimmen lässt. Das folgende Beispiel macht dies deutlich:

Beispiel

Für den Aktienmarkt Schweiz lässt sich aufgrund der Pictet-Studie (1926–2016) eine durchschnittliche Jahresrendite (Erwartungswert) von 7,42 % (stetige Rendite) und eine jährliche Standardabweichung von 18,91 % berechnen. Wie hoch ist das Verlustrisiko? Mit anderen Worten: Wie hoch ist die Wahrscheinlichkeit, bei einem Anlagehorizont von 5 Jahren eine Negativrendite einzufahren?

Lösung

$$\sigma\mu_5 = \frac{1}{\sqrt{5}} \cdot 18.91 = \mathbf{8.4568}$$

Die 5-Jahres-Standardabweichung ist 8,46 %.

$$\text{AFW CH-Aktienmarkt} = N\left(\frac{0 - 7.42}{8.46}\right) = N(-0.8771)$$

Der N-Wert beträgt rund −0.88.

Ein N-Wert von −0,88 entspricht einem Tabellenwert von 0.1894 (siehe **Tab. 4a**). Bei einem Anlagehorizont von 5 Jahren rechnet sich für ein diversifiziertes CH-Aktienportfolio ein theoretisches Verlustrisiko von 18,94 % (mit Excel: 19,01 %).

Wie man sieht, ist das Ergebnis identisch mit jenem auf Seite 52/53.

Möglicherweise wird anhand dieser Berechnungsart noch deutlicher, dass ein längerer Anlagehorizont das Verlustrisiko nicht a priori reduziert. Der Zusammenhang gilt nur für positive Erwartungswerte. Sind die Erwartungswerte negativ, steigt das Verlustrisiko mit zunehmender Anlagedauer.

Allgemein gilt: Die Ausfallwahrscheinlichkeit nimmt mit zunehmender Anlagedauer ab, sofern der Erwartungswert die vorgegebene Mindestrendite übersteigt. Wird die Mindestrendite (Zielrendite) im obigen Beispiel mit 10,00 % bestimmt, steigt die Ausfallwahrscheinlichkeit Jahr für Jahr.

1.2.5 Value at Risk

Der Value-at-Risk-Ansatz (kurz: VaR-Ansatz), eingeführt von JPMorgan in der Schrift RiskMetrics™, ist mit dem Konzept der Ausfallwahrscheinlichkeit verwandt. Die Grundfrage lautet: Wie hoch ist der zu erwartende maximale Verlust eines Investments unter normalen Marktbedingungen? Es interessiert also nicht, wie wahrscheinlich ein Verlust ist. Gefragt ist vielmehr jener maximale Verlustbetrag, der mit einer bestimmten Wahrscheinlichkeit nicht überschritten werden sollte.

Ausgangspunkt des VaR-Ansatzes ist die Definition des Anlagehorizonts, eines Erwartungswerts und eines bestimmten (einseitigen) Wahrscheinlichkeitsniveaus (kurz: WS-Niveau). Im Portfoliomanagement werden meist ein Anlagehorizont von einem Jahr und ein Erwartungswert (erwartete Rendite) von null unterstellt. Typische WS-Niveaus sind 5,0 %, 2,5 % und 1,0 %. Mithilfe der Standardnormalverteilungstabelle (siehe **Tab. 4a** und den nachstehenden Auszug) können diesen WS-Niveaus N-Werte zugeordnet werden. Der N-Wert für die Ausfallwahrscheinlichkeit 5,0 % ist -1.645 (genau: -1.6448535), jener für 2,5 % -1.96 (genau: -1.959963) und jener für 1,0 % -2.326 (genau: -2.326347). Die Zuordnung der N-Werte[1] lässt sich wie folgt veranschaulichen:

N-Werte	0.00	0.01	0.02	0.03	0.04	0.05	0.06	0.07	0.08	0.09
-4.0	0.0000	0.0000	0.0000	0.0000	0.0000	0.0000	0.0000	0.0000	0.0000	0.0000
-3.5	0.0002	0.0002	0.0002	0.0002	0.0002	0.0002	0.0002	0.0002	0.0002	0.0002
-3.0	0.0013	0.0013	0.0013	0.0012	0.0012	0.0011	0.0011	0.0011	0.0010	0.0010
-2.5	0.0062	0.0060	0.0059	0.0057	0.0055	0.0054	0.0052	0.0051	0.0049	0.0048
-2.4	0.0082	0.0080	0.0078	0.0075	0.0073	0.0071	0.0069	0.0068	0.0066	0.0064
-2.3	0.0107	0.0104	0.0102	0.0099	0.0096	0.0094	0.0091	0.0089	0.0087	0.0084
-2.2	0.0139	0.0136	0.0132	0.0129	0.0125	0.0122	0.0119	0.0116	0.0113	0.0110
-2.1	0.0179	0.0174	0.0170	0.0166	0.0162	0.0158	0.0154	0.0150	0.0146	0.0143
-2.0	0.0228	0.0222	0.0217	0.0212	0.0207	0.0202	0.0197	0.0192	0.0188	0.0183
-1.9	0.0287	0.0281	0.0274	0.0268	0.0262	0.0256	0.0250	0.0244	0.0239	0.0233
-1.8	0.0359	0.0351	0.0344	0.0336	0.0329	0.0322	0.0314	0.0307	0.0301	0.0294
-1.7	0.0446	0.0436	0.0427	0.0418	0.0409	0.0401	0.0392	0.0384	0.0375	0.0367
-1.6	0.0548	0.0537	0.0526	0.0516	0.0505	0.0495	0.0485	0.0475	0.0465	0.0455
-1.5	0.0668	0.0655	0.0643	0.0630	0.0618	0.0606	0.0594	0.0582	0.0571	0.0559

Tab. 8

---

1   Die exakten N-Werte (z. B. für WS-Niveau 2,50 %) lassen sich mithilfe von Excel (2010 ff.) wie folgt bestimmen: Formeln → Funktion einfügen→ Statistik → NORM.S.INV → Warsch→ 0.025 → OK → -1.959964.

Unterstellt man einen Erwartungswert (Rendite) von null, rechnet sich der Value at Risk wie folgt:

VaR = Kurs- bzw. Anlagewert $\cdot$ ($e^{\text{N-Wert} \cdot \sigma} - 1$)

e (eulersche Zahl) = 2.718281828

σ = (historische) Standardabweichung

Unterstellt man einen bestimmten Erwartungswert (μ), ergibt sich der VaR wie folgt:

VaR = Kurs- bzw. Anlagewert $\cdot$ ($e^{\mu + \text{N-Wert} \cdot \sigma} - 1$)

Beispiel

Gegeben ist unsere Aktie A mit einem aktuellen Kurswert von CHF 224.00. Die stetige Jahresrendite (Erwartungswert) ist 10,37 % und die jährliche Standardabweichung 21,60 %.

a. Welches ist der Value at Risk (VaR) bei einem Anlagehorizont von einem Jahr, einem Erwartungswert von null und einem Wahrscheinlichkeitsniveau von 2,50 % (N-Wert: -1.96)?

b. Welches ist der Value at Risk (VaR) bei einem Anlagehorizont von einem Jahr, einem Erwartungswert (stetig) von 10,37 % und einem Wahrscheinlichkeitsniveau von 2,50 % (N-Wert: -1.96)?

Lösung

a. VaR Aktie A = $224.00 \cdot (2.718281828^{-1.96 \cdot 0.2160} - 1)$ = **-77.32**

mit HP 17/19B: -1.96×0.2160

= → Taste EXP im MATH-Menü → $-1 = \times 224.00$ = **-77.32**

Mit einer Wahrscheinlichkeit (WS) von 2,50 % ist der Kursverlust von Aktie A innerhalb eines Jahrs grösser als CHF 77.32. Oder, anders ausgedrückt: Mit einer WS von 97,50 % ist der Kursverlust von Aktie A auf Jahresbasis kleiner als CHF 77.32.

b. VaR Aktie A = $224.00 \cdot (2.718281828^{0.1037 + (-1.96 \cdot 0.2160)} - 1)$ = **-61.29**

mit HP 17/19B: $0.1037 + (-1.96 \times 0.2160)$

= → Taste EXP im MATH-Menü → $-1 = \times 224.00$ = **-61.29**

Die WS, mit Aktie A auf Jahresbasis einen Kursverlust von mehr als CHF 61.29 zu erleiden, ist 2,50 %.

Abbildung 24 zeigt den Value at Risk für Aktie A bei einem Erwartungswert von null und einem Wahrscheinlichkeitsniveau von 2,50 % (siehe Fall a.).

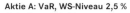

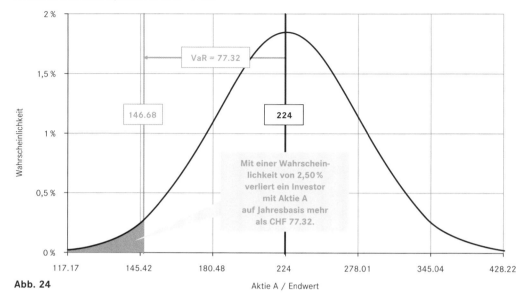

Abb. 24

Aktie A / Endwert

Ist der Value at Risk für einen unter- oder überjährigen Anlagehorizont gefragt, muss zumindest die Standardabweichung auf die gewünschte Zeiteinheit umgerechnet werden. Die Multiplikation der ursprünglichen Standardabweichung mit dem einschlägigen Umrechnungsfaktor (siehe Seite 39) liefert den gesuchten Wert. Bei einer Jahresvolatilität unserer Aktie A von 21,60 % rechnet sich so eine monatliche Standardabweichung von 6,24 % (21.60-mal Wurzel von $^1/_{12}$), eine wöchentliche Standardabweichung von 3,00 % (21.60-mal Wurzel von $^1/_{52}$) oder – auf der Basis von 255 Handelstagen – eine tägliche Standardabweichung von 1,35 % (21.60-mal Wurzel von $^1/_{255}$). Die Fünfjahresvolatilität unserer Aktie A ergäbe einen Wert von 48,30 % (21.60-mal Wurzel von 5). Die allfällige Umrechnung stetiger Erwartungswerte erfolgt durch simple Division bzw. Multiplikation. Aus der stetigen Jahresrendite (Erwartungswert) für unsere Aktie A von 10,37 % rechnet sich eine stetige Monatsrendite von 0,8642 % (10.37 ÷ 12) oder etwa eine stetige Fünfjahresrendite von 51,85 % (10.37 · 5).

Beispiel

Gegeben ist unsere Aktie B mit einem aktuellen Kurswert von CHF 819.00. Die stetige Jahresrendite (Erwartungswert) ist 6,19 % und die jährliche Standardabweichung 13,46 %.

a. Welches ist der Value at Risk (VaR) bei einem Anlagehorizont von einem Monat, einem Erwartungswert von null und einem Wahrscheinlichkeitsniveau von 5,00 % (N-Wert: −1.645)?

b. Welches ist der Value at Risk (VaR) bei einem Anlagehorizont von 5 Jahren, einem Erwartungswert (stetig) von 6,19 % und einem Wahrscheinlichkeitsniveau von 1,00 % (N-Wert: −2.326)?

Lösung

a. VaR Aktie B $= 819.00 \cdot (2.718281828^{-1.645 \cdot 0.0389} - 1)$ $\qquad = -\mathbf{50.77}$

mit HP 17/19B: -1.645×0.0389

$= \to$ Taste EXP im MATH-Menü $\to -1 = \times 819.00$ $\qquad = -\mathbf{50.77}$

Mit einer Wahrscheinlichkeit (WS) von 5,00 % ist der Kursverlust von Aktie B innerhalb eines Monats grösser als CHF 50.77. Oder, anders ausgedrückt: Mit einer Wahrscheinlichkeit von 95,00 % ist der Kursverlust von Aktie B auf Monatsbasis kleiner als CHF 50.77.

b. VaR Aktie B $= 819.00 \cdot (2.718281828^{0.3095 + (-2.326 \cdot 0.3010)} - 1)$ $\qquad = -\mathbf{264.84}$

mit HP 17/19B: $0.3095 + (-2.326 \times 0.3010)$

$= \to$ Taste EXP im MATH-Menü $\to -1 = \times 819.00$ $\qquad = -\mathbf{264.84}$

Mit einer Wahrscheinlichkeit von 1,00 % ist der Kursverlust von Aktie B innerhalb von 5 Jahren grösser als CHF 264.84. Oder, anders ausgedrückt: Mit einer Wahrscheinlichkeit von 99,00 % ist der Kursverlust von Aktie B auf Fünfjahresbasis kleiner als CHF 264.84.

Hinweis

Die monatliche Standardabweichung von Aktie B ist 3,89 % (13.46-mal Wurzel von $^1/_{12}$). Die 5-jährige Standardabweichung von Aktie B ist 30,10 % (13.46-mal Wurzel von 5). Die stetige Fünfjahresrendite von Aktie B ist 30,95 % (5-mal 6,19 %). Das entspräche einer diskreten Fünfjahresrendite von 36,27 %.

Obschon der Value at Risk zur Abschätzung absoluter Verluste von Einzelinvestments oder Portfolios konzipiert worden ist, lassen sich ohne Weiteres prozentuale Verluste bestimmen. Unterstellt man einen Erwartungswert (Rendite) von null, rechnet sich der **prozentuale Value at Risk** wie folgt:

$$\mathbf{VaR\%} = 100 \cdot (e^{\text{N-Wert} \cdot \sigma} - 1)$$

Die Multiplikation mit 100 ist an sich unnötig, generiert aber direkt den VaR in Prozent.

Das Gegenstück des Value at Risk ist der **Value at Gain** (kurz: VaG). Er entspricht dem **Gewinn**betrag, der mit einer bestimmten Wahrscheinlichkeit übertroffen wird.

Beispiel

Gegeben ist unsere Aktie A mit einem aktuellen Kurswert von CHF 224.00. Die stetige Jahresrendite (Erwartungswert) ist 10,37 % und die jährliche Standardabweichung 21,60 %. Welches ist der Value at Gain (VaG) bei einem Anlagehorizont von einem Jahr, einem Erwartungswert von null und einem WS-Niveau von 2,50 % (N-Wert: -1.96)?

Lösung

VaR Aktie A $\quad= 224.00 \cdot (2.718281828^{1.96 \cdot 0.2160} - 1)$ $\qquad\qquad = +\mathbf{118.07}$

mit HP 17/19B: 1.96×0.2160

$= \rightarrow$ Taste EXP im MATH-Menü $\rightarrow -1 = \times 224.00$ $\qquad\qquad = +\mathbf{118.07}$

Mit einer WS von 2,50 % ist der Kursgewinn von Aktie A innerhalb eines Jahrs grösser als CHF 118.07. Oder, anders ausgedrückt: Mit einer WS von 97,50 % ist der Kursgewinn von Aktie A auf Jahresbasis kleiner als CHF 118.07. Beide Aussagen gelten für einen Erwartungswert von null.

Hinweis

Bei der Bestimmung des VaG wird der N-Wert ohne Minuszeichen eingesetzt.

1.2.6 Maximum Drawdown

Nicht nur die Berechnung des Value at Risk ist anspruchsvoll; auch die korrekte Interpretation bereitet oft Kopfzerbrechen. Eine Kennzahl mit vergleichbarem Erkenntnisgewinn ist der Maximum Drawdown. Die Bestimmung dieser Kennzahl ist denkbar einfach – deren Interpretation auch.

Der **Maximum Drawdown** entspricht dem historisch grössten Kursverlust, gemessen vom zwischenzeitlichen Höchst bis zum darauffolgenden Tiefst. Für den Aktienmarkt Schweiz (1926–2016) passierte der Maximum Drawdown, berechnet auf Jahresendwerten, von Ende 1972 bis Ende 1974. Er beträgt $-46,51$ %. Ende 1978, d. h. sieben Jahre später, war ein CH-Aktieninvestor, der just Ende 1972 ein diversifiziertes Aktienportfolio aufbaute, erstmals im Plus. Die Zeitspanne von sieben Jahren entspricht der sogenannten **Recovery-Periode**. Recovery-Perioden können aber auch deutlich länger dauern. Nach dem Crash am CH-Aktienmarkt von 1928 bis 1935 ($-41,31$ %) ergab sich eine Durststrecke (Recovery-Periode) von nicht weniger als 13 Jahren. Ende 1941 war ein CH-Aktieninvestor, der Ende 1928 einstieg, erstmals im Plus. Wer – mit Referenzwährung JPY – Ende 1989 in den japanischen Aktienmarkt einstieg, war Ende 2016 immer noch im Minus! Wir verweisen auf unsere Ausführungen in Band 1 (Kapitel 1 und 6) dieser Lehrbuchreihe.

1.3 Basiskennzahlen der Kapitalmarkttheorie

1.3.1 Überblick

Im ersten Teil dieses Kapitels haben wir uns mit den Basiskennzahlen der Portfoliotheorie (Rendite, Standardabweichung, Korrelation) beschäftigt. Diese erlauben eine quantifizierte Charakterisierung von Investments hinsichtlich ihrer Rendite-/Risikoeigenschaften sowie ihres Renditeverlaufs im Vergleich zu anderen Investments. Sind die erwartete Rendite, die Standardabweichung und die Korrelation von Investments bekannt, lassen sich mithilfe des Portfolio-Selection-Modells von Markowitz optimierte (effiziente) Portfolios bilden.

Im zweiten Teil haben wir die Basiskennzahlen der Portfoliotheorie um das Ausfallrisiko (Shortfall Risk) und den Value at Risk erweitert. Beide Kennzahlen ermöglichen quantifizierte Aussagen zum sogenannten Downside Risk, d.h. zum Risiko, ein bestimmtes Renditeziel zu verfehlen. Bestimmbar ist auch das Upside Risk, d.h. das «Risiko», einen Zielwert zu übertreffen. Der Value at Gain ist ein Beispiel dafür.

Jetzt wenden wir uns den Kennzahlen der Kapitalmarkttheorie zu. An erster Stelle steht die Kennzahl Beta. Sie steht für das sogenannte marktspezifische Risiko. Aus dem Beta-Konzept – die Kapitalmarkttheorie spricht vom Marktmodell – ergeben sich weitere Kennzahlen, so das Alpha (titelspezifische Rendite), die marktspezifische Rendite, das R^2 (R Quadrat) und das titelspezifische Risiko.

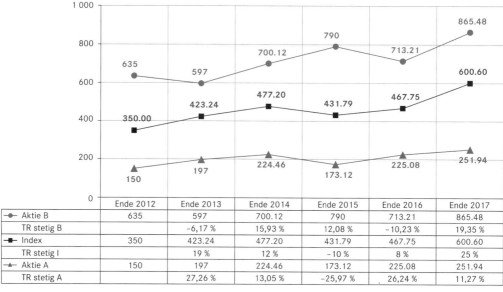

Kapitalentwicklung: Aktie A, Aktie B, Index
Arithmetische Skala

	Ende 2012	Ende 2013	Ende 2014	Ende 2015	Ende 2016	Ende 2017
Aktie B	635	597	700.12	790	713.21	865.48
TR stetig B		-6,17 %	15,93 %	12,08 %	-10,23 %	19,35 %
Index	350	423.24	477.20	431.79	467.75	600.60
TR stetig I		19 %	12 %	-10 %	8 %	25 %
Aktie A	150	197	224.46	173.12	225.08	251.94
TR stetig A		27,26 %	13,05 %	-25,97 %	26,24 %	11,27 %

Abb. 25

Die Kapitalmarkttheorie hat sich aus der Portfoliotheorie entwickelt. Einer der prominentesten Kapitalmarkttheoretiker ist William F. Sharpe. Zusammen mit Harry M. Markowitz und Merton H. Miller hat Sharpe im Jahr 1990 den Nobelpreis für Wirtschaftswissenschaften erhalten. Die Kapitalmarkttheoretiker halten die Analyse von Einzelinvestments und ihrer Beziehungen untereinander für ungenügend. Stattdessen rücken sie den Vergleich zum Gesamtmarkt in den Vordergrund. Im Zentrum steht dabei die Frage, wie ausgeprägt ein Investment auf «ups and downs» des Gesamtmarkts reagiert. Im Ergebnis können so die Rendite-/Risikoeigenschaften von Investments zerlegt, interpretiert und begründet werden. Objekte der Kapitalmarkttheorie sind in erster Linie Aktien und Aktienmärkte.

Aktienmärkte werden mittels Aktienindizes abgebildet. Was die Konstruktion und die Besonderheiten bekannter Aktienindizes angeht, verweisen wir auf *Theorie und Praxis der Geldanlage 1*, Kapitel 6. Wir können uns also darauf beschränken, unsere Aktien A und B durch einen fiktiven Aktienindex zu ergänzen, um so – in bekannter Manier – die kapitalmarkttheoretischen Kennzahlen Schritt für Schritt zu bestimmen und zu erläutern. **Abbildung 25** macht die Kapitalentwicklung und den Total Return (stetig) von Aktie A, Aktie B und Index transparent.

1.3.2 Alpha, Beta und marktspezifische Rendite

Aktienkorrelationen und Aktien-/Indexkorrelationen sind meist positiv. William F. Sharpe geht davon aus, dass es dafür grundlegende (fundamentale) Ursachen gibt. Ein Beispiel ist die Geld- und Währungspolitik. So wirken sich die geld- und währungspolitischen Entscheide der Schweizerischen Nationalbank regelmässig auf den gesamten CH-Aktienmarkt aus. Themen mit fundamentalem Charakter aus der jüngsten Vergangenheit sind etwa die internationale Schuldenkrise, der starke Schweizer Franken, der Brexit oder die neue Präsidentschaft in den USA.

Neben fundamentalen Einflussfaktoren gibt es solche, die den Gesamtmarkt (z. B. CH-Aktienmarkt) kaum berühren und nur isoliert kurswirksam sind. Ein Beispiel dafür ist ein durch menschliches Versagen verursachter Brand, der eine von drei Fabrikationsanlagen einer börsenkotierten Aktiengesellschaft zerstört hat. Als Folge dieses Ereignisses wird in der Regel nur der Aktienkurs des betroffenen Unternehmens nachgeben. Dasselbe dürfte auch für die Verletzung von börsengesetzlichen Meldepflichten gelten (z. B. verspätete Offenlegung von Management-Transaktionen). Positive Unternehmensnachrichten (z. B. der Eingang eines Grossauftrags) zählen selbstverständlich auch dazu.

Wenn es Ereignisse gibt, die den ganzen Aktienmarkt beeinflussen, und solche, die nur einen einzelnen Aktientitel betreffen, kann man versuchen, die Renditen und Risiken in einen markt- und in einen titelspezifischen Teil zu zerlegen. Genau das ist ein Kernthema der Kapitalmarkttheorie.

Im Sinn der Kapitalmarkttheorie lässt sich die Rendite (Erwartungswert) einer Aktie wie folgt zerlegen:

Aktienrendite (r_A) $= \alpha + (\beta \cdot r_M) + \varepsilon$

Das Alpha (α) entspricht der titelspezifischen Rendite. Aus der Multiplikation von Beta (β) und Marktrendite (r_M) ergibt sich die marktspezifische Rendite. Entsprechend ist die erwartete Rendite einer Aktie (Erwartungswert) definiert als Summe von titel- und marktspezifischer Rendite. Der griechische Buchstabe ε (Epsilon) steht für den sogenannten Zufallsfehler. Er macht deutlich, dass es sich bei Alpha und Beta um historisch ermittelte Durchschnittswerte handelt. Zwischen erwarteter und effektiver Aktienrendite ergeben sich naturgemäss Abweichungen. Wir gehen weiter hinten darauf ein (Stichwort: R^2). Für konkrete Berechnungen wird der Zufallsfehler (ε) vernachlässigt.

Wir widmen uns zunächst dem Beta (auch Beta-Faktor genannt). Er misst das Marktrisiko, d.h. die Sensitivität einer Aktie oder eines Aktienportfolios auf Kursveränderungen des Gesamtmarkts (Aktienindex). Das Beta einer Aktie (Aktien-Beta) lässt sich rechnerisch auf zwei Arten herleiten:

Beta $= \dfrac{\sigma_A}{\sigma_M} \cdot R_{AM}$

σ_A = Standardabweichung Aktie A
σ_M = Standardabweichung Aktienmarkt (Aktienindex)
R_{AM} = Korrelation Aktie A/Aktienindex

Beta $= \dfrac{S_{AM}}{\sigma_M^2}$

S_{AM} = Kovarianz Aktie A/Index, σ_M^2 = Varianz Aktienmarkt

Die beiden Beta-Formeln verlangen unter dem Bruchstrich die Standardabweichung (σ_M) bzw. die Varianz (σ_M^2) des Aktienmarkts. Für unsere Aktien A und B haben wir die Herleitung der Varianz und der Standardabweichung detailliert aufgezeigt (siehe Seite 36/37). Wir machen an dieser Stelle den Lösungsweg mit dem STAT-Menü des HP 17bII+ transparent:

Beispiel

Die stetigen Jahresrenditen unseres Total Return Index (siehe Seite 63) präsentieren sich wie folgt:

2013 = + 19 %, 2014 = + 12 %, 2015 = − 10 %, 2016 = + 8 %, 2017 = + 25 %.

Welches ist die erwartete Marktrendite (μ_M), welches die Standardabweichung (σ_M) und welches die Varianz (σ_M^2)?

Lösung (HP 17bII+)

STAT → Werte 1–5 eingeben:

19 → INPUT → 12 → INPUT → − 10 → INPUT → 8 → INPUT → 25 → INPUT;

EXIT → RECH → MITW → **10.80** → STAW → **13.33**

Der Erwartungswert (μ_M) ist 10,80 % und die Standardabweichung (σ_M) 13,33 %. Das STAT-Menü des HP 17bII+ stellt keine Taste für die Varianz bereit. Die Standardabweichung im Quadrat (σ_M^2) bzw. die Varianz ist 177.70.

Die rechnerische Herleitung der Kovarianz und der Korrelation unserer Aktien A und B zum Index ist aus **Tabelle 9** ersichtlich.

Kovarianz und Korrelation Aktie A/Index			Kovarianz und Korrelation Aktie B/Index		
$A_i - \mu_A$	$M_i - \mu_M$	$(A_i - \mu_A) \cdot (M_i - \mu_M)$	$B_i - \mu_B$	$M_i - \mu_M$	$(B_i - \mu_B) \cdot (M_i - \mu_M)$
$+16.89$	$+8.20$	$+16.89 \cdot +8.20 = +138.50$	-12.36	$+8.20$	$-12.36 \cdot +8.20 = -101.35$
$+2.68$	$+1.20$	$+2.68 \cdot +1.20 = +3.22$	$+9.74$	$+1.20$	$+9.74 \cdot +1.20 = +11.69$
-36.34	-20.80	$-36.34 \cdot -20.80 = +755.87$	$+5.89$	-20.80	$+5.89 \cdot -20.80 = -122.51$
$+15.87$	-2.80	$+15.87 \cdot -2.80 = -44.44$	-16.42	-2.80	$-16.42 \cdot -2.80 = +45.98$
$+0.90$	$+14.20$	$+0.90 \cdot +14.20 = +12.78$	$+13.16$	$+14.20$	$+13.16 \cdot +14.20 = +186.87$
$\sum_{i=1}^{n} (A_i - \mu_A) \cdot (M_i - \mu_M)$		$= +865.93$	$\sum_{i=1}^{n} (B_i - \mu_B) \cdot (M_i - \mu_M)$		$= +20.68$
$S_{AM} = \dfrac{\sum_{i=1}^{n} (A_i - \mu_A) \cdot (M_i - \mu_M)}{n-1} = \dfrac{+865.93}{5-1} = +216.48$			$S_{BM} = \dfrac{\sum_{i=1}^{n} (B_i - \mu_B) \cdot (M_i - \mu_M)}{n-1} = \dfrac{20.68}{5-1} = +5.17$		
$R_{AM} = \dfrac{S_{AM}}{\sigma_A \cdot \sigma_M} = \dfrac{+216.48}{21.60 \cdot 13.33} = +0.7519$			$R_{BM} = \dfrac{S_{BM}}{\sigma_B \cdot \sigma_M} = \dfrac{+5.17}{13.46 \cdot 13.33} = +0.0288$		

Tab. 9

Dazu – am Beispiel von Aktie A/Index – folgende Erläuterungen:

- Ai – μA (siehe Spalte 1, Zeile 1) entspricht der Differenz zwischen der stetigen Rendite von Aktie A im Jahr 2013 ($+27{,}26\,\%$) und dem Mittelwert der Jahresrenditen von 2013 bis 2017 ($10{,}37\,\%$). Das ergibt den Wert $+16.89$ ($27.26 - 10.37$).
- Mi – μM (siehe Spalte 2, Zeile 1) entspricht der Differenz zwischen der stetigen Index-rendite im Jahr 2013 ($+19{,}00\,\%$) und dem Mittelwert der Jahresrenditen von 2013 bis 2017 ($10{,}80\,\%$). Das ergibt den Wert $+8.20$ ($19 - 10.80$).
- Die beiden Differenzen zum Mittelwert werden miteinander multipliziert und die entsprechenden Jahreswerte addiert. Das Ergebnis ist $+865.93$.
- Dividiert man $+865.93$ durch 4 ($5-1$), resultiert die Kovarianz ($+216.48$) zwischen Aktie A und Index.
- Die Korrelation ergibt sich, indem man die Kovarianz durch das Produkt der beiden Standardabweichungen dividiert.

Die Beta-Faktoren von Aktie A bzw. Aktie B lassen sich nun wie folgt bestimmen:

Beispiel

Die Standardabweichung von Aktie A (σA) ist $21{,}60\,\%$ und jene von Aktie B (σB) $13{,}46\,\%$. Die Standardabweichung des Markts (σM) haben wir mit $13{,}33\,\%$ bestimmt. Die Korrelation A/M ist $+0.7519$ und die Korrelation B/M $+0.0288$. Die Kovarianz A/M ist $+216.46$ und die Kovarianz B/M $+5.17$. Welches ist das Beta von Aktie A und welches das Beta von Aktie B?

Lösung

Beta Aktie A $= \dfrac{21.60}{13.33} \cdot 0.7519 = \mathbf{1.218}$ oder: $\dfrac{+216.48}{177.70} = \mathbf{1.218}$

Verändert sich der Gesamtmarkt bzw. der entsprechende Aktienindex um $+/-1,00\,\%$, darf für Aktie A (Beta = 1.218) eine Kursveränderung um $+/-1,218\,\%$ erwartet werden. Aktie A lässt sich als eher aggressiver Wert ($\beta > 1$) interpretieren.

Beta Aktie B $= \dfrac{13.46}{13.33} \cdot 0.0288 = \mathbf{0.029}$ oder: $\dfrac{+5.17}{177.70} = \mathbf{0.029}$

Verändert sich der Gesamtmarkt bzw. der entsprechende Aktienindex um $+/-20,00\,\%$, darf für Aktie B (Beta = 0.029) eine Kursveränderung um $+/-0,58\,\%$ ($20 \cdot 0,029$) erwartet werden. Aktie B lässt sich als defensiver Wert ($\beta < 1$) interpretieren.

Ob ein Beta zuverlässig ist, lässt sich anhand der Korrelation (R) zwischen Aktie und Index abschätzen. Liegen die Korrelationen im Bereich von -0.30 bis $+0.30$, sind die Betas mit «Vorsicht zu geniessen». Wir kommen bei der Besprechung von R^2 (sprich: R Quadrat) darauf zurück.

Abbildung 26 veranschaulicht das Beta unserer Aktie A. Die einzelnen Punkte (Quadrate) markieren je den Schnittpunkt aus Aktien- und Indexrendite pro Jahr. So steht etwa das Quadrat unten links für das Jahr 2015 (Markt: $-10,00\,\%$, Aktie A: $-25,97\,\%$).

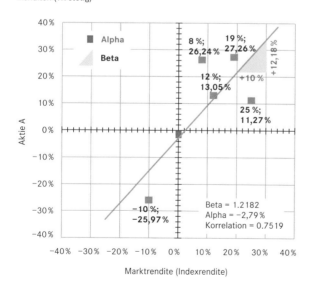

Aktie A: Beta und Alpha
Renditen (TR stetig)

Beta = 1.2182
Alpha = -2,79 %
Korrelation = 0.7519

Marktrendite (Indexrendite)

Abb. 26

Das Beta entspricht der Steigung der Regressionsgeraden (auch Trendlinie genannt). Diese wird so durch eine «Punktewolke» gelegt, dass die Summe der quadrierten Punktabstände zur Trendlinie minimal ist. Das Beta gibt demnach an, wie stark und in welche Richtung der Aktienmarkt die Entwicklung einer Einzelaktie im statistischen Mittel beeinflusst.

Der Punkt, in dem die Regressionsgerade die Ordinate schneidet, entspricht dem Wert **Alpha**, d. h. der titelspezifischen Aktienrendite. Positive Alpha-Werte lassen bei einem stagnierenden Markt eine entsprechend positive Rendite erwarten und umgekehrt.

Die Gleichung der Regressionsgeraden lässt sich mit dem kapitalmarkttheoretischen Erwartungswert einer Aktie (siehe Seite 64) wie folgt verknüpfen:

$r_A =$	α	$+$	$\beta \cdot r_M$
$r_A =$	$\mu_A - \dfrac{S_{AM}}{\sigma_M^2} \cdot \mu_M$	$+$	$\dfrac{S_{AM}}{\sigma_M^2} \cdot r_M$
$r_A =$	$\mu_A - \beta \cdot \mu_M$	$+$	$\beta \cdot r_M$

Tab. 10

Beispiel

Wie berechnet sich das Alpha von $-2{,}79\,\%$ für Aktie A (siehe Wert in **Abb. 26**)? Die stetige Rendite von Aktie A (μA) beträgt $10{,}37\,\%$ und die stetige Marktrendite (μM) $10{,}80\,\%$. Die Varianz des Markts ($\sigma_M{}^2$) ist 177.70 und die Kovarianz Aktie A/Markt (S_{AM}) 216.48. Das Beta von Aktie A ist 1.2182.

Lösung

Alpha Aktie A: $\quad 10.37 - \dfrac{216.48}{177.70} \cdot 10.80 = \mathbf{-2{,}79\,\%}$

oder: $\quad\quad\quad\quad 10.37 - (1.2182 \cdot 10.80) \ = \mathbf{-2{,}79\,\%}$

Das folgende Diagramm visualisiert das Beta und das Alpha von Aktie B.

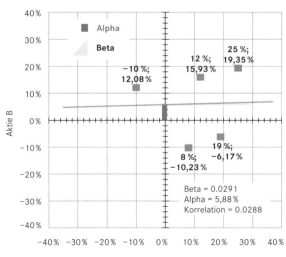

Aktie B: Beta und Alpha
Renditen (TR stetig)

Abb. 27

Aus den Beta-Faktoren der Aktien eines Portfolios lässt sich das **Portfolio-Beta** bestimmen. Es entspricht dem gewichteten arithmetischen Mittel der Aktien-Betas.

Beispiel

Ein Portfolio besteht am 31.12.2017 aus 700 Aktien A zum Kurs von CHF 224.00 und 100 Aktien B zum Kurs von CHF 819.00. Das Beta von Aktie A ist 1.218 und jenes von Aktie B 0.029. Welches ist das Portfolio-Beta?

Lösung

Aktie A:	700 · 224.00	=	156 800.00 · 1.218	=	190 982.40
Aktie B:	100 · 819.00	=	81 900.00 · 0.029	=	2 375.10
			238 700.00		**193 357.50**
Portfolio-Beta		=	193 357.50 ÷ 238 700.00	=	**0.8100**

Zu beachten ist, dass Beta-Faktoren für einzelne Aktien nicht besonders stabil sind. Sie verändern sich im Zeitablauf. **Tabelle 11** zeigt die Entwicklung der Betas für die acht höchstkapitalisierten SMI-Titel von Jahr zu Jahr. Berechnungsgrundlage bilden die stetigen Tagesrenditen. Besonders auffällig sind die ausgesprochen hohen Betas von CSGN und UBSN in den Jahren 2008, 2009 und 2012. Als Ursache lassen sich unschwer die Finanzmarktkrise und Folgeerscheinungen davon ausmachen. Die jüngsten Turbulenzen haben das Beta von CSGN erneut über die Marke von 2.0 katapultiert.

Titel	2007	2008	2009	2010	2011	2012	2013	2014	2015	2016
ABBN	1.620	1.562	1.537	1.412	1.442	1.439	1.050	1.054	0.945	0.969
CFR	1.151	1.209	1.498	1.580	1.578	1.771	1.675	0.927	1.354	1.185
CSGN	1.287	2.011	2.118	1.572	1.640	1.924	1.368	1.200	1.140	2.010
NESN	0.841	0.740	0.603	0.776	0.620	0.614	0.849	0.767	0.891	0.808
NOVN	0.694	0.784	0.481	0.786	0.855	0.686	0.998	1.196	1.156	1.014
ROG	0.768	0.794	0.618	0.808	0.847	0.871	1.192	1.170	1.035	1.038
UBSN	1.390	1.916	2.519	1.663	1.605	1.854	1.294	1.258	1.183	1.625
ZURN	1.109	1.230	1.621	0.939	1.434	1.050	0.820	0.774	0.885	1.360
MW	**1.107**	**1.281**	**1.374**	**1.192**	**1.253**	**1.276**	**1.156**	**1.043**	**1.074**	**1.251**

Tab. 11

Wie die Erfahrung lehrt, sind **Beta-Faktoren von Portfolios** mit mehr als zehn bis zwölf Aktien recht stabil. Beta-Veränderungen einzelner Aktien gleichen sich weitgehend aus. Die obige Datenreihe (Tab. 11) und Abbildung 28 können als Beleg dafür gelten.

Beta-Faktoren von CH-Aktien im Zeitablauf
Höchstkapitalisierte SMI-Titel 2003–2016

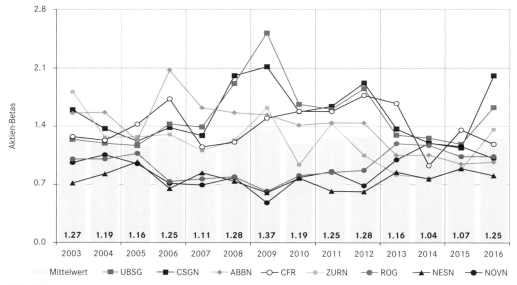

Abb. 28

1.3.3 Bestimmungsmass R² und titelspezifisches Risiko

Das Bestimmungsmass R² (sprich: R Quadrat) sagt aus, wie viel Prozent der gesamten Kurs-varianz (Volatilität) einer Aktie marktbedingt sind, d. h. durch den Markt erklärt werden kön-nen, und wie viel Prozent, nämlich 100 minus R² (ausgedrückt in Prozent), titelspezifischer Natur sind. Je höher R², desto verlässlicher sind die historisch ermittelten Alpha- und Beta-Werte und umgekehrt.

R² entspricht dem quadrierten Korrelationskoeffizienten zwischen Aktie und Aktienin-dex. Alternativ lässt sich das R² einer Aktie A auch wie folgt bestimmen:

$$\mathbf{R^2_A} = \frac{\beta_A \cdot \sigma_M^2}{\sigma_A^2}$$

Beispiel
Die Korrelation zwischen Aktie A und Index beträgt +0.7519, jene zwischen Aktie B und Index +0.0288. Welches ist je das R² und wie sind die beiden Werte zu interpretieren?

Lösung
R² Aktie A   = + 0.7519²   = **0.5654**
Die Varianz (Volatilität) von Aktie A von 466.43 ist zu 56,54 % marktbedingt und zu 43,46 % titelspezifisch.

R² Aktie B   = + 0.0288²   = **0.0008**
Die Varianz (Volatilität) von Aktie B von 181.29 ist zu 0,08 % marktbedingt und zu 99,02 % titelspezifisch.

Titel- und marktspezifisches Risiko lassen sich auch grafisch veranschaulichen (Abb. 29). Die Steigung der Regressionsgeraden stellt das marktspezifische Risiko (= Beta) dar, die punktuellen Abweichungen von der Regressionsgeraden das titelspezifische Risiko. Je grösser die Abweichungen, desto höher ist das titelspezifische Risiko und umgekehrt.

Aktie A
Titel- und marktspezifisches Risiko

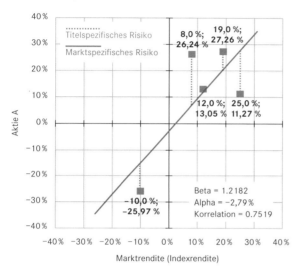

Abb. 29

1.3.4 Betas, Alphas und R² ausgewählter SMI-Titel

Abbildung 30 macht die Betas, Alphas und R² ausgewählter SMI-Titel transparent. Datenbasis bilden die Monatsrenditen der letzten fünf Jahre (31.12.2011–31.12.2016). Die Kennzahlen präsentieren sich wie folgt:

Kennzahlen	ABBN	CSGN	NESN	SCMN
Beta	1.2066	2.0182	0.7600	0.4925
Alpha (Monat)	−0,72%	−2,34%	0,15%	0,01%
R²	0.4429	0.4122	0.4997	0.1480

Tab. 12

Die Aktie CSGN war im Beobachtungszeitraum der «aggressivste» der vier SMI-Titel. Auf eine Veränderung des SMI um +/− 1,00% reagierten GSGN im statistischen Mittel mit +/− 2,0182%. Mit einem Beta von bloss 0.4925 reagierten dagegen SCMN (Swisscom Namen) sehr moderat auf Kursbewegungen des SMI. 49,97% der Volatilität von NESN lassen sich durch den Markt erklären. Bei SCMN sind es bloss 14,8%.

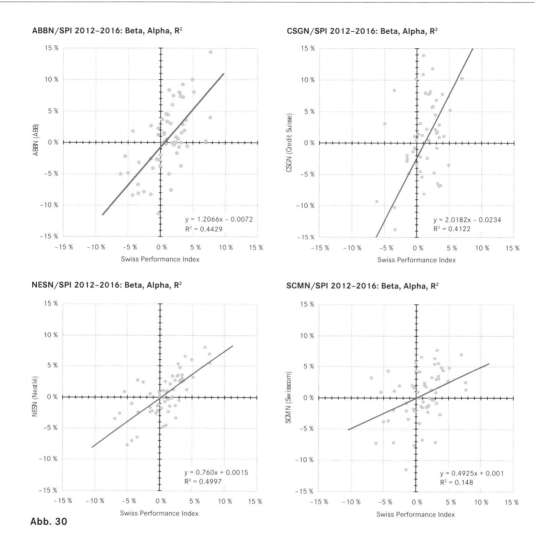

Abb. 30

1.3.5 Diversifikation des titelspezifischen Risikos

Die Aufteilung des Risikos einer Aktie in einen titelspezifischen und einen marktspezifischen Teil gibt Antwort auf die Frage, welcher Teil des Risikos wegdiversifiziert werden kann und welcher nicht.

Wie leicht einzusehen ist, lässt sich das Portfoliorisiko nicht auf null reduzieren. Auch ein nach allen Regeln der Kunst diversifiziertes Portfolio trägt ein Restrisiko. Dieses Restrisiko ist das **marktspezifische Risiko** (auch systematisches Risiko genannt). Wer z. B. ein Schweizer Aktiendepot so diversifiziert, dass es genau den Aktienindex (z. B. den Swiss Market Index) nachbildet, ist den Schwankungen des ganzen Markts bzw. des Aktienindex «eins zu eins» (Beta = 1.0) ausgesetzt. Wegdiversifizieren lässt sich nur das **titelspezifische Risiko**.

Abbildung 31 macht am praktischen Beispiel deutlich, dass sich bereits mit zehn Titeln ein guter Teil des titelspezifischen Risikos wegdiversifizieren lässt:

Diversifikation des titelspezifischen Risikos
SMI-Titel: 31.12.2008–31.12.2016

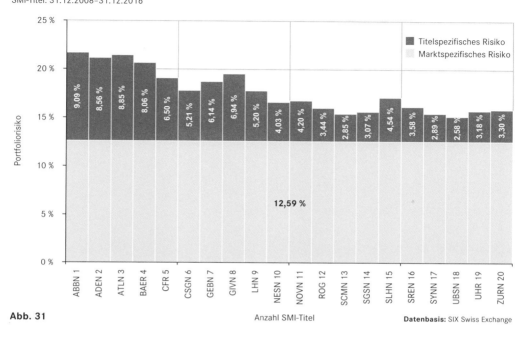

Abb. 31

Anzahl SMI-Titel

Datenbasis: SIX Swiss Exchange

Ausgangspunkt unseres praktischen Beispiels ist die Aktie ABBN. Wer im Beobachtungszeitraum (31.12.2008–31.12.2016) bloss auf die Aktie ABBN setzte, nahm ein titelspezifisches Risiko von 9,09 % in Kauf. Bei zwei Titeln (ABBN, ADEN) und einer Gewichtung von je 50 % reduziert sich das titelspezifische Portfoliorisiko auf 8,56 %. Auf den ersten Blick ist dies nicht besonders beeindruckend. Zieht man jedoch in Betracht, dass die Aktie Adecco (ADEN) mit 26,94 % eine Standardabweichung aufweist, die deutlich höher ist als jene von ABBN (21,68 %), lässt dies doch ein wenig aufhorchen. Verantwortlich für die Risikoreduktion ist die recht tiefe Korrelation zwischen ABBN und ADEN. Sie lag im Betrachtungszeitraum bei + 0.49.

Ergänzt man das Portfolio – in alphabetischer Reihenfolge der Kürzel – nach und nach um die Aktien ATLN (Actelion), BAER (Julius Bär), CFR (Richemont) und CSGN (Credit Suisse Group) und passt die Portfoliogewichte entsprechend an (je 33,33 %, je 25,00 %, je 20,00 %, je 16,66 %), resultieren titelspezifische Portfoliorisiken von 8,85 %, 8,06 %, 6,50 % und 5,21 %. Bei Gleichgewichtung aller 20 SMI-Titel (je 5,00 %) verbleibt ein titelspezifisches Risiko von 3,30 %.

In unserem praktischen Beispiel haben wir sogenannt naiv diversifiziert. Jeder SMI-Titel hat dasselbe Portfoliogewicht, bei fünf Titeln je 20,00 %, bei zehn Titeln je 10,00 % und bei 20 Titeln je 5,00 %. Mithilfe von Optimierungsmodellen (z. B. dem Portfolio-Selection-Modell von Markowitz) lassen sich sogenannt effiziente Portfoliokombinationen bestimmen. Effiziente Portfolios sind so zusammengesetzt, dass sie bei einem bestimmten Erwartungswert (Rendite) das tiefstmögliche Risiko aufweisen. Wir gehen – wie bereits mehrmals angetönt – im zweiten Kapitel ausführlich darauf ein.

1.3.6 Beta im Capital Asset Pricing Model (CAPM)

Wenn sich titelspezifische Risiken wegdiversifizieren lassen, macht es wenig Sinn, titelspezifische Risiken in Kauf zu nehmen. Folgerichtig geht die Kapitalmarkttheorie davon aus, dass sich Finanzmarktakteure vernünftig (rational) verhalten und titelspezifische Risiken tief halten. Bei der Bestimmung erwarteter Renditen kann das titelspezifische Risiko deshalb vernachlässigt werden. Beachtenswert ist somit – aus kapitalmarkttheoretischer Sicht – primär das marktspezifische Risiko und mithin der Beta-Faktor, sei es einer Aktie oder eines Aktienportfolios.

Beta-Faktoren quantifizieren das systematische Aktienmarktrisiko. Anleger, die dem Auf und Ab der Aktienmärkte weniger stark ausgesetzt sein wollen, bevorzugen folglich tiefe Betas. Aggressive Aktieninvestoren, die auf eine positive Marktentwicklung setzen, entscheiden sich dagegen für hohe Betas. So oder so: Aktieninvestoren rechnen fest damit, dass sie im statistischen Mittel besser fahren als Bond-Investoren. Im schlechtesten Fall zählen sie darauf, mindestens die Rendite einer risikolosen Geldanlage zu toppen. Eine risikolose Anlage weist ein Schuldnerrisiko und insbesondere ein Kursänderungsrisiko (Zinsänderungsrisiko) von praktisch null auf. Dem Idealtypus einer risikolosen Anlage kommen in der Schweiz die Geldmarktbuchforderungen oder die kurzfristigen Anleihen des Bundes am nächsten.

Unsere Überlegungen entsprechen – wenn auch stark vereinfacht – ziemlich genau den Kerngedanken des Capital Asset Pricing Model (CAPM). Es wurde von Sharpe, Mossin und Lintner in den 1960er-Jahren entwickelt. Eine zentrale Vorstellung ist dabei jene des Kapitalmarktgleichgewichts. Kapitalmarktgleichgewicht ist gegeben, wenn das Eingehen von zusätzlichem Risiko mit einer marktgerechten Mehrrendite belohnt wird.

Der Erwartungswert (erwartete Rendite) einer Aktie ergibt sich demnach im Sinn des Capital Asset Pricing Models (CAPM) wie folgt:

$$E_{(rA)} = r_f + (r_M - r_f) \cdot \beta$$

oder, zur Verdeutlichung der Regel «Punkt vor Strich»:
$$E_{(rA)} = r_f + [(r_M - r_f) \cdot \beta]$$

r_f = risikoloser Zinssatz, r_M = Marktrendite, β = Aktien-Beta

Die erwartete Aktienrendite gemäss CAPM hat sich im Barwertkonzept der Aktienbewertung als Mass für die Eigenkapitalkosten bzw. für die Eigenkapitalrendite durchgesetzt. Wir verweisen auf Kapitel 5 in Band 1 dieser Lehrbuchreihe, konkret auf das Gewinn-Diskontierungs-Modell, das Dividenden-Diskontierungs-Modell und das Discounted-Cashflow-Verfahren.

Die Bestimmung bzw. Herleitung des Erwartungswerts gemäss CAPM wollen wir auch hier am Beispiel unserer Aktien A und B konkret aufzeigen:

Beispiel

Welches ist die erwartete Rendite von Aktie A bzw. von Aktie B für den Fall, dass der risikolose Zinssatz (r_f) 3 % beträgt? Es wird eine Marktrendite (r_M) von 12,00 % erwartet. Das Beta von Aktie A beträgt bekanntlich 1.218 und jenes von Aktie B 0.029.

Lösung

Erwartete Rendite Aktie A $= 3.00 + [(12.00 - 3.00) \cdot 1.218] = \mathbf{13.962}$
Erwartete Rendite Aktie B $= 3.00 + [(12.00 - 3.00) \cdot 0.029] = \;\;\mathbf{3.261}$

Gemäss CAPM darf für Aktie A eine Rendite von 13,96 % und für Aktie B eine solche von 3,26 % erwartet werden.

Abbildung 32 (Aktie A) und Abbildung 33 (Aktie B) stellen die Bestimmung der erwarteten Rendite (Erwartungswert) gemäss CAPM grafisch dar.

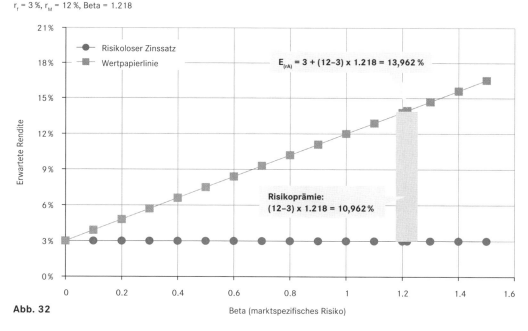

Aktie A: Erwartungswert gemäss CAPM
r_f = 3 %, r_M = 12 %, Beta = 1.218

Abb. 32   Beta (marktspezifisches Risiko)

Wie ersichtlich, umfasst der Erwartungswert gemäss CAPM zwei Bestandteile: den risikolosen Zinssatz (r_f) und die Risikoprämie. Die Risikoprämie entspricht der Differenz zwischen Marktrendite und risikolosem Zinssatz ($r_M - r_f$), multipliziert mit dem Beta (β).

Aktie B: Erwartungswert gemäss CAPM
$r_f = 3\,\%$, $r_M = 12\,\%$, Beta = 0.029

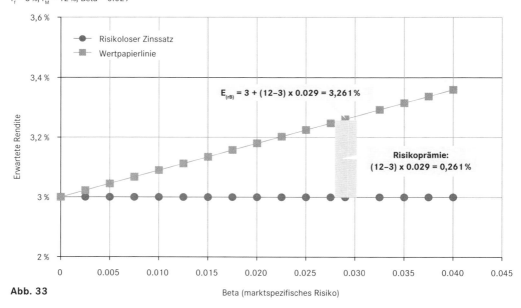

Abb. 33   Beta (marktspezifisches Risiko)

Ein Vergleich von erwarteten mit effektiven Renditen lässt Rückschlüsse auf die Überbewertung bzw. Unterbewertung von Aktien zu. Eine tatsächliche (effektive) Rendite von bspw. 9,50 % für Aktie A würde auf eine Überbewertung hindeuten: Aktie A hat die Erwartungen (erwartete Rendite = 13,962 %) nicht erfüllt und erscheint folglich zu teuer.

> **Fehleinkauf eines Torjägers**
> Der obige Hinweis zur Über-/Unterbewertung von Aktien lässt sich mit dem «Einkauf» eines Torjägers im Fussball oder etwa im Eishockey vergleichen. Ein «Einkaufspreis» von CHF 1 000 000.00 basiert auf der Erwartung von 20 Saisontoren. Schiesst der vermeintliche Torjäger bloss acht Saisontore, stellt sich der «Einkauf» als zu teuer heraus.

1.3.7 Exkurs: Arbitrage Pricing Theory (APT)

Im CAPM erklärt sich die erwartete Rendite einer Aktie allein über einen Faktor, das Marktportfolio bzw. den entsprechenden Aktienindex. Intuitiv leuchtet ein, dass der Markt ein wichtiger, vielleicht sogar der wichtigste Bestimmungsfaktor ist. Es scheint aber auch plausibel, dass sich nicht alle Einflussfaktoren im Markt verdichten. Daneben muss es Faktoren geben, die, unabhängig vom Marktportfolio, die künftigen Renditen von Wertpapieren bestimmen bzw. erklären können. Hier setzt die Arbitrage Pricing Theory (APT) an. Sie geht davon aus, dass die erwartete Rendite eines risikobehafteten Investments auf mehrere Risikoquellen zurückzuführen ist. Eine gute Vorstellung, welcher Art solche alternativen Faktoren sein können, ergibt sich aus den verschiedenen Arten von Anlagefonds. Mögliche Faktoren wären demnach die Entwicklung der Geldmarktrenditen (Geldmarktfonds), die Entwicklung der Bondrenditen (Obligationenfonds) oder etwa die Entwicklung der jeweiligen Branche (Branchenfonds).

Die erwartete Aktienrendite hat im APT-Modell folgende Form:

$$E_{(rA)} = r_f + [(r_{F1} - r_f) \cdot \beta_{F1}] + [(r_{F2} - r_f) \cdot \beta_{F2}] + \ldots + [(r_{Fn} - r_f) \cdot \beta_{Fn}]$$

r_f = risikoloser Zinssatz, r_{F1} = erwartete Rendite Faktor 1,
β_{F1} = Sensitivität Faktor 1

Salopp ausgedrückt werden im APT-Modell mehrere CAPMs hintereinander geschaltet. Die einzelnen Sensitivitätsmasse (β_{F1}, β_{F2} usw.) sind das Ergebnis einer sogenannten multiplen Regression.

Um das APT-Modell zu veranschaulichen, greifen wir auf unsere Aktie A zurück. Wie wir bereits aufgezeigt haben (siehe Seite 70), lässt sich die Varianz (Volatilität) von Aktie A nur zu 56,54 % ($R^2 = 0.5654$) über den Gesamtmarkt (Aktienindex) erklären. Auf der Suche nach einem weiteren Erklärungsfaktor könnten wir z. B. auf die Branche bzw. den Branchenindex stossen. Wir rufen die stetigen Jahresrenditen und ausgewählte Kennzahlen von Aktie A und Aktienindex in Erinnerung und ergänzen sie durch die entsprechenden Branchenwerte:

Jahre/Kriterien	Rendite Aktie A	Indexrendite	Branchenrendite
2013	+27,26 %	+19,00 %	+30,00 %
2014	+13,05 %	+12,00 %	+15,00 %
2015	−25,97 %	−10,00 %	−27,00 %
2016	+26,24 %	+8,00 %	+14,00 %
2017	+11,27 %	+25,00 %	+20,00 %
Mittelwert μ	+10,37 %	+10,80 %	+10,40 %
Varianz σ^2	466.43	177.70	477.30
Standardabweichung σ	21,60 %	13,33 %	21,85 %
Alpha α (Aktie/Index)	−2,79 %		
Beta β (Aktie/Index)	1.2182		
Korrelation R (Aktie/Index)	0.7519		
R^2 (Aktie/Index)	0.5654		
Alpha α (Aktie/Branche)	+1,17 %		
Beta β (Aktie/Branche)	0.9262		
Korrelation R (Aktie/Branche)	0.9369		
R^2 (Aktie/Branche)	0.8778		
Korrelation R (Index/Branche)		0.9189	
R^2 (Index/Branche)		0.8443	

Tab. 13

Multiple Regression bedeutet, die separaten Zusammenhänge von Aktie A und Index bzw. von Aktie A und Branche herauszufiltern. Die beiden Faktor-Betas lassen sich wie folgt berechnen:

$$\text{Faktor-Beta}_{AM} = \frac{R_{AM} - (R_{AB} \cdot R_{MB})}{1 - R2_{MB}} \cdot \frac{\sigma_A}{\sigma_M}$$

$$\text{Faktor-Beta}_{AB} = \frac{R_{AB} - (R_{AM} \cdot R_{MB})}{1 - R2_{MB}} \cdot \frac{\sigma_A}{\sigma_B}$$

A = Aktie A, M = Index (Markt), B = Branche

Beispiel

Welches ist – aufgrund der Datenbasis auf Seite 77 – das Faktor-Beta$_{AM}$ und das Faktor-Beta$_{AB}$?

Lösung

$$\text{Faktor-Beta}_{AM} = \frac{0.7519 - (0.9369 \cdot 0.9189)}{1 - 0.8443} \cdot \frac{21.60}{13.33} = -1.134$$

$$\text{Faktor-Beta}_{AB} = \frac{0.9369 - (0.7519 \cdot 0.9189)}{1 - 0.8443} \cdot \frac{21.60}{21.85} = 1.562$$

Jetzt verfügen wir über die Datenbasis, um die erwartete Aktienrendite gemäss APT-Modell zu berechnen. Zur Ergänzung: Das Alpha aufgrund der multiplen Regression beträgt +6,37 % und das R^2 0.9540. Indem wir die Branchenrendite als zusätzlichen Erklärungsfaktor eingebaut haben, ist es uns gelungen, 95,40 % der Varianz von Aktie A zu erklären. Das ist deutlich mehr als die 56,54 %, die wir allein aufgrund der Indexrendite zu bestimmen vermochten.

Beispiel

Welches ist die erwartete Rendite für Aktie A gemäss APT-Modell? Es gilt ein risikoloser Zinssatz (r_f) von 3,00 %. Die erwartete Marktrendite (r_M) beträgt 12,00 % und die Branchenrendite (r_B) 15,00 %.

Lösung

Erwartete Rendite Aktie A
= 3.00 + [(12.00 − 3.00) · −1.134] + [(15.00 − 3.00) · 1.562] = **11.54**

Gemäss APT-Modell darf für Aktie A eine Rendite von 11,54 % erwartet werden. Aufgrund des CAPM (siehe Seite 75) ergab sich eine erwartete Rendite von 13,96 %.

Eine wichtige Annahme im APT-Modell ist die, dass Finanzmärkte arbitragefrei sind. Risikolose Gewinne sind somit ausgeschlossen. Auf dieser Grundlage lassen sich z. B. Devisenterminkurse berechnen. Aber auch die Fair-Value-Berechnungen von Optionspreisen, Futurespreisen, Swapsätzen usw. beruhen auf der Annahme arbitragefreier Finanzmärkte. Die Ausstrahlung der Arbitrage Pricing Theory geht also weit über das Mehrfaktorenmodell der Aktienbewertung hinaus.

1.4 Risikoadjustierte Performancekennzahlen der Kapitalmarkttheorie

Die Performance gibt Auskunft über den Erfolg einer Geldanlage. Dient als Erfolgskriterium lediglich die erzielte Rendite, spricht man von eindimensionaler Performancemessung. Im Anlagefondsgeschäft, in der privaten und institutionellen Vermögensverwaltung, aber auch in der Anlageberatung tritt mehr und mehr die zweidimensionale Performancemessung in den Vordergrund. Die Rendite wird dabei risikobereinigt (risikoadjustiert). Die risikoadjustierte Rendite gibt dem Investor Auskunft, ob die Rendite – in Relation zum eingegangenen Risiko – angemessen ist oder nicht. Im engeren Sinn bedeutet «Performance» immer risikoadjustierte Rendite.

Die zweidimensionale Performancemessung erfolgt in zwei Stufen. In einem ersten Schritt wird die erzielte Rendite risikoadjustiert. Dieser Wert (= Ist-Performance) wird in einem zweiten Schritt mit der Rendite eines Vergleichsportfolios (= Soll-Performance) verglichen und analysiert. Das Vergleichsportfolio (z.B. ein bestimmter Aktienindex oder ein bestimmter Anlagefonds) dient als Benchmark.

Für unsere anschliessenden Berechnungen verwenden wir eine fiktive Datenbasis wie folgt:

Kriterien	Rendite	Standardabweichung	Beta-Faktor
Portfolio 1 (P1)	$r_{P1} = 7{,}60\,\%$	$\sigma_{P1} = 16{,}00\,\%$	$\beta_{P1} = 0.80$
Portfolio 2 (P2)	$r_{P2} = 8{,}60\,\%$	$\sigma_{P2} = 22{,}00\,\%$	$\beta_{P2} = 1.20$
Benchmark	$r_{BM} = 8{,}00\,\%$	$\sigma_{BM} = 20{,}00\,\%$	$\beta_{BM} = 1.00$
Risikoloser Zinssatz	$r_f = 2{,}00\,\%$		

Tab. 14

1.4.1 Sharpe Ratio

William F. Sharpe – er erhielt im Jahr 1990 gemeinsam mit Merton H. Miller und Harry M. Markowitz den Nobelpreis für Wirtschaftswissenschaften – verlangt von einem Investment, dass dieses pro Einheit Risiko (Standardabweichung) einen angemessenen Mehrertrag (Überrendite, Zusatzrendite) im Vergleich zu einem risikolosen Investment erzielt. Die Überrendite pro Einheit Risiko bezeichnet Sharpe als **Reward-to-Variability Ratio**. Heute spricht man gemeinhin vom Sharpe-Mass bzw. von der Sharpe Ratio.

Anhand der Sharpe Ratio ist es möglich, ein Investment risikoadjustiert an seiner Benchmark zu messen und/oder mehrere Portfolios zu rangieren. Die Sharpe Ratio berechnet sich wie folgt:

$$\textbf{Sharpe Ratio} \quad = \frac{r_{P/BM} - r_f}{\sigma_{P/BM}}$$

$r_{P/BM}$ = Portfolio- oder Benchmarkrendite
r_f = risikoloser Zinssatz
$\sigma_{P/BM}$ = Portfolio- oder Benchmarkrisiko

Die Sharpe Ratio kann positive oder negative Werte annehmen. Notiert die Sharpe Ratio mit einem Plus-Wert, hat sich das Eingehen von Risiko für den Investor grundsätzlich gelohnt. Dabei gilt: Je höher die Sharpe Ratio, desto besser war die Wertentwicklung des Investments bzw. desto höher war die Überrendite im Vergleich zu einem risikolosen Investment. Ist die Sharpe Ratio negativ, ist der Investor für das Eingehen von Risiko bestraft worden.

Beispiel
Gegeben ist die Datenbasis auf Seite 80. Welches ist die Sharpe Ratio der Benchmark (BM), von Aktienportfolio P1 und von Aktienportfolio P2? Wie sind die Werte zu interpretieren?

Lösung
$$\text{Sharpe Ratio BM} \quad = \frac{8.00 - 2.00}{20.00} = \textbf{0.30}$$

Pro Einheit (Prozentpunkt) Standardabweichung erreicht die Benchmark (BM) eine Überschussrendite von 0,30 %.

$$\text{Sharpe Ratio P1} \quad = \frac{7.60 - 2.00}{16.00} = \textbf{0.35}$$

$$\text{Sharpe Ratio P2} \quad = \frac{8.60 - 2.00}{22.00} = \textbf{0.30}$$

Pro Einheit (Prozentpunkt) Standardabweichung erreicht Portfolio P1 eine Überschussrendite von 0,35 %. Die Überschussrendite pro Einheit (Prozentpunkt) Standardabweichung von Portfolio P2 ist 0,30 %.

Die Sharpe Ratio P1 (0.35) übersteigt jene der Benchmark (0.30) und jene von P2 (0.30). Risikoadjustiert hat P1 die Benchmark und P2 geschlagen. Die Sharpe Ratio von P2 entspricht jener der Benchmark (je 0.30). Risikoadjustiert hat P2 gleich gut abgeschnitten wie die Benchmark.

Mathematisch entspricht die Sharpe Ratio (SR) der Steigung der linearen Gleichung $r_{P/BM} = r_f + (\textbf{SR} \cdot \sigma)$. Je höher die Sharpe Ratio, desto steiler verläuft die Gerade und desto höher ist die Zusatzrendite **(Abb. 34)**.

Sharpe Ratio

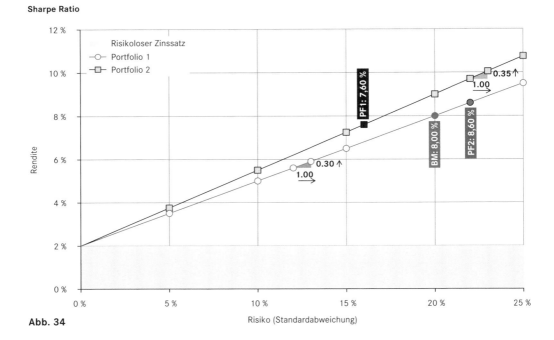

Abb. 34   Risiko (Standardabweichung)

1.4.2 Treynor Ratio

Im Unterschied zu Sharpe benutzt Jack L. Treynor anstelle der Standardabweichung den Beta-Faktor als Risikomass. Er fokussiert sich auf das systematische Risiko und vernachlässigt das titelspezifische Risiko. Als theoretische Grundlage benutzt er das Capital Asset Pricing Model (CAPM). Treynors Kennzahl, **Reward-to-Volatility Ratio** genannt, berechnet sich wie folgt:

$$\textbf{Treynor Ratio} \quad = \frac{r_{P/BM} - r_f}{\beta_{P/BM}}$$

$r_{P/BM}$ = Portfolio- oder Benchmarkrendite
r_f = risikoloser Zinssatz
$\beta_{P/BM}$ = Portfolio- oder Benchmarkrisiko

Wie bei der Sharpe Ratio ist es auch bei der Treynor Ratio möglich, ein Portfolio risikoadjustiert an seiner Benchmark zu messen und/oder mehrere Portfolios zu rangieren.

Die Treynor Ratio kann – gleich wie die Sharpe Ratio – positive oder negative Werte annehmen. Notiert die Treynor Ratio mit einem Pluswert, hat sich das Eingehen von Risiko für den Investor grundsätzlich gelohnt. Dabei gilt: Je höher die Treynor Ratio, desto besser war die Wertentwicklung des Investments bzw. desto höher war die Überrendite im Vergleich zu einem risikolosen Investment. Ist die Treynor Ratio negativ, ist der Investor für das Eingehen von Risiko bestraft worden.

Beispiel

Gegeben ist die Datenbasis auf Seite 80. Welches ist die Treynor Ratio der Benchmark, von Aktienportfolio P1 und von Aktienportfolio P2?

Lösung

$$\text{Treynor Ratio BM} = \frac{8.00 - 2.00}{1.00} = \mathbf{6.00}$$

Die Benchmark (BM) – sie hat definitionsgemäss ein Beta von 1.00 – erreicht eine Überschussrendite von 6,00 %.

$$\text{Treynor Ratio P1} = \frac{7.60 - 2.00}{0.80} = \mathbf{7.00}$$

$$\text{Treynor Ratio P2} = \frac{8.60 - 2.00}{1.20} = \mathbf{5.50}$$

Pro Einheit Beta (1.00) erreicht Portfolio P1 eine Überschussrendite von 7,00 %. Die Überschussrendite pro Einheit Beta (1.00) von Portfolio P2 ist 5,50 %.

Die Treynor Ratio P1 (7.00) übersteigt jene der Benchmark (6.00) und jene von P2 (5.50). Risikoadjustiert hat P1 die Benchmark und P2 geschlagen. Die Treynor-Ratio von P2 (5.50) notiert tiefer als jene der Benchmark (6.00). Risikoadjustiert hat P2 schlechter abgeschnitten als die Benchmark.

Wie unser Beispiel zeigt, können die Methoden von Sharpe und Treynor zu abweichenden Rangierungen führen. Bei der Sharpe Ratio schnitten Portfolio P2 und Benchmark gleich gut ab. Bei der Treynor Ratio dagegen kann Portfolio P2 mit der Benchmark nicht mithalten. Grund dafür ist das unterschiedliche Risikomass. Während das von Sharpe verwendete Risikomass (Standardabweichung) das Gesamtrisiko eines Portfolios ausdrückt, gibt das von Treynor bevorzugte Beta nur das systematische Risiko wieder.

Mathematisch entspricht die Teynor Ratio (TR) der Steigung einer linearen Gleichung $r_{P/BM} = r_f + (TR \cdot \beta)$. Je höher die Teynor Ratio, desto steiler verläuft die Gerade und desto höher ist die Zusatzrendite **(Abb. 35)**.

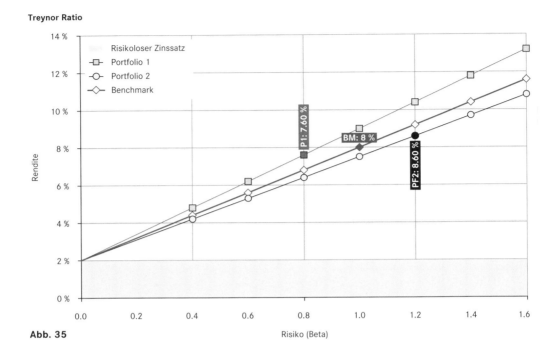

Abb. 35

1.4.3 Jensen-Alpha

Wie die Treynor Ratio basiert auch das Jensen-Alpha – benannt nach dem amerikanischen Professor Michael Jensen – auf dem CAPM. Es wird auch als Jensen-Mass oder **Differential-Return Ratio** bezeichnet und lässt sich wie folgt bestimmen:

$$\text{Jensen-Alpha} = r_P - [r_f + (r_{BM} - r_f) \cdot \beta]$$
r_P = Portfoliorendite,
Ausdruck in eckiger Klammer = CAPM-Formel

Das Jensen-Alpha entspricht der Differenz zwischen dem effektiven Ertrag eines Investments und jenem Ertrag, der gemäss CAPM zu erzielen wäre. Ein positives Alpha bedeutet, dass die Benchmark geschlagen wurde und umgekehrt. Anhand des Jensen-Alphas lassen sich Portfolios nur bedingt in eine Reihenfolge bringen.

> **Beispiel**
> Gegeben ist die Datenbasis auf Seite 80. Welches ist das Jensen-Alpha der Benchmark, von Aktienportfolio P1 und von Aktienportfolio P2?

Lösung

Jensen-Alpha BM	$= 8.00 - [2.00 + (8.00 - 2.00) \cdot 1.00]$	$= \mathbf{0.00}$
Jensen-Alpha P1	$= 7.60 - [2.00 + (8.00 - 2.00) \cdot 0.80]$	$= \mathbf{+0.80}$
Jensen-Alpha P2	$= 8.60 - [2.00 + (8.00 - 2.00) \cdot 1.20]$	$= \mathbf{-0.60}$

P1 (Jensen-Alpha $= +0.80$) hat die Benchmark risikoadjustiert um 0.80 Prozentpunkte übertroffen. P2 (Jensen-Alpha $= -0.60$) hat die Benchmark risikoadjustiert um 0.60 Prozentpunkte verfehlt.

Grafisch **(Abb. 36)** entspricht das Jensen-Alpha dem vertikalen Abstand zwischen der Wertpapierlinie (Security Market Line) und der effektiv erzielten Rendite. Die Wertpapierlinie widerspiegelt die CAPM-Formel.

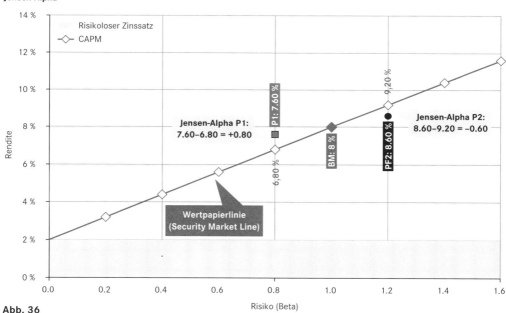

Abb. 36

1.5 Zusammenfassung

Harry M. Markowitz war in den 1950er-Jahren der erste Finanzmarkttheoretiker, der sich wissenschaftlich mit der Diversifikation von Portfolios befasste. Er hat ein Optimierungsmodell entwickelt, Portfolio-Selection-Modell genannt, das auf der Basis von Renditen, Varianzen und Kovarianzen die Bestimmung effizienter Portfoliokombinationen erlaubt. Die Varianz (Standardabweichung) steht dabei für das Kursschwankungsrisiko (Volatilität), die Kovarianz (Korrelation) für den Gleich-/Ungleichlauf der Preis- bzw. Renditeentwicklung zweier Investments.

Die Verwendung der Standardabweichung (Varianz) als Risikomass setzt voraus, dass Finanzmarktrenditen in etwa normalverteilt sind. Wie sich am Beispiel der 91-jährigen Kursgeschichte des Aktienmarkts Schweiz zeigen lässt, sind Jahresrenditen von CH-Aktien recht gut normalverteilt. Die theoretischen Wahrscheinlichkeiten gemäss dem Modell der Normalverteilung – etwa die Erwartung, dass rund zwei Drittel (ca. 68 %) der Jahresrenditen in der Bandbreite von plus/minus einer Standardabweichung vom Mittelwert anfallen – und die historischen (effektiven) Wahrscheinlichkeiten stimmen recht gut überein.

Im Rahmen der Weiterentwicklung des modernen Portfoliomanagements haben nach und nach weitere Kennzahlen Bedeutung erlangt. Dazu gehören das Ausfallrisiko (Shortfall Risk), der Value at Risk, das Beta, das Alpha und das R^2 (R Quadrat).

Die Ausfallwahrscheinlichkeit (Shortfall Risk) beziffert das Risiko, eine individuell festgelegte Mindestrendite nicht zu erreichen. Grundlage bildet dabei das Modell der Normalverteilung. Für den Aktienmarkt Schweiz lässt sich bspw. sagen, dass das theoretische Risiko einer Negativrendite (Verlustrisiko) auf Jahresbasis rund 35 % beträgt. Werden als Mindestrendite +10,00 % definiert, ist das theoretische Ausfallrisiko rund 55 %.

Das theoretische Ausfallrisiko lässt sich auch für einen Anlagehorizont von weniger oder mehr als einem Jahr bestimmen. Es gilt: Je länger der Anlagehorizont, desto geringer das Ausfallrisiko. So lässt sich etwa für den Aktienmarkt Schweiz bei einem Anlagehorizont von fünf Jahren ein theoretisches Ausfallrisiko (Verlustrisiko) von rund 20 % ausmachen.

Der Value-at-Risk-Ansatz ist mit dem Konzept der Ausfallwahrscheinlichkeit verwandt. Die Fragestellung lautet: «Wie hoch ist – mit einer bestimmten Wahrscheinlichkeit – der maximal zu erwartende Verlust eines Investments?» Ein Value at Risk (VaR) einer Aktie von CHF 30.00 (auf Jahresbasis und einem WS-Niveau von 2,50 %) entspricht einer Wahrscheinlichkeit von 2,50 %, mit dieser Aktie binnen eines Jahrs mehr zu verlieren als CHF 30.00. Meist wird der VaR in Geldeinheiten angegeben. Er kann aber auch in Prozent ausgedrückt werden. Das Gegenstück des Value at Risk ist der Value at Gain. Er entspricht dem Gewinnbetrag, der mit einer bestimmten Wahrscheinlichkeit (bspw. 2,50 %) übertroffen wird.

Die erwartete Rendite (Total Return) einer Aktie lässt sich aufteilen in einen titelbedingten und einen marktbedingten Teil. Grund dafür ist die Beobachtung, dass nicht nur unternehmensspezifische Informationen den Kurs bzw. die Rendite einer Aktie beeinflussen, sondern auch die Marktstimmung. Die titelbedingte Rendite eines Investments heisst Alpha. Das Alpha kann positive oder negative Werte annehmen. Ein Alpha von bspw. +1,25 % bedeutet, dass für diese Aktie eine Performance von +1,25 % auch dann erwartet werden darf, wenn der Gesamtmarkt mit 0,00 % rentiert, sich also seitwärts bewegt. Die marktbedingte Rendite ergibt sich aus der Multiplikation von Beta und Marktperformance. Performt der Markt z. B. mit +10,00 % und beträgt das Beta 0.80, darf für diese Aktie eine marktbedingte Rendite von +8,00 % erwartet werden. Das Beta ist – gleich wie etwa die Modified Duration – ein Sensitivitätsmass. Typische Aktien-Betas bewegen sich häufig im Bereich von +0.50 bis +1.50. Wie die Erfahrung zeigt, sind Aktien-Betas im Zeitablauf nicht sehr stabil. Erstaunlich konstant sind dagegen die Betas diversifizierter Aktienportfolios.

Das Bestimmungsmass R^2 (R Quadrat) lässt die Aussage zu, welcher Teil der Aktienvolatilität marktspezifische und welcher Teil titelspezifische Ursachen hat. Das R^2 entspricht rechnerisch dem quadrierten Korrelationskoeffizienten. Ein R^2 von 0.75 (75,00 %) bedeutet, dass 75,00 % der Aktienvolatilität (Varianz) marktbedingt und 25,00 % (100 % – 75,00 %) titelbedingt sind. Ist das R^2 einer Aktie gering, lässt sich diese als «eigenwillig» charakterisieren. Ist das R^2 einer Aktie hoch, handelt es sich um einen «Mitläufertitel». R^2 lässt auch eine Interpretation über die Zuverlässigkeit (Güte) des Aktien-Betas zu. Bei geringem R^2 sind Betas wenig hilfreich.

Die Unterscheidung zwischen titel- und marktspezifischem Risiko ermöglicht es, die Grenzen der Diversifikation aufzuzeigen. Durch Diversifikation lässt sich nur das titelspezifische Risiko eliminieren. Auch ein nach allen Regeln der Kunst diversifiziertes Portfolio ist dem Marktrisiko ausgesetzt. Wie die Erfahrung zeigt, lässt sich das titelspezifische Risiko bereits mit 10 bis 15 Titeln stark reduzieren.

Ein Kernelement der Portfolio- und Kapitalmarkttheorie bildet das CAPM (Capital Asset Pricing Model). Es erklärt die erwartete Rendite einer Aktie als Summe von risikolosem Zinssatz und Risikoprämie. Die Risikoprämie entspricht dabei der Differenz zwischen Marktrendite und risikolosem Zinssatz, multipliziert mit dem Beta. Gemäss CAPM wird ein Investor für das eingegangene Risiko dann angemessen entschädigt, wenn er – im Vergleich zu einem risikolosen Investment – mit einem risikogerechten Aufschlag (Zusatzrendite) belohnt wird.

Eine Erweiterung erfährt das CAPM durch die Arbitrage Pricing Theory (ATP). Dieses Mehrfaktorenmodell erklärt die Rendite einer Aktie nicht nur über den Markt, sondern über weitere Einflussfaktoren (z. B. die Geldpolitik der Nationalbank oder etwa die Entwicklung des Bruttoinlandsprodukts).

Die bekanntesten Kennzahlen zur risikobereinigten Performancemessung sind die Sharpe Ratio, die Treynor Ratio und das Jensen-Alpha. Alle drei Kennzahlen drücken aus, welchen Mehr- oder allenfalls Minderwert das Eingehen von Risiko generiert hat. Die Sharpe Ratio informiert über den Mehrwert pro zusätzliche Einheit Standardabweichung im Vergleich zu einem risikolosen Investment. Die Treynor Ratio basiert auf den gleichen Überlegungen wie die Sharpe Ratio, verwendet aber als Risikomass das Beta anstelle der Standardabweichung. Das Jensen-Alpha entspricht dem Mehr- oder Minderwert eines Investments im Vergleich zur erwarteten CAPM-Rendite.

2 Theorie der Portfoliooptimierung

Einführung und Lernziele

Im ersten Kapitel haben wir mehrere Male auf das Portfolio-Selection-Modell von Markowitz hingewiesen und dessen Darstellung in Kapitel 2 angekündigt. Die Markowitz-Optimierung steht folgerichtig im Zentrum dieses zweiten Kapitels. Wir werden das Geheimnis der optimalen Mischung von Portfolios lüften und mithin das «Wunder der Diversifikation» entmystifizieren.

Quasi zur Einstimmung beschäftigen wir uns einleitend mit der immer wieder zitierten und kritisch kommentierten Effizienzhypothese. Effizienztheoretiker behaupten, dass es weder der Fundamentalanalyse noch der technischen Analyse gelinge, systematische Vorteile zu generieren. Weil dem so sei, müssten Investoren sich in erster Linie darauf konzentrieren, vom Diversifikationseffekt zu profitieren und auf optimal zusammengestellte Portfolios setzen.

Das Portfolio-Selection-Modell von Markowitz zeigt auf, wie sich auf der Basis mathematisch-statistischer Inputdaten (stetige Renditen, Standardabweichungen, Korrelationen) optimale Portfolios bestimmen lassen. Zunächst erörtern wir den «Zwei-Anlagen-Fall». Am Beispiel zweier Aktien A und B machen wir uns mit den Grundlagen des Markowitz-Modells vertraut und lernen so die Kernelemente professioneller Portfoliooptimierung kennen. Darauf aufbauend behandeln wir den «Mehr-Anlagen-Fall». Anhand von Realdaten legen wir die Möglichkeiten und Grenzen der Markowitz-Optimierung offen.

Im dritten Teil dieses Kapitels stellen wir dar, wie sich das bekannte Capital Asset Pricing Model (CAPM) aus der Markowitz-Optimierung herleitet. Wir erfahren, was es mit dem «Tangentialportfolio» auf sich hat und wie sich durch Aufnahme von Krediten noch höhere Renditen generieren lassen als mit optimierten Markowitz-Portfolios.

Im vierten und letzten Teil beschäftigen wir uns im Rahmen eines Exkurses mit dem Indexmodell von Sharpe. Es entschärft die «Datenproblematik» des Markowitz-Modells, indem es mit deutlich weniger Schätzwerten (Inputdaten) auskommt.

Lernziele

Nach dem Studium dieses Kapitels kann der Leser

- die Portfoliorendite und das Portfoliorisiko im Zwei-Anlagen-Fall berechnen;
- das «Wunder der Diversifikation» erklären;
- die Herleitung der Effizienzkurve und deren Bestimmungsfaktoren begründen;
- die Begriffe Risikoaversion, Risikoneutralität und Risikofreude auseinanderhalten;
- die Bedeutung von Indifferenzkurven im Markowitz-Modell erklären;
- zwischen risikominimalen und risikooptimalen Portfolios unterscheiden;
- zwischen effizienten und ineffizienten Portfolios unterscheiden;
- die praktische Umsetzung der Markowitz-Optimierung am Mehr-Anlagen-Fall darstellen;
- die Grenzen der Markowitz-Optimierung aufzeigen;
- die Grundzüge des Capital Asset Pricing Model (CAPM) erklären;
- das Index-Modell von Sharpe skizzieren und die Unterschiede zum Markowitz-Modell begründen.

2.1 Effizienzhypothese

Die dem wissenschaftlichen bzw. modernen Portfoliomanagement verpflichteten Ansätze gehen mehr oder weniger explizit von der Annahme effizienter Märkte aus. Man spricht von der Effizienzhypothese. Sie unterstellt, dass in den aktuellen Finanzmarktkursen (Aktien-, Obligationen-, Devisen-, Edelmetallkurse usw.) alle verfügbaren Informationen optimal verarbeitet sind. Mit anderen Worten: Finanzmarktkurse gelten im statistischen Mittel als objektiv und fair.

Je nachdem, was unter verfügbarer Information verstanden wird, lässt sich zwischen schwacher, mittlerer und starker Effizienz unterscheiden:

- **Schwache Effizienz** wäre gegeben, wenn z. B. im aktuellen Wechselkurs USD/CHF, in der aktuellen Börsennotierung der Aktie Novartis Namen (NOVN) oder etwa in der aktuellen Goldnotierung sämtliche historischen Informationen optimal verarbeitet sind.
- **Mittlere Effizienz** würde gelten, wenn ausserdem alle aktuellen, öffentlich zugänglichen Informationen «eingepreist» sind.
- **Starke Effizienz** würde bedeuten, dass in den Finanzmarktkursen sogar Insiderinformationen vorweggenommen (eskomptiert) sind.

Abbildung 37 visualisiert die schwache, mittlere und starke Effizienz.

Etwas schwieriger ist die Antwort auf die Frage, was genau unter «optimal eskomptiert» zu verstehen ist. Auf jeden Fall bedeutet es nicht, dass der Markt immer und überall ein perfek-

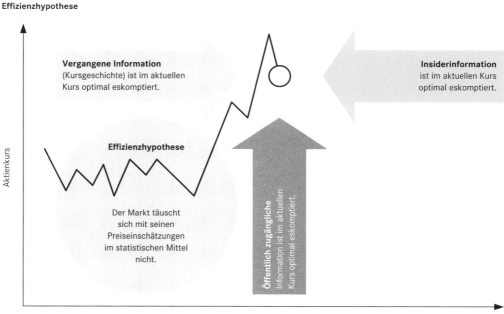

Abb. 37

tes Gespür für den richtigen Preis hat. Es bedeutet nur, dass sich der Markt mit seinen Rendite- und Risikoeinschätzungen im statistischen Mittel nicht täuscht. Trifft diese Annahme zu, sind Kursausschläge weitgehend das Ergebnis von Überraschungen. Da Überraschungen definitionsgemäss nicht prognostizierbar sind, folgen Kursentwicklungen auf effizienten Märkten im Wesentlichen einem Zufallsmuster. Man spricht von **Random-Walk-Prozessen**. Solche Prozesse lassen sich am Beispiel des betrunkenen Seemanns veranschaulichen. Auch bei ihm ist schwer abzuschätzen, wo er seinen nächsten Schritt hinsetzen wird.

Die Effizienzhypothese, vor allem in ihrer starken Version, ist für jeden aktiven Investor zunächst einmal eine ziemlich ernüchternde Botschaft. Der Markt ist in gewissem Sinn allwissend und alle Anstrengungen, mittels Chart- oder Fundamentalanalyse ein überdurchschnittliches Risiko-/Rendite-Resultat zu erzielen, erscheinen nutzlos. Und tatsächlich: Statistische Untersuchungen bestätigen zumeist, dass die bedeutenden Finanzmärkte ziemlich effizient sind.

Es gibt aber auch **Vorbehalte an der Effizienzhypothese**. Kritiker führen etwa folgende Gegenargumente ins Feld:

In den üblichen statistischen Tests, die die Effizienzhypothese bestätigen, werden sehr eingeschränkte Informationsmengen verwendet. Diese Informationen werden zudem auf eine sehr simple, mechanistische Weise ausgewertet. Ein erfahrener Finanzanalyst verfügt dagegen über weitaus komplexere Methoden der Informationsverarbeitung.

Im theoretischen Modell des effizienten Markts verbreiten sich überraschende Informationen schlagartig und wirken sich unmittelbar auf die Kurse aus. In der Realität dagegen brauchen Übertragungsprozesse Zeit. Der gut informierte Investor hat immer wieder die Möglichkeit, sich einen temporären Informationsvorsprung zu verschaffen.

Fakt ist, dass sowohl die Kapitalmarkt- als auch die Portfoliotheorie mehr oder minder explizit von der Annahme ausgehen, Finanzmärkte seien effizient. Während die Kapitalmarkttheorie auf dieser Grundlage untersucht, ob und unter welchen Voraussetzungen sich die Inkaufnahme zusätzlicher Risiken lohnt, stellt die Portfoliotheorie die Risikoreduktion durch optimal diversifizierte Portfolios in den Vordergrund.

Informationsparadoxon

Je mehr Marktteilnehmer daran glauben, dass die Preisbildung an den Finanzmärkten vollkommen ineffizient oder bestenfalls teilweise effizient ist, desto grösser werden alles in allem die Anstrengungen sein, um Über- bzw. Unterbewertungen ausfindig zu machen. Der hohe Informationsverarbeitungsaufwand (Research) müsste aber dazu führen, dass Ineffizienzen immer seltener auftreten. Die Preisbildung an den Finanzmärkten wäre demnach am effizientesten, wenn möglichst wenig Marktteilnehmer der Effizienzhypothese Glauben schenken. Diesen Widerspruch nennt man Informationsparadoxon.

2.2 Portfolio-Selection-Modell von Markowitz

2.2.1 Zwei-Anlagen-Fall

2.2.1.1 Grundlagen

Das Portfolio-Selection-Modell von Harry M. Markowitz zeigt auf der Basis mathematisch/statistischer Kennzahlen auf, wie sich sogenannt effiziente Portfolios bestimmen lassen. Effiziente Portfolios entsprechen jener Kombination von Investments, die bei einem bestimmten Portfoliorisiko die höchstmögliche Portfoliorendite generiert. Harry M. Markowitz – zusammen mit Merton H. Miller und William F. Sharpe Nobelpreisträger für Wirtschaftswissenschaften des Jahrs 1990 – entwickelte seine Grundideen bereits in den 1950er-Jahren.

> «Ein gutes Portfolio (.) ist mehr als eine lange Liste von Wertpapieren ... Es ist eine ausbalancierte Einheit, die dem Investor gleichermassen Chance und Absicherung unter einer Vielzahl von möglichen Entwicklungen bietet. Der Anleger sollte daher auf ein integriertes Portfolio hinarbeiten, das seinen individuellen Erfordernissen Rechnung trägt.»
>
> Harry M. Markowitz, *Portfolio Selection*, 1959

Die Bausteine bzw. Inputdaten des Markowitz-Modells sind die erwarteten stetigen Renditen (Erwartungswerte) von Investments, deren Varianz (Standardabweichung) und deren Kovarianz (Korrelation). Mit diesen Grössen haben wir uns in Kapitel 1 unter dem Titel «Basiskennzahlen der Portfoliotheorie» ausführlich auseinandergesetzt.

In einer ersten Annäherung an das Markowitz-Modell beschränken wir uns auf den Zwei-Anlagen-Fall, d. h. wir untersuchen die Gesetzmässigkeiten der Portfoliooptimierung am Beispiel von bloss zwei Investments. Wir greifen dabei auf unsere fiktiven Aktien A und B zurück, deren Rendite-/Risiko-/Korrelationseigenschaften wir in Kapitel 1 kennengelernt haben. Wir rufen deshalb die relevanten Kennzahlen unserer Aktien A und B in Erinnerung (Abb. 38).

Die Varianz (σ^2) von Aktie A beträgt übrigens 466.43 und jene von Aktie B 181.29. Die Kovarianz zwischen Aktie A und B haben wir mit -161.36 bestimmt.

Kapitalentwicklung: Aktie A, Aktie B
Arithmetische Skala

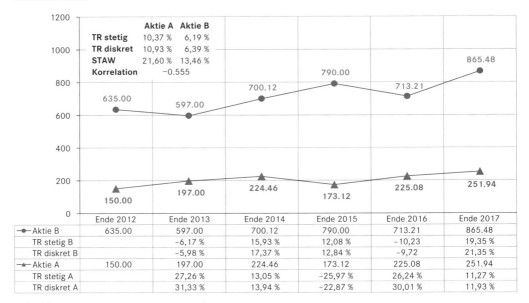

	Ende 2012	Ende 2013	Ende 2014	Ende 2015	Ende 2016	Ende 2017
Aktie B	635.00	597.00	700.12	790.00	713.21	865.48
TR stetig B		−6,17 %	15,93 %	12,08 %	−10,23	19,35 %
TR diskret B		−5,98 %	17,37 %	12,84 %	−9,72	21,35 %
Aktie A	150.00	197.00	224.46	173.12	225.08	251.94
TR stetig A		27,26 %	13,05 %	−25,97 %	26,24 %	11,27 %
TR diskret A		31,33 %	13,94 %	−22,87 %	30,01 %	11,93 %

Abb. 38

2.2.1.2 Portfoliorendite und Portfoliorisiko

Am Ausgangspunkt des Portfolio-Selection-Modells von Markowitz steht die Bestimmung der Portfoliorendite und des Portfoliorisikos. Während die Quantifizierung der Portfoliorendite keine besonderen Ansprüche stellt, kann die Bestimmung des Portfoliorisikos – selbst im Zwei-Anlagen-Fall – schon einiges Kopfzerbrechen bereiten.

Die erwartete **Portfoliorendite** im Markowitz-Modell entspricht der gewogenen Summe der Einzelrenditen, im Zwei-Anlagen-Fall der stetigen Renditen A und B:

$$E_{(r_{PF})} = (PF\%_A \cdot r_A) + (PF\%_B \cdot r_B)$$

$PF\%_A, PF\%_B$ = Portfolioanteile (z.B. 0.25 für 25 %) Investment A, B

r_A, r_B = erwartete stetige Rendite Investment A, B

Beispiel

Welches ist die erwartete Portfoliorendite, wenn Aktie A mit 75 % und Aktie B mit 25 % gewichtet wird? Der Erwartungswert (stetig) von Akte A sei 10,37 % und jener von Aktie B 6,19 %.

Lösung

$E_{(r_{PF})}$ = (0.75 · 10.37) + (0.25 · 6.19) = **9,325 %**

Hinweis: Anhand diskreter Renditen (10,93 %, 6,39 %) ergäbe sich eine diskrete Portfolio-rendite von 9,795 %. Das entspräche einer an sich korrekten stetigen Portfoliorendite von 9,3445 % (ln 1.09795 = 0.093445).

Bedeutend anspruchsvoller ist die Berechnung des **Portfoliorisikos (σPF)**. Für den einfachsten Fall eines Portfolios mit bloss zwei Anlagen (A und B) rechnet sich das Portfoliorisiko wie folgt:

$$\sigma_{PF} = \sqrt{(PF\%_A{}^2 \cdot \sigma_A{}^2) + (PF\%_B{}^2 \cdot \sigma_B{}^2) + [2 \cdot (PF\%_A \cdot PF\%_B \cdot S_{AB})]}$$

PF $\%_A$, PF $\%_B$ = Portfolioanteile (z. B. 0.25 für 25 %) Investment A, B

$\sigma_A{}^2$, $\sigma_B{}^2$ = Varianz Investment A, B; S_{AB} = Kovarianz A/B

Beispiel

Welches ist das Portfoliorisiko bei einem Anteil von Aktie A von 75 % und Aktie B von 25 %? Die Standardabweichung von Aktie A (x) beträgt 21,60 % und jene von Aktie B (y) 13,46 %. Die Kovarianz A/B ist -161.36.

Lösung

Portfoliorisiko $\sigma_{PF} = \sqrt{(0.75^2 \cdot 21.60^2) + (0.25^2 \cdot 13.46^2) + [2 \cdot (0.75 \cdot 0.25 \cdot -161.36)]} = \mathbf{14{,}60\,\%}$

Die Markowitz-Optimierung ist ein Ein-Perioden-Modell. Ein Rebalancing, d. h. eine periodische Rückführung der Portfoliogewichte, findet nicht statt. Kommt dazu, dass Markowitz stetige Renditen gewichtet und addiert, was eigentlich unkorrekt ist. Zur Bestimmung der korrekten Portfolioperformance (siehe Performancewerte in **Tab. 15**) kommt die Markowitz-Optimierung nicht infrage. Zur Portfoliooptimierung leistet das Modell dennoch unverzichtbare Dienste.

2.2.1.3 Das «Wunder der Diversifikation»

Berechnet man die Portfoliorendite und das Portfoliorisiko für ausgewählte Anteile von Aktie A und Aktie B, gelangt man zu folgendem Ergebnis:

Portfolioanteile		Markowitz-Werte		Performance-Werte[1]	
PF $\%_A$	PF $\%_B$	σ_{PF}	r_{PF} stetig	σ_{PF}	r_{PF} diskret
0,00 %	100,00 %	13,46 %	6,19 %	13,46 %	6,39 %
10,00 %	90,00 %	11,07 %	6,61 %	10,78 %	7,23 %
20,00 %	80,00 %	9,11 %	7,03 %	8,57 %	7,98 %
30,00 %	70,00 %	7,94 %	7,45 %	7,21 %	8,64 %
35,30 %	64,70 %	7,77 %	7,67 %	6,99 %	8,96 %
40,00 %	60,00 %	7,90 %	7,86 %	7,14 %	9,22 %
50,00 %	50,00 %	9,01 %	8,28 %	8,37 %	9,71 %
60,00 %	40,00 %	10,93 %	8,70 %	10,44 %	10,12 %
70,00 %	30,00 %	13,31 %	9,12 %	12,95 %	10,45 %
70,60 %	29,40 %	13,46 %	9,14 %	13,11 %	10,47 %
75,00 %	25,00 %	14,60 %	9,33 %	14,30 %	10,58 %
80,00 %	20,00 %	15,94 %	9,54 %	15,70 %	10,70 %
90,00 %	10,00 %	18,72 %	9,95 %	18,60 %	10,85 %
100,00 %	0,00 %	21,60 %	10,37 %	21,60 %	10,93 %

[1] Die Berechnung wird in Kapitel 3 erläutert.

Tab. 15

Abbildung 39 setzt die Markowitz-Werte (siebe **Tab. 15**) grafisch um. Die erste Zahl entspricht dem Portfoliorisiko, die zweite Zahl der Portfoliorendite.

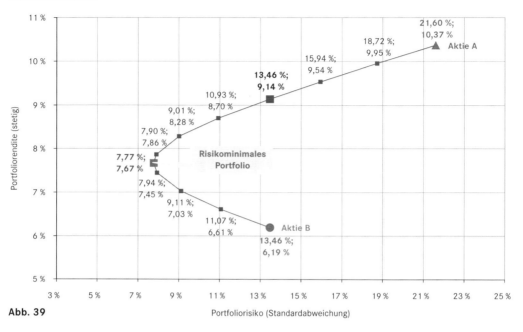

Abb. 39

Ersetzt man Aktie B nach und nach durch Aktie A, steigt die Rendite. Dies ist unmittelbar einsichtig, übertrifft doch die Rendite von Aktie A (10,37 %) jene von Aktie B (6,19 %). Überraschend ist dagegen, dass die Beimischung der risikoreicheren Aktie A zunächst mit einer Reduktion des Portfoliorisikos einhergeht. Das Risikominimum ergibt sich bei einer Portfoliomischung aus 64,70 % Aktie B und 35,30 % Aktie A. Man spricht vom **risikominimalen Portfolio** (Minimum-Varianz-Portfolio, MVP). Bemerkenswert ist ausserdem, dass eine Portfoliomischung aus 70,60 % Aktie A und 29,40 % Aktie B bei gleicher Volatilität wie Aktie B (13,46 %) eine Rendite erreicht (9,14 %), die fast 3 Prozentpunkte höher ist als jene von Aktie B (6,19 %).

Abbildung 40 macht den Diversifikationseffekt bei alternativen Portfoliokombinationen (Fälle 1–6) im Zeitablauf transparent. Ausgangspunkt ist ein Anfangskapital per 31.12.2012 von CHF 100.00, das auf die Aktien A bzw. B aufgeteilt wird. Gewichtsverschiebungen aufgrund unterschiedlicher Kursentwicklungen werden – anders als im Markowitz-Modell – jährlich ausgeglichen. Man spricht von Rebalancing. Die Endergebnisse (Portfoliorisiko/-rendite) per 31.12.2017 sind auch aus **Tabelle 15** (Spalten 5 und 6) ersichtlich.

Die Fälle 1 bis 4 stehen stellvertretend für jene Portfoliokombinationen Aktie A / Aktie B, die Aktie B doppelt ausstechen: Die Portfoliorendite ist höher als die Rendite von Aktie B, und das Portfoliorisiko ist kleiner als das Risiko von Aktie B. Fall 2 entspricht dem risikominimalen Portfolio. Ein Portfoliomix aus 35,30 % Aktie A und 64,70 % Aktie B generiert das tiefstmögliche Portfoliorisiko.

Diversifikationseffekt Fall 1: 20 % Aktie A/80 % Aktie B
PF-Rendite: 7,98 %, PF-Risiko: 8,57 %

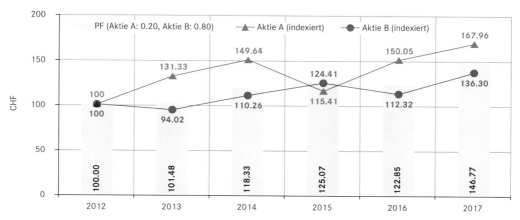

Diversifikationseffekt Fall 2: 35,30 % Aktie A/64,70 % Aktie B
PF-Rendite: 8,96 %, PF-Risiko: 6,99 %

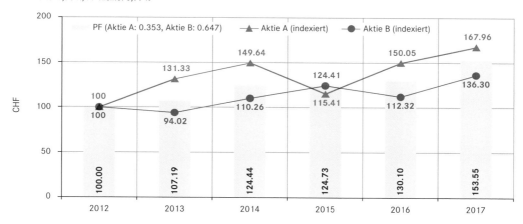

Diversifikationseffekt Fall 3: 50 % Aktie A/50 % Aktie B
PF-Rendite: 9,71 %, PF-Risiko: 8,37 %

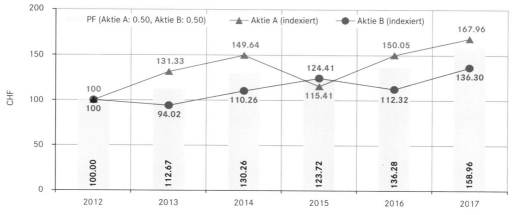

Abb. 40

Diversifikationseffekt Fall 4: 60 % Aktie A/40 % Aktie B
PF-Rendite: 10,12 %, PF-Risiko: 10,44%

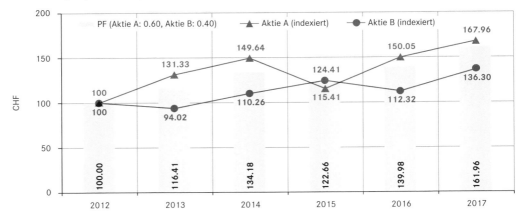

Diversifikationseffekt Fall 5: 70,60 % Aktie A/29,40 % Aktie B
PF-Rendite: 10,47 %, PF-Risiko: 13,11 %

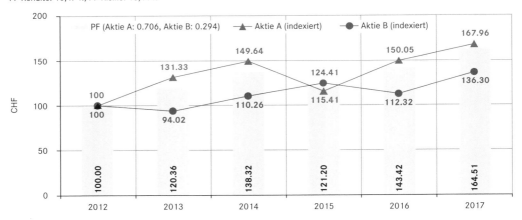

Diversifikationseffekt Fall 6: 90 % Aktie A/10 % Aktie B
PF-Rendite: 10,85 %, PF-Risiko: 18,60 %

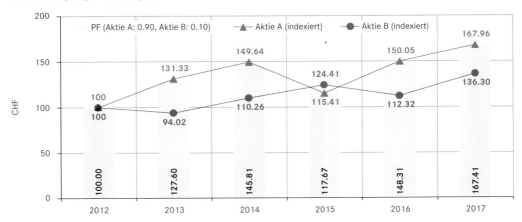

Abb. 40 (Fortsetzung)

Fall 5 (70,60 % Aktie A, 29,40 % Aktie B) veranschaulicht jenen Portfoliomix, der im Markowitz-Modell (siehe **Abb. 39**) bei einem Risiko von 13,46 % eine stetige Rendite von 9,14 % generiert. Wie wir wissen, bringt es Aktie B bei gleichem Risiko (13,46 %) bloss auf eine stetige Rendite von 6,19 %. Bei jährlichem Rebalancing schneidet der Mix aus 70,60 % Aktie A und 29,40 % Aktie B vergleichsweise noch besser ab.

Fall 6 (90,00 % Aktie A, 10,00 % Aktie B) macht deutlich, dass auch ein sehr kleiner Anteil der risikoärmeren und schwach korrelierenden Aktie B geeignet ist, das Portfoliorisiko zu reduzieren.

Für das «Wunder der Diversifikation» gibt es zwei Hauptursachen:

Ursache 1 ist die Erfahrung, dass das Eingehen von Risiko im statistischen Mittel belohnt wird.

Ursache 2 ist die Erfahrung, dass sich die Kurse bzw. die Renditen verschiedener Investments ungleich entwickeln. Je geringer die Korrelation der Anlagen in einem Portfolio, desto stärker wirkt der Diversifikationseffekt. Allgemein gilt: Je mehr die Korrelation von +1.00 in Richtung −1.00 geht, desto grösser ist die Reduktion des Portfoliorisikos und umgekehrt.

Die **Abbildungen 41** und **42** heben die Bedeutung der Korrelation für den Diversifikationseffekt hervor. Das erste Diagramm bildet – auf der Grundlage unserer Aktien A und B – den Diversifikationseffekt bei einer Korrelation von −1.00 ab, das zweite Diagramm jenen bei einer Korrelation von +1.00.

Diversifikationseffekt bei einer Korrelation von −1.00

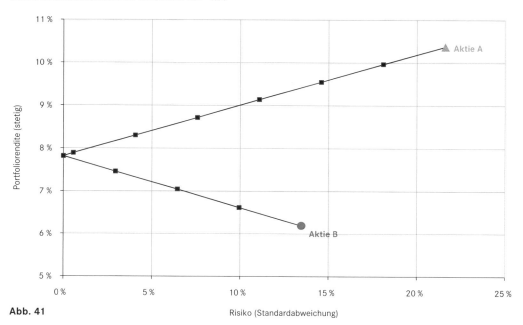

Abb. 41

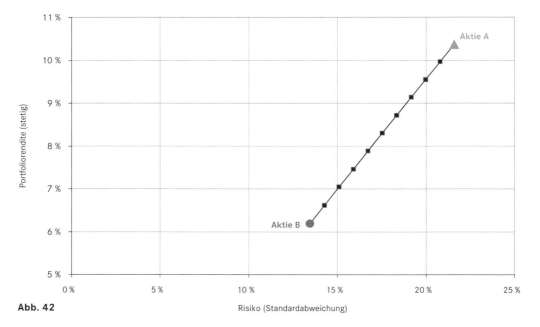

Abb. 42

Wie ersichtlich, lässt sich bei einer Korrelation von -1.00 ein risikominimales Portfolio mit einem Risiko von 0,00 % generieren. Bei einer Korrelation von $+1.00$ spielt der Diversifikationseffekt nicht. Die Beziehung zwischen Portfoliorendite und Portfoliorisiko ist linear.

2.2.1.4 Effiziente Portfolios
Ein Portfolio ist **effizient**,
- ■ wenn es zum Risiko «x» die höchstmögliche Rendite erreicht
  bzw.
- ■ wenn es die Rendite «y» zum tiefstmöglichen Risiko erzielt.

Lässt sich – bei gegebener Rendite – das Portfoliorisiko nicht weiter reduzieren oder – bei gegebenem Risiko – die Portfoliorendite nicht weiter erhöhen, ist es im finanztheoretischen Sinn effizient.

Effiziente Portfoliokombinationen **(Abb. 43)** liegen auf der **Effizienzkurve** (englisch: Efficient Frontier). Sie hat ihren Ausgangspunkt beim risikominimalen Portfolio. Kombinationen unterhalb der Effizienzkurve sind im Sinn der modernen Portfoliotheorie ineffizient.

Das alleinige Halten von Aktie B ist ineffizient. Bei gleichem Risiko (13,46 %) hätte – wir wissen es bereits – ein Portfoliomix aus 29,40 % Aktie B und 70,60 % Aktie A eine Markowitz-Rendite von 9,14 % statt von bloss 6,19 % erbracht. Ineffizient ist bspw. auch eine Kombination aus 80 % Aktie B und 20 % Aktie A. Bei etwas geringerem Risiko (9,01 % statt 9,11 %) hätte eine Portfoliomischung aus 50 % Aktie B und 50 % Aktie A eine Mehrrendite von 1.25 Prozentpunkten generiert (8,28 % statt 7,03 %).

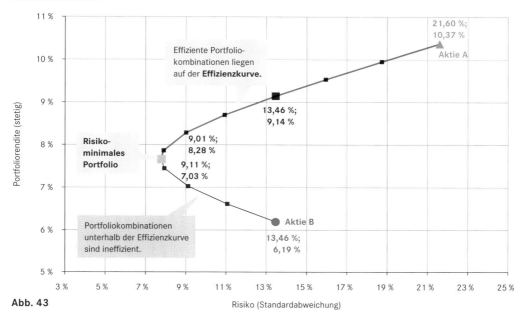

Diversifikationseffekt

Abb. 43

2.2.1.5 Anlegerindividuelle Portfolioauswahl

Welche Portfoliokombination im Einzelfall **optimal** ist, lässt sich anhand der **Risikoneigung** eines Anlegers bestimmen. Die Risikoneigung, auch **Risikotoleranz** oder Risikopräferenz genannt, drückt aus, welche Belohnung – ausgedrückt in Renditeeinheiten – ein Anleger pro zusätzliche Einheit Risiko erwartet. Es können folgende drei Formen der **Risikopräferenz** auseinandergehalten werden:

- **Risikoaversion** (Risikoscheu) bedeutet, dass ein Anleger für jede zusätzliche Einheit Risiko mit einem Renditezuwachs belohnt werden will.
- **Risikoneutralität** bedeutet, dass ein Anleger seine Anlageentscheide allein aufgrund von Renditeüberlegungen fällt. Das Risiko zieht er nicht in Betracht. Es ist für ihn ohne Bedeutung.
- **Risikofreude** bedeutet, dass ein Anleger grosses Risiko unbesehen positiv interpretiert. Der Anleger geht Risiken ein, auch wenn er dafür nicht belohnt wird.

Die praktischen Aspekte zur Bestimmung der Risikotoleranz behandeln wir im vierten Portfoliomanagement-Kapitel.

Abbildung 44 stellt die drei Formen der Risikopräferenz grafisch dar.

Abb. 44

Für Anlage- bzw. Finanzierungsentscheide ist risikoaverses (risikoscheues) Verhalten typisch. Risikoneutrale und risikofreudige Investoren haben in der Praxis kaum Bedeutung. Entsprechend hat Markowitz versucht, risikoscheues Verhalten mathematisch abzubilden. Der von ihm entwickelte Nutzenindikator, die **Mean-Variance-Bewertungsregel**, hat folgende Form:

Nutzenindikator (V) $= E(r) - \dfrac{1}{2T}\sigma^2$

$E(r)$ = erwartete Rendite eines Investments

σ^2 = Varianz eines Investments

T = Wert für die Risikotoleranz

Der Wert «T» für die Risikotoleranz kann frei bestimmt werden. Tiefe T-Werte stehen für eine geringe Risikotoleranz und umgekehrt. Mithilfe des Nutzenindikators lassen sich alternative Investments in eine Rangfolge bringen. Der Anleger entscheidet sich – gemessen an seiner Risikotoleranz – für das Investment mit dem höchsten Nutzenindikator.

Beispiel

Gegeben sind 2 Aktien G und H. Die erwartete Rendite für Aktie G beträgt 20 % und die Volatilität 30 %. Aktie H weist eine Renditeerwartung von 10 % und eine Volatilität von 20 % aus. Anleger Bear hat eine Risikotoleranz von 0.25 und Anleger Bull eine Risikotoleranz von 0.75.

a. Welche Aktie, G oder H, zieht Anleger Bear aufgrund seiner Risikotoleranz vor?

b. Welche Aktie, G oder H, zieht Anleger Bull aufgrund seiner Risikotoleranz vor?

Lösung

a. Nutzenindikator V von Anleger Bear für Aktie G $= 0.20 - \dfrac{1}{2 \cdot 0.25} 0.30^2 = \mathbf{0.020}$

Nutzenindikator V von Anleger Bear für Aktie H $= 0.10 - \dfrac{1}{2 \cdot 0.25} 0.20^2 = \mathbf{0.020}$

b. Nutzenindikator V von Anleger Bull für Aktie G $= 0.20 - \dfrac{1}{2 \cdot 0.75} 0.30^2 = \mathbf{0.140}$

Nutzenindikator V von Anleger Bull für Aktie H $= 0.10 - \dfrac{1}{2 \cdot 0.75} 0.20^2 = \mathbf{0.073}$

Für Anleger Bear stiften beide Aktien denselben Nutzen. Das zusätzliche Risiko, das mit Aktie G verbunden ist, wird durch die höhere Renditeerwartung exakt kompensiert. Anleger Bull bewertet Aktie G deutlich höher als Aktie H. Es ist das Ergebnis seiner höheren Risikotoleranz.

Mithilfe der Mean-Variance-Bewertungsregel lässt sich das **anlegerindividuelle Portfoliooptimum** ermitteln. Es entspricht jener Portfoliokombination, die von einem Anleger am höchsten bewertet wird.

Wie **Tabelle 16** offenlegt, wird bei einer Risikotoleranz von **T = 0.4** die Portfoliokombination 50,00 % Aktie A / 50,00 % Aktie B am höchsten bewertet, bei einer Risikotoleranz von **T = 0.7** die Portfoliokombination 70,60 % Aktie A / 29,40 % Aktie B.

PF %$_A$	PF %$_B$	σ_{PF}	r$_{PF}$ stetig	V-Wert bei T = 0.4	V-Wert bei T = 0.7
0,00 %	100,00 %	13,46 %	6,19 %	0.039273	0.048984
10,00 %	90,00 %	11,07 %	6,61 %	0.050803	0.057363
20,00 %	80,00 %	9,11 %	7,03 %	0.059907	0.064356
30,00 %	70,00 %	7,94 %	7,45 %	0.066585	0.069963
35,30 %	64,70 %	7,77 %	7,67 %	0.069141	0.072372
40,00 %	60,00 %	7,90 %	7,86 %	0.070837	0.074183
50,00 %	50,00 %	9,01 %	8,28 %	**0.072663**	0.077017
60,00 %	40,00 %	10,93 %	8,70 %	0.072063	0.078464
70,60 %	29,40 %	13,46 %	9,14 %	0.068778	**0.078485**
80,00 %	20,00 %	15,94 %	9,54 %	0.063584	0.077200
90,00 %	10,00 %	18,72 %	9,95 %	0.055705	0.074489
100,00 %	0,00 %	21,60 %	10,37 %	0.045401	0.070391

Tab. 16

Die Mean-Variance-Bewertungsregel ermöglicht auch die Generierung von Indifferenzkurven. Eine **Indifferenzkurve** ist der geometrische Ort aller Rendite-/Risikokombinationen, die aus der Optik des Anlegers denselben Nutzen stiften. Die Indifferenzkurve(n) erhält man, indem für jede Portfoliokombination die erwartete Rendite wie folgt berechnet wird:

$$E(r) = V + \frac{1}{2T}\sigma^2$$

Gehen wir von einer Risikoneigung von **T = 0.4** aus und setzen **V = 0.072663** (= Portfolio-optimum), ergeben sich ausgewählte Punkte der Indifferenzkurve wie folgt:

Portfoliorisiko = 7.77	Portfoliorisiko = 9.01	Portfoliorisiko = 13.46
$0.072663 + \frac{1}{0.8}0.0777^2 = \mathbf{0.0802}$	$0.072663 + \frac{1}{0.8}0.0901^2 = \mathbf{0.0828}$	$0.072663 + \frac{1}{0.8}0.1346^2 = \mathbf{0.0953}$

Tab. 17

Abbildung 45 visualisiert für unser Beispiel das Portfoliooptimum bei einer Risikoneigung (Risikotoleranz, Risikopräferenz) von T = 0.4.

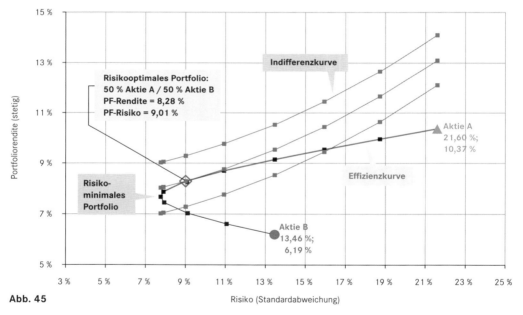

Abb. 45

Die relativ geringe Risikotoleranz führt zu einer relativ steilen Indifferenzkurve. Die obere Indifferenzkurve ist zu hoch positioniert. Der Investor muss seine Renditeerwartungen mit der tiefer liegenden Effizienzkurve in Einklang bringen. Bildlich ausgedrückt wird die Indifferenzkurve solange parallel nach unten verschoben, bis sie die Effizienzkurve touchiert. In unserem Beispiel ergibt sich der Berührungspunkt bei einer Portfoliorendite von 8,28% und einer Portfoliostandardabweichung von 9,01%. Das risikooptimale Portfolio entspricht einem Mix aus 50 % Aktie B und 50 % Aktie A.

Das Portfoliooptimum bei einer Risikoneigung (Risikotoleranz, Risikopräferenz) von T = 0.7 ist aus **Abbildung 46** ersichtlich.

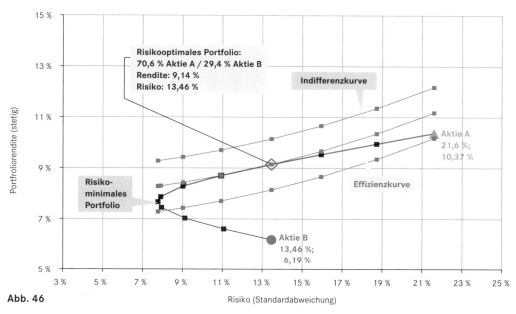

Anlegerindividuelle Portfolioauswahl: T = 0.7

Abb. 46

Die relativ hohe Risikotoleranz führt zu einer relativ flachen Indifferenzkurve. Die untere Indifferenzkurve ist zu tief positioniert. Der Investor darf seine Renditeerwartungen nach oben anpassen. Bildlich ausgedrückt, wird die Indifferenzkurve so lange parallel nach oben verschoben, bis sie die Effizienzkurve im höchstmöglichen Punkt touchiert. Der Berührungspunkt entspricht einer Portfoliorendite von 9,14 % und einer Portfoliostandardabweichung von 13,46 %. Das risikooptimale Portfolio umfasst 70,60 % Aktie A und 29,40 % Aktie B.

2.2.2 Mehr-Anlagen-Fall

2.2.2.1 Grundlagen

Der Zwei-Anlagen-Fall des Portfolio-Selection-Modells von Markowitz, den wir soeben ausführlich dargestellt haben, dient in erster Linie dazu, die Grundmechanismen der Portfoliooptimierung darzustellen und so ein Grundverständnis aufzubauen. Jetzt wenden wir uns dem Mehr-Anlagen-Fall zu. Wir zeigen anhand von Realdaten die praktische Umsetzung des Markowitz-Modells auf. Wir konzentrieren uns beispielhaft auf ein CH-Aktienportfolio. Den Einsatz der Markowitz-Optimierung im Rahmen der strategischen Asset Allocation thematisieren wir im Folgekapitel unter dem Titel «Anlagepolitik, Asset Allocation und Performancemessung».

Auch im Mehr-Anlagen-Fall ist die Bestimmung der Portfoliorendite (r_{PF}) und des Portfoliorisikos (σ_{PF}) zentral. Wir begnügen uns damit, die mathematische Herleitung von r_{PF} und σ_{PF} in allgemeiner Form offenzulegen. Grund dafür ist die besonders anspruchsvolle Bestimmung des Portfoliorisikos.

Die erwartete **Portfoliorendite** entspricht der Summe der mit ihren Portfolioanteilen gewichteten Einzelrenditen (Erwartungswerte). Im Markowitz-Modell – es rechnet bekanntlich mit stetigen Renditen – ergibt sich die Portfoliorendite für n Investments wie folgt:

$$E(r_{PF}) = \sum_{i=1}^{n} PF\%_i \cdot E(r_i)$$

$PF\%_i$ = Portfolioanteil eines Investments (z. B. 0.08 für 8,00 %)
$E(r_i)$ = erwartete stetige Rendite eines Investments

Während die Bestimmung der Portfoliorendite (r_{PF}) auch im Mehr-Anlagen-Fall keine besonderen Probleme aufwirft, lässt sich das **Portfoliorisiko (σPF)** nur mit EDV-Unterstützung berechnen. Mathematisch präsentiert sich die Herleitung des Portfoliorisikos wie folgt:

$$\sigma_{PF} = \sqrt{\sum_{i=1}^{n} PF\%_i{}^2 \cdot \sigma_i{}^2 + 2 \cdot \sum_{i=1}^{n} \sum_{j=i+1}^{n} PF\%_i \cdot PF\%_j \cdot S_{ij}}$$

$PF\%_i/PF\%_j$ = Portfolioanteile i/j
$\sigma_i{}^2$ = Varianz i
S_{ij} = Kovarianz i/j

Um effiziente Portfolios zu berechnen, benötigt man im Markowitz-Modell eine grosse Menge an Schätzwerten. Bei bloss zwei Anlagetiteln sind bereits fünf Variablen gefragt:

Messgrössen	Anzahl Variablen bei zwei Aktien			Anzahl Variablen allgemein
	Aktie A	Aktie B	Total	
Renditen	r_A	r_B	2	n
Varianzen	σ_A	σ_B	2	n
Kovarianzen		S_{AB}	1	$n(n-1) \div 2$
Anzahl Variablen			5	$n(n+3) \div 2$

Tab. 18

Wird die Betrachtung auf zehn Werte ausgedehnt, müssen zehn Renditen, zehn Varianzen und 45 Kovarianzen ($10 \cdot 9 \div 2 = 45$) geschätzt werden. Insgesamt bedarf es für den Fall von zehn Anlagewerten der Schätzung von 65 Parametern, um das Markowitz-Modell anwenden zu können. Bei 100 Anlagetiteln sind bereits 5150 Schätzwerte erforderlich. Hinzu kommt, dass im Fall von 100 Anlagetiteln auch 100 Gleichungen mit 100 Unbekannten aufgestellt und gelöst werden müssen.

Auf der Website des Instituts für Banken und Finanzplanung (www.ibf-chur.ch, Rubrik ibf-excel-finance-tools) steht ein Excel-basiertes Optimierungs-Tool bereit. Es ist auf maximal 25 Investments angelegt. Die folgenden Berechnungen und Diagramme sind mithilfe dieses Werkzeugs generiert worden.

2.2.2.2 Praktisches Beispiel

Den Mehr-Anlagen-Fall des Portfolio-Selection-Modells von Markowitz demonstrieren wir anhand einer Auswahl von acht Titeln des Swiss Market Index (SMI). Als Datenbasis (Tab. 19) dienen die Quartalsschlusskurse von Ende 2011 bis Ende 2016. Die Dividendenzahlungen lassen wir unberücksichtigt.

Datum	ABBN	ADEN	NESN	NOVN	ROG	SCMN	UBSG	ZURN	SMI
31.12.2011	**17.68**	**39.35**	**54.00**	**53.70**	**159.20**	**355.90**	**11.18**	**212.50**	**5343.52**
31.03.2012	18.52	47.30	56.80	49.96	157.10	364.90	12.65	242.60	5715.79
30.06.2012	15.45	42.00	56.55	52.90	163.60	381.20	11.05	213.50	5633.27
30.09.2012	17.64	44.76	59.30	57.55	175.70	378.00	11.45	234.20	6010.92
31.12.2012	**18.75**	**48.04**	**59.60**	**57.45**	**184.00**	**393.80**	**14.27**	**243.40**	**6290.52**
31.03.2013	21.41	52.00	68.65	67.45	221.00	439.20	14.55	264.20	7243.46
30.06.2013	20.51	53.85	61.95	67.10	235.00	413.60	16.08	245.00	7247.62
30.09.2013	21.39	64.40	63.25	69.50	243.90	434.60	18.50	232.90	7611.23
31.12.2013	**23.48**	**70.60**	**65.30**	**71.20**	**249.20**	**470.90**	**16.92**	**258.50**	**7838.00**
31.03.2014	22.80	73.55	66.55	75.00	265.00	543.00	18.26	271.40	8202.18
30.06.2014	20.42	73.00	68.70	80.30	264.50	515.50	16.27	267.30	8455.66
30.09.2014	21.48	64.85	70.25	90.15	283.10	542.50	16.66	284.80	8695.61
31.12.2014	**21.14**	**68.85**	**72.95**	**92.35**	**269.90**	**522.50**	**17.09**	**311.70**	**8857.03**
31.03.2015	20.63	81.00	73.40	96.15	268.10	564.50	18.32	329.30	9137.24
30.06.2015	19.58	75.90	67.50	92.15	262.00	524.00	19.83	284.60	8918.62
30.09.2015	17.22	71.25	73.25	89.40	257.00	486.20	18.01	239.20	8679.82
31.12.2015	**17.96**	**68.90**	**74.55**	**86.80**	**276.40**	**503.00**	**19.52**	**258.40**	**9093.97**
31.03.2016	18.74	62.65	71.85	69.70	236.70	522.50	15.49	223.30	8316.61
30.06.2016	19.12	48.89	75.15	80.15	256.10	482.70	12.57	239.40	8660.22
30.09.2016	21.81	54.70	76.55	76.40	241.00	461.70	13.23	250.00	8883.25
31.12.2016	**21.48**	**66.65**	**73.05**	**74.10**	**232.60**	**456.10**	**15.95**	**280.40**	**8965.70**

Tab. 19

Zur Bestimmung der erwarteten Portfoliorendite (r_{PF}) benötigen wir die **stetigen Periodenrenditen** unserer acht Titel. Die stetigen Periodenrenditen können – gleich, ob durchschnittliche Monats-, Quartals- oder Jahresrenditen gefragt sind – direkt aufgrund der obigen Datenbasis berechnet werden:

$$\text{Stetige Periodenrendite } E_{(r_i)} = \ln\left[\left(\frac{K_n}{K_0}\right)^{\frac{1}{n}}\right]$$

Beispiel

Welches ist die durchschnittliche stetige Quartalsrendite und die durchschnittliche stetige Jahresrendite von NOVN aufgrund der gegebenen Datenbasis (Ende 2011–Ende 2016)?

Lösung

NOVN $\varnothing$ stetige Quartalsrendite (r): $\ln\left[\left(\dfrac{74.10}{53.70}\right)^{\frac{1}{20}}\right] = 0.016100$ bzw. **1,6100 %**

NOVN $\varnothing$ stetige Jahresrendite (r): $\ln\left[\left(\dfrac{74.10}{53.70}\right)^{\frac{4}{20}}\right] = \mathbf{0.064401}$ bzw. **6,4401 %**

NOVN $\varnothing$ stetige Jahresrendite (r): $4 \cdot 0.016100 = \mathbf{0.064401}$ bzw. **6,4401 %**

Die folgende Tabelle hält die stetigen Quartals- bzw. Jahresrenditen unserer acht SMI-Titel sowie des Swiss Market Index (SMI) für den Zeitraum von Ende 2011 bis Ende 2016 fest:

Durchschnittsrenditen	ABBN	ADEN	NESN	NOVN	ROG	SCMN	UBSG	ZURN	SMI
Quartalsrendite stetig (r)	0,97 %	2,63 %	1,51 %	1,61 %	1,90 %	1,24 %	1,78 %	1,39 %	2,59 %
Jahresrendite stetig (r)	3,89 %	10,54 %	6,04 %	6,44 %	7,58 %	4,96 %	7,11 %	5,55 %	10,35 %

Tab. 20

In einem zweiten Schritt ermitteln wir die **Varianz** bzw. die **Standardabweichung** unserer acht Titel auf der Basis stetiger Quartalsrenditen. Die stetigen Quartalsrenditen präsentieren sich wie folgt:

Datum	ABBN	ADEN	NESN	NOVN	ROG	SCMN	UBSG	ZURN	SMI
31.03.2012	4,64 %	18,40 %	5,06 %	−7,22 %	−1,33 %	2,50 %	12,35 %	13,25 %	6,73 %
30.06.2012	−18,12 %	−11,88 %	−0,44 %	5,72 %	4,05 %	4,37 %	−13,52 %	−12,78 %	−1,45 %
30.09.2012	13,26 %	6,36 %	4,75 %	8,43 %	7,14 %	−0,84 %	3,56 %	9,25 %	6,49 %
31.12.2012	6,10 %	7,07 %	0,50 %	−0,17 %	4,62 %	4,09 %	22,02 %	3,85 %	4,55 %
31.03.2013	13,27 %	7,92 %	14,14 %	16,05 %	18,32 %	10,91 %	1,94 %	8,20 %	14,11 %
30.06.2013	−4,29 %	3,50 %	−10,27 %	−0,52 %	6,14 %	−6,01 %	10,00 %	−7,54 %	0,06 %
30.09.2013	4,20 %	17,89 %	2,08 %	3,51 %	3,72 %	4,95 %	14,02 %	−5,06 %	4,90 %
31.12.2013	9,32 %	9,19 %	3,19 %	2,42 %	2,15 %	8,02 %	−8,93 %	10,43 %	2,94 %
31.03.2014	−2,94 %	4,09 %	1,90 %	5,20 %	6,15 %	14,25 %	7,62 %	4,87 %	4,54 %
30.06.2014	−11,02 %	−0,75 %	3,18 %	6,83 %	−0,19 %	−5,20 %	−11,54 %	−1,52 %	3,04 %
30.09.2014	5,06 %	−11,84 %	2,23 %	11,57 %	6,80 %	5,11 %	2,37 %	6,34 %	2,80 %
31.12.2014	−1,60 %	5,99 %	3,77 %	2,41 %	−4,77 %	−3,76 %	2,55 %	9,03 %	1,84 %
31.03.2015	−2,44 %	16,25 %	0,61 %	4,03 %	−0,67 %	7,73 %	6,95 %	5,49 %	3,11 %
30.06.2015	−5,22 %	−6,50 %	−8,38 %	−4,25 %	−2,30 %	−7,44 %	7,92 %	−14,59 %	−2,42 %
30.09.2015	−12,84 %	−6,32 %	8,18 %	−3,03 %	−1,93 %	−7,49 %	−9,63 %	−17,38 %	−2,71 %
31.12.2015	4,21 %	−3,35 %	1,76 %	−2,95 %	7,28 %	3,40 %	8,05 %	7,72 %	4,66 %

Datum	ABBN	ADEN	NESN	NOVN	ROG	SCMN	UBSG	ZURN	SMI
31.03.2016	4,25%	−9,51%	−3,69%	−21,94%	−15,51%	3,80%	−23,12%	−14,60%	−8,94%
30.06.2016	2,01%	−24,80%	4,49%	13,97%	7,88%	−7,92%	−20,89%	6,96%	4,05%
30.09.2016	13,16%	11,23%	1,85%	−4,79%	−6,08%	−4,45%	5,12%	4,33%	2,54%
31.12.2016	−1,52%	19,76%	−4,68%	−3,06%	−3,55%	−1,22%	18,70%	11,48%	0,92%
Mittelwert	**0,97%**	**2,63%**	**1,51%**	**1,61%**	**1,90%**	**1,24%**	**1,78%**	**1,39%**	**2,59%**

Hinweis: Das arithmetische Mittel der stetigen Quartalsrenditen (z. B. 1,61% für NOVN) entspricht jenen in Tabelle 20.

Tab. 21

Die folgende Tabelle macht die quartalsweisen und die annualisierten Standardabweichungen unserer acht SMI-Titel sowie des Swiss Market Index (SMI) für den Zeitraum von Ende 2011 bis Ende 2016 transparent:

Standardabweichungen	ABBN	ADEN	NESN	NOVN	ROG	SCMN	UBSG	ZURN	SMI
Quartalsweise	8,63%	11,89%	5,41%	8,44%	7,00%	6,52%	12,50%	9,80%	4,57%
Jährlich (annualisiert)	17,26%	23,77%	10,81%	16,89%	14,00%	13,04%	25,00%	19,59%	9,22%

Hinweis: Die jährlichen (annualisierten) Standardabweichungen ergeben sich, indem man die Quartalswerte mit $\sqrt{4}$ multipliziert.

Tab. 22

Die Rendite-/Risikoeigenschaften unserer acht SMI-Titel lassen sich wie folgt veranschaulichen:

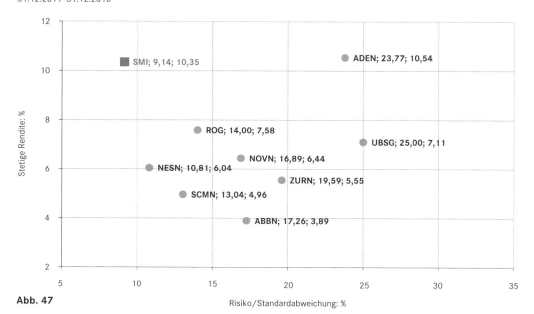

Rendite-/Risikoprofil ausgewählter SMI-Titel
31.12.2011–31.12.2016

Abb. 47

Als besonders attraktive Titel erscheinen – zumindest auf den ersten Blick – die Aktien ADEN (Adecco Namen) und NESN (Nestlé Namen). NESN schwankten im Betrachtungszeitraum am geringsten, ADEN rentierten am besten. Besonders risikoaverse Investoren hätten demnach auf NESN setzen müssen und renditeorientierte Investoren auf ADEN. Zieht man die Mean-Variance-Bewertungsregel zurate (Tab. 23), wird dieses Groburteil bestätigt. Bei geringer Risikotoleranz (T = 0.1, 0.25) erzielen NESN den höchsten Nutzenindikator, bei hoher Risikotoleranz (T = 1.0, 2.0) ADEN. Bei T = 0.5 steht der Roche-Genussschein (ROG) an der Spitze.

Titel	T = 0.1	Rang	T = 0.25	Rang	T= 0.5	Rang	T = 1.0	Rang	T = 2.0	Rang
ABBN	−0.1100	5	−0.0206	6	0.0091	7	0.0240	8	0.0315	8
ADEN	−0.1771	7	−0.0076	5	0.0489	2	0.0771	1	0.0913	1
NESN	0.0020	1	0.0371	1	0.0487	3	0.0546	3	0.0575	3
NOVN	−0.0782	4	0.0074	4	0.0359	4	0.0501	4	0.0573	4
ROG	−0.0222	2	0.0366	2	0.0562	1	0.0660	2	0.0709	2
SCMN	−0.0354	3	0.0156	3	0.0326	5	0.0411	5	0.0454	7
UBSG	−0.2414	8	−0.0539	8	0.0086	8	0.0398	6	0.0554	5
ZURN	−0.1365	6	−0.0213	7	0.0171	6	0.0363	7	0.0459	6

Tab. 23

Im Vergleich zum **Swiss Market Index (SMI)** schneiden unsere acht Titel alles andere als gut ab (Abb. 47). Bei einer Standardabweichung von bloss 9,14 % erzielte der SMI im Betrachtungszeitraum eine durchschnittliche (stetige) Jahresrendite von 10,35 %. Nach der Mean-Variance-Bewertungsregel schlägt der SMI jeden unserer acht Titel. Ganz offensichtlich hat die Musik anderswo gespielt, so etwa bei Geberit Namen (stetige Jahresrendite: 16,27 %, Standardabweichung: 15,00 %) und Givaudan (14,69 %, 14,74 %).

Bekanntlich verlangt die Markowitz-Optimierung für jedes Investment die stetigen Renditen (Erwartungswert), die Standardabweichung und die Korrelationen aller Investments untereinander. Die **Korrelationen** lassen sich anhand der stetigen Renditen (siehe Tab. 21) bestimmen. Mithilfe von Excel (Formeln → Funktion einfügen → Statistik → KORREL) ergibt sich eine **Korrelationsmatrix** wie folgt:

Titel	ABBN	ADEN	NESN	NOVN	ROG	SCMN	UBSG	ZURN
ABBN	1.0000	0.3303	0.3072	0.0534	0.1994	0.2895	0.2529	0.5973
ADEN	0.3303	1.0000	0.0454	−0.1359	−0.0757	0.3095	0.7011	0.4349
NESN	0.3072	0.0454	1.0000	0.4880	0.4214	0.2846	−0.1966	0.3795
NOVN	0.0534	−0.1359	0.4880	1.0000	0.8186	0.1618	−0.0079	0.3771
ROG	0.1994	−0.0757	0.4214	0.8186	1.0000	0.3242	0.1937	0.3324
SCMN	0.2895	0.3095	0.2846	0.1618	0.3242	1.0000	0.1751	0.3159
UBSG	0.2529	0.7011	−0.1966	−0.0079	0.1937	0.1751	1.0000	0.3675
ZURN	0.5973	0.4349	0.3795	0.3771	0.3324	0.3159	0.3675	1.0000

Tab. 24

Negative Korrelationen sind in Aktienmärkten nicht allzu häufig beobachtbar. Unser Beispiel ist ein Beleg dafür. Leicht negativ korrelieren ADEN/NOVN (-0.1359), ADEN/ROG (-0.0757), NESN/UBSG (-0.1966) und NOVN/UBSG (-0.0079). Das macht deren Kombination grundsätzlich attraktiv. Den höchsten Gleichlauf haben NOVN/ROG (0.8186).

Mithilfe des Portfolio-Selection-Modells von Markowitz lassen sich effiziente Portfoliokombinationen bestimmen. Ein effizienter Portfoliomix generiert – wir wissen es bereits – die höchstmögliche Rendite bei vorgegebenem Risiko (Zielrisiko) bzw. das tiefstmögliche Risiko bei vorgegebener Rendite (Zielrendite). **Tabelle 25** hält die effizienten Portfoliozusammensetzungen bei ausgewählten Zielrenditen (5,97 %, 6,0 %, 6,25 % usw.) fest:

PF	σ_{PF}	r_{PF}	ABBN	ADEN	NESN	NOVN	ROG	SCMN	UBSG	ZURN	total
A	8.51	5.97	3.25	0.00	54.50	1.99	5.28	21.88	13.10	0.00	100.00
B	8.52	6.00	2.67	0.00	54.99	0.98	6.83	21.31	13.22	0.00	100.00
C	8.57	6.25	0.52	2.31	54.34	0.00	12.10	18.57	12.16	0.00	100.00
D	8.67	6.50	0.00	6.19	51.87	0.00	16.45	16.00	9.49	0.00	100.00
E	8.81	6.75	0.00	10.11	49.05	0.00	20.92	13.21	6.70	0.00	100.00
F	8.98	7.00	0.00	14.14	46.17	0.00	25.52	10.35	3.83	0.00	100.00
G	9.19	7.25	0.00	18.17	43.28	0.00	30.11	7.49	0.96	0.00	100.00
H	9.43	7.50	0.00	21.43	41.10	0.00	34.23	3.24	0.00	0.00	100.00
I	10.18	8.00	0.00	28.85	28.10	0.00	43.05	0.00	0.00	0.00	100.00
J	11.40	8.50	0.00	36.71	10.85	0.00	52.44	0.00	0.00	0.00	100.00
K	13.05	9.00	0.00	47.90	0.00	0.00	52.10	0.00	0.00	0.00	100.00
L	15.85	9.50	0.00	64.96	0.00	0.00	35.04	0.00	0.00	0.00	100.00
M	19.37	10.00	0.00	81.58	0.00	0.00	18.42	0.00	0.00	0.00	100.00
N	23.77	10.54	0.00	100.00	0.00	0.00	0.00	0.00	0.00	0.00	100.00

Tab. 25

Trägt man das Portfoliorisiko (σ_{PF}) und die Portfoliorendite (r_{PF}) aller effizienten Portfoliokombinationen – man spricht von Opportunity Set – in ein Diagramm ein, erhält man die Effizienzkurve (englisch: Efficient Frontier). Im Sinn der modernen Portfoliotheorie halten rationale Anleger ausschliesslich Portfolios, die auf der Effizienzkurve liegen.

Abbildung 48 macht die Effizienzkurve transparent. Positioniert sind ausserdem die effizienten Portfolios A, F, I, J, K und N.

Wie ersichtlich, liegt nur die Aktie ADEN auf der Effizienzkurve. Ein Portfoliomix aus 100 % ADEN entspricht dem renditemaximalen **Portfolio N** (σ_{PF}: 23,77 %, r_{PF}: 10,54 %). **Portfolio A** (σ_{PF}: 8,51 %, r_{PF}: 5,97 %) markiert das risikominimale Portfolio. Es besteht – nicht ganz überraschend – aus den risikoärmsten Titeln NESN (54,50 %), SCMN (21,88 %), ROG (5,28 %), ABBN (3,25 %) und NOVN (1,99 %). Ergänzt wird das risikominimale Portfolio – etwas überraschend – durch die Aktie UBSG (13,10 %). Sie korreliert negativ mit den Aktien NESN und NOVN und schwach positiv mit ABBN, ROG und SCMN.

SMI-Selection: Efficient Frontier
31.12.2011–31.12.2016

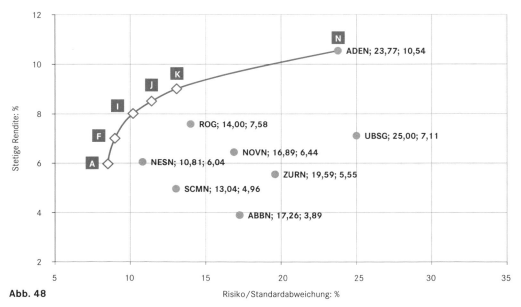

Abb. 48

Das folgende Diagramm veranschaulicht beispielhaft die Entwicklung von **Portfolio F** bei quartalsweisem Rebalancing. Auf dieser Basis rechnen sich eine durchschnittliche Jahresrendite (diskret) von 8,00 % und eine Standardabweichung von 8,89 %.

SMI-Selection: 31.12.2011–31.12.2016
ADEN: 14,14 %, NESN: 46,17 %, ROG: 25,52 %, SCMN:10,35 %, UBSN: 3,83 %

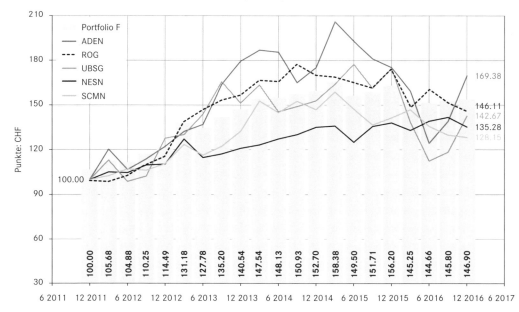

Abb. 49

2.2.2.3 Modifikationen

Ein vertiefter Blick auf die effizienten Portfolios A bis N (siehe **Tab. 25**) fördert zutage, dass die Aktie ZURN (Zurich Insurance Group) nie zum Zug kommt. Wenig berücksichtigt werden auch die Aktien ABBN und NOVN. Hauptgründe dafür sind das unattraktive Rendite-/Risikoprofil und Korrelationswerte, die eine Beimischung nicht begünstigen.

Die effizienten Portfoliokombinationen machen aber auch deutlich, dass das Markowitz-Modell einzelne Investments zu stark favorisiert. Die hohe Gewichtung von NESN bei tiefer Risikotoleranz bzw. ADEN bei hoher Risikotoleranz sind Beispiele dafür.

Diese Nachteile der Markowitz-Optimierung lassen sich korrigieren. Einerseits ist es möglich, die Portfolioanteile zu begrenzen; andererseits können minimale Portfolioanteile definiert werden.

Tabelle 26 hält den effizienten Mix ausgewählter Portfolios bei einer **Begrenzung der Portfolioanteile auf maximal 35,00 %** fest:

PF	σ_{PF}	r_{PF}	ABBN	ADEN	NESN	NOVN	ROG	SCMN	UBSG	ZURN	total
A	8.72	5.79	8.96	0.00	35.00	9.89	5.96	28.85	11.33	0.00	**100.00**
B	8.73	6.00	7.67	2.23	35.00	7.05	11.58	26.63	9.85	0.00	**100.00**
C	9.07	7.00	0.94	14.74	35.00	0.00	30.65	16.48	2.18	0.00	**100.00**
D	9.46	7.50	0.00	22.27	35.00	0.00	35.00	7.73	0.00	0.00	**100.00**
E	9.80	7.75	0.00	26.61	35.00	0.67	35.00	2.72	0.00	0.00	**100.00**
F	10.25	8.00	0.00	31.54	33.46	0.00	35.00	0.00	0.00	0.00	**100.00**
G	11.40	8.25	0.00	35.00	12.15	14.55	35.00	0.00	3.30	0.00	**100.00**
H	15.65	8.47	0.00	35.00	0.00	0.00	35.00	0.00	30.00	0.00	**100.00**

Tab. 26

Die Obergrenze von 35 % führt zu einer etwas breiteren Streuung. Ein Vergleich mit **Tabelle 25** (Seite 113) macht dies deutlich. Das risikominimale Portfolio umfasst – mit anderer Gewichtung – dieselben Titel. Das risikomaximale Portfolio umfasst drei (ADEN, ROG, UBSG) statt bloss einen Titel (ADEN).

Bei **minimalen Portfolioanteilen von 5,00 %** und einer Begrenzung **der maximalen Portfolioanteile auf 35,00 %** ergeben sich unter anderem folgende effizienten Portfoliokombinationen:

PF	σ_{PF}	r_{PF}	ABBN	ADEN	NESN	NOVN	ROG	SCMN	UBSG	ZURN	total
A	8.93	6.15	5.00	5.00	35.00	5.00	12.89	25.25	6.86	5.00	**100.00**
B	9.05	6.50	5.00	9.06	35.00	5.00	19.01	16.93	5.00	5.00	**100.00**
C	9.23	6.75	5.00	12.06	35.00	5.00	22.17	10.77	5.00	5.00	**100.00**
D	9.47	7.00	5.00	15.39	35.00	5.00	24.61	5.00	5.00	5.00	**100.00**
E	9.88	7.25	5.00	19.58	26.81	5.00	28.60	5.00	5.00	5.00	**100.00**
F	10.41	7.50	5.00	23.56	18.21	5.00	33.23	5.00	5.00	5.00	**100.00**
G	11.06	7.75	5.00	28.51	11.49	5.00	35.00	5.00	5.00	5.00	**100.00**
H	11.99	8.04	5.00	35.00	5.00	5.00	35.00	5.00	5.00	5.00	**100.00**

Tab. 27

Die **Abbildungen 50** und **51** veranschaulichen die entsprechenden Effizienzkurven.

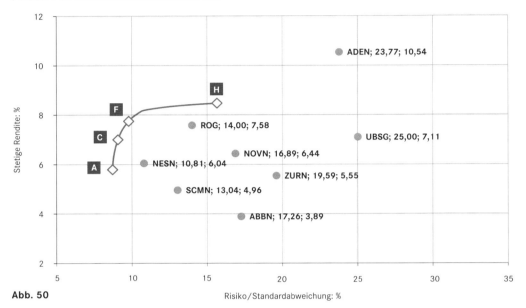

Abb. 50

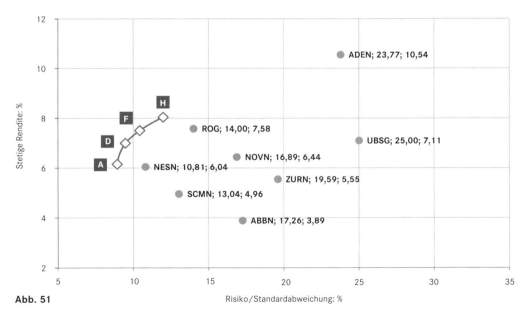

Abb. 51

2.2.3 Kritische Würdigung des Markowitz-Modells

Das Markowitz-Modell hat die Praxis nachhaltig beeinflusst. Niemand bestreitet heute ernst-haft die grundlegende Bedeutung der Portfoliodiversifikation aufgrund der Rendite-/Risiko-merkmale von Investments und deren Korrelationen.

Immerhin ist das Portfolio-Selection-Modell nicht frei von Problemen: Die praktische Umsetzung gelingt nicht ohne Weiteres. Nur unter Datensicherheit bzw. unter Verwendung historischer Daten lassen sich effiziente Portfolios nach dem Markowitz-Modell generieren. Es zeigt sich allerdings, dass die Geschichte kein schlechter Lehrmeister ist. Wer konsequent mit historischen Daten arbeitet, erreicht erstaunlich gute Resultate. Nicht (mehr) stichhaltig sind dagegen die alten Klagen über die grosse Anzahl der erforderlichen Schätzwerte. Die heute verfügbaren Tools bewältigen die Datenmengen allemal.

Drei Einwände lassen sich allerdings nicht vom Tisch wischen:

1. Die Markowitz-Optimierung ist ein Ein-Perioden-Modell. Ein Rebalancing, d. h. eine peri-odische Rückführung der Portfoliogewichte, findet nicht statt.
2. Markowitz bestimmt die Portfoliorendite, indem er die stetigen Renditen von Einzelin-vestments gewichtet und addiert. Eigentlich müssten dafür diskrete Renditen verwendet werden.
3. Keine Antwort liefert das Markowitz-Modell auf das Timing-Problem. Hinweise auf den optimalen Ein- bzw. Ausstiegszeitpunkt sucht man vergebens.

Der folgende Passus ist dem sehr lesenswerten Taschenbuch von Gerd Gigerenzer, *Risiko: Wie man die richtigen Entscheidungen trifft*, entnommen:

Man sollte annehmen, dass Markowitz, als er selbst Investitionen für seine Alterssiche-rung tätigte, seine nobelpreisgekrönte Methode anwendete. Aber nein, er hielt sich an die einfache Faustregel «1/N»: Verteile Dein Geld gleichmässig auf N Fonds. Warum verliess er sich auf eine Heuristik statt auf Berechnungen? In einem Interview erklärte Markowitz, er habe sich Selbstvorwürfe ersparen wollen: «Ich dachte: Wenn die Kurse nach oben gehen, und ich bin nicht dabei, komme ich mir blöd vor. Und wenn sie fallen, und ich bin dabei, komme ich mir blöd vor. Daher entschied ich mich für 50/50.» Und 1/N ist nicht nur einfach, es ist auch die reinste Form der Diversifizierung.

2.3 Capital Asset Pricing Model

2.3.1 Grundlagen

Das Capital Asset Pricing Model (CAPM) wurde in den 1960er-Jahren von Sharpe, Mossin und Lintner entwickelt. Es baut auf den Erkenntnissen der Portfoliotheorie auf und versucht eine Antwort auf folgende Frage: «Welche Rendite darf – bei gegebenem Risiko – für ein Investment (Aktie, Aktienportfolio usw.) erwartet werden?» Um diese Frage zu beantworten, erweitert das CAPM das Standardmodell von Markowitz, indem es sogenannt risikolose Anlagen einbezieht und andererseits die Aufnahme von Lombardkrediten erlaubt. Eine wichtige Vorstellung ist dabei jene des Kapitalmarktgleichgewichts. Kapitalmarktgleichgewicht ist gegeben, wenn das Eingehen von zusätzlichem Risiko mit einer marktgerechten Mehrrendite belohnt wird.

Eine risikolose Anlage weist ein Schuldnerrisiko und insbesondere ein Kursrisiko (Zins-änderungsrisiko) von praktisch null auf. Dem Idealtypus einer risikolosen Anlage kommen für die Schweiz die Geldmarktbuchforderungen des Bundes am nächsten. Kann ein Anleger neben unseren Aktien A und B zusätzlich in eine risikolose Anlage C mit einem Zinssatz von 3 % investieren, verändert sich die Effizienzkurve wie folgt:

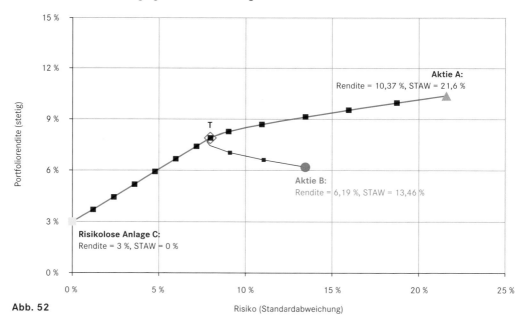

Effizienzkurve bei Berücksichtigung einer risikolosen Anlage

Abb. 52

Risiko (Standardabweichung)

Wie ersichtlich verläuft die Effizienzkurve zunächst linear und mündet dann in die Effizienzkurve des Zwei-Anlagen-Falls (siehe **Abb. 43**) ein. Im Ausgangspunkt besteht das Portfolio zu 100 % aus der risikolosen Anlage C. Nach und nach **(Tab. 28)** nehmen die Anteile der risikolosen Anlage ab und die Anteile von Aktie A und Aktie B zu. Ab einem gewissen Punkt (T) besteht das Portfolio nur noch aus den Aktien A und B:

PF%$_A$	PF%$_B$	PF%$_C$	σ_{PF}	r$_{PF}$ (diskret)
0,00 %	0,00 %	100,00 %	0,00 %	3,00 %
12,29 %	17,84 %	69,87 %	2,40 %	4,44 %
18,41 %	26,71 %	54,88 %	3,59 %	5,19 %
30,64 %	44,46 %	24,90 %	5,97 %	6,67 %
40,96 %	59,04 %	0,00 %	7,96 %	7,90 %
55,67 %	44,33 %	0,00 %	10,03 %	8,52 %
64,54 %	35,46 %	0,00 %	11,97 %	8,89 %
82,27 %	17,73 %	0,00 %	16,56 %	9,63 %
100,00 %	0,00 %	0,00 %	21,60 %	10,37 %

Tab. 28

2.3.2 Tangentialportfolio und Kapitalmarktlinie

Wie wir gesehen haben, gibt es einen Punkt (T) auf unserer «Effizienzkurve mit Berücksichtigung einer risikolosen Anlage», ab dem das risikolose Investment «ausscheidet». Von diesem Punkt an nach rechts enthält das effiziente Markowitz-Portfolio nur noch die Aktien A und B. Diesen Punkt bzw. diese Portfoliomischung nennt man Tangentialportfolio **(Abb. 53)**. In unserem Beispiel besteht das Tangentialportfolio aus 40,96 % Aktie A und 59,04 % Aktie B. Die Bezeich-

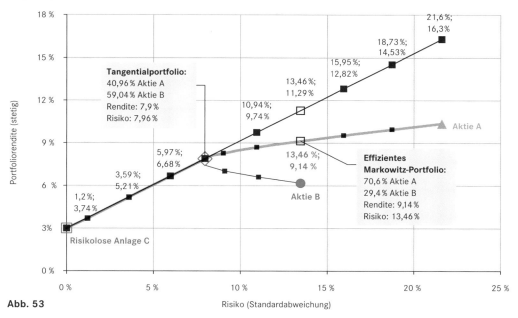

Abb. 53

nung Tangentialportfolio kommt daher, weil es im Tangentialpunkt von risikoloser Anlage und Effizienzkurve – generiert aus Aktie A und B – liegt.

Geht man von effizienten Märkten und homogenen Erwartungen der Marktteilnehmer aus, entspricht das Tangentialportfolio dem Marktportfolio. Es enthält sämtliche am Markt gehandelten risikobehafteten Anlagen, gewichtet mit ihrer Kapitalisierung.

Im obigen Diagramm (Abb. 53) ist zum Vergleich das «Markowitz-Portfolio» aus unseren Aktien A und B bei einer Risikotoleranz von T = 0.7 transparent gemacht. Die Rendite beträgt 9,14 % und die Standardabweichung 13,46 %. Es lässt sich nun zeigen, dass mittels eines **leveraged Tangentialportfolios** das optimierte Markowitz-Portfolio geschlagen werden kann.

«Leveraged» bedeutet, dass der Anleger nicht nur eigenes, sondern zusätzlich fremdes Geld investiert. Dazu belehnt er sein Tangentialportfolio. Er nimmt zum risikolosen Zinssatz einen Lombardkredit auf. Sein Totalengagement (eigene plus fremde Mittel) ergibt sich aus der Relation zwischen «Ziel-Standardabweichung leveraged Tangentialportfolio» und «Standardabweichung Tangentialportfolio», multipliziert mit den eigenen Mitteln.

Beispiel

Ein Anleger verfügt über eigene Mittel von CHF 150 000.00. Die Ziel-STAW des leveraged Tangentialportfolios beträgt 13,46 % und die STAW des Tangentialportfolios 7,96 %. Wie viel muss der Anleger insgesamt investieren?

Lösung

$$\text{Totalengagement} \quad = \frac{13.46}{7.96} \cdot 150\,000 = \mathbf{253\,643.22}$$

Der Anleger muss insgesamt CHF 253 643.22 investieren, davon CHF 103 643.22 (253 643.22 – 150 000.00) als Lombardkredit.

Die erwartete Rendite des leveraged Tangentialportfolios ergibt sich wie folgt:

$$E_{(r_{LTP})} = r_f + \left(\frac{\sigma_{LTP}}{\sigma_{TP}} \cdot (r_{TP} - r_f) \right)$$

r_f = risikoloser Zinssatz
r_{TP} = erwartete Rendite Tangentialportfolio
σ_{TP} = Standardabweichung Tangentialportfolio
σ_{LTP} = Standardabweichung leveraged Tangentialportfolio

Beispiel

Ein Anleger investiert CHF 253 643.22 (davon CHF 103 643.22 fremde Mittel) in das Tangentialportfolio (r_{TP} = 7,90 %, σ_{TP} = 7,96 %). Der risikolose Zinssatz (= Kreditzins) beträgt 3,00 %. Die Ziel-Standardabweichung des leveraged Tangentialportfolios (σ_{LTP}) beträgt 13,46 %. Welches ist die erwartete Rendite $E_{(r_{LTP})}$?

Lösung

$$E_{(r_{LTP})} = 3.00 + \left(\frac{13.46}{7.96} \cdot (7.90 - 3.00) \right) = \mathbf{11.285678}$$

Die erwartete Rendite des leveraged Tangentialportfolios beträgt 11,29 %.

Wie dieses Beispiel zeigt, lässt sich mithilfe von leveraged Tangentialportfolios – bei gleicher Standardabweichung – eine höhere Rendite erzielen als mit effizienten Markowitz-Portfolios. **Abbildung 54** verdeutlicht diesen Zusammenhang:

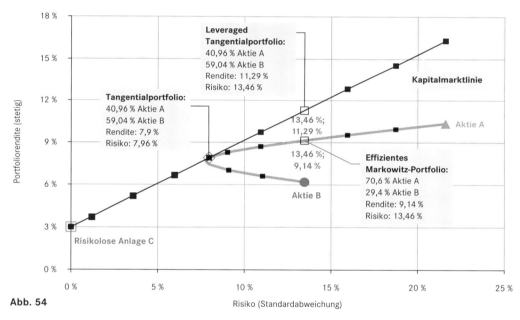

Abb. 54

Die Tangente an die Effizienzkurve risikobehafteter Anlagen heisst **Kapitalmarktlinie** (Capital Market Line, CML). Sie repräsentiert alle effizienten Kombinationen aus risikolosen und risikobehafteten Anlagen. Sie ist die **Effizienzlinie** unter der Annahme, dass zum selben risikolosen Zinssatz sowohl Geld aufgenommen als auch angelegt werden kann. Sie zeigt überdies, welche Risikoprämie der Markt im Kapitalmarktgleichgewicht für risikobehaftete Anlagen bezahlen sollte.

Ein Sonderfall der Kapitalmarktlinie ist die **Wertpapierlinie** (Security Market Line, SML). Wir verweisen auf unsere Ausführungen in Kapitel 1 (siehe Seiten 74–76).

2.4 Exkurs: Indexmodell von Sharpe

Zur Bestimmung effizienter Portfolios sind im Portfolio-Selection-Modell von Markowitz grosse Datenmengen erforderlich (siehe Seite 108). Dieses Datenproblem versucht das Indexmodell von Sharpe zu entschärfen, indem es die Kursentwicklung der Anlagewerte (Aktien) mit dem Marktindex (Aktienindex) vergleicht. Die Beziehungen von Aktie zu Aktie werden demnach nicht mehr direkt ermittelt, sondern indirekt über den Aktienindex.

2.4.1 Inputgrössen

Um die Effizienzlinie berechnen zu können, sind im Indexmodell von Sharpe folgende Daten bzw. Inputgrössen erforderlich:

- Marktrendite bzw. Indexrendite (r_M),
- Marktvarianz bzw. Indexvarianz (σ_M^2),
- titelspezifische Aktienrendite/n (α_A, α_B, usw.),
- Sensitivität/en der Aktienrendite auf Veränderungen der Marktrendite (β_A, β_B, usw.),
- titelspezifische Aktienvarianz/en (σ_{At}^2, σ_{Bt}^2, usw.).

Auf diese Messgrössen gehen wir im Folgenden einzeln ein. Grundlage für unsere späteren Berechnungen bilden die stetigen Jahresrenditen eines Aktienindex, einer Aktie K und einer Aktie L:

Jahre	Aktienindex M	Aktie K	Aktie L
2013	+8,00%	+2,00%	+10,00%
2014	−4,00%	+2,00%	−6,00%
2015	0,00%	−4,00%	+4,00%
2016	+4,00%	+4,00%	+8,00%
2017	+6,00%	+6,00%	+12,00%

Tab. 29

2.4.1.1 Marktrendite und Aktienrendite

Gleich wie bei der Beschreibung des Markowitz-Modells nehmen wir der Einfachheit halber an, die historischen Durchschnittsrenditen entsprächen den erwarteten (zukünftigen) Renditen.

Die erwartete Indexrendite $E_{(r_M)}$ sowie die erwarteten Aktienrenditen $E_{(r_K)}$ bzw. $E_{(r_L)}$ entsprechen dem arithmetischen Mittel der stetigen Jahresrenditen.

Beispiel

Welches ist die Indexrendite $E_{(r_M)}$, die erwartete Rendite von Aktie K $E_{(r_K)}$ und die erwartete Rendite von Aktie L $E_{(r_L)}$?

Lösung

$$\text{Indexrendite } E_{(r_M)} = (+8{,}00\% -4{,}00\% +0{,}00\% +4{,}00\% +6{,}00\%) \div 5 = \textbf{2{,}80\%}$$
$$\text{Rendite Aktie K } E_{(r_K)} = (+2{,}00\% +2{,}00\% -4{,}00\% +4{,}00\% +6{,}00\%) \div 5 = \textbf{2{,}00\%}$$
$$\text{Rendite Aktie L } E_{(r_L)} = (+10{,}00\% -6{,}00\% +4{,}00\% +8{,}00\% +12{,}00\%) \div 5 = \textbf{5{,}60\%}$$

2.4.1.2 Marktvarianz und Aktienvarianz

Die Marktvarianz (Indexvarianz) bestimmt sich wie folgt:

Aktienindex M		
M_i	$M_i - r_M$	$(M_i - r_M)^2$
$+8\%$	$+8 - 2.8 = +5.2$	$+5.2^2 = 27.04$
-4%	$-4 - 2.8 = -6.8$	$-6.8^2 = 46.24$
0%	$0 - 2.8 = -2.8$	$-2.8^2 = 7.84$
$+4\%$	$+4 - 2.8 = +1.2$	$+1.2^2 = 1.44$
$+6\%$	$+6 - 2.8 = +3.2$	$+3.2^2 = 10.24$
$\sum_{i=1}^{n} (M_i - r_M)^2$		$= \textbf{92.78}$
Varianz: $\sigma_M^2 = \dfrac{\sum_{i=1}^{n} (M_i - r_M)^2}{n-1} = \dfrac{92.78}{5-1}$		$= \textbf{23.20}$

Tab. 30

Die Standardabweichung der Indexrendite (σ_M) ist im Indexmodell nicht direkt gefragt. Sie entspricht bekanntlich der Wurzel aus der Varianz und beträgt in unserem Beispiel 4,8166 %.

Die Varianz für die Aktie K (σ_K^2) und die Varianz von Aktie L (σ_L^2) ergibt sich wie folgt:

Aktie K			Aktie L		
K_i	$K_i - r_K$	$(K_i - r_K)^2$	L_i	$L_i - r_L$	$(L_i - r_L)^2$
$+2\%$	$+2 - 2 = 0$	$0^2 = 0.00$	$+10\%$	$+10 - 5.6 = +4.4$	$+4.4^2 = 19.36$
$+2\%$	$+2 - 2 = 0$	$0^2 = 0.00$	-6%	$-6 - 5.6 = -11.6$	$-11.6^2 = 134.56$
-4%	$-4 - 2 = -6$	$-6^2 = 36.00$	$+4\%$	$+4 - 5.6 = -1.6$	$-1.6^2 = 2.56$
$+4\%$	$+4 - 2 = +2$	$+2^2 = 4.00$	$+8\%$	$+8 - 5.6 = +2.4$	$+2.4^2 = 5.76$
$+6\%$	$+6 - 2 = +4$	$+4^2 = 16.00$	$+12\%$	$+12 - 5.6 = +6.4$	$+6.4^2 = 40.96$
$\sum_{i=1}^{n} (K_i - r_K)^2$		$= \textbf{56.00}$	$\sum_{i=1}^{n} (L_i - r_L)^2$		$= \textbf{203.20}$
Varianz: $\sigma_K^2 = \dfrac{\sum_{i=1}^{n} (K_i - r_K)^2}{n-1} = \dfrac{56.00}{5-1} = \textbf{14.00}$			Varianz: $\sigma_L^2 = \dfrac{\sum_{i=1}^{n} (L_i - r_L)^2}{n-1} = \dfrac{56.00}{5-1} = \textbf{50.80}$		

Tab. 31

Die Standardabweichung der Aktienrenditen ist im Indexmodell nicht direkt gefragt. Die Standardabweichung für Aktie K (σ_K) rechnet sich mit 3,7417 %, jene für Aktie L (σ_L) mit 7,1274 %.

2.4.1.3 Alpha und Beta

Die titelspezifische Rendite Alpha (α), das Sensitivitätsmass Beta (β) und die titelspezifische Aktienvarianz (σ_t^2) werden im Indexmodell mithilfe der Regressionsanalyse ermittelt. Danach bestimmen sich das Alpha und das Beta einer Aktie A wie folgt:

$$\textbf{Alpha } (\alpha A) \quad = r_A - \frac{S_{AM}}{\sigma_M{}^2} \cdot r_M$$

$$\textbf{Beta } (\beta A) \quad = \frac{S_{AM}}{\sigma_M{}^2}$$

Zur Bestimmung von Alpha und Beta bedarf es der Kovarianz zwischen Aktie und Marktindex. Die Rechenschritte zur Bestimmung der Kovarianz zwischen Aktie K und Index (S_{KM}) bzw. zwischen Aktie L und Index (S_{LM}) präsentieren sich wie folgt:

Kovarianz Aktie K/Marktindex			Kovarianz Aktie L/Marktindex		
$K_i - r_K$	$M_i - r_M$	$(K_i - r_K) \cdot (M_i - r_M)$	$L_i - r_L$	$M_i - r_M$	$(L_i - r_L) \cdot (M_i - r_M)$
0	+5.2	$0 \quad \cdot +5.2 \;=\quad 0.00$	+4.4	+5.2	$+4.4 \;\cdot\; +5.2 \;=\; +22.88$
0	−6.8	$0 \quad \cdot -6.8 \;=\quad 0.00$	−11.6	−6.8	$-11.6 \;\cdot\; -6.8 \;=\; +78.88$
−6	−2.8	$-6 \quad \cdot -2.8 \;=\; +16.80$	−1.6	−2.8	$-1.6 \;\cdot\; -2.8 \;=\; +4.48$
+2	+1.2	$+2 \quad \cdot +1.2 \;=\; +\,2.40$	+2.4	+1.2	$+2.4 \;\cdot\; +1.2 \;=\; +2.88$
+4	+3.2	$+4 \quad \cdot +3.2 \;=\; +12.80$	+6.4	+3.2	$+6.4 \;\cdot\; +3.2 \;=\; +20.48$
$\sum_{i=1}^{n} (K_i - r_K) \cdot (M_i - r_M)$		$= +\textbf{32.00}$	$\sum_{i=1}^{n} (L_i - r_L) \cdot (M_i - r_M)$		$= +\textbf{129.60}$
$S_{KM} = \dfrac{\sum_{i=1}^{n} (K_i - r_K) \cdot (M_i - r_M)}{n-1} = \dfrac{+32.00}{5-1} = +\;\textbf{8.00}$			$S_{LM} = \dfrac{\sum_{i=1}^{n} (L_i - r_L) \cdot (M_i - r_M)}{n-1} = \dfrac{129.60}{5-1} = +\textbf{32.40}$		

Tab. 32

Die Korrelation der Aktien zum Marktindex ist im Indexmodell nicht direkt gefragt. Sie ergibt sich bekanntlich aus der Kovarianz, dividiert durch das Produkt der beiden Standardabweichungen. Die Korrelation zwischen Aktie K und Index (R_{KM}) beträgt +0.4449, jene zwischen Aktie L und Index (R_{LM}) 0.9438.

Beispiel

Für Aktie K und Marktindex M gelten folgende Werte: erwartete Rendite Aktie K $E_{(r_K)}$ = 2,00 %, erwartete Marktrendite $E_{(r_M)}$ = 2,80 %, Varianz Markt (σ_M^2) = 23,20 %, Kovarianz Aktie K/Marktindex (S_{KM}) = 8.00. Welches ist das Alpha von Aktie K (α_K) und welches das Beta (β_K)?

Lösung

$$\text{Alpha Aktie K } (\alpha_K) = 2.00 - \frac{8.00}{23.20} \cdot 2.80 = \mathbf{1{,}0345\,\%}$$

$$\text{Beta Aktie K } (\beta_K) = \frac{8.00}{23.20} = \mathbf{0.3448}$$

Das Alpha von 1,0345 % für **Aktie K (Abb. 55)** entspricht der titelspezifischen (aktienbedingten) Rendite. Bei einem sich seitwärts bewegenden Markt bzw. einer Marktrendite von 0,00 % darf im statistischen Mittel mit einer Aktienrendite von +1,0345 % gerechnet werden. Das Beta von 0.3448 für Aktie K bedeutet, dass der Titel wenig sensitiv auf Marktveränderungen reagiert. Legt bspw. der Markt um 10,00 % zu, darf im statistischen Mittel für Aktie K eine marktspezifische (indexbedingte) Rendite von 3,448 % (0.3448 · 10,00 %) erwartet werden. Bei einer Marktrendite von 10,00 % ergäbe sich so eine Gesamtrendite von 4,4825 % (1,0345 % + 3,448 %).

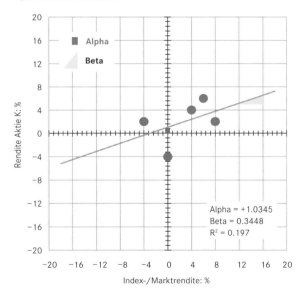

Abb. 55

Das Alpha für **Aktie L (Abb. 56)** beträgt 1,6897 % und das Beta 1.3966. Bei einer Marktrendite von +10,00 % darf im statistischen Mittel eine Gesamtrendite von 15,6557 % (1,6897 % + 13,966 %) erwartet werden.

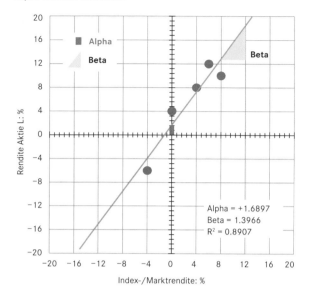

Abb. 56

Allgemein lässt sich Aktie L als der aggressivere Titel interpretieren. Aktie L weist eine höhere Varianz und damit ein höheres Risiko auf als Aktie K. Anders als Aktie K reagiert Aktie L empfindlich auf Veränderungen der Indexrendite.

2.4.1.4 Titelspezifische Aktienvarianz

Wie in den beiden Diagrammen dargestellt, beträgt das R^2 von Aktie K 0.1970 und jenes von Aktie L 0.8907. Die Varianz von Aktie K ist demnach zu 19,70 % marktbedingt und zu 80,30 % (= 100 − 19.70) titelbedingt. Die Varianz von Aktie L ist zu 89,07 % marktbedingt und zu 10,93 % (= 100 − 89.07) titelbedingt. Mathematisch entspricht R^2 dem quadrierten Korrelationskoeffizienten zwischen einer Aktie und dem Marktindex.

Mithilfe von R^2 lässt sich die titelspezifische Aktienvarianz einer Aktie A (σ_{At}^2) wie folgt bestimmen:

$$\textbf{titelspezifische Varianz } (\sigma_{At}^2) = (1-R^2) \cdot \sigma_A^2$$

Die marktspezifische Aktienvarianz resultiert aus der Multiplikation von R^2 mit σ_{At}^2 oder indem man die titelspezifische Varianz von der gesamten Aktienvarianz in Abzug bringt.

Beispiel

Das R^2 von Aktie K beträgt 0.1970 und jenes von Aktie L 0.8907. Die Varianz von Aktie A (σ_A^2) beträgt 14.00 und jene von Aktie L (σ_B^2) 50.80. Welches ist die titelspezifische und welches die marktspezifische Varianz der beiden Aktien?

Lösung

Titelspezifische Varianz Aktie K (σ_{Kt}^2)	= 0.8030 · 14.00	= **11.2420**
Marktspezifische Varianz Aktie K (σ_{Km}^2)	= 0.1970 · 14.00	= **2.7580**
Titelspezifische Varianz Aktie L (σ_{Lt}^2)	= 0.1093 · 50.80	= **5.5524**
Marktspezifische Varianz Aktie K (σ_{Km}^2)	= 0.8907 · 50.80	= **45.2476**

2.4.2 Diversifikationseffekt

2.4.2.1 Portfoliorendite

Die Portfoliorendite ergibt sich im Indexmodell wie folgt:

$$\textbf{Portfoliorendite } (\mathbf{r_{PF}}) = \alpha_{PF} + (\beta_{PF} \cdot r_M)$$

α_{PF} steht für das Portfolio-Alpha. Es entspricht der titelspezifischen Portfoliorendite. β_{PF} steht für das Portfolio-Beta. Der Ausdruck $(\beta_{PF} \cdot r_M)$ entspricht der marktspezifischen Portfoliorendite.

Beispiel

Ein Portfolio besteht zu 80 % aus Aktie K und zu 20 % aus Aktie L. Welche Portfoliorendite darf bei einer Indexrendite von 2,80 % erwartet werden?

Lösung

Portfolio-Alpha (α_{PF})	= (0.80 · 1.0345) + (0.20 · 1.6897)	= 1.1655
Portfolio-Beta (β_P)	= (0.80 · 0.3448) + (0.20 · 1.3966)	= 0.5552
Portfoliorendite (r_{PF})	= 1.1655 + (0.5552 · 2.8)	= **2,72 %**

2.4.2.2 Portfoliovarianz

Für die Portfoliovarianz gilt im Indexmodell folgende Formel:

$$\textbf{Portfoliovarianz } (\sigma_{PF}^2) = \beta_{PF}^2 \cdot \sigma_M^2 + \sum_{i=1}^{n} PF\%_i^2 \cdot \sigma_{it}^2$$

Beispiel

Ein Portfolio besteht zu 80 % aus Aktie K und zu 20 % aus Aktie L. Welches ist die Portfoliovarianz?

Lösung

Portfoliovarianz (σ_{PF}^2) = 0.5552^2 · 23.20 + [(0.80^2 · 11.24) + (0.20^2 · 5.55)] = **14.57**

Portfoliorisiko (σ_{PF}) = $\sqrt{14.57}$ = 3,82 %

2.4.2.3 Effizienzkurve

Rechnet man das Portfoliorisiko und die Portfoliovarianz für ausgewählte Portfoliokombinationen durch, erhält man analog zum Portfolio-Selection-Modell von Markowitz die Werte zur Generierung der Effizienzkurve:

PF%$_K$	PF%$_L$	PF-Alpha	PF-Beta	σ_{PF}	r_{PF} (stetig)
100,00 %	0,00 %	1.0345	0.3448	3,74 %	2,00 %
90,00 %	10,00 %	1.1000	0.4500	3,72 %	2,36 %
80,00 %	20,00 %	1.1655	0.5552	3,82 %	2,72 %
60,00 %	40,00 %	1.2966	0.7655	4,31 %	3,44 %
50,00 %	50,00 %	1.3621	0.8707	4,67 %	3,80 %
40,00 %	60,00 %	1.4276	0.9759	5,09 %	4,16 %
20,00 %	80,00 %	1.5587	1.1862	6,06 %	4,88 %
0,00 %	100,00 %	1.6897	1.3966	7,13 %	5,60 %

Tab. 33

In **Abbildung 57** sind die Tabellenwerte grafisch umgesetzt (der erste Wert steht für das Portfoliorisiko, der zweite Wert für die Portfoliorendite).

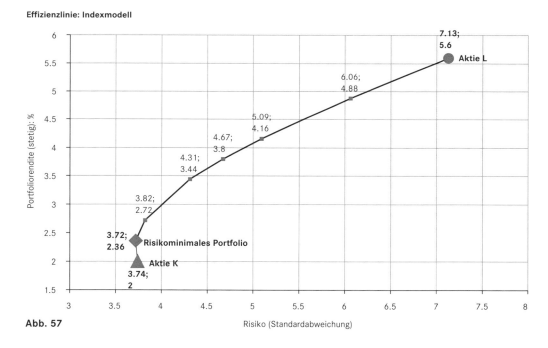

Abb. 57

Wie gezeigt werden konnte, kommt das Indexmodell ohne Korrelationen aus. Es ermittelt die Beziehungen von Aktie zu Aktie indirekt über den Aktienindex, d. h. über das Beta. Sind die Beta-Werte zweier Aktien bekannt, lassen sich die Kovarianz (S_{AB}) und die Korrelation (R_{AB}) wie folgt (näherungsweise) bestimmen:

$$\text{Kovarianz } (S_{AB}) \quad = \beta_A \cdot \beta_B \cdot \sigma_M{}^2$$

$$\text{Korrelation } (R_{AB}) = \frac{S_{AB}}{\sigma_A \cdot \sigma_B}$$

Beispiel

Für den Aktienindex sowie für unsere Aktien K und L sind folgende Werte bekannt:

	Aktie K	Aktie L	Index
Beta	0.3448	1.3966	
Varianz	14.00	50.80	23.20

Welches ist die Korrelation zwischen Aktie K und Aktie L?

Lösung

$$\text{Kovarianz } (S_{KL}) \quad = 0.3448 \cdot 1.3966 \cdot 23.20 \quad = 11.17$$

$$\text{Korrelation } (R_{KL}) \quad = \frac{11.17}{3.74 \cdot 7.13} \quad = +0.42$$

Setzt man die so ermittelte Korrelation ins Optimierungsmodell von Markowitz ein, resultieren für sämtliche Portfoliokombinationen unserer Aktien K und L identische Renditen und Standardabweichungen.

Die Abweichungen, die sich ergeben, wenn mit der direkt berechneten Korrelation von +0.38 gearbeitet wird, sind für unser Beispiel vernachlässigbar. **Abbildung 58** ist ein Beleg dafür (der erste Wert steht für das Portfoliorisiko, der zweite Wert für die Portfoliorendite).

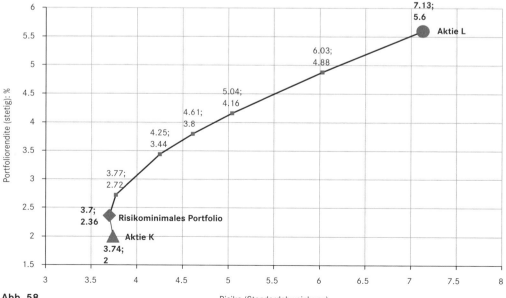

Effizienzlinie: Portfolio-Selection-Modell

Abb. 58

2.4.3 Indexmodell und Portfolio-Selection-Modell im Vergleich

Das Indexmodell von Sharpe leistet einen wesentlichen Beitrag zur Überwindung des Daten-problems im Markowitz-Modell. Der Dateninput kann deutlich reduziert werden. Sind im Mar-kowitz-Modell bei zehn Anlagewerten 65 Parameter erforderlich, genügen im Sharpe-Modell 32.

Messgrössen	Anzahl Variablen bei zwei Aktien			Anzahl Variablen allgemein
	Aktie A	Aktie B	total	
Indexrendite (r_M)			1	1
Indexvarianz (σ_M^2)			1	1
Titelspezifische Aktienrenditen	α_A	α_B	2	n
Titelspezifische Aktienvarianzen	σ_{tA}^2	σ_{tB}^2	2	n
Beta-Werte (Sensitivitäten)	β_A	β_B	2	n
			8	$3n+2$

Tab. 34

Der Vorteil der geringeren Datenbasis muss durch einen gewissen Informationsverlust erkauft werden. Kritisch ist insbesondere die im Indexmodell getroffene Annahme, die titelspezifi-schen Aktienrenditen seien unkorreliert. Es ist wohl zu vermuten, dass titelspezifische Rendi-ten von Aktien sich gegenseitig beeinflussen.

2.5 Zusammenfassung

Eine wichtige Grundannahme der modernen Portfolio- und Kapitalmarkttheorie ist jene der effizienten Märkte. Die professionelle Informationsverarbeitung an den Finanzmärkten – so wird unterstellt – führe alles in allem zu fairen Preisen. Weder die Charttechnik noch die Finanzanalyse schaffe es, systematisch Über- bzw. Unterbewertungen auszumachen und daraus Kapital zu schlagen. Preisanpassungen seien vielmehr die Folge von neuen, bisher nicht in den Finanzmarktpreisen verarbeiteten Informationen. Entsprechend liessen sich Kursentwicklungen nicht prognostizieren. Aktien-, Devisen- oder etwa Edelmetallkurse entwickelten sich zufällig. Es handle sich mehr oder minder um Random-Walk-Prozesse, wie sie sich etwa beim Würfelspiel beobachten liessen. Erfolgreiches Investieren habe demnach wenig mit «Stockpicking» zu tun. Vielmehr gehe es darum, Portfolios optimal zu mischen und so vom Diversifikationseffekt zu profitieren.

Harry M. Markowitz war in den 1950er-Jahren der erste Finanzmarkttheoretiker, der sich wissenschaftlich mit der Diversifikation von Portfolios befasst hat. Er hat ein Optimierungsmodell entwickelt, Portfolio-Selection-Modell genannt, das auf der Basis von Renditen, Varianzen und Kovarianzen die Bestimmung effizienter Portfoliokombinationen erlaubt. Die Varianz (Standardabweichung) steht dabei für das Kursschwankungsrisiko (Volatilität), die Kovarianz (Korrelation) für den Gleich-/Ungleichlauf der Preis- bzw. Renditeentwicklung verschiedener Investments.

Ein effizient diversifiziertes Portfolio entspricht jener Portfoliokombination, die – bei gegebenem Portfoliorisiko – die höchstmögliche Portfoliorendite generiert. Bildet man die maximal möglichen Portfoliorenditen bei zunehmendem Portfoliorisiko grafisch ab, resultiert die Effizienzkurve (englisch: Efficient Frontier). Ausgangspunkt der Effizienzkurve ist das risikominimale Portfolio, Endpunkt das renditemaximale Portfolio. Einzelne Investments (Assets) liegen definitionsgemäss unterhalb oder maximal auf der Effizienzkurve. Effizienzkurven zeichnen sich dadurch aus, dass sie zu Beginn relativ stark ansteigen. Die Mehrrendite pro Einheit Risiko ist hier besonders gross. Danach flachen Effizienzkurven ab. Pro weitere Einheit Risiko verringert sich die Zusatzrendite nach und nach.

Welche effiziente Portfoliokombination für einen Investor passt, lässt sich aufgrund seiner Risikotoleranz (Risikoneigung, Risikopräferenz) bestimmen. Im Portfolio-Selection-Modell von Markowitz wird die Risikotoleranz mittels Indifferenzkurven abgebildet. Typisch sind dabei Indifferenzkurven, die von links unten nach rechts oben fortlaufend ansteigen. Das ist Ausdruck der für die allermeisten Anleger typischen Risikoaversion. Es bedeutet, dass Anleger nur dann zusätzliche Risiken in Kauf nehmen, wenn sie im statistischen Mittel mit einer Mehrrendite belohnt werden. Die Indifferenzkurve von Anlegern mit geringer Risikotoleranz verläuft steil. Pro zusätzliche Einheit Risiko erwarten sie eine hohe Zusatzrendite. Je höher die Risikotoleranz eines Anlegers, desto flacher verläuft die Indifferenzkurve. Risikotolerante Investoren geben sich pro zusätzliche Einheit Risiko mit einer geringen Mehrrendite zufrieden.

Eine Schwäche des Markowitz-Modells besteht darin, dass sich erst im Nachhinein sagen lässt, welche Portfoliokombinationen wirklich effizient waren. Wie die Erfahrung zeigt, führt die Verwendung historischer Rendite-, Risiko- und Korrelationswerte zu durchaus befriedigenden Ergebnissen.

Eine weitere Schwäche ist die gelegentlich (zu) starke Gewichtung einzelner Investments. Aber auch dies lässt sich korrigieren, indem das Portfoliomanagement Höchst- und/oder Mindestgewichte festlegt. Die praktische Arbeit mit der Markowitz-Optimierung zeigt dennoch einige Tücken: Es handelt sich um ein Ein-Perioden-Modell: Das praxisübliche Rebalancing, d. h. die periodische Rückführung der Portfoliogewichte, lässt sich nicht abbilden. Kommt dazu, dass Markowitz die Periodenrenditen aufgrund stetiger Renditen gewinnt, was eigentlich nicht korrekt ist. Das ändert nichts an der überragenden Bedeutung des Markowitz-Modells im Besonderen und am Diversifikationsansatz im Allgemeinen.

Ein Kernelement der Portfolio- und Kapitalmarkttheorie bildet das CAPM (Capital Asset Pricing Model). Gemäss CAPM wird ein Investor für das eingegangene Risiko dann angemessen entschädigt, wenn er – im Vergleich zu einem risikolosen Investment – mit einem risikogerechten Aufschlag (Zusatzrendite) belohnt wird.

Das Indexmodell von Sharpe ist ein Versuch, die Datenproblematik des Markowitz-Modells zu reduzieren. Es gelingt, die Effizienzkurve mithilfe von Betas anstelle von Korrelationen zu generieren. Die praktische Relevanz ist heute gering.

3 Anlagepolitik, Asset Allocation und Performancemessung

Einführung und Lernziele

Im ersten und zweiten Portfoliomanagement-Kapitel haben wir uns mit den theoretischen Grundlagen auseinandergesetzt. Wir haben die Basiskennzahlen des Portfoliomanagements und – darauf aufbauend – die Theorie der Portfoliooptimierung kennengelernt. Jetzt wenden wir uns den praktischen Aspekten des Portfoliomanagements zu. Ohne besondere Rücksicht auf spezialgesetzliche Vorgaben versuchen wir dabei, uns in die Rolle eines institutionellen Anlegers hineinzudenken, sei es einer Pensionskasse, einer Krankenkasse, einer Versicherungsgesellschaft oder eines Multi Asset Funds (Strategiefonds). Die folgenden Ausführungen lassen sich aber auch übertragen auf das Portfoliomanagement von Banken und bankexternen Vermögensverwaltern im Dienst von Vermögensverwaltungskunden.

Erfolgreiches Portfoliomanagement hat ziemlich viel mit Disziplin und Sorgfalt zu tun. Ausdruck davon ist ein systematischer Portfoliomanagementprozess, der sich modellhaft wie folgt darstellen lässt:

Portfoliomanagementprozess

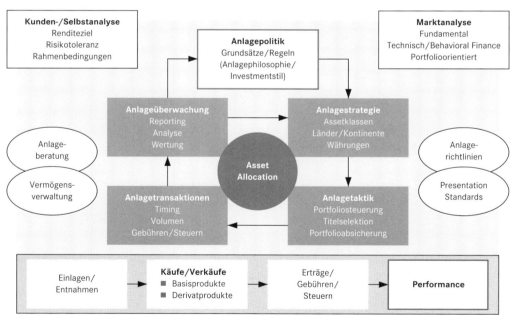

Abb. 59

Unser Modell des Portfoliomanagementprozesses stellt die Anlagepolitik, die Asset Allocation und die Performancemessung ins Zentrum. Die Anlagepolitik im Allgemeinen und die Asset Allocation im Besonderen basieren auf der sorgfältigen Selbst- bzw. Kundenanalyse einerseits und auf der permanenten Marktanalyse andererseits. Gesetzliche Vorgaben und Standesregeln sorgen für Fairplay im Portfoliomanagement. Im Vordergrund stehen Vorschriften zur Anlageberatung und Vermögensverwaltung, Anlagerichtlinien für institutionelle Anleger (z. B. Pensionskassen, Anlagefonds) und Standards für die Performancemessung.

In diesem Kapitel konzentrieren wir uns auf die Praxis des Portfoliomanagements im engeren Sinn, d. h. auf die Anlagepolitik, die Asset Allocation und die Performancemessung. Die rechtlichen und die kundenspezifischen Aspekte des Portfoliomanagements greifen wir im vierten und letzten Portfoliomanagement-Kapitel gesondert auf.

Die **Anlagepolitik** lässt sich vergleichen mit dem Leitbild einer Unternehmung. Sie legt die Grundausrichtung bzw. die Werthaltungen des Portfoliomanagements – sei es einer Pensionskasse, einer Fondsleitung, einer Bank oder eines bankexternen Vermögensverwalters – fest.

Die **Asset Allocation** lässt sich als Kreislauf darstellen. Ausgangspunkt bildet die Anlagestrategie (strategische Asset Allocation). Sie legt die Grobstruktur eines Portfolios fest. Das Spektrum der Anlageklassen (Geldmarkt, Obligationen, Aktien usw.) wird definiert, die geografische Streuung (national, kontinental, global) bestimmt und die Diversifikation nach Währungen fixiert. Die Anlagetaktik (taktische Asset Allocation) umfasst die Titelselektion, die Portfoliosteuerung und die Portfolioabsicherung. Im Rahmen der Titelselektion wird bestimmt, mit welchen Basis- und/oder Derivatprodukten die vordefinierten Portfoliogefässe (Assetklassen) «gefüllt» werden sollen. Im Rahmen der Portfoliosteuerung und/oder der Portfolioabsicherung wird über taktische Abweichungen von der Anlagestrategie sowie über allfällige Massnahmen zur Verlustlimitierung entschieden. Die taktischen Entscheide lösen Anlagetransaktionen aus, die sofort und/oder nach einem bestimmten Plan realisiert werden. Die Anlageüberwachung schliesst den Kreislauf ab und löst den Anlageprozess von Neuem aus.

Sämtliche Aktivitäten modernen Portfoliomanagements sind darauf ausgerichtet, eine angemessene **Performance** zu erzielen. Zunächst geht es darum, die Performance korrekt zu bestimmen. Das ist leichter gesagt, als getan. Grund dafür sind die Messprobleme, die sich aufgrund von Einlagen bzw. Entnahmen während einer Messperiode ergeben. Die Unterscheidung zwischen kapital- und zeitgewichteten Renditen ist Ausdruck davon. Liegt das absolute Performanceresultat vor, folgt unweigerlich die Frage nach dem relativen Erfolg. Die Definition von «Erfolg» ist abhängig vom Managementstil. Werden Portfolios passiv gemanagt, interessiert primär die Exaktheit der Benchmark-Nachbildung. Der Tracking Error – man spricht auch vom relativen (aktiven) Risiko – ist dafür das «Mass aller Dinge». Ein aktiver Managementstil zielt darauf ab, die Benchmark zu schlagen. Erfolgsmassstäbe sind hier die relative aktive Rendite, die Information Ratio und die Attribution.

Wir gehen im Folgenden Schritt für Schritt auf die Fragestellungen und Lösungsansätze der Anlagepolitik, der Asset Allocation und der Performancemessung ein.

Lernziele

Nach dem Studium dieses Kapitels kann der Leser

- den Portfoliomanagementprozess beschreiben;
- den Zweck und die Inhalte der Anlagepolitik beschreiben;
- verschiedene Anlagephilosophien bzw. Anlagestile darstellen und begründen;
- zwischen strategischer und taktischer Asset Allocation unterscheiden;
- die Herleitung der strategischen Asset Allocation begründen;
- die Bedeutung und die Problemkreise des Asset-Allocation-Ansatzes beschreiben;
- zwischen kapitalgewichteter und zeitgewichteter Rendite unterscheiden;
- den Tracking Error bestimmen und erklären;
- die relative aktive Rendite (Outperformance) bestimmen;
- die Information Ratio berechnen und erläutern;
- die Attribution (Allokationsbeitrag, Selektionsbeitrag, Kreuzprodukt) bestimmen und erklären.

3.1 Anlagepolitik

3.1.1 Entscheidparameter

Wer Portfolios managt, stützt sein Handeln auf bewusste oder unbewusste Werthaltungen. Theoretisches Know-how, Erfolgsstorys von Börsengurus, Tops und Flops – eigene oder fremde –, persönliche Vorlieben oder Abneigungen verdichten sich zu einer Grundhaltung, die man als Anlagepolitik bezeichnen kann. Von Fall zu Fall handelt sich um eigentliche Anlagephilosophien oder mehr um die Favorisierung eines bestimmten Anlagestils. Institutionelle, aber auch private Anleger tun gut daran, die eigene Anlagepolitik und/oder jene ihres Finanzdienstleisters (Bank, Vermögensverwalter, Fonds usw.) kritisch zu hinterfragen.

Die Kernfragen einer Anlagepolitik lassen sich in einem morphologischen Kasten wie folgt darstellen:

Asset-klassen ...	traditionelle Investments			alternative Investments			
	Liquidität	Obligationen	Aktien	Immo-bilien	Private Equity	Rohstoffe	Hedge Funds
... Produkte	Basisprodukte			Derivatprodukte			
	direkte Anlagen	indirekte Anlagen		Terminprodukte	strukturierte Produkte		
... Länder/ Währungen	Schweiz (CHF)	Europa (EUR, GBP...)	Nordamerika (USD, CAD)	Asien/Pazifik (JPY usw.)	Emerging Markets		andere
Manage-mentstil	aktives Portfoliomanagement	passives Portfolio-management		aktiv/passiv kombiniert Core Satellite / Enhanced Indexing			
Anlage-horizont	20% kurzfristig 40% mittelfristig 40% langfristig	10% kurzfristig 30% mittelfristig 60% langfristig		5% kurzfristig 15% mittelfristig 80% langfristig	andere Aufteilung		
Anlagestil	Value Investing		Growth Investing		anderer Anlagestil		

Fortsetzung nächste Seite

Börsen-segmente	Grössensegmente (Aktien)				Branchen	
	Large Caps	Mid Caps	Small Caps	von Fall zu Fall	bestimmte Präferenzen	keine Präferenzen
Investment Grade	mindestens AA-/Aa3		mindestens A-/A3	mindestens BBB-/ Baa3	andere Definition	
Markttrends	konsequentes Trendsetting		selektives Trendsetting		Contrary Opinion	
Portfolio Insurance	Verzicht auf Absicherung		situatives Hedging		systematisches Hedging	
			ohne Derivate (z. B. CPPI-Ansatz)	mittels Derivaten (Optionen, Futures usw.)	von Fall zu Fall	
Analyse-technik	Fundamentalanalyse		technische Analyse/ Behavioral Finance		portfolioorientierte Analyse	
Research	Primär-Research		Sekundär-Research		kein eigenes Research	

—■— mögliches Profil einer Anlagepolitik

Tab. 35

Auf ausgewählte anlagepolitische Fragestellungen gehen wir im Folgenden fragmentarisch ein.

3.1.2 Anlageuniversum: Assetklassen, Produkte, Länder/Währungen

Das Anlageuniversum definiert jene Assetklassen, Produkte, Länder/Kontinente und Währungen, die ein diversifiziertes Portfolio ausmachen. Im Rahmen der Anlagepolitik sind folgende Grundsatzfragen zu klären und entsprechende Leitplanken zu setzen:

   a. Welche traditionellen bzw. nicht traditionellen Assetklassen kommen infrage?
   b. Mit welchen direkten/indirekten Basisprodukten soll in die einzelnen Assetklassen investiert werden?
   c. Sollen die einzelnen Assetklassen auch mit Terminprodukten (Optionen, Futures usw.) oder strukturierten Produkten «abgebildet» werden?
   d. Welche Länder/Kontinente und Währungen kommen grundsätzlich infrage?

Abbildung 60 macht – selbstverständlich ohne Anspruch auf Vollständigkeit – das Anlageuniversum «als Ganzes» transparent:

Anlageuniversum							
Produkte \ Assetklassen	**Traditionelle Investments**			**Alternative Investments**			
	Liquidität	Obligationen	Aktien	Immobilien	Private Equity	Rohstoffe	Hedge Funds
Basisprodukte — Direkte Anlagen Inland/Ausland CHF/Fremdwährungen	Geldmarktbuchforderungen (GMBF) Treasury Bills CDs Bankers' Acceptances Commercial Papers	Staats-Anleihen Corporate Bonds Straight Bonds Floaters Linkers Subordinated Bonds Convertible Bonds usw.	Large Caps Mid Caps Small Caps	Mehrfamilienhäuser Bürohäuser Einzelhandelsliegenschaften Industrie-/Spezialliegenschaften	Venture Capital Turnaround/ Special Situation Buy-out Mezzanine	Gold Silber Platin Palladium	
Basisprodukte — Indirekte Anlagen Inland/Ausland CHF/Fremdwährungen	Bankenfestgelder Treuhandanlagen Geldmarktfonds (inkl. ETFs)	Kassenobligationen/ Bankentermingelder Obligationenfonds (inkl. ETFs)	Aktienfonds (inkl. ETFs) Beteiligungsgesellschaften	Immobilienfonds Immobiliengesellschaften Real Estate Investment Trusts Anlagestiftungen	Private Equity Funds Private-Equity-Gesellschaften	Edelmetallfonds Rohstofffonds (inkl. ETFs) Rohstoffaktien	Relative Value Event-Driven Directional
Derivatprodukte — Terminprodukte symmetrisch asymmetrisch	Zinssatzfutures FRAs Zinssatzswaps *Devisenforwards/ -futures* Zinsfuturesoptionen *Devisenoptionen*	Zinssatzfutures (z. B. CONF-Futures) Zinsfuturesoptionen Swaptions	Aktienfutures Aktienindexfutures CFDs Aktienoptionen Aktienindexoptionen			Edelmetallforwards/ -futures Rohstofffutures CFDs Edelmetall-/Rohstoffoptionen	
Derivatprodukte — Strukturierte Produkte Hebel Partizipation Rendite Kapitalschutz	Hebelprodukte: – Call/Put Warrants – Spread Warrants – Knock-out Warrants – Mini-Futures		Partizipationsprodukte: – Tracker-Zertifikate – Bonus-Zertifikate – Airbag-Zertifikate – Twin-Win-Zertifikate – usw.	Renditeoptimierungsprodukte: – Discount-Zertifikate – Reverse Convertibles – Express-Zertifikate – usw.		Kapitalschutzprodukte: – ohne Coupon – mit Coupon	

Abb. 60

Auf die Derivatprodukte (Terminprodukte, strukturierte Produkte) und die alternativen Investments (auch nicht traditionelle Anlagen genannt) gehen wir in Band 3 dieser Lehrbuchreihe ein.

3.1.3 Managementstil: passives versus aktives Portfoliomanagement

Passives Portfoliomanagement basiert auf der Erkenntnis, dass es auf lange Sicht sehr schwer ist, eine Benchmark, d. h. eine Referenzmarke, zu übertreffen. Das gilt nicht nur für die Einzel-Benchmarks pro Assetklasse, sondern auch für die Portfolio-Benchmark. Als Faustregel gilt, dass es auf Jahresbasis nur rund 20 % der aktiven Portfoliomanager gelingt, ihre Benchmark zu schlagen. Oder, anders ausgedrückt: 80 % der aktiv gemanagten Portfolios schneiden auf Jahresbasis schlechter ab als der Vergleichsindex. Vor diesem Hintergrund überrascht es nicht, dass seit einiger Zeit ein Trend hin zu Indexanlagen zu beobachten ist. Die steigende Akzeptanz von Indexfonds, Exchange-Traded Funds (ETFs), Indexfutures, Mini-Index-Futures, Aktienindex-Tracker-Zertifikaten usw. ist ein Beleg dafür.

Aktives Portfoliomanagement bildet, der wenig ermutigenden Facts zum Trotz, die Regel. Sicherlich hat es damit zu tun, dass passives Portfoliomanagement den Berufsstolz kränkt. Welcher Portfoliomanager oder Vermögensverwalter möchte nicht beweisen, dass er cleverer ist als die Konkurrenz? Welcher Anlageprofi zweifelt ernsthaft daran, dass er seine Benchmark nicht aushebeln kann, sei es aufgrund seiner hervorragenden Selektionsentscheide, sei es aufgrund seiner überdurchschnittlichen Timingfähigkeiten?

Aktives bzw. passives Portfoliomanagement lassen sich wie folgt gegenüberstellen:

Kriterien	Passives Portfoliomanagement	Aktives Portfoliomanagement
Effizienzhypothese Grundhaltung des Portfoliomanagements	Märkte sind ziemlich effizient. Alles in allem sind in den aktuellen Kursen die verfügbaren Informationen bereits verarbeitet. Märkte haben sogar einen «Riecher» für Insiderinformationen.	Märkte sind nicht vollkommen effizient. Die aktuellen Kurse basieren auf unvollständiger Information. Informationsvorteile lassen sich gewinnbringend nutzen.
Titelselektion	Bei physischer Indexnachbildung (Full Replication) entspricht die Titelgewichtung jener des Index, z. B. jener des SMI).[1]	Titel mit grossem Potenzial werden übergewichtet, jene mit geringem Potenzial untergewichtet.
Verwaltungs-/ Transaktionskosten	Verwaltungs- und Transaktionskosten sind vergleichsweise tief.	Verwaltungs- und Transaktionskosten sind vergleichsweise hoch.
Portfoliorendite Grundzielsetzung	Die Portfoliorendite soll (vor Abzug der Verwaltungs-/Transaktionskosten) gleich hoch sein wie die Benchmarkrendite. Outperformance ist nicht das Ziel.	Die Portfoliorendite soll (nach Abzug der Verwaltungs- und Transaktionskosten) die Benchmarkrendite übertreffen. Outperformance ist das Ziel.
Portfoliorisiko Grundzielsetzung	Das Portfoliorisiko darf nur marginal vom Benchmarkrisiko abweichen. Der Tracking Error eines Aktienportfolios hat in der Regel eine Obergrenze von 0,50 %.	Das Portfoliorisiko darf höher sein als jenes der Benchmark. Der Tracking Error eines Aktienportfolios ist im Normalfall grösser als 3,0 %.

[1] Was die Techniken der Indexnachbildung angeht, verweisen wir auf Band 1, Kapitel 7.

Tab. 36

Tracking Error

Der Tracking Error ist ein Risikomass mit der «Qualität» Standardabweichung. Er wird aufgrund der periodischen Abweichungen zwischen Portfolio- und Benchmarkrendite bestimmt. Je höher der Tracking Error, desto aktiver ist das Portfoliomanagement und umgekehrt. Wird ein Tracking Error auf Jahresbasis von z.B. 0,50 % rapportiert, weicht die Portfoliorendite mit einer Wahrscheinlichkeit von rund 68 % um $-/+0.50$ Prozentpunkte von der Benchmarkrendite ab.

Im dritten Teil dieses Kapitels gehen wir vertieft auf den Tracking Error ein.

Als Kompromiss zwischen aktivem und passivem Portfoliomanagement bietet sich der Core-Satellite-Ansatz und das Enhanced Indexing an:

Beim **Core-Satellite-Ansatz** wird ein passiv gemanagtes Kernportfolio mit aktiv gemanagten Satellitenportfolios kombiniert. Mit Exchange-Traded Funds (ETFs) lässt sich das Konzept optimal umsetzen.

Beispiel: Core-Satellite-Ansatz der Graubündner Kantonalbank

«Die Graubündner Kantonalbank verfolgt in ihren Anlagestrategien den sogenannten ‹Core-Satellite›-Ansatz. Bei dieser Strategie investieren wir den Kernteil des Vermögens, den ‹Core›, in indexnahe Anlagen. Dies verleiht dem Portfolio Stabilität. Kleinere Vermögensteile, die ‹Satelliten›, ergänzen diesen Kern und sollen die Gesamtrendite des Portfolios steigern. Die ‹Satelliten› investieren wir aktiv in nichttraditionelle Anlagen ... (alternative Anlagen) und weitere interessante Anlagen.»

Das **Enhanced Indexing** lässt sich als aktives Portfoliomanagement mit begrenztem Spielraum charakterisieren. Konkret wird dem Portfoliomanagement ein Tracking Error von bspw. 1,00 % oder 2,00 % eingeräumt. Je tiefer die Tracking-Error-Limite angesetzt wird, desto beschränkter sind die Möglichkeiten des Portfoliomanagements, eine Outperformance zu generieren. Entsprechend geringer ist auch das mögliche Ausmass einer Underperformance.

Mischformen zwischen aktivem und passivem Portfoliomanagement erlauben auch die Aufteilung der Portfoliobewirtschaftung in Eigen- und Fremdverwaltung. So übernimmt bspw. eine Pensionskasse den passiv gemanagten Teil in Eigenregie. Der aktiv gemanagte Teil wird in Mandatsform an eine oder mehrere Banken übertragen.

Es versteht sich von selbst, dass der anlagepolitische Entscheid für einen bestimmten Managementstil die erwartete Portfoliorendite und das erwartete Portfoliorisiko direkt beeinflussen. Bemerkenswert sind auch die Auswirkungen auf die Performancemessung (siehe weiter hinten). Kennzahlen wie Outperformance, Information Ratio und Attribution schaffen im passiven Portfoliomanagement keinen Mehrwert.

3.1.4 Anlagehorizont: Long-Term versus Short-Term

Je länger der Anlagehorizont, desto geringer ist der Einfluss eines positiven oder negativen Börsenjahrs auf die jährliche Durchschnittsrendite. Volatile Investments mit hohem Erwartungswert (Rendite) rufen grundsätzlich nach einem langen Anlagehorizont. Bei Aktien liegt dieser
Horizont bekanntlich bei fünf bis zehn Jahren und bei Obligationen bei zwei bis fünf Jahren.

Trader scheren sich wenig um den statistisch untermauerten Zusammenhang zwischen
Verlustrisiko und Anlagedauer. Sie trachten nach dem kurzfristigen Gewinn. Sie nutzen Markt-
ineffizienzen rasch zu ihren Gunsten aus.

In der Portfoliomanagementpraxis lässt sich oft eine Mischung zwischen lang- und kurz-
fristiger Ausrichtung beobachten. Während z. B. 80 % des Portfolios langfristig ausgelegt sind,
wird mit 20 % des Portfolios der kurzfristige Gewinn gesucht.

3.1.5 Anlagestil: Value Investing versus Growth Investing

Value Investing, zu Deutsch «wertorientierter Anlagestil», konzentriert sich auf Anlagen, die,
gemessen an Marktdurchschnittswerten, günstig bewertet sind. Es handelt sich um einen
Investmentstil, der konsequent auf die klassische Fundamentalanalyse setzt. Typische Value-
Investing-Regeln haben etwa die Form: «Kaufe tiefe, meide hohe P/Es», «Kaufe tiefe, meide
hohe KUVs».

Der international bekannteste Value-Investor ist Warren Buffet.

Warren Buffet: Die sieben wichtigsten Tipps

- Investiere immer langfristig; kaufen und halten ist die beste Aktienstrategie!
- Investiere nie in ein Geschäft, das du nicht verstehst!
- Kaufe Firmen, die eine Vergangenheit mit starker Ertragskraft haben!
- Schau auf die Aktienrendite, nicht auf den Gewinn pro Aktie!
- Wer Panik kriegt, wenn die Aktien um fünfzig Prozent einbrechen, sollte nicht inves-
  tieren!
- Du solltest ein Geschäft kaufen wollen und nicht eine Aktie mieten!
- Kaufe Firmen, die schon lange erfolgreich im Geschäft sind!

Quelle: *SonntagsZeitung*, 5. Mai 2002, Seite 69

Growth Investing, zu Deutsch «wachstumsorientierter Anlagestil», legt das Augenmerk auf
überdurchschnittlich stark wachsende Aktien. Die oft unattraktiven Kennzahlen (z. B. hohe
P/Es) werden ignoriert mit dem Hinweis, dass die Gewinnwachstumserwartungen entsprechend hoch seien. Theoretisch basiert das Growth Investing auf dem Barwertkonzept der
Aktienbewertung. Ausprägungen davon sind das Gewinn-Diskontierungs-Modell, das Dividenden-Diskontierungs-Modell und das Discounted-Cashflow-Verfahren (siehe Band 1, Kapitel 5
dieser Lehrbuchreihe).

3.1.6 Börsensegmente: Large Caps versus Small Caps

Nach ihrer Börsenkapitalisierung lassen sich Aktien unterteilen in Large Caps, Mid Caps und Small Caps. Konservativere Investoren setzen oft auf Large Stocks und mithin auf die Nachhaltigkeit des Erfolgs von grossen Firmen. Sie schätzen ausserdem die jederzeit intakte Liquidität. Growth-Investoren setzen gerne auf Small Caps. Es zeigt sich immer wieder, dass Growth Stocks eher im Bereich von Small Caps zu finden sind. Der sogenannte Small-Cap-Effekt, d. h. die Beobachtung, wonach Aktien klein kapitalisierter Unternehmen die gross kapitalisierten häufig ausstechen, lässt sich am Beispiel von SPI Small Caps eindrücklich aufzeigen:

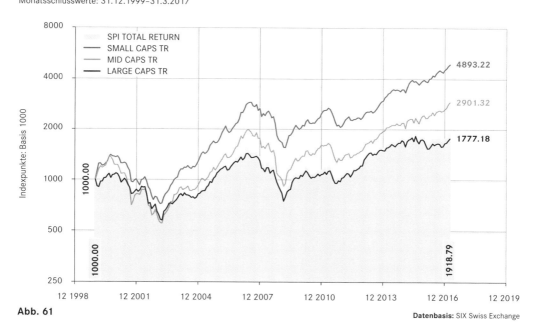

Small-Cap-Effekt am Bespiel von SPI Small Caps
Monatsschlusswerte: 31.12.1999–31.3.2017

Abb. 61

Datenbasis: SIX Swiss Exchange

Für die einzelnen Grössensegmente ergeben sich im Betrachtungszeitraum (31.12.1999–31.3.2017) folgende Kennzahlen:

Kennzahlen	SPI	SPI Small	SPI Mid	SPI Large
Gesamtperformance	91,88%	389,32%	190,13%	77,72%
Jahresperformance	3,85%	9,64%	6,37%	3,39%
Jahresvolatilität	13,95%	14,25%	17,35%	14,06%
Korrelation zum SPI		0.7066	0.8396	0.9920
Beta zum SPI		0.7219	1.0438	0.9999

Tab. 37

Wie **Abbildung 62** zeigt, kann es sich auch bezahlt machen, auf die «richtigen» Branchen bzw. den «richtigen» Branchenmix zu setzen und im Rahmen der Anlagepolitik entsprechende Vorgaben zu machen:

Branchenindizes im Vergleich
Basis: 1000; Monatsschlusswerte: 31.12.1999–31.3.2017

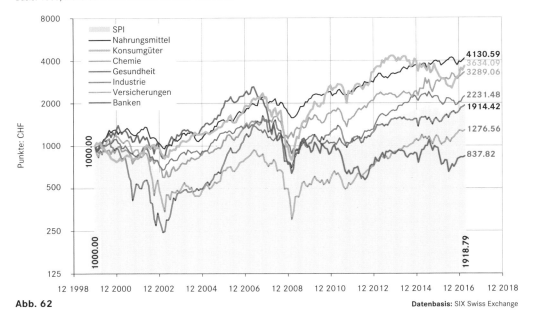

Abb. 62   **Datenbasis:** SIX Swiss Exchange

Für den Betrachtungszeitraum (31.12.1999–31.3.2017) rechnen sich folgende Kennzahlen:

Kennzahlen	SPI	Chemie	Industrie	Nahrung/ Getränke	Konsum/ Haushalt	Gesund- heit	Banken	Versiche- rungen
Gesamtperformance	91,88 %	228,91 %	91,44 %	313,06 %	263,41 %	123,15 %	−16,22 %	27,66 %
Jahresperformance	3,85 %	7,15 %	3,84 %	8,57 %	7,77 %	4,76 %	−1,02 %	1,43 %
Jahresvolatilität	14,03 %	17,97 %	25,60 %	13,12 %	22,79 %	14,09 %	25,53 %	25,21 %
Korrelation zum SPI		0.6684	0.7990	0.6434	0.5618	0.7410	0.7619	0.7848
Beta zum SPI		0.8556	1.4574	0.6016	0.9125	0.7442	1.3859	1.4095

Tab. 38

3.1.7 Investment Grade: sichere versus spekulative Anleihen

Institutionelle Investoren machen dem Portfoliomanagement in aller Regel Vorgaben, welches Mindestrating Obligationen-Anleihen aufweisen müssen, um Aufnahme ins Bondportfolio zu finden. Man spricht von Anlagequalität (englisch: Investment Grade). Als Untergrenze wird oft die Kategorie BBB- (Standard & Poor's) bzw. Baa3 (Moody's) definiert.

Bei der Fixierung der Anlagequalität müssen die Chancen/Risiken sorgfältig abgewogen werden. Je höher die Qualitätsanforderungen, desto grösser sind die Renditeabstriche. Zu beachten ist ausserdem, dass die Renditespreads zwischen Anleihen höherer und minderer Qualität im Zeitablauf stark schwanken. **Abbildung 63** ist ein Beleg dafür.

Näheres zu den Bond Ratings und zum Bonitätsrisiko von Obligationen-Anleihen erfahren Sie in *Theorie und Praxis der Geldanlage 1*, Kapitel 4.

SBI Gesamt AAA, BBB
Verfallrendite: 31.12.2006–31.3.2017

Abb. 63

Datenbasis: SIX Swiss Exchange

3.1.8 Markttrends: Trendsetting versus Contrary Opinion

«The trend ist your friend», «Lass den Ball rollen, solange er rollt», «Never catch a falling knife.» So und ähnlich lauten Börsenweisheiten von Trendsetters oder Trend Followers. Sie folgen dem Trend, solange er intakt ist, und sie wechseln die Seite, wenn der Wind von der anderen Seite bläst.

«Contrarians» schwimmen gegen den Strom. Sie gehen davon aus, dass die Masse der Anleger im Schnitt falsch liegt. Sie steigen aus, wenn «alle» einsteigen, und stürmen voran, wenn «alle» flüchten.

Megatrends und Megaschocks

«Aus der Sicht der Behavioral Finance muss man ... zwischen Megaschocks und Megatrends unterscheiden. Megaschocks sind unwahrscheinliche Vorkommnisse mit grossen Verlusten, während Megatrends aus einer Serie von verhältnismässig wahrscheinlichen Ereignissen mit kleinen Verlusten bestehen. Überträgt man die Beobachtung auf Marktrenditen ..., so sollte man erwarten, dass der Markt auf Megaschocks überreagiert, während er auf Megatrends unterreagiert. ... Wer nach dem Schock sofort verkauft, hat die Verluste getragen, ohne die Renditen der Erholung einzufahren.»

Thorsten Hens: «Wie ein Frosch im Wasser», *Finanz und Wirtschaft* Nr. 44, Samstag, 4. Juni 2011, Seite 1

Wird die Verfolgung einer Strategie (z. B. Value Investing, Contrary Opinion) sehr konsequent verfolgt, spricht man von einem aggressiven Investitionsstil. Die eher moderate Umsetzung einer Strategie wird als defensiver Investitionsstil bezeichnet.

3.1.9 Portfolio Insurance: hedged versus unhedged

Portfolio Insurance umfasst all jene Massnahmen und Techniken, die der Absicherung von Kursverlustrisiken dienen. Man spricht auch von Absicherungs- oder Wertsicherungsstrategie. Ist ein Investor bereit, das Auf und Ab der Finanzmärkte ungesichert zu «durchleben», spricht man von Positionierung. Der Entscheid, eine Wertsicherungsstrategie zu fahren, bedeutet in der Regel nicht, dass ein Investor alle Risiken «ausmerzen» will. Im Normalfall geht es darum, die Verhaltensregeln zu bestimmen, wenn Gefahr droht, dass das Portfolio «durchgeschüttelt» wird.

Der Instrumentenkasten der Portfolio Insurance umfasst in erster Linie Derivate, d. h. symmetrische und asymmetrische Terminprodukte sowie strukturierte Hebelprodukte. Wir gehen in Band 3 dieser Lehrbuchreihe ausführlich darauf ein. An dieser Stelle thematisieren wir die Stop-Loss-Strategie, die Constant Proportion Portfolio Insurance (CPPI) und die Time-Invariant Portfolio Protection (TIPP).

3.1.9.1 Stop-Loss-Strategie

Die Stop-Loss-Strategie ist – wohl aufgrund ihrer Einfachheit – die am häufigsten eingesetzte Absicherungstechnik. Sie kann sowohl als Verlustbegrenzungsstrategie als auch als Gewinnsicherungsstrategie genutzt werden.

Am Ausgangspunkt steht die Bestimmung eines Floor, d. h. eines Portfoliomindestwerts. Ist es bspw. das Ziel, nach einer Anlagedauer (Anlage- bzw. Planungshorizont) von drei Jahren den aktuellen Wert der Assetklasse «Aktien Schweiz» zu 90 % (= Floor) zu sichern und rentiert ein risikoloses Investment mit 2,50 %, ergibt sich ein anfänglicher Floor-Barwert und mithin eine Stop-Loss-Limite von 83,57 % (90 % $\div$ 1.025^3).

Gibt der Aktienmarkt um mehr als 16,43 % (100 % $-$ 16,43 % = 83,57 %) nach, werden alle Titel verkauft und der Verkaufserlös zum risikolosen Zinssatz investiert. Im Fall der sogenannt statischen Absicherung wird während des Planungshorizonts nicht wieder in Aktien investiert. Anders bei der dynamischen Stop-Loss-Strategie: Hier wird die Aktienposition wieder aufgebaut, sobald der Floor-Barwert erreicht bzw. überschritten wird.

Weder die statische noch die dynamische Stop-Loss-Strategie ist frei von Problemen. Einerseits kann weder der Ausstieg noch der Wiedereinstieg zum Floor-Barwert realisiert werden. Die Verkaufsorder wird erst nach Unterschreiten der Limite (Trigger) und die Kauforder erst nach Überschreiten der Limite ausgelöst. Die dynamische Stop-Loss-Strategie kann zudem mit mehreren Umschichtungen und entsprechenden Transaktionskosten verbunden sein. Die oben beschriebene Bestimmung des Floor-Barwerts ist notabene reichlich akademisch. Praktikabler ist es wohl, die Stop-Loss-Limite frei von Barwertüberlegungen zu fixieren, also bspw. einfach bei 90 %.

3.1.9.2 Constant Proportion Portfolio Insurance (CPPI)

Die Constant Proportion Portfolio Insurance (CPPI) stellt einen bestimmten Floor sicher, ohne dass dafür ein Derivat (Kauf einer Put-Option) «bemüht» werden muss. Gleich wie beim «Put-Kauf zur Absicherung einer Position» (siehe Band 3) bleiben die Kursgewinnchancen gewahrt.

Am Ausgangspunkt steht – analog zur Stop-Loss-Strategie – die Bestimmung eines Floor. Ist es bspw. das Ziel, nach einer Anlagedauer (Anlage- bzw. Planungshorizont) von drei Jahren den aktuellen Wert der Assetklasse «Aktien Schweiz» zu 90 % (= Floor) zu sichern und rentiert ein risikoloses Investment mit 2,50 %, ergibt sich ein Floor-Barwert von 83,57 %.

Anders als bei der Stop-Loss-Strategie werden beim CPPI-Ansatz nicht 100 % in Aktien investiert. Bei einer Risikoneigung (m) von 1.0 sind es in unserem Beispiel bloss 16,43 % (1.0 · [100−83.57]). Der Rest (83,57 %) wird risikolos angelegt. Wäre die Risikoneigung des Investors höher (z. B. m = 1.5), würden 24,65 % (1.5 · [100−83.57]) in Aktien und 75,35 % risikolos angelegt. Im einen wie im anderen Fall läge das sogenannte Polster (englisch: Cushion) bei 16,43 %.

Gibt nun der Aktienmarkt schockartig um bspw. 10,00 % nach, hätte das Aktienportfolio bei einer Risikoneigung von 1.0 noch einen Wert von 14.79 (90 % von 16.43) und bei einer Risikoneigung von 1.5 einen Wert von 22.19 (90 % von 24.65). Das ergäbe einen Portfoliowert von 98.36 (83.57 + 14.79) bzw. von 97.54 (75.35 + 22.19).

Aufgrund der neuen Konstellation (Aktienkursverlust von 10,00 %) ergäbe sich bei einer Risikoneigung von 1.5 eine neue Aktienquote von 20.96 (1.5 · [97.54−83.57]). Entsprechend müssten Aktien im Wert von 1.23 (22.19−20.96) verkauft und der Erlös risikolos angelegt werden. Das risikolose Investment erhöhte sich so auf 76.58. Bei einer Risikoneigung von 1.0 ergäbe sich keine Umschichtung.

Ein Totalverlust der Aktienquote würde bei einer Risikoneigung von 1.0 bedeuten, dass das risikolose Investment von 83.57 erhalten bliebe. Inklusive Zins und Zinseszins (2,50 %) wäre nach Ablauf der Anlagedauer von drei Jahren der Floor von 90 % realisiert. Interessanterweise wäre das auch bei einer Risikoneigung von 1.5 der Fall. Je tiefer der Akti-

t	Aktien-markt	Floor-Barwert	Aktien-PF Endwert	Aktien-PF adjustiert	Zins-PF Endwert	Zins-PF adjustiert	PF-Endwert	Cushion
0	100.00	83.57	24.65	24.65	75.35	75.35	100.00	16.43
1	90.00	83.57	22.19	20.96	75.35	76.58	97.54	13.97
2	80.00	83.57	18.63	17.46	76.58	77.75	95.21	11.64
3	70.00	83.57	15.28	14.19	77.75	78.84	93.03	9.46
4	60.00	83.57	12.16	11.15	78.84	79.85	91.00	7.43
5	50.00	83.57	9.29	8.36	79.85	80.78	89.14	5.57
6	40.00	83.57	6.69	5.85	80.78	81.62	87.47	3.90
7	30.00	83.57	4.39	3.66	81.62	82.35	86.01	2.44
8	20.00	83.57	2.44	1.83	82.35	82.96	84.79	1.22
9	10.00	83.57	0.92	0.47	82.96	83.41	83.88	0.31
10	0.00	83.57	0.00	0.00	83.41	83.41	83.42	−0.16

Tab. 39

enmarkt sinkt, desto stärker wird das Aktienportfolio reduziert und das risikolose Zinsportfolio entsprechend erhöht.

Tabelle 39 macht den CPPI-Ansatz bei einem Floor-Barwert von 83,57 %, einer Risikoneigung von 1.5 und einem kontinuierlich nachgebenden Aktienmarkt – bis hin zum Totalverlust – transparent. Die Verzinsung des Zinsportfolios wird vernachlässigt.

Wie ersichtlich, wird der Floor-Barwert von 83,57 % auch bei einem Totalverlust des Aktienportfolios nur marginal (um -0.16) unterschritten.

Beispiel

Wie lassen sich folgende Werte aus Tabelle 39 bestimmen:

a. Aktien-PF Endwert (5) von 9.29 und PF-Endwert (5) von 89.14?
b. Aktien-PF adjustiert (5) von 8.36 und Zins-PF adjustiert (5) von 80.78?

Lösung

a. Aktien-PF Endwert (5) $\quad = 11.15 \cdot \dfrac{0.50}{0.60} \qquad = \mathbf{9.29}$

    PF-Endwert (5) $\qquad\qquad = 9.29 + 79.85 \qquad = \mathbf{89.14}$

b. Aktien-PF adjustiert (5) $\quad = 1.5 \cdot (89.14 - 83.57) \quad = \mathbf{8.36}$

    Zins-PF-Endwert (5) $\qquad = 79.85 + (9.29 - 8.36) = \mathbf{80.78}$

Die folgende Tabelle zeigt beispielhaft auf, wie die CPPI-Strategie bei volatilen Aktienmärkten spielt:

t	Aktien-markt	Floor-Barwert	Aktien-PF Endwert	Aktien-PF adjustiert	Zins-PF Endwert	Zins-PF adjustiert	PF-Endwert	Cushion
0	100.00	83.57	24.64	24.64	75.36	75.36	100.00	16.43
1	90.00	83.57	22.18	20.94	75.36	76.59	97.54	13.96
2	80.00	83.57	18.62	17.45	76.59	77.76	95.21	11.64
3	65.00	83.57	14.18	12.54	77.76	79.39	91.94	8.36
4	70.00	83.57	13.51	13.99	79.39	78.91	92.90	9.33
5	85.00	83.57	16.99	18.49	78.91	77.41	95.90	12.33
6	110.00	83.57	23.93	26.65	77.41	74.69	101.34	17.76
7	140.00	83.57	33.91	37.55	74.69	71.06	108.60	25.03
8	130.00	83.57	34.86	33.52	71.06	72.40	105.92	22.35
9	125.00	83.57	32.23	31.59	72.40	73.04	104.63	21.06
10	150.00	83.57	37.91	41.07	73.04	69.89	110.95	27.38

Tab. 40

3.1.9.3 Time-Invariant Portfolio Protection (TIPP)

Die Time-Invariant Portfolio Protection (TIPP) ist eine modifizierte CPPI-Strategie. Der Floor wird im Prinzip als fixer Prozentsatz definiert. Dieses Prinzip gilt, solange der Aktienmarkt steigt. Dreht der Aktienmarkt, wird der Floor auf dem Höchst «eingefroren».

Tabelle 41 macht den TIPP-Ansatz bei einem Floor von 83,57 %, einer Risikoneigung von 1.5 und einem kontinuierlich steigenden Aktienmarkt transparent. Die Verzinsung des Zinsportfolios wird vernachlässigt.

t	Aktien-markt	Floor	Aktien-PF Endwert	Aktien-PF adjustiert	Zins-PF Endwert	Zins-PF adjustiert	PF-Endwert	Cushion
0	100.00	83.57	24.64	24.64	75.36	75.36	100.00	16.43
1	110.00	85.63	27.10	25.25	75.36	77.22	102.46	16.83
2	120.00	87.55	27.54	25.81	77.22	78.95	104.76	17.21
3	130.00	89.35	27.96	26.34	78.95	80.57	106.91	17.56
4	140.00	91.04	28.37	26.84	80.57	82.10	108.94	17.89
5	150.00	92.64	28.76	27.31	82.10	83.54	110.85	18.21
6	160.00	94.17	29.13	27.76	83.54	84.91	112.67	18.51
7	170.00	95.62	29.50	28.19	84.91	86.22	114.41	18.79
8	180.00	97.00	29.85	28.60	86.22	87.47	116.07	19.07

Tab. 41

Die folgende Tabelle zeigt beispielhaft auf, wie die TIPP-Strategie bei volatilen Aktienmärkten spielt:

t	Aktien-markt	Floor	Aktien-PF Endwert	Aktien-PF adjustiert	Zins-PF Endwert	Zins-PF adjustiert	PF-Endwert	Cushion
0	100.00	83.57	24.64	24.64	75.36	75.36	100.00	16.43
1	110.00	85.63	27.10	25.25	75.36	77.22	102.46	16.83
2	125.00	88.51	28.69	26.09	77.22	79.81	105.91	17.40
3	135.00	90.25	28.18	26.61	79.81	81.39	107.99	17.74
4	140.00	91.08	27.59	26.85	81.39	82.13	108.98	17.90
5	135.00	91.08	25.89	25.41	82.13	82.61	108.02	16.94
6	120.00	91.08	22.59	21.18	82.61	84.02	105.20	14.12
7	105.00	91.08	18.53	17.21	84.02	85.34	102.55	11.47
8	90.00	91.08	14.75	13.52	85.34	86.57	100.09	9.01
9	115.00	91.08	17.28	19.15	86.57	84.69	103.85	12.77
10	130.00	91.08	21.65	22.90	84.69	83.45	106.35	15.27
11	150.00	91.08	26.42	28.18	83.45	81.68	109.87	18.79
12	170.00	91.08	31.94	33.82	81.68	79.80	113.63	22.55

Tab. 42

Eine weitere Modifikation könnte darin bestehen, dass der Floor angepasst wird, sobald das letzte Höchst getoppt wird. Das wäre im obigen Beispiel (Tab. 42) in Periode 11 der Fall.

3.1.10 Analysetechnik: Fundamentalanalyse versus Technische Analyse

Wer aktives Portfoliomanagement betreibt, setzt auf seine überlegenen Prognosefähigkeiten. Entscheidgrundlagen bilden von Fall zu Fall die Intuition, die Finanzanalyse oder eine Kombination von beidem.

Die klassische Finanzanalyse ist entweder fundamental (siehe Band 1) oder technisch (siehe Kapitel 5) ausgerichtet. Der Streit, welche Analysemethode überlegen ist, ist allerdings müssig. Die Tatsache, dass beide Methoden mit Akribie betrieben werden, ist Grund genug, sie auch ernst zu nehmen. Das Phänomen der sich selbst erfüllenden Erwartungen macht auch vor den Finanzmärkten nicht halt.

Die Erkenntnisse der Behavioral Finance (siehe Kapitel 6) lassen sich in der Regel nicht direkt gewinnbringend umsetzen. Investoren und Portfoliomanager tun jedoch gut daran, die «Rationalität» ihres Verhaltens – und auch jenes der anderen Marktteilnehmer – immer wieder kritisch zu hinterfragen.

3.1.11 Research: Primär-Research versus Sekundär-Research

Vor allem im Bereich der Fundamentalanalyse stellt sich für das Portfoliomanagement die Frage, ob es sich ein eigenes Research leisten will und wenn ja, ob und in welchen Segmenten Primär- und/oder Sekundär-Research betrieben werden soll.

Während Grossbanken und Vermögensverwaltungsbanken – schon aus Prestigegründen – nicht darum herumkommen, professionelles Research zu betreiben, stützen sich mittlere und kleine Banken – nicht zuletzt aus Kosten-/Nutzenüberlegungen – auf Drittstudien. Werden Drittstudien zu eigenen Studien verdichtet, spricht man von Sekundär-Research. Von Fall zu Fall betreiben Banken im «Heimmarkt» Primär-Research und setzen im Übrigen auf Sekundär-Research.

3.1.12 Beispiel einer Anlagepolitik

Die Vorteile einer schriftlich formulierten Anlagepolitik liegen auf der Hand. Umso mehr mag es überraschen, dass sie in der Finance-Literatur kaum thematisiert wird. Wir möchten hier Abhilfe schaffen und beispielhaft die ausformulierte Anlagepolitik für eine «Krankenkasse XY» präsentieren:

Anlagepolitik der «Krankenkasse XY»

Gegenstand

Die Anlagepolitik macht die Prinzipien transparent, aufgrund derer die Anlagekommission ihre strategischen Entscheide (strategische Asset Allocation) fällt. Sie definiert ausserdem die Handlungsrichtlinien für das operative Portfoliomanagement (taktische Asset Allocation).

Die Anlagepolitik und die Anlagestrategie basieren auf den Anlagerichtlinien und mithin den gesetzlichen Bestimmungen (KVV: Verordnung über die Krankenversicherung, BVV: Verordnung über die berufliche Alters-, Hinterlassenen- und Invalidenvorsorge).

Anlageuniversum

Diversifikation ist unser oberstes Anlageprinzip. Wir nutzen die Diversifikationseffekte auf der strategischen (Anlagemedien, Länder, Währungen) und auf der taktischen Ebene (Branchen, Schuldner, Rating, Laufzeiten).

Das Anlageuniversum umfasst schwergewichtig die traditionellen Investments (Geldmarkt, Obligationen, Aktien). Bei den alternativen Investments halten wir uns in erster Linie an Immobilien. Bei Investments in Private Equity, Rohstoffen und Hedge Funds üben wir Zurückhaltung.

Dort, wo es zielführend erscheint, nutzen wir den gesetzlichen Spielraum aus.

Wir setzen primär auf Basisprodukte, wobei wir Direktanlagen favorisieren.

Bei den indirekten Basisprodukten haben ETFs und Immobilienfonds Priorität. Wir beachten insbesondere folgende Kriterien: Kotierung/Handelbarkeit, Kosten (Kommissionen), Erfolgsausweis des Managements.

Derivatprodukte setzen wir selektiv ein.

Bei sich seitwärts bewegenden Märkten (z.B. Aktien, Währungen) schreiben wir gedeckte Call- und Put-Optionen. Wir nutzen insbesondere hohe implizite Volatilitäten (25% und mehr). Strukturierte Renditeoptimierungsprodukte (Discount-Zertifikate, Reverse Convertibles) behalten wir im Auge.

In Erwartung steigender Märkte (Aktien, Bonds, Währungen) sind Call-Käufe möglich. Die Anlagekommission legt quartalsweise eine Limite fest.

Managementstil

Wir setzen auf einen aktiven Managementstil. Für die in Eigen- und in Fremdregie verwalteten Vermögensteile definieren wir realistische Benchmarks. Auf Jahresbasis streben wir eine positive Performance an.

In Relation zu unserer Risikofähigkeit definieren wir auf der strategischen Ebene (strategische Asset Allocation) eine Grundstrategie. Diese hält die prozentualen Normwerte nach Anlagemedien (Geldmarkt/Liquidität, Obligationen, Aktien, alternative Investments) und nach Währungen (CHF, EUR, USD, GBP, JPY) fest.

Wir entscheiden periodisch (in der Regel quartalsweise) über positive oder negative Abweichungen von der Grundstrategie. Massgebend sind die Einschätzungen der Anlagekommission über die Entwicklung an den Zins-, Aktien- und Devisenmärkten.

Unsere Grundstrategie verspricht langfristig den besten risikoadjustierten Ertrag. Wir vermeiden starke Über-/Untergewichtungen einzelner Anlagemedien oder Währungen. Die Bandbreiten definieren wir mit maximal $+/-7,5\%$.

Das operative Portfoliomanagement setzt die strategischen Entscheide der Anlagekommission um. Es gilt das Primat der Diversifikation. Eine Verzettelung in kleine Einheiten ist zu vermeiden.

Make or Buy

Wir setzen auf einen Mix aus Eigen- und Fremdverwaltung.

In Eigenregie verwalten wir grundsätzlich jene Vermögensteile, die wir kostengünstiger und – nachweisbar – ebenso erfolgreich managen können wie externe Vermögensverwalter. Dazu gehören:

- Direktanlagen bei schweizerischen öffentlich-rechtlichen Körperschaften und Anstalten,
- Direktanlagen bei Banken,
- Direktanlagen in inländische Immobilien,
- Hypothekardarlehen an Mitarbeiter für selbst bewohnte Liegenschaften,
- an der SIX kotierte CHF-Obligationen in- und ausländischer Schuldner,
- an der SIX kotierte Aktien schweizerischer Unternehmen und Beteiligungsgesellschaften,
- an der SIX kotierte Anlagefonds (ETFs, Immobilienfonds),
- an der EUREX und an der SIX Structured Products Exchange gehandelte Derivate auf obige Basiswerte.

An externe Vermögensverwalter vergeben wir alle übrigen Vermögensanlagen, insbesondere

- international kotierte Fremdwährungsobligationen ausländischer Schuldner,
- international kotierte Aktien ausländischer Unternehmungen und Beteiligungsgesellschaften,
- international kotierte Anlagefonds,
- an internationalen Derivatbörsen kotierte Derivate auf obige Basiswerte.

Die externen Vermögensverwalter entscheiden – im Rahmen der vereinbarten Anlagestrategie – autonom.

Vergabekriterien für die externe Vermögensverwaltung sind der nachweisbare nachhaltige Erfolg sowie die Kosten- und Gebührenstruktur. Gegengeschäfte sind wenn immer möglich anzustreben.

Wir vergeben mindestens drei und maximal fünf Mandate.

Anlagehorizont

Wenigstens 80 % unseres Vermögens investieren wir mit einem langfristigen Anlagehorizont.

Anlagestil

Wir bekennen uns zum Value Investing. Auswahlkriterien für Aktien sind tiefe P/Es, tiefe Kurs-/Umsatzverhältnisse, hohe Dividendenrenditen usw.

Börsensegmente

Im Bereich Aktien favorisieren wir Large Caps (z. B. SMI-Aktien). Chancen in Small und Mid Caps nehmen wir aktiv wahr.

Wir achten auf einen guten Branchenmix.

Investment Grade

Wir investieren nur in Obligationen mit einem Rating von wenigstens A- (Standard & Poor's) bzw. A3 (Moody's). Zur Renditeoptimierung nutzen wir Spreads, die über dem historischen Ausfallrisiko liegen.

Markttrends

Wir orientieren uns an langfristigen Trends.

Die Aktienmärkte schätzen wir aufgrund der (erwarteten) Zinsen, Gewinne und Risikoprämien ein. Markt-P/Es aufgrund der erwarteten Gewinne für die nächsten 12 Monate von über 18 hinterfragen wir besonders kritisch.

Die aktuellen Wechselkurse (EUR, USD, GBP, JPY) beurteilen wir anhand ihrer Kaufkraftparität.

Die Duration des Obligationenportfolios steuern wir proaktiv.

Ausgewählte Kennzahlen der Technischen Analyse (z. B. gleitende Durchschnitte, RSIs) tragen dazu bei, unsere Markteinschätzung abzurunden.

Die Entwicklung von Volatilitätsindizes (z. B. SMI-Volatilitätsindex) beobachten wir besonders aufmerksam.

Portfolio Insurance

Bei sinkenden Märkten (Aktien, Bonds, Währungen) prüfen wir den Einsatz von Absicherungsinstrumenten (z. B. Put-Kauf, Futures-Verkauf). Entscheidungsinstanz ist die Anlagekommission.

Securities Lending

Wir nutzen Securities Lending, um unsere Performance (nach Abzug der Kosten) zu verbessern.

Performancemessung, Reporting

Das interne Portfoliomanagement und die externen Vermögensverwalter erstatten quartalsweise Bericht. Beurteilungskriterien sind insbesondere die Outperformance, die Information Ratio und die Attribution.

Wir unterziehen die Leistung der externen Vermögensverwalter jährlich einer kritischen Beurteilung. Im Dreijahresrhythmus legen wir fest, welche Mandate wir fortführen und welche wir allenfalls beenden bzw. neu vergeben werden. Mandate, die unseren Ansprüchen nicht mehr genügen, lösen wir vorzeitig auf.

3.2 Asset Allocation

3.2.1 Anlageprozess

Asset Allocation bedeutet so viel wie systematische Diversifikation von Finanzvermögen. Der Anlageprozess lässt sich in vier Phasen unterteilen: Anlagestrategie, Anlagetaktik, Anlage-transaktionen und Anlageüberwachung:

Asset Allocation als Prozess

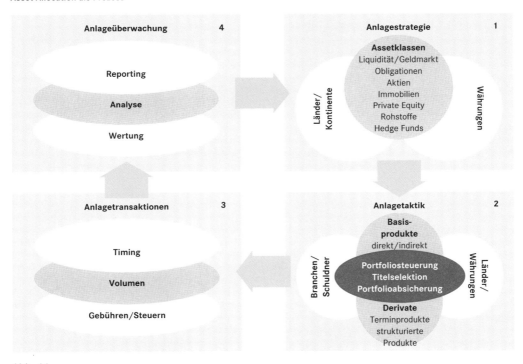

Abb. 64

Auf der strategischen Ebene erhält ein Portfolio seine Grobstruktur. Die Grobstruktur – sie entspricht der Anlagestrategie – ist langfristig ausgerichtet. Sie ist auf das Anlegerprofil abgestimmt und wird meist alle ein bis zwei Jahre überprüft. Entsprechend wird zunächst das Anlageuniversum (Geldmarkt, Obligationen, Aktien usw.) abgesteckt. Danach werden die Gewichte der Assetklassen sowie deren Länder- und/oder Währungsanteile bestimmt. Bei akti-ver Portfoliobewirtschaftung werden ergänzend die Bandbreiten für taktische Über- bzw. Untergewichtungen definiert. Im Sinn des Core-Satellite-Ansatzes kann schliesslich über die Aufteilung zwischen Kernportfolio und Satellitenportfolios entschieden werden.

Institutionelle Anleger oder Vermögensverwaltungsbanken übertragen die strategi-schen Entscheide meist einer Anlagekommission. Ihr obliegt in der Regel auch die Portfolio-steuerung, d. h. der Entscheid zugunsten einer Über-/Untergewichtung einzelner Assetklassen, sowie die Portfolioabsicherung, d. h. der Entscheid für oder wider den vorübergehenden Einsatz von Instrumenten zur Verlustbegrenzung. Zu den Kernaufgaben der Anlagekommission gehört überdies die Anlageüberwachung.

Die Titelselektion und die Auslösung von Anlagetransaktionen ist Aufgabe des operativen Portfoliomanagements.

Im Folgenden gehen wir auf die Anlagestrategie und die Anlagetaktik näher ein.

3.2.2 Strategische Asset Allocation

3.2.2.1 Komponenten, Ausgestaltung

Die strategische Asset Allocation legt die Gewichtung der Assetklassen (Anlageklassen), der Länder/Kontinente und/oder der Währungen fest **(Abb. 65)**. Im Zentrum stehen die Assetklassen. Es lassen sich traditionelle (Geldmarkt/Liquidität, Obligationen, Aktien) und nicht traditionelle Anlageklassen (Immobilien, Private Equity, Rohstoffe, Hedge Funds) unterscheiden. Die einzelnen Assetklassen werden inhaltlich repräsentiert durch Basisprodukte (direkte/indirekte) einerseits und durch Derivatprodukte (Terminprodukte, strukturierte Produkte) andererseits (siehe das Diagramm «Anlageuniversum» auf Seite 141).

Strategische Asset Allocation: Komponenten

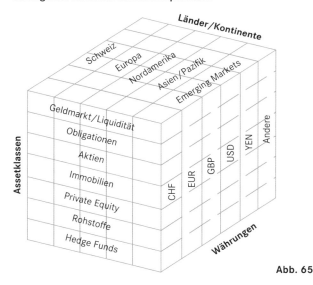

Abb. 65

Die konkrete Ausgestaltung der strategischen Asset Allocation lässt sich in Form einer Matrix darstellen. **Abbildung 66** veranschaulicht beispielhaft die Anlagestrategie (Grundstrategie) eines institutionellen Investors:

Strategische Asset Allocation

Anlageklassen / Währungen/ (Länder)	Geldmarkt/ Liquidität	Obligationen		Aktien/ aktienähnliche Papiere		Alternative (nicht traditionelle) Investments			Total
		CHF	Forex	CH	Welt	Immobilien Schweiz	Rohstoffe	Hedge Funds	
CHF (Schweiz)	5,0%	12,5%		17,5%		15,0%			50,0%
USD (USA/CAN)			3,0%		3,0%				6,0%
EUR (EUR-Raum)			6,0%		3,0%				9,0%
GBP (GB)			1,0%						1,0%
YEN (Asien)			1,0%		2,5%				3,5%
Frei/ global		12,5%	4,0%		4,0%		5,0%	5,0%	30,5%
Total	5,0%	25,0%	15,0%	17,5%	12,5%	15,0%	5,0%	5,0%	100,0%

Abb. 66

3.2.2.2 Bestimmung der Benchmarks

Ist die Anlagestrategie bestimmt, kann für jede Assetklasse die Benchmark definiert werden. Benchmarks bilden sowohl im aktiven als auch im passiven Portfoliomanagement die Messlatte für den Anlageerfolg.

William F. Sharpe stellt fünf Anforderungen an eine Benchmark:

- Die Benchmark sollte bekannt sein, bevor Anlageentscheidungen getroffen werden.
- Die Benchmark sollte sehr gut diversifiziert und deshalb – risikoadjustiert – schwer zu schlagen sein.
- Die Benchmark sollte den gleichen Restriktionen unterliegen wie die Assetklasse.
- Die Benchmark sollte real abgebildet bzw. gekauft werden können.
- Die Benchmark sollte kostengünstig erwerbbar sein.

Im professionellen Portfoliomanagement ist es üblich, dass der (institutionelle) Investor und der Portfoliomanager die Benchmarks gemeinsam festlegen bzw. vereinbaren. Es macht sich in aller Regel bezahlt, wenn die Vor- und Nachteile alternativer Benchmarks gründlich abgewogen werden. Dem Portfoliomanager kommt dabei die Beraterrolle zu. Letztlich trifft der (institutionelle) Investor die Wahl.

In erster Linie bieten sich standardisierte Benchmarkindizes an. Im «Heimmarkt» stehen nationale Bond- bzw. Aktienindizes im Vordergrund. In der Schweiz sind das vorab die Bond- und Aktienindizes der SIX Swiss Exchange. Für internationale Anleihenportfolios haben sich die Bondindizes von JPMorgan, Barclays Capital, Citigroup oder etwa von Merrill Lynch etabliert. Nationale Aktienmärkte werden – neben den international bekannten Indizes wie dem US-amerikanischen Standard & Poor's 500 oder dem deutschen Aktienindex (DAX) – durch die Länderindizes von Morgan Stanley Capital International (MSCI) abgebildet. Bei den europäischen Aktien haben sich die STOXX Indices einen Namen gemacht. Als Benchmark für international diversifizierte Aktienportfolios führt kaum ein Weg an den MSCI Indices vorbei.

Die folgende Tabelle hält eine Auswahl an standardisierten Benchmarkindizes fest:

Assetklassen	Standardisierte Benchmarkindizes
Geldmärkte	JPM Switzerland Cash TR, JPM US Cash TR, JPM Japan Cash TR usw.; JPM Global Cash TR, Citigroup World Money
Bondmarkt Schweiz	SBI Gesamt, SBI Domestic, SBI Swiss Government, SBI Foreign usw.
Bondmärkte national	JPM Government Bond Indices (USA, J, GB usw.)
Bondmarkt Europa	JPM Europe Government Bond Index
Bondmarkt international	JPM Global Government Bond Index, Citigroup World Government Index, Barclays Global Aggregate Bond Index
Aktienmarkt Schweiz	Swiss Market Index (SMIC), Swiss Leader Index (SLIC), Swiss Performance Index (SPI), UBS 100 Index TR, MSCI Switzerland TR (gross, net)
Aktienmärkte national	S&P 500 TR, DAX, MSCI USA TR, MSCI Germany TR, MSCI Japan TR, MSCI UK TR usw.
Aktienmarkt Europa	EURO STOXX Indices, STOXX Indices, MSCI Europe
Aktienmarkt international	MSCI World Indices, FTSE Global Equity Indices, STOXX Global Indices
Immobilien Schweiz	SXI Real Estate Funds TR, Rüd Blass Immobilienfonds-Index
Immobilien Europa	DJTM Western Europe Real Estate TR
Private Equity	LPX 50 TR, LPX Major Market TR
Rohstoffe	Thomson/Reuters CRB Index, S&P Commodity Index, Rogers International Commodity Index, Bloomberg Commodity Index
Hedge Funds	Credit Suisse Hedge Fund Index, HFRI Index

Tab. 43

Als Benchmark eignen sich nur Total Return Indices. Wer sich bspw. am Schweizer Blue-Chip-Index messen möchte, setzt deshalb nicht auf den SMI – es handelt sich um einen Preisindex –, sondern auf den SMI cum Dividend (SMIC). Nicht als Benchmark eignen sich nationale Aktien-Preisindizes wie etwa der Dow Jones Industrial Average (USA), der Nikkei 225 (Japan) oder der FTSE 100 (Grossbritannien).

Gross und Net Total Return Indices, Price Indices

Es lassen sich zwei Typen von Total Return Indices unterscheiden: Gross und Net Total Return Indices. Im ersten Fall fliessen die Bruttoausschüttungen (Coupons, Dividenden) ohne Abzug von Quellensteuern in den Index ein. Net Total Return Indices sind so konstruiert, dass nur die Nettoausschüttungen reinvestiert werden, d.h. die Dividenden bzw. Coupons nach Abzug von Quellensteuern.

Price Return Indices widerspiegeln bekanntlich nur die Preisentwicklung. Die Ausschüttungen (Dividenden, Coupons) werden nicht eingepreist.

Obligationenindizes sind in der Regel kapitalgewichtet. Das gilt auch für die meisten Aktienindizes, wobei in der Regel nur der sogenannte Free Float (Streubesitz) berücksichtigt wird. Es handelt sich um jenen Teil der Börsenkapitalisierung, der frei handelbar bzw. nicht in festen Händen ist. Wir verweisen auf unsere Ausführungen in Band 1, Kapitel 6. So oder so bergen kapitalgewichtete Indizes nicht unerhebliche Klumpenrisiken. Es ist nicht unproblematisch, wenn in Obligationenindizes wenige grosse Schuldner dominieren. Kritisch zu hinterfragen sind auch Aktienindizes, in denen wenige Titel (z.B. SMI) oder Länder (z.B. MSCI World) die Benchmark dominieren.

Die Nachteile standardisierter Indizes haben dazu geführt, dass institutionelle Investoren Indizes verwenden bzw. konstruieren lassen, die auf ihre besonderen Bedürfnisse zugeschnitten sind. Man spricht von «customized» bzw. «tailored» Benchmarks. Solche Benchmarks können auch asymmetrische Performancecharakteristika abbilden. Das wäre etwa der Fall, wenn der Investor einen Rendite-Floor anstrebt. Zu beachten sind auch neuere Indizes, die auf alternative Gewichtungskriterien setzen.

Einmal festgelegte Benchmarks können in bestimmten Zeitabständen durchaus hinterfragt und bei Bedarf ausgetauscht werden. Zu beachten ist, dass Benchmarkwechsel Umschichtungen nach sich ziehen und so Kosten verursachen. Das will allemal gut überlegt sein.

Um den Erfolg bzw. Misserfolg des Portfoliomanagements zu messen, sind Benchmarks unabdingbar. Nichtsdestotrotz meint der Autor zu beobachten, dass zu viel Zeit und Energie in die Auswahl und in die Strukturierung von ausgeklügelten Benchmarks investiert wird. Der Autor plädiert für einen pragmatischen Umgang mit Benchmarks im Sinn eines gesunden Wettstreits mit einer selbst gesetzten Messlatte.

Den Anlageklassen eines schweizerischen institutionellen Investors (siehe **Abb. 66**) lassen sich bspw. folgende (standardisierten) Benchmarks zuordnen:

Assetklassen	Kürzel	Benchmarks
Geldmarkt/Liquidität CHF	CHF-G	JPM SWITZERLAND, CASH 3M, TR
Obligationen CHF	CHF-B	SBI AAA-BBB, TR
Obligationen Forex	FW-B	JPM WORLD GOVERNMENT BOND INDEX AKTIV, CHF, TR
Aktien Schweiz	CH-A	SWISS PERFORMANCE INDEX (SPI)
Aktien Welt	W-A	MSCI WORLD, DEVELOPED MARKETS, STANDARD, CHF, TR
Immobilien Schweiz	CH-IF	SXI REAL ESTATE FUNDS, TR
Rohstoffe	RS	BLOOMBERG COMMODITY INDEX
Hedge Funds	HF	CREDIT SUISSE HEDGE FUND INDEX, CHF

Tab. 44

3.2.2.3 Bestimmung der Grundstrategie

Bei der Erarbeitung der strategischen Asset Allocation erweist es sich als besonders wertvoll, wenn die Rendite-/Risikoeigenschaften alternativer Anlagestrategien aufgrund ihrer möglichst langen Kursgeschichte studiert werden. Wenig erfahrene Investoren oder Mitglieder einer Anlagekommission erhalten so sehr schnell ein Gespür für die Chancen und Risiken diversifizierter Finanzanlagen.

Das folgende Diagramm veranschaulicht die Entwicklung der acht Benchmarks (siehe **Tab. 44**) im Zeitraum vom 31.12.1994 bis zum 31.12.2016. Als Basis gelten einheitlich 100 Punkte:

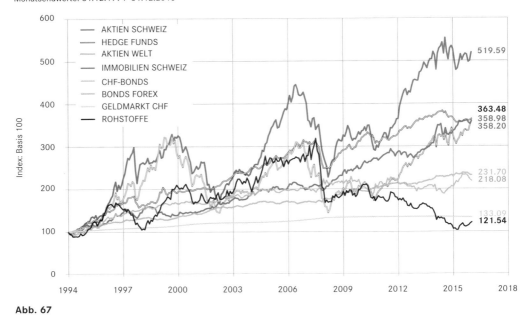

Entwicklung der Einzel-Benchmarks
Monatsendwerte: 31.12.1994–31.12.2016

Abb. 67

Die relevanten Kennzahlen (Risiko, Rendite, Korrelation) für diesen Zeitraum präsentieren sich wie folgt:

Assets	Risiko (%)	Rendite stetig (%)	Korrelationen CHF-G	CHF-B	FW-B	CH-A	W-A	CH-IF	RS	HF
CHF-G	0,423	1,299	**1.000**	0.247	0.033	−0.143	−0.201	−0.063	−0.093	−0.090
CHF-B	2,724	3,819	0.247	**1.000**	0.314	−0.062	−0.106	0.270	−0.084	−0.024
FW-B	7,496	3,544	0.033	0.314	**1.000**	0.150	0.316	0.121	0.248	0.028
CH-A	15,184	7,490	−0.143	−0.062	0.150	**1.000**	0.809	0.238	0.286	0.482
W-A	16,952	5,810	−0.201	−0.106	0.316	0.809	**1.000**	0.234	0.480	0.558
CH-IF	7,097	5,800	−0.063	0.270	0.121	0.238	0.234	**1.000**	0.149	0.190
RS	16,010	0,887	−0.093	−0.084	0.248	0.286	0.480	0.149	**1.000**	0.422
HF	6,856	5,866	−0.090	−0.024	0.028	0.482	0.558	0.190	0.422	**1.000**

Tab. 45

Wie ersichtlich, haben Aktien Schweiz im Betrachtungszeitraum am besten performt. Die durchschnittliche stetige Rendite pro Jahr (7,49 %) ist deutlich höher als jene der Hedge Funds (5,866 %). Letztere überzeugen durch eine tiefe Volatilität (6,856 %) und lassen Aktien Schweiz (15,184 %) eher schlecht aussehen. Das hohe Risiko der Aktien Welt (16,952 %) wird mit einer Rendite von 5,810 % sehr moderat honoriert. Die hohe Korrelation zwischen Aktien Welt und Aktien Schweiz (+0.809) lässt überdies erahnen, dass die Beimischung von Aktien Welt über den gesamten Betrachtungszeitraum kaum erfolgreich war. Den geringsten Gleichlauf weisen Aktien Welt und CHF-Geldmarktanlagen auf. Mit –0.201 ergibt sich hier der geringste Korrelationswert.

Überträgt man die Rendite-/Risikowerte in ein Streudiagramm, ergibt sich folgendes Bild:

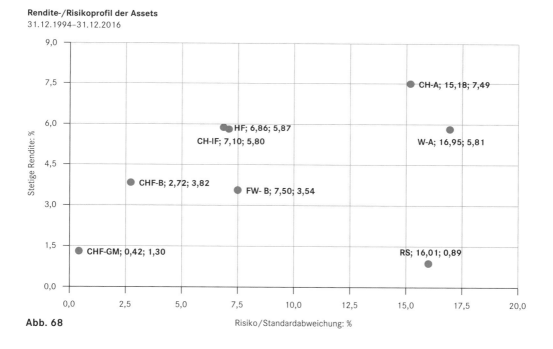

Rendite-/Risikoprofil der Assets
31.12.1994–31.12.2016

Abb. 68

Risiko/Standardabweichung: %

Aufgrund unserer Datenbasis lassen sich mithilfe der Markowitz-Optimierung effiziente Portfolios bestimmen. Effiziente Portfolios generieren – bei gegebenem Risiko – die höchstmögliche Rendite. Reiht man die Rendite-/Risikowerte effizienter Portfolios aneinander, ergibt sich die Effizienzkurve **(Abb. 69)**.

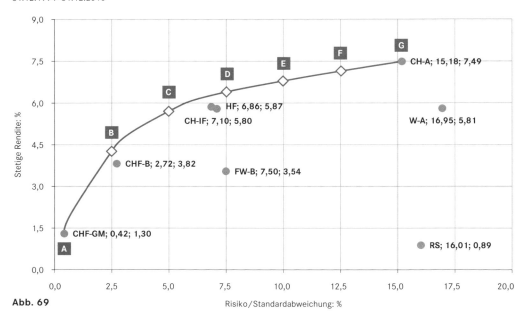

Efficient Frontier, Rendite-/Risikoprofil der Assets
31.12.1994–31.12.2016

Abb. 69

Portfolios	Risiko (%)	Rendite stetig (%)	CHF-G (%)	CHF-B (%)	FW-B (%)	CH-A (%)	W-A (%)	CH-IF) (%)	RS (%)	HF (%)
A	0,41	1,35	98,91	0,00	0,00	0,00	0,47	0,42	0,01	0,19
B	2,50	4,26	5,05	68,08	0,00	1,68	0,00	7,54	0,00	17,66
C	5,00	5,71	0,00	11,53	0,00	6,48	0,00	39,43	0,00	42,57
D	7,52	6,40	0,00	0,00	0,00	34,57	0,00	38,75	0,00	26,68
E	9,99	6,79	0,00	0,00	0,00	58,29	0,00	32,92	0,00	8,78
F	12,52	7,15	0,00	0,00	0,00	79,71	0,00	20,29	0,00	0,00
G	15,18	7,49	0,00	0,00	0,00	100,00	0,00	0,00	0,00	0,00

Tab. 46

Die obige Tabelle veranschaulicht den effizienten Mix ausgewählter Portfolios A bis G. Das risikominimale Portfolio A besteht zu 98,91 % aus Geldmarktanlagen (CHF-G). Portfolio G ist das risikomaximale Portfolio. Es besteht zu 100 % aus Aktien Schweiz (CH-A). Bemerkenswert ist, dass Fremdwährungs-Bonds (FW-B) vollständig ignoriert werden. Aktien Welt (W-A) und Rohstoffe (RS) finden – mit einem «Alibi-Gewicht» – nur gerade im risikominimalen Portfolio Unterschlupf. Aufgrund der Kursgeschichte (31.12.1994–31.12.2016) erfüllen die statistischen Eigenschaften (Rendite, Standardabweichung, Korrelation) von FW-B, W-A und RS die «Aufnahmekriterien» nicht.

Es kann nicht überraschen, dass unser Beispiel einer strategischen Asset Allocation (siehe **Abb. 66** auf Seite 159) wenig erfolgreich war. Für einen Mix aus 5,0 % CHF-G, 25,0 % CHF-B, 15,0 % FW-B, 17,5 % CH-A, 12,5 % W-A, 15,0 % CH-IF, 5,0 % RS und 5,0 % HF rechnet das

Efficient Frontier, Benchmark-Portfolio und Rendite-Gap
31.12.1994–31.12.2016

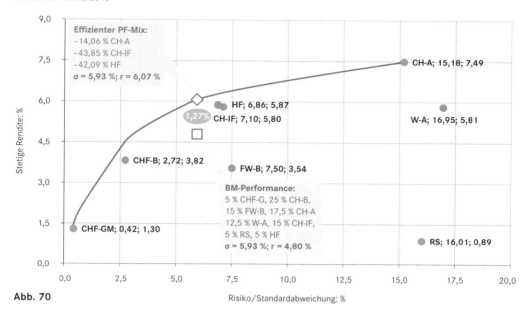

Abb. 70

Risiko/Standardabweichung: %

Markowitz-Modell eine stetige Jahresrendite von 4,80 % und eine Standardabweichung von 5,93 %. Bei gleichem Risiko (5,93 %) hätte ein Portfolio aus 14,06 % CH-A, 43,85 % CH-IF und 42,09 % HF eine Makowitz-Rendite von 6,07 % generiert. **Abbildung 70** macht den Rendite-Gap von 1,27 % (6.07 – 4.80) transparent.

Ist man vom Diversifikationsansatz überzeugt, fällt eine Berücksichtigung von lediglich drei oder gar nur zwei Assetklassen schwer. Die Suche nach Erklärungen ist deshalb angezeigt. Denkbar wäre, dass unsere historische Rückschau zum «falschen Zeitpunkt» erfolgt ist und somit «in die Irre führt». Die Frage, ob alternative Betrachtungszeiträume zu anderen Schlüssen geführt hätten, liegt deshalb auf der Hand.

Die folgende Tabelle fasst vergleichsweise die relevanten Kennzahlen (Risiko, Rendite, Korrelation) für den Zeitraum vom 31.12.1994 bis zum **31.12.2005** zusammen:

Assets	Risiko (%)	Rendite stetig (%)	Korrelationen							
			CHF-G	CHF-B	FW-B	CH-A	W-A	CH-IF	RS	HF
CHF-G	0,391	1,872	**1.000**	0.312	−0.112	−0.120	−0.187	−0.057	−0.184	−0.099
CHF-B	2,558	4,835	0.312	**1.000**	0.182	−0.133	−0.226	0.396	−0.113	0.013
FW-B	6,189	6,216	−0.112	0.182	**1.000**	0.326	0.556	0.288	0.446	0.395
CH-A	16,913	10,930	−0.120	−0.133	0.326	**1.000**	0.773	0.262	0.237	0.396
W-A	18,293	8,332	−0.187	−0.226	0.556	0.773	**1.000**	0.254	0.471	0.525
CH-IF	7,509	6,302	−0.057	0.396	0.288	0.262	0.254	**1.000**	0.142	0.140
RS	15,905	9,148	−0.184	−0.113	0.446	0.237	0.471	0.142	**1.000**	0.347
HF	7,777	8,756	−0.099	0.013	0.395	0.396	0.525	0.140	0.347	**1.000**

Tab. 47

Es ist augenfällig **(Abb. 71)**, dass das Rendite-/Risikoprofil unserer acht Assetklassen per 31.12.2005 deutlich von jenem per 30.12.2016 abweicht. Die Renditen lagen allesamt deutlich höher. Dagegen haben sich die Standardabweichungen nur wenig verändert.

Efficient Frontier, Rendite-/Risikoprofil der Assets
31.12.1994–31.12.2005

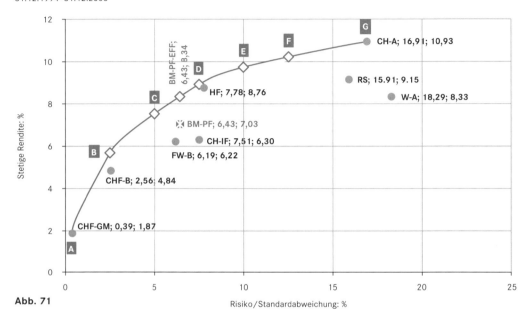

Abb. 71

Es kann nicht überraschen, dass die effizienten Portfolios A bis G per 31.12.2005 deutlich anders strukturiert sind als jene per 30.12.2016 (siehe Tabellenwerte 46 bzw. 48).

Portfolios	Risiko stetig (%)	Rendite stetig (%)	CHF-G (%)	CHF-B (%)	FW-B (%)	CH-A (%)	W-A (%)	CH-IF (%)	RS (%)	HF (%)
A	0,38	1,94	98,93	0,00	0,18	0,00	0,22	0,24	0,31	0,12
B	2,50	5,67	0,63	79,90	0,00	3,74	0,00	0,00	3,04	12,69
C	5,00	7,53	0,00	31,81	0,00	8,97	0,00	8,01	5,21	46,01
D	7,52	8,93	0,00	0,00	0,00	15,22	0,00	7,56	7,39	69,83
E	9,99	9,74	0,00	0,00	0,00	43,24	0,00	0,00	10,05	46,71
F	12,52	10,22	0,00	0,00	0,00	65,46	0,00	0,00	11,49	23,04
G	16,91	10,93	0,00	0,00	0,00	100,00	0,00	0,00	0,00	0,00

Tab. 48

Für einen Mix aus 5,0 % CHF-G, 25,0 % CHF-B, 15,0 % FW-B, 17,5 % CH-A, 12,5 % W-A, 15,0 % CH-IF, 5,0 % RS und 5,0 % HF rechnet das Markowitz-Modell per **Ende 2005** eine stetige Jahresrendite von 7,03 % und eine Standardabweichung von 6,43 % (siehe **Abb. 71**). Bei gleichem Risiko (6,43 %) hätte ein Portfolio aus 9,13 % CHF-B, 11,10 % CH-A, 13,11 % CH-IF, 6,25 % RS und 60,40 % HF eine Makowitz-Rendite von 8,34 % generiert. Das entspricht einem Rendite-Gap von 1,31 % (8.34–7.03).

Ein direkter Vergleich der effizienten Portfolios per 31.12.2005 (12/05) und per 31.12.2016 (12/16) legt offen, wie «volatil» die Gewichtungen bei abweichender Datenbasis sein können (Tab. 49).

Port-folios	Risiko stetig (%)	Rendite stetig (%)	CHF-G (%)	CHF-B (%)	FW-B (%)	CH-A (%)	W-A (%)	CH-IF (%)	RS (%)	HF (%)
12/05	6,43	8,34	0,00	9,13	0,00	11,10	0,00	13,11	6,25	60,40
12/16	5,93	6,07	0,00	0,00	0,00	14,06	0,00	43,85	0,00	42,09

Tab. 49

Was bleibt, ist die an sich ernüchternde Feststellung, dass die Definition einer nachhaltigen Grundstrategie mehr Kunst als Wissenschaft ist. Erwähnenswert ist überdies, dass die Beimischung von Fremdwährungsobligationen und Auslandsaktien sowohl in der kürzeren (1994–2005) als auch in der längeren Sicht (1994–2016) keinen Mehrwert generiert hat. Das Backtesting von Strategien ist zwar wichtig und richtig. Es befreit aber nicht davor, das aktuelle Umfeld aufmerksam und kritisch zu beobachten, die Chancen und Risiken sorgsam abzuwägen, adäquate Entscheide zu treffen und die gebotenen Massnahmen konsequent umzusetzen.

3.2.3 Taktische Asset Allocation

Die taktische Asset Allocation lässt sich unterteilen in die Portfoliosteuerung, die Titelselektion und die Portfolioabsicherung. Wir betonen an dieser Stelle die Portfoliosteuerung. Was die Titelselektion angeht, verweisen wir auf Band 1 von *Theorie und Praxis der Geldanlage* und, was die Portfolioabsicherung betrifft, auf *Theorie und Praxis der Geldanlage 3*.

3.2.3.1 Portfoliosteuerung

Entscheidet sich ein Investor oder ein Portfoliomanager für die aktive Bewirtschaftung seines Portfolios, legt er für die einzelnen Assetklassen Bandbreiten fest:

Assetklassen	Kürzel	Grundstrategie	Bandbreite	
			minimal	maximal
Geldmarkt/Liquidität CHF	CHF-G	5,00%	2,50%	10,00%
Obligationen CHF	CHF-B	25,00%	20,00%	30,00%
Obligationen Forex	FW-B	15,00%	10,00%	25,00%
Aktien Schweiz	CH-A	17,50%	12,50%	25,00%
Aktien Welt	W-A	12,50%	7,50%	20,00%
Immobilien Schweiz	CH-IF	15,00%	10,00%	25,00%
Rohstoffe	RS	5,00%	0,00%	10,00%
Hedge Funds	HF	5,00%	0,00%	10,00%

Tab. 50

Bandbreiten werden von Fall zu Fall auch für Währungen und/oder Länder definiert.

Geht es aus taktischen Erwägungen darum, die Bandbreiten volatiler Assetklassen (insbesondere Aktien, Rohstoffe) vorübergehend nach oben auszureizen, ist besondere Vorsicht angebracht. Der Autor hat die Erfahrung gemacht, dass ein (langer) Blick zurück sehr gute Dienste leistet, wenn es darum geht, vorschnelle Entscheide zu korrigieren. **Abbildung 72** zeigt beispielhaft auf, wie sich eine Erhöhung der Quote CH-A auf 25,0%, bei gleichzeitiger Reduktion von CHF-B auf 20,0% und FW-B auf 12,50%, im Vergleich zur Grundstrategie ausgewirkt hätte. Das Beispiel basiert auf einem monatlichen Rebalancing.

Taktische Anpassung der Grundstrategie
Monatsendwerte: 31.12.1994–31.12.2016

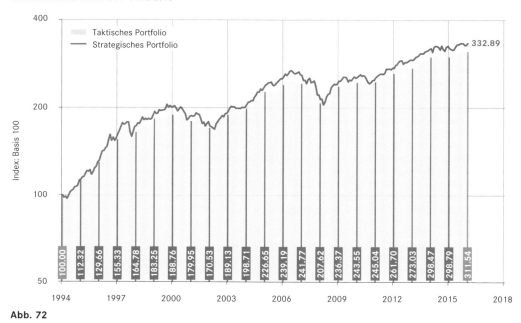

Abb. 72

Wie die folgende Tabelle belegt, führt die an sich unspektakuläre Quotenerhöhung von CH-A auf 25,0% zu einer deutlich höheren Volatilität. Wenns «passt», lässt sich Outperformance generieren. Wenns «nicht passt», kann das sehr wehtun. Die erhöhten Risikowerte, insbesondere der Value at Risk, sprechen für sich.

Kennzahlen	Strategisches Portfolio	Taktisches Portfolio
Rendite (diskret)	5,30%	5,62%
Standardabweichung	5,88%	6,80%
Value at Risk, WS-Niveau 2,5%	−10,89%	−12,47%

Tab. 51

Entscheide zugunsten taktischer Abweichungen von der Anlagestrategie (Grundstrategie) basieren von Fall zu Fall auf einem Mix aus fundamentalen, technischen und portfolioorientierten Daten. Mehr und mehr fliessen auch die Erkenntnisse der Behavioral Finance in die Entscheidungsfindung ein.

Die folgende Tabelle führt beispielhaft eine Auswahl an Daten und/oder Instrumenten auf:

Asset Allocation	Daten und/oder Analyseinstrumente		
	fundamental	technisch	portfolioorientiert
Assetklassen	BIP-Wachstum Budgetdefizite Zinsentwicklung Markt P/Es	Moving Average Relative Strength Index Elliott Wave Trendkanäle	Volatilitätsindizes (implizite Volatilitäten)
Länder	BIP-Wachstum Budgetdefizite Zinsentwicklung Zinsspreads		
Währungen	Kaufkraftparitäten Zinsspreads	Moving Average Relative Strength Index	

Tab. 52

Entscheide zur vorübergehenden Über- bzw. Untergewichtung von Assetklassen werden nicht immer rational getroffen. Die Erkenntnisse der Behavioral Finance sprechen eine klare Sprache. Es kann deshalb angezeigt sein, verbindliche Entscheidungsregeln zu definieren und diese ohne Wenn und Aber umzusetzen. Man spricht von regelbasiertem Anlegen. Von der Methodik her kommen bspw. die Nutzwertanalyse (Screening) oder Entscheidungsbäume infrage.

Im Rahmen der Portfoliosteuerung hat die Zinssensitivität der Assetklasse Obligationen einen besonders hohen Stellenwert. In Erwartung steigender Zinsen wird die Duration reduziert und bei sinkendem Zinstrend erhöht. Die kritische Würdigung von Zinsstrukturkurven erweist sich hier als besonders wertvoll.

3.2.3.2 Titelselektion

Die Titelselektion umfasst zunächst die konkrete Bestimmung der Basisprodukte und allenfalls der Derivatprodukte aufgrund der anlagepolitischen, strategischen und taktischen Vorgaben.

Bei den Direktanlagen werden die Einzeltitel (Obligationen, Aktien) mit den gewünschten Merkmalen (Schuldner, Laufzeit, Branchen, Large/Mid/Small Caps usw.) bezeichnet. Bei den indirekten Anlagen werden die Finanzintermediäre (insbesondere die Fondsanbieter) und ihre Produkte (Geldmarktfonds, Aktienfonds, Immobilienfonds, Hedge Funds usw.) durchleuchtet und ausgewählt. Die Analyse der Fondskennzahlen (siehe Band 1) und der Gebührenstruktur spielt dabei eine entscheidende Rolle.

Aktive Investoren und/oder Portfoliomanager hegen und pflegen ihre Aktienportfolios mit besonderer Sorgfalt. Aktien oder Aktiensegmente mit viel Potenzial werden – gemessen an ihrer Benchmark – übergewichtet bzw. zugekauft, andere untergewichtet bzw. verkauft. Der Instrumentenkasten der Fundamental- und der Technischen Analyse wird dabei – je nach Präferenzen – individuell genutzt.

Durch den Einsatz von Derivaten (Optionen, Futures) lässt sich bei Aufwärtstrends zusätzliche Performance generieren. Bei sich seitwärts bewegenden Märkten erscheint das Schreiben von Calls und Puts attraktiv.

3.2.3.3 Portfolioabsicherung

Portfolio Insurance umfasst all jene Massnahmen und Techniken, die der Absicherung von Kursverlustrisiken dienen. Neben Derivaten (z.B. Optionen, Futures) kommen bekanntlich auch derivatfreie Absicherungstechniken (z.B. Stop-Loss-Strategie, CPPI, TIPP) infrage. Bei der Portfolioabsicherung mittels Derivaten stehen der Put-Kauf und der Futures-Verkauf im Vordergrund (**Abb. 73** und **74**).

Portfolio Insurance: Kauf von SMI–Puts
Ausübungspreis: 8800 Punkte, Put-Preis: 250 Punkte/Kontrakt

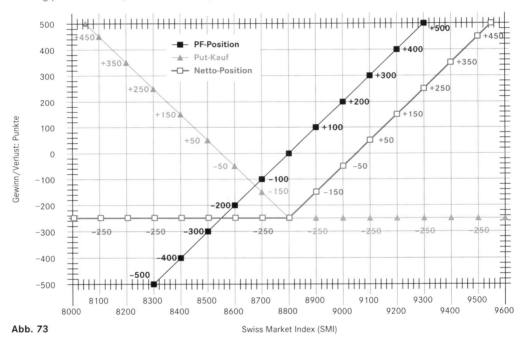

Abb. 73   Swiss Market Index (SMI)

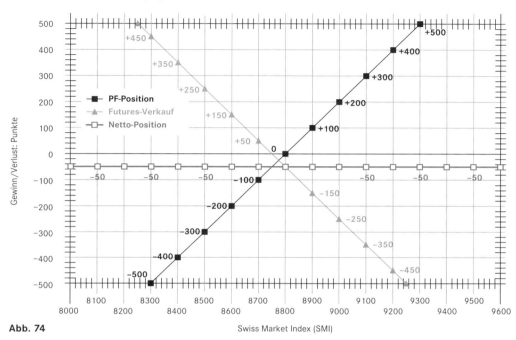

Portfolio Insurance: SMI-Short-Future
Verkauf von SMI-Futures zu 8750 Punkten

Abb. 74   Swiss Market Index (SMI)

3.2.4 **Beurteilung des Asset-Allocation-Ansatzes**

Glaubt man dem amerikanischen Finanzprofessor Roger G. Ibbotson, dann werden mehr als 90 % des Totalgewinns eines diversifizierten Investments durch die Anlagestrategie bestimmt. Weniger als 10 % des Anlageerfolgs lassen sich demnach auf die taktische Asset Allocation zurückführen.

Der hohe Stellenwert der strategischen Asset Allocation, d. h. der systematischen Aufteilung des Finanzvermögens in Anlageklassen (Medienallokation), Länder (Länderallokation, Country Allocation) und Währungen (Währungsallokation, Currency Allocation) birgt Chancen und Risiken zugleich. Die wichtigsten Problemkreise lassen sich stichwortartig wie folgt beschreiben:

A **Datenproblematik**

Der Entscheid für eine bestimmte Anlagestrategie basiert in aller Regel auf Vergangenheitsdaten. Die erwarteten Renditen, Volatilitäten (Standardabweichungen) und Korrelationen leiten sich demnach aus der (möglichst langen) Kursgeschichte ab. Diese lehrt, dass das Eingehen von Risiko auf lange Sicht belohnt wird und dass sich das Risiko durch Diversifikation reduzieren lässt. Ob die historisch beobachteten Effekte in der Zukunft auch tatsächlich spielen, kann niemand mit Gewissheit sagen.

B Hier-und-jetzt-Problematik

Die Hier-und-jetzt-Problematik steht für das Dilemma, dass der Erfolg der Asset Allocation laufend, d. h. kurzfristig, gemessen wird, während die Anlagestrategie langfristig ausgerichtet ist. Fällt die Performance während längerer Zeit enttäuschend aus, bringt es wenig Trost, wenn andere Investoren auch nicht besonders erfolgreich waren. Die Bereitschaft, eine Anlagestrategie über den Haufen zu werfen, steigt, je länger die Phase mit «Hiobsbotschaften» andauert. Dass die Abkehr von einer Anlagestrategie nicht selten im dümmsten Moment erfolgt, ist ein bekanntes Phänomen der Behavioral Finance. Das bedeutet jedoch nicht, dass Revisionen der Anlagestrategie a priori falsch sind. Anpassungen der Anlagestrategie sind insbesondere dann angezeigt, wenn sich das Anlagevolumen oder die Anlageziele ändern.

C Depotgrössenproblematik

Die Depotgrössenproblematik dient gelegentlich als Argument, um den Asset-Allocation-Ansatz auf sehr grosse Portfolios zu beschränken. Hier gilt es einzuwenden, dass Diversifikationseffekte ebenso gut mit Indexprodukten oder Anlagefonds zu erreichen sind. Aber auch für Direktanlagen gilt, dass Diversifikationseffekte bereits mit sieben bis zehn Titeln möglich sind. Als Untergrenze für den Einsatz des Asset-Allocation-Ansatzes mit Direktanlagen können CHF 150 000.00 bis 250 000.00 pro Anlageklasse gelten.

D Anlagerichtlinienproblematik

Institutionelle Anleger (Anlagefonds, Pensionskassen, Versicherungen) sind in der Regel mit gesetzgeberischen Auflagen konfrontiert. Diese können die Möglichkeiten der Portfoliooptimierung einschränken.

E Timingproblematik

Das Konzept der Asset Allocation gibt zwar Aufschluss über die sinnvolle Strukturierung von Portfolios. Es trifft aber keine Aussagen über den richtigen Zeitpunkt von Über-/Untergewichtungen einzelner Assetklassen, von Hedging-Massnahmen oder für den Kauf/Verkauf einzelner Assets. Um der Timingproblematik zu begegnen, wird in der Praxis versucht, taktische Entscheide aufgrund bestimmter Regeln zu fällen. Wie Untersuchungen zeigen, kann regelbasiertes Anlegen bei risikoadjustierter Performancemessung durchaus Sinn machen. Systematische Überrenditen lassen sich aber kaum generieren.

3.3 Benchmarking und Performancemessung

3.3.1 Benchmarking

3.3.1.1 Benchmark-Portfolio

Messlatte passiven oder aktiven Portfoliomanagements ist die **Rendite des Benchmark-Portfolios (r_{BM})**. Diese entspricht der gewogenen Summe der Einzel(Benchmark)renditen (r_i). Gewogen bedeutet, dass die Renditen mit ihren strategischen Portfolioanteilen (As%$_i$) gewichtet werden.

Das Markowitz-Modell rechnet mit stetigen Renditen. Entsprechend ergibt sich die Rendite eines Benchmark-Portfolios wie folgt:

$$r_{BM\text{-stetig}} = \sum_{i=1}^{n} As\%_i \cdot r_i$$

As%$_i$ = strategisches Gewicht der Assetklasse i (z. B. 0.15 für 15 %)
r_i = stetige Rendite der Assetklasse i

Wie wir wissen (siehe Kapitel 2), ist die Addition stetiger Renditen in diesem Kontext mathematisch unkorrekt. Anstelle von stetigen muss mit diskreten Renditen gerechnet werden:

$$r_{BM\text{-diskret}} = \sum_{i=1}^{n} As\%_i \cdot r_i$$

r_i = diskrete Rendite der Assetklasse i

Beispiel

Die Portfoliogewichte der Einzel-Benchmarks eines institutionellen Investors und die diskreten Renditen im Januar 2016 präsentieren sich wie folgt:

Benchmarks:	Gewichte:	diskrete Renditen:
■ CHF-G	5,00 %	−0,0565 %
■ CHF-B	25,00 %	+1,7180 %
■ FW-B	15,00 %	+3,4013 %
■ CH-A	17,50 %	−5,3142 %
■ W-A	12,50 %	−3,2031 %
■ CH-IF	15,00 %	+0,7099 %
■ RS	5,00 %	+1,1985 %
■ HF	5,00 %	−1,5703 %

Welches ist die Monatsperformance des Benchmark-Portfolios (r_{BM}) für den Januar 2016?

Lösung

CHF-G:	$0.050 \cdot -0{,}0565\,\%$	$=$	$-0{,}0028\,\%$
CHF-B:	$0.250 \cdot +1{,}7180\,\%$	$=$	$+0{,}4295\,\%$
FW-B:	$0.150 \cdot +3{,}4013\,\%$	$=$	$+0{,}5102\,\%$
CH-A:	$0.175 \cdot -5{,}3142\,\%$	$=$	$-0{,}9300\,\%$
W-A:	$0.125 \cdot -3{,}2031\,\%$	$=$	$-0{,}4004\,\%$
CH-IF:	$0.150 \cdot +0{,}7099\,\%$	$=$	$+0{,}1065\,\%$
RS:	$0.050 \cdot +1{,}1985\,\%$	$=$	$+0{,}0599\,\%$
HF:	$0.050 \cdot -1{,}5703\,\%$	$=$	$-0{,}0785\,\%$
Summe (exakt mit Excel)		$=$	$-\mathbf{0.3056\,\%}$

Die Monatsperformance (Januar 2016) des Benchmark-Portfolios (r_{BM}) ist −0,3056 %.

Der stetige Wert diskreter Renditen – man braucht ihn bspw. zur Berechnung der Standardabweichung oder des Tracking Error (siehe weiter hinten) – ergibt sich wie folgt:

r_{stetig} $= \ln(1+r)$

r $=$ diskrete Rendite (z. B. 0.035 für 3,50 %)

$\ln$ $=$ natürlicher Logarithmus («logarithmus naturalis»)

Beispiel

Die Monatsrendite (diskret) des Benchmark-Portfolios (r_{BM}) ist $-0.3056\,\%$. Welches ist, berechnet mit dem MATH-Menü des Finanztaschenrechners HP17bII+, der stetige Wert?

Lösung

$1 + -0.3056\,\% = 0.996944$ → Taste LN $= -0{,}003061$

Die stetige Monatsrendite (Januar 2016) ist $-0{,}3061\,\%$.

Hinweis: Bei sehr tiefen Werten ist die Differenz stetig/diskret praktisch null.

Verknüpft man diskrete Periodenrenditen (Monats-, Quartalsrenditen usw.) geometrisch, lässt sich die Entwicklung der Benchmark im Zeitablauf verfolgen. Die geometrische Verknüpfung von Monatsrenditen entspricht einem monatlichen Rebalancing. Rebalancing bedeutet, dass die Portfoliogewichte monatlich, quartalsweise usw. auf die Normwerte zurückgestellt werden. Die geometrische Verknüpfung von Periodenrenditen zur Bestimmung der Benchmarkrendite nach n Perioden rechnet sich wie folgt:

$$r_{BM} = 100 \cdot (1 + r_1) \cdot (1 + r_2) \cdot \dots (1 + r_n)$$

100 $=$ Indexbasis (als Beispiel)

r $=$ diskrete Periodenrenditen, z. B. 1,75 % geschrieben als 0.0175

Anhand der Werte für das Jahr 2016 lassen sich die Bestimmung der Monatsrenditen und die Entwicklung der Benchmark (Indexstand am 31.12.2015 = 298.79) wie folgt veranschaulichen:

Assets	CHF-G	CHF-B	FW-B	CH-A	W-A	CH-IF	RS	HF	BM-PF diskret monatlich	Benchmark-Punkte
Gewicht	5,0%	25,0%	15,0%	17,5%	12,5%	15,0%	5,0%	5,0%		
31.12.2015										298.79
31.01.2016	−0,06%	1,72%	3,40%	−5,31%	−3,20%	0,71%	1,20%	−1,57%	−0,3056%	297.88
28.02.2016	−0,05%	1,22%	2,72%	−4,20%	−2,58%	1,94%	−3,51%	−1,19%	−0,2902%	297.02
31.03.2016	−0,08%	−0,69%	−1,28%	0,81%	2,94%	1,09%	0,01%	0,14%	0,3129%	297.94
30.04.2016	−0,05%	−0,24%	3,38%	3,01%	1,61%	3,07%	8,48%	0,21%	2,0676%	304.10
31.05.2016	−0,06%	0,35%	1,36%	3,74%	3,64%	−0,82%	2,78%	0,23%	1,4266%	308.44
30.06.2016	−0,05%	1,50%	4,09%	−2,56%	−2,28%	0,33%	2,86%	−0,23%	0,4340%	309.78
31.07.2016	−0,07%	−0,11%	−0,68%	1,94%	4,05%	0,30%	−5,30%	1,00%	0,5413%	311.46
31.08.2016	−0,06%	−0,26%	0,35%	0,99%	0,67%	0,27%	−1,24%	0,33%	0,2369%	312.20
30.09.2016	−0,05%	0,22%	−0,55%	−0,36%	−0,88%	0,31%	1,64%	−0,02%	−0,0744%	311.96
31.10.2016	−0,06%	−0,99%	−2,54%	−3,43%	0,12%	−1,40%	1,57%	−0,33%	−1,3643%	307.71
30.11.2016	−0,05%	−1,27%	−2,22%	0,52%	4,00%	−0,88%	3,84%	0,23%	0,0088%	307.74
31.12.2016	−0,06%	−0,09%	−1,31%	3,97%	2,75%	1,81%	2,12%	0,82%	1,2353%	311.54
2016 total	−0,69%	1,32%	6,62%	−1,41%	10,96%	6,85%	14,67%	−0,42%	4,15%[1]	4,27%

[1] ohne Rebalancing

Tab. 53

Beispiel

Per 31. März 2016 notiert das Benchmark-Portfolio mit 297.94 Punkten.

a. Wie ergibt sich dieser Wert?

b. Bestimmen Sie die Quartalsrendite des Benchmark-Portfolios!

Lösung

a. BM-Punkte $= 298.79 \cdot (1 - 0.003056) \cdot (1 - 0.002902) \cdot (1 + 0.003129) = \mathbf{297.94}$

b. r_{BM} $= \dfrac{297.94}{298.79} - 1 = \mathbf{-0.002845}$ bzw. $-0,2845\%$

Soll die Benchmarkrendite **ohne Rebalancing** bestimmt werden, wird zum Stichdatum für jede Einzel-Benchmark die seit Jahresbeginn aufgelaufene Rendite berechnet. Man spricht von YTD Return (YTD steht für Year-to-Date). Die Summe der gewichteten YTD Returns ergibt die aufgelaufene Rendite des Benchmark-Portfolios (siehe Lösungsmuster auf S. 174 oben). So gerechnet ergäben sich für unser Beispiel per 31. März 2016 eine Quartalsrendite von −0,2605% (298.01 BM-Punkte) und per 31.12.2016 von 4,1508% (311.19 BM-Punkte). Bei sehr volatilen Märkten kann die Performance mit oder ohne Rebalancing deutlich abweichen.

3.3.1.2 Tracking Error

Der Tracking Error ist ein Risikomass mit der «Qualität Standardabweichung». Er wird aufgrund der periodischen Abweichungen zwischen Benchmarkrendite und effektiv erzielter Portfoliorendite bestimmt:

$$\text{Tracking Error (TE):} \quad \sqrt{\frac{\sum_{i=1}^{n}\left[\left(r_{PF_i} - r_{BM_i}\right) - \left(\mu_{r_{PF}} - \mu_{r_{BM}}\right)\right]^2}{n-1}}$$

r_{PFi} = stetige Periodenrendite Portfolio
r_{BMi} = stetige Periodenrendite Benchmark
$\mu_{r_{PF}}, \mu_{r_{BM}}$ = Mittelwert der stetigen Periodenrenditen

Anhand der stetigen Monatsrenditen eines fiktiven Portfolios (siehe Spalte 1) und der stetigen Monatsrenditen unseres Benchmark-Portfolios lässt sich die rechnerische Herleitung des Tracking Error wie folgt aufzeigen. Alle Zwischenwerte sind mit Excel gerechnet.

r_{PFi}	r_{BMi}	$r_{PF} - r_{BM}$	$[(r_{PF} - r_{BM}) - (\mu r_{PF} - \mu r_{BM})]^2$	
$-0,500\%$	$-0,3061\%$	$-0,1939\%$	$(-0,1939\% - 0,095\%)^2$	$= 0,0008\%$
$0,255\%$	$-0,2906\%$	$0,5456\%$	$(0,5456\% - 0,095\%)^2$	$= 0,0020\%$
$-0,238\%$	$0,3124\%$	$-0,5504\%$	$(-0,5504\% - 0,095\%)^2$	$= 0,0042\%$
$2,500\%$	$2,0465\%$	$0,4535\%$	$(0,4535\% - 0,095\%)^2$	$= 0,0013\%$
$1,650\%$	$1,4165\%$	$0,2335\%$	$(0,2335\% - 0,095\%)^2$	$= 0,0002\%$
$0,300\%$	$0,4331\%$	$-0,1331\%$	$(-0,1331\% - 0,095\%)^2$	$= 0,0005\%$
$0,800\%$	$0,5398\%$	$0,2602\%$	$(0,2602\% - 0,095\%)^2$	$= 0,0003\%$
$0,400\%$	$0,2366\%$	$0,1634\%$	$(0,1634\% - 0,095\%)^2$	$= 0,0000\%$
$-0,250\%$	$-0,0745\%$	$-0,1755\%$	$(-0,1755\% - 0,095\%)^2$	$= 0,0007\%$
$-0,500\%$	$-1,3737\%$	$0,8737\%$	$(0,8737\% - 0,095\%)^2$	$= 0,0061\%$
$0,200\%$	$0,0088\%$	$0,1912\%$	$(0,1912\% - 0,095\%)^2$	$= 0,0001\%$
$0,700\%$	$1,2277\%$	$-0,5277\%$	$(-0,5277\% - 0,095\%)^2$	$= 0,0039\%$
$\mu_{r_{PF}}$	$\mu_{r_{BM}}$	$\mu_{r_{PF}} - \mu_{r_{BM}}$	$\sum_{i=1}^{n}\left[(r_{PF} - r_{BM}) - \left(\mu_{r_{PF}} - \mu_{r_{BM}}\right)\right]^2$	
$0,4431\%$	$0,3481\%$	$\mathbf{0,0950\%}$		$= \mathbf{0,0201\%}$
Tracking Error auf Monatsbasis (exakt mit Excel berechnet)			$\sqrt{\dfrac{0,020116\%}{12-1}}$	$= \mathbf{0.4276\%}$
Tracking Error auf Jahresbasis (exakt mit Excel berechnet)			$0,427634\% \cdot \sqrt{12}$	$= \mathbf{1.4814\%}$

0,4431% bzw. 0,3481% entsprechen der durchschnittlichen stetigen Monatsrendite des Portfolios bzw. der Benchmark. Die Differenz (0,4431% − 0,3481%) ist 0,0950%.

Tab. 54

Der Tracking Error misst das Abweichungsrisiko – man spricht auch vom relativen Risiko – zwischen einem Portfolio und seiner Benchmark. Das Abweichungsrisiko ist zweiseitig. Entsprechend steht der Tracking Error für das Risiko, die Benchmark zu verfehlen, aber auch für die Chance, die Benchmark zu übertreffen. Der monatliche Tracking Error von 0,4276% (siehe zweitunterste Zeile, rechts) sagt aus, dass die monatlichen Portfoliorenditen mit einer Wahrscheinlichkeit von rund 68 % (68,26 %) um −/+0,4276 % vom monatlichen Mittelwert der Benchmark (0,3481 %) abweichen.

In unserem Beispiel beträgt die stetige Jahresrendite der Benchmark 4,18 % (12 · 0,3481 %) und jene des Portfolios 5,32 % (12 · 0,4431 %). Die entsprechenden diskreten Jahreswerte sind 4,27 % bzw. 5,46 %. Wären die annualisierte stetige Benchmarkrendite von 4,18 % und der jährliche Tracking Error von 1,48 % (1,4814 %) nachhaltig, lägen die künftigen (erwarteten) stetigen Portfoliorenditen mit einer Wahrscheinlichkeit von 68,26 % im Streubereich von +2,7 % (4,18 % − 1,48 %) bis +5,66 % (4,18 % +1,48 %).

Das folgende Diagramm zeigt die Portfolio- und die Benchmark-Entwicklung für einen längeren Zeitraum, d. h. vom 31.12.2010 bis zum 31.12.2016. Anders als bei der Benchmark handelt es sich beim Portfolio um fiktive Daten (Werte für das Jahr 2016 wie in **Tab. 54**).

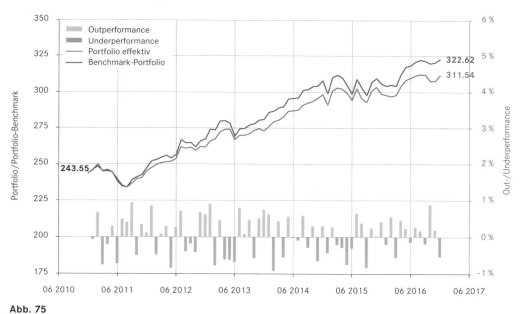

Abb. 75

Die Rendite-/Risikowerte zu **Abbildung 75** präsentieren sich wie folgt:

Kennzahlen 31.12.2010–31.12.2016	Portfolio effektiv nach Gebühren	Benchmark- Portfolio
Jahresrendite stetig / diskret	4,69 % / 4,8 %	4,1 % / 4,19 %
Standardabweichung / Jahr	5,05 %	4,24 %
Tracking Error / Jahr		1,79 %

Tab. 55

Wie ersichtlich, ist der Tracking Error insgesamt (1,79 %) deutlich höher als jener für das Jahr 2016 (1,48 %). Offenbar war das Portfoliomanagement in der längeren Rückschau etwas aktiver (aggressiver) als im Jahr 2016.

Mit der Wertung bzw. Einordnung des Tracking Error tut sich die Praxis gelegentlich schwer. Die folgenden Hinweise können als Orientierungshilfe dienen: Der Tracking Error passiv gemanagter Portfolios ist typischerweise kleiner als 0,5 %. Für aktiv gemanagte Portfolios im Sinn des Enhanced Indexing (siehe weiter vorn) gelten Richtwerte von 0,50 % bis 2,50 %. Sehr aktiv gemanagte Portfolios können einen Tracking Error von 5,00 % und mehr aufweisen.

Im passiven Portfoliomanagement im Allgemeinen und bei Exchange Traded Funds (ETFs) im Speziellen steht der Tracking Error für die Qualität der Indexnachbildung. Man spricht deshalb auch vom Nachbildungsfehler. Bei ETFs mit unvollständiger physischer Indexnachbildung kann der Tracking Error auch dazu dienen, das Optimum zwischen Anzahl Titeln und Transaktionskosten zu finden. Mit steigender Anzahl Titel nimmt zwar der Tracking Error ab; die Transaktionskosten nehmen dagegen zu. Nähere Informationen zu Exchange-Traded Funds finden sich in Band 1, Kapitel 7, dieser Lehrbuchreihe.

3.3.1.3 Information Ratio

Aktives Portfoliomanagement setzt sich bekanntlich zum Ziel, seine Benchmark zu schlagen. Wenns gelingt, spricht man von Outperformance, wenns misslingt von Underperformance. Die positive bzw. negative Abweichung von der Benchmarkrendite wird als relative Rendite bezeichnet, gelegentlich auch als relative aktive Rendite.

Von der Sachlogik her müsste eine grössere Portfolioaktivität eine höhere Outperformance generieren. Mit anderen Worten: Je grösser das relative Risiko bzw. der Tracking Error, desto höher müsste die (positive) relative Rendite bzw. die Outperformance ausfallen. Mithilfe der Information Ratio lässt sich überprüfen, ob und in welchem Ausmass ein Portfoliomanagement diese Erwartungen zu erfüllen vermag. Die Information Ratio lässt sich wie folgt bestimmen:

$$\text{Information Ratio (IR):} \quad \frac{r_{PF} - r_{BM}}{TE}$$

r_{PF} = Portfoliorendite
r_{BM} = Benchmarkrendite
TE = Tracking Error

Die Information Ratio sagt aus, welche relative Rendite pro Einheit relatives Risiko (Tracking Error) erzielt worden ist. Je höher die Information Ratio, desto höher sind die Fähigkeiten des Portfoliomanagements einzustufen, die Benchmark zu schlagen.

Beispiel

Im Jahr 2016 weist ein Portfolio eine annualisierte (diskrete) Rendite von 5,46 % aus. Die Benchmark rentierte im gleichen Zeitraum mit 4,27 %. Der Tracking Error wird mit 1,48 % rapportiert. Welches ist die Information Ratio (IR)?

Lösung

Information Ratio (IR): $\dfrac{5,46\,\% - 4,27\,\%}{1,48\,\%} = +0{,}80454\,\%$

Pro Einheit Tracking Error hat das Portfoliomanagement eine Outperformance von 0,8 % realisiert.

Die Information Ratio kann auch einen Minuswert ergeben. Das ist der Fall, wenn das Portfoliomanagement die Benchmark verfehlt hat. Werden negative Information Ratios verschiedener Portfoliomanager miteinander verglichen, führt eine Rangierung zu fraglichen Ergebnissen. Anders als es die Intuition erwarten liesse, weist die Information Ratio – bei gleicher Underperformance – mit steigendem Tracking Error höhere Werte, d. h. weniger tiefe Minuswerte aus.

Beispiel

Für das Berichtsjahr X weist ein aktiv gemanagtes Portfolio eine Rendite (nach Abzug von Gebühren) von 3,29 % aus. Die Portfolio-Benchmark rentierte mit 3,87 %. Der Tracking Error wird mit 2,48 % rapportiert. Welches ist die Information Ratio (IR)?

Lösung

Information Ratio (IR): $\dfrac{3,29\,\% - 3,87\,\%}{2,48\,\%} = -0{,}2339\,\%$

Pro Einheit Tracking Error hat das Portfoliomanagement eine Underperformance von 0,2339 % erzielt.

3.3.1.4 Attribution

Die Out- bzw. Underperformance aktiv gemanagter Portfolios lässt sich grundsätzlich auf drei Ursachen zurückführen: auf die Portfoliosteuerung, auf die Titelselektion und auf den Einsatz von Derivaten. Der Einsatz von Derivaten lässt sich von Fall zu Fall der Portfoliosteuerung bzw. der Titelselektion zuordnen. Es bleiben somit zwei Quellen, der sogenannte Allokationsbeitrag und der Selektionsbeitrag. Im ersten Fall (Allokationsbeitrag) geht es um den Renditebeitrag aufgrund von taktischen Über- bzw. Untergewichtungen der Assetklassen. Im zweiten Fall (Selektionsbeitrag) geht es um Renditebeiträge aufgrund von Dispositionen innerhalb der Assetklassen. Beispiele dafür sind die Über-/Untergewichtung einzelner Titel im Vergleich zu einer Aktien-Benchmark, die kürzere/längere Duration im Vergleich zu einer Obligationen-Benchmark oder etwa die Über-/Untergewichtung von Währungen.

Klammert man die Rendite des Benchmark-Portfolios aus, rechnet sich der Allokationsbeitrag einer einzelnen Assetklasse wie folgt:

$$\text{Allokationsbeitrag (AB)} = (\text{At\%} - \text{As\%}) \cdot r_{ABM}$$

At% = taktisches Gewicht Assetklasse (Portfoliogewicht)

As% = strategisches Gewicht Assetklasse (Benchmarkgewicht)

r_{ABM} = Benchmarkrendite Assetklasse

Der Selektionsbeitrag einer einzelnen Assetklasse ergibt sich wie folgt:

$$\text{Selektionsbeitrag (SB)} = \text{As\%} \cdot (r_{AE} - r_{ABM})$$

r_{APF} = Portfoliorendite Assetklasse

Der aktive Renditebeitrag, der sich weder der Portfoliosteuerung noch der Titelselektion zuordnen lässt, heisst Kreuzprodukt. Es entspricht der Schnittmenge aus Allokations- und Selektionsbeitrag. Das Kreuzprodukt lässt sich wie folgt bestimmen:

$$\text{Kreuzprodukt (KP)} = (\text{At\%} - \text{As\%}) \cdot (r_{APF} - r_{ABM})$$

Attribution: 2016	CHF-G	CHF-B	FW-B	CH-A	W-A	CH-IF	RS	HF	total
BM-Renditen (diskret)	−0,6891%	1,3164%	6,6242%	−1,4105%	10,9599%	6,8457%	14,6672%	−0,4170%	
BM-Gewichte	5,00%	25,00%	15,00%	17,50%	12,50%	15,00%	5,00%	5,00%	100,00%
BM-Performance[1]	−0,0345%	0,3291%	0,9936%	−0,2468%	1,3700%	1,0269%	0,7334%	−0,0209%	4,1508%
PF-Renditen (diskret)	−0,25%	2,35%	6,20%	3,20%	10,40%	6,60%	14,20%	0,96%	
PF-Gewichte	5,00%	20,00%	12,50%	20,00%	15,00%	12,50%	8,00%	7,00%	100,00%
PF-Performance	−0,0125%	0,4700%	0,7750%	0,6400%	1,5600%	0,8250%	1,1360%	0,0672%	5,4607%
Out-/Under-performance	0,0220%	0,1409%	−0,2186%	0,8868%	0,1900%	−0,2019%	0,4026%	0,0881%	1,3099%
Allokations-beitrag	0,0000%	−0,0658%	−0,1656%	−0,0353%	0,2740%	−0,1711%	0,4400%	−0,0083%	0,2678%
Selektions-beitrag	0,0220%	0,2584%	−0,0636%	0,8068%	−0,0700%	−0,0369%	−0,0234%	0,0689%	0,9622%
Kreuzprodukt	0,0000%	−0,0517%	0,0106%	0,1153%	−0,0140%	0,0061%	−0,0140%	0,0275%	0,0799%

[1] Die Jahresperformance von 4,1508% entspricht jener ohne Rebalancing

Tab. 56

Tabelle 56 weist zunächst die Benchmarkrenditen (r_{ABM}) unserer acht Assetklassen aus. Diese werden mit ihren strategischen Anteilen gewichtet. So rechnet sich bspw. für Aktien Schweiz (CH-A) ein Performancebeitrag von $-0,2468\%$ ($-1,4105\% \cdot 0.175$). Die Summe aller Performancebeiträge führt zur Gesamtperformance (r_{BM}) von 4,1508% ohne Rebalancing. In gleicher Weise werden die Performancebeiträge der Einzelportfolios und die Portfolioperformance (r_{PF}) bestimmt. Die Portfoliorenditen sind notabene dieselben, die wir bereits zur Ermittlung des Tracking Error verwendet haben (siehe Tab. 54, Seite 176). Wie ersichtlich, übertrifft die PF-Performance (5,4607%) die BM-Performance (4,1508%). Entsprechend rechnet sich eine Outperformance von 1,3099%. Diese lässt sich zurückführen auf einen Allokationsbeitrag von 0,2678%, einen Selektionsbeitrag von 0,9622% und ein Kreuzprodukt von 0,0799%.

Den grössten Performancebeitrag hat die Assetklasse CH-A erbracht. Die Outperformance von 0,8868% setzt sich zusammen aus dem Allokationsbeitrag von $-0,0353\%$, dem Selektionsbeitrag von 0,8068% und dem Kreuzprodukt von 0,1153%. Das folgende Beispiel legt die rechnerische Herleitung offen:

Beispiel

Für das Jahr 2016 hat das Portfoliomanagement die Aktienquote Schweiz mit 20,00% festgelegt. Gemessen am strategischen Gewicht von 17,50% entspricht dies einer Übergewichtung von 2,50%. Die Benchmark (SPI) hat im Jahr 2016 mit $-1,4105\%$ performt. Effektiv hat das Aktienportfolio Schweiz eine Jahresrendite von 3,2% erzielt. Wie bestimmen sich der Allokations- und der Selektionsbeitrag sowie das Kreuzprodukt?

Lösung

a.	Allokationsbeitrag (AB):	$(0.20 - 0.175) \cdot -1.41055$	$= $ **$-0,0353\%$**
b.	Selektionsbeitrag (SB):	$0.175 \cdot (3.20 - -1.41055)$	$= $ **$0,8068\%$**
c.	Kreuzprodukt:	$(0.20 - 0.175) \cdot (3.20 - -1.41055) = $	**$0,1153\%$**

Die Outperformance von total 1,3099% verdient an sich höchstes Lob. So richtig Freude macht sie trotzdem nicht. Der positive Allokationsbeitrag (0,2678%) ist nur den Aktien Welt (W-A: 0,2740%) und den Rohstoffen (RS: 0,4400%) geschuldet. Bei den übrigen Assetklassen war die taktische Über-/Untergewichtung falsch. Auch innerhalb der Assetklassen wurde nicht besonders gut disponiert. In der Hälfte der Assetklassen ist der Selektionsbeitrag negativ. Ohne das herausragende Ergebnis bei den Aktien Schweiz (CH-A: 0,8068%) und die feine Performance bei den Obligationen CHF (CHF-B: 0,2584%) gäbe es alles in allem wenig Grund zur Freude.

Der CH-A-Allokationsbeitrag von -0,0353% ignoriert – gleich wie die übrigen Allokationsbeiträge in **Tabelle 56** – die Renditen der anderen Assetklassen. Das hat zur Folge, dass etwa für die Assetklasse Obligationen Schweiz ein negativer Allokationsbeitrag von $-0,0658\%$ ausgewiesen wird, obschon die Untergewichtung (20% statt 25%) richtig war. Bezieht man die

Rendite der übrigen Assetklassen bzw. des Benchmark-Portfolios (r_{BM}) mit ein, rechnet sich der Allokationsbeitrag wie folgt:

$$\text{Allokationsbeitrag (AB)} = (At\% - As\%) \cdot (r_{ABM} - r_{BM})$$
$$\text{AB CH-A: } (0.20 - 0.175) \cdot (-1.4105 - 4.1508) = 0.1390$$

Wie die folgende Tabelle zeigt, wirkt sich die objektivere Bestimmung des Allokationsbeitrags auf die Kreuzprodukte der einzelnen Assetklassen aus. Für die Assetklasse CH-A rechnet sich ein Kreuzprodukt von 0,2190 % (0.8868 − −0.1390 −0.8068). Die Selektionsbeiträge und die Werte insgesamt bleiben unverändert.

Attribution: 2016	CHF-G	CHF-B	FW-B	CH-A	W-A	CH-IF	RS	HF	total
Out-/ Underper-formance	0,0220 %	0,1409 %	−0,2186 %	0,8868 %	0,1900 %	−0,2019 %	0,4026 %	0,0881 %	1,3099 %
Allokations-beitrag	0,0000 %	0,1417 %	−0,0618 %	−0,1390 %	0,1702 %	−0,0674 %	0,3155 %	−0,0914 %	0,2678 %
Selektions-beitrag	0,0220 %	0,2584 %	−0,0636 %	0,8068 %	−0,0700 %	−0,0369 %	−0,0234 %	0,0689 %	0,9622 %
Kreuz-produkt	0,0000 %	−0,2592 %	−0,0932 %	0,2190 %	0,0898 %	−0,0976 %	0,1105 %	0,1106 %	0,0799 %

Tab. 57

3.3.2 Portfoliorendite bei Einlagen und Entnahmen

3.3.2.1 Problemstellung

Bisher haben wir mit vorgegebenen Portfoliorenditen gearbeitet. Dabei ist die Bestimmung von Periodenrenditen keineswegs frei von Problemen. Eine besondere Knacknuss ist das Handling von Einlagen und Entnahmen, vor allem dann, wenn – wie etwa bei einem offenen Anlagefonds – praktisch täglich Fondsanteilscheine gezeichnet oder zurückgegeben werden.

Unseren Ausführungen legen wir zwei Beispiele (Tab. 58 und Tab. 59) mit identischen Einlagen und Entnahmen zugrunde. Im ersten Beispiel verteilen sich die Kapitalflüsse übers Jahr. Im zweiten Beispiel konzentrieren wir die Kapitalzu- bzw. -abflüsse auf einen Monat.

Betrachtungszeitraum: 31.12.2016–31.12.2017	Depotbestand vor Einlagen/ Entnahmen	Einlagen Einzahlungen	Entnahmen Rückzahlungen	Depotbestand nach Einlagen/ Entnahmen	Rendite
31. Dezember 2016	1 000 000.00			1 000 000.00	
12. März 2017	1 015 000.00	50 000.00		1 065 000.00	+1,50 %
30. Juni 2017	1 086 300.00	23 700.00		1 110 000.00	+2,00 %
12. September 2017	1 079 475.00		39 475.00	1 040 000.00	−2,75 %
31. Dezember 2017	1 081 600.00				+4,00 %

Tab. 58

Betrachtungszeitraum: 31.12.2016–31.1.2017	Depotbestand vor Einlagen/ Entnahmen	Einlagen Einzahlungen	Entnahmen Rückzahlungen	Depotbestand nach Einlagen/ Entnahmen	Rendite
31. Dezember 2016	1 000 000.00			1 000 000.00	
6. Januar 2017	1 015 000.00	50 000.00		1 065 000.00	+1,50%
15. Januar 2017	1 086 300.00	23 700.00		1 110 000.00	+2,00%
21. Januar 2017	1 079 475.00		39 475.00	1 040 000.00	−2,75%
31. Januar 2017	1 081 600.00				+4,00%

Tab. 59

Wir zeigen zunächst zwei Möglichkeiten der vereinfachten Renditebestimmung auf. Danach stellen wir die kapitalgewichtete und die zeitgewichtete Methode vor.

3.3.2.2 Vereinfachte Renditebestimmung

Die einfachste Methode zur approximativen Bestimmung von Periodenrenditen (z. B. Jahres-, Quartals-, Monatsrenditen) bei Einlagen und Entnahmen hat folgende Form:

$$\textbf{Periodenrendite: } K_n = \frac{K_n}{K_0 + (E - R)} - 1$$

K_n = Endkapital, K_0 = Anfangskapital,
E = Einzahlungen, R = Rückzahlungen

Wie ersichtlich, wird hier das Endkapital (K_n) der Summe aus Anfangskapital (K_0) und Saldo aus Ein- und Rückzahlungen ($E - R$) gegenübergestellt.

Die folgende Methode geht mit den Ein- und Auszahlungen differenzierter um. Sie unterstellt, dass die Geldzu- und Geldabflüsse jeweils in der Periodenmitte anfallen.

$$\textbf{Periodenrendite } = \left(\frac{K_n - \frac{E-R}{2}}{K_0 + \frac{E-R}{2}} \right) - 1$$

K_n = Endkapital, K_0 = Anfangskapital,
E = Einzahlungen, R = Rückzahlungen

Beispiel

Gegeben ist unser Beispiel mit jährlichem Betrachtungszeitraum (31.12.2016–31.12.2017). Welches ist

a. die Periodenrendite gemäss Näherungsmethode 1?
b. die Periodenrendite gemäss Näherungsmethode 2?

Lösung

a. Periodenrendite 1 $= \left(\dfrac{1\,081\,600}{1\,000\,000 + (50\,000 + 23\,700 - 39\,475)} \right) - 1$

$= \mathbf{0.045807}$ bzw. 4,5807 %

b. Periodenrendite 2 $= \left(\dfrac{1\,081\,600 - \dfrac{50\,000 + 23\,700 - 39\,475}{2}}{1\,000\,000 + \dfrac{50\,000 + 23\,700 - 39\,475}{2}} \right) - 1$

$= \mathbf{0.046578}$ bzw. 4,6578 %

Hinweis

Die Rendite bei monatlichem Betrachtungszeitraum (31.12.2016–31.1.2017) ergibt sich in gleicher Weise.

3.3.2.3 Kapitalgewichtete Rendite

Die kapitalgewichtete Portfoliorendite (englisch: Capital-Weighted Return oder Money-Weighted Return) entspricht dem **internen Zinsfuss** (auch interner Ertragssatz genannt). Der interne Zinsfuss (r_{IZF}) ist vergleichbar mit dem Kontokorrentzins. Er entspricht dem Zinssatz, zu dem das Anfangskapital und die Saldi verzinst worden sind.

In Beispiel 1 (31. Dezember 2016–31. Dezember 2017) sind wir zu Beginn mit CHF 1 000 000.00 engagiert. Am 12. März, d. h. nach 72 Tagen bzw. 0,2 Jahren (72/360=0.2), investieren wir zusätzliche CHF 50 000.00 und am 30. Juni, d. h. nach 180 Tagen bzw. 0,5 Jahren (180/360=0.5), nochmals CHF 23 700.00. Am 12. September, d. h. nach 252 Tagen bzw. 0,7 Jahren (252/360=0.7), ziehen wir CHF 39 475.00 zurück. Das Endkapital nach 360 Tagen bzw. nach einem Jahr ist CHF 1 081 600.00. Gesucht ist nun jener Zinssatz (r_{IZF}), der bei einem Anfangskapital von CHF 1 000 000.00, einer Einlage von CHF 50 000.00 nach 0,2 Jahren, einer weiteren Einlage von CHF 23 700.00 nach 0,5 Jahren und einer Entnahme von CHF 39 475.00 nach 0,7 Jahren ein Endkapital von CHF 1 081 600.00 ergibt.

Mathematisch präsentiert sich das Problem wie folgt:

$$-1\,000\,000.00 + \frac{-50\,000.00}{(1 + r_{IZF})^{0.2}} + \frac{-23\,700.00}{(1 + r_{IZF})^{0.5}} + \frac{+39\,475.00}{(1 + r_{IZF})^{0.7}} + \frac{1\,081\,600.00}{(1 + r_{IZF})^{1.0}} = \mathbf{0.00}$$

Der interne Zinsfuss (r_{IZF}) lässt sich nur mithilfe eines Schätzverfahrens – es heisst Iterationsverfahren – bestimmen. Er beträgt in unserem Beispiel 4,5558 %.

$$-1\,000\,000.00 + \frac{-50\,000.00}{(1.045558)^{0.2}} + \frac{-23\,700.00}{(1.045558)^{0.5}} + \frac{+39\,475.00}{(1.045558)^{0.7}} + \frac{1\,081\,600.00}{(1.045558)^{1.0}} = 0.00$$

Fallen die Einlagen bzw. Entnahmen innerhalb eines Monats an (z. B. im Januar 2017 gemäss Beispiel 2), rechnet sich in gleicher Weise ein interner Zinsfuss (r_{IZF}) von 4,5558 %. Die Zeitabschnitte sind so gewählt, dass sich dieselben Zeitfaktoren ergeben. Vom 31.12.2016 bis zum 6.1.2017 sind es 6 Tage bzw. 0,2 Monate (6/30=0.2), vom 31.12.2016 bis zum 15.1.2017 sind es 15 Tage bzw. 0,5 Monate (15/30=0.5), vom 31.12.2016 bis zum 21.1.2017 21 Tage bzw. 0,7 Monate (21/30=0.7) und vom 31.12.2016 bis zum 31.1.2017 30 Tage bzw. ein Monat (30/30=1.0).

Bestimmung des internen Zinsfusses mit dem Löser des HP 17bII+

Unser Beispiel lässt sich mit dem HP 17bII+ lösen, indem man bspw. folgende Formel in den Löser eingibt:

IZF: K0+(K1÷((1+I)^T1))+(K2÷((1+I)^T2))+(K3÷((1+I)^T3))+ (KN÷((1+I)^TN))=0

Den internen Zinssatz (IZF) von 4,5558 % erhält man wie folgt:
−1 000 000 → K0; −50 000 → K1; 0.2 → T1; −23 700 → K2; 0.5 → T2; 39 475 → K3; 0.7 → T3, 1 081 600 → KN, 1.0 → TN;
Taste I drücken und der Rechner präsentiert das Ergebnis von 0.045558.

Werden die einzelnen Zahlungsströme gemäss ihrer Kapitalbindungsdauer zum internen Ertragssatz von 4,5558 % verzinst, ergibt sich das Endkapital von CHF 1 081 600.00. **Tabelle 60** legt die rechnerische Herleitung für den jährlichen Betrachtungszeitraum offen.

Zahlungsströme	Laufzeit	Rendite		Endkapital[*]
1 000 000.00	360 Tage	4,5558 %	1 000 000 · 1.045558	1 045 558.11
50 000.00	252 Tage (0.8)	4,5558 %	50 000.00 · 1.045558^{0.8}	51 814.17
23 700.00	180 Tage (0.5)	4,5558 %	23 700.00 · 1.045558^{0.5}	23 233.85
−39 475.00	108 Tage (0.3)	4,5558 %	−39 475.00 · 1.045558^{0.3}	−40 006.13
				1 081 600.00

[*] mit Excel exakt berechnet

Tab. 60

Die Methode des internen Ertragssatzes ist nicht unproblematisch. Die Rendite verändert sich namentlich,

- wenn gleich hohe Periodenrenditen zeitlich anders anfallen:
  fällt z. B. die Rendite von −2,75 % in Periode 4 (statt in Periode 3) und jene von +4,00 % in Periode 3 (statt in Periode 4) an, ergibt sich ein interner Ertragssatz (r_{IZF}) von 4,8121 % (statt 4,5558 %);
- wenn gleich hohe Einzahlungen bzw. Rückzüge zeitlich anders anfallen:

fällt z. B. die Entnahme von CHF 39 475.00 in Periode 3 (statt in Periode 4) an, die Einlage von CHF 23 700.00 in Periode 4 (statt in Periode 3) und die Entnahme von 39 475.00 in Periode 3 (statt in Periode 4), rechnet sich ein interner Ertragssatz (r_{IZF}) von 4,7875 % (statt 4,5558 %).

Wie das Beispiel zeigt, ist die kapitalgewichtete Methode wenig geeignet, die Leistung des Portfoliomanagers zu bewerten. Sie bezieht auch Faktoren ein (insbesondere den Zeitpunkt und die Höhe von Ein- bzw. Rückzahlungen), die in der Regel ausserhalb seines Einflussbereichs liegen.

3.3.2.4 Zeitgewichtete Rendite

Bei der Methode der zeitgewichteten Rendite (englisch Time Weighted Return, kurz TWR) wird bei jedem Geldfluss (Einlage, Entnahme) die Zwischenrendite bestimmt. Die Periodenrendite (z. B. Jahres-, Quartals- oder Monatsrendite) ergibt sich, indem die einzelnen Zwischenrenditen – genauer 1 + r – miteinander multipliziert werden. Man spricht von geometrischer Verknüpfung.

Die diskrete zeitgewichtete Rendite ergibt sich wie folgt:

$$\textbf{Periodenrendite (TWR)} = \left(\frac{K_n 1}{K_0 1} \cdot \frac{K_n 2}{K_0 2} \cdot \ldots \cdot \frac{K_n n}{K_0 n}\right) - 1$$

Beispiel
Gegeben ist unser Beispiel mit jährlichem Betrachtungszeitraum (31.12.2016–31.12.2017). Welches ist die zeitgewichtete (diskrete) Rendite?

Lösung

$$\text{Zeitgewichtete Rendite (TWR)} = \left(\frac{1\,015\,000}{1\,000\,000} \cdot \frac{1\,086\,300}{1\,065\,000} \cdot \frac{1\,079\,475}{1\,110\,000} \cdot \frac{1\,081\,600}{1\,040\,000}\right) - 1$$

$$= \textbf{0.047102} \text{ bzw. } 4{,}7102\,\%$$

$$\text{Zeitgewichtete Rendite (TWR)} = (1.0150 \cdot 1.0200 \cdot 0.9725 \cdot 1.04) - 1 = \textbf{.047102}$$

Hinweis
Die zeitgewichtete Rendite (TWR) bei monatlichem Betrachtungszeitraum (31.12.2016–31.1.2017) ergibt sich in gleicher Weise.

Die zeitgewichtete Rendite kann auch mittels stetiger Renditen bestimmt werden. In diesem Fall werden die Zwischenrenditen addiert. Das Ergebnis muss in der Folge in den diskreten Wert umgerechnet werden.

$$\textbf{Periodenrendite (TWR)} = \ln\frac{K_n 1}{K_0 1} + \ln\frac{K_n 2}{K_0 2} + ..\ln\frac{K_n n}{K_0 n}$$

Beispiel

Gegeben ist unser Beispiel mit jährlichem Betrachtungszeitraum (31.12.2016–31.12.2017). Welches ist die zeitgewichtete (diskrete) Rendite?

Lösung

Zeitgewichtete Rendite (TWR) =

$$\ln\frac{1\,015\,000}{1\,000\,000} + \ln\frac{1\,086\,300}{1\,065\,000} + \ln\frac{1\,079\,475}{1\,110\,000} + \ln\frac{1\,081\,600}{1\,040\,000} = 0.046027$$

$$2.718281828^{0.046027} - 1 = \mathbf{0.047102}$$

mit MATH-Menü HP 17bII+: 0.046027 eingeben, Taste EXP drücken, −1

Hinweis

Die zeitgewichtete Rendite (TWR) bei monatlichem Betrachtungszeitraum (31.12.2016–31.1.2017) ergibt sich in gleicher Weise.

Die zeitgewichtete Rendite wird durch Zeitpunkt und Höhe von Ein-/Auszahlungen nicht berührt. Es spielt auch keine Rolle, wann welche Periodenrenditen anfallen. Es gilt: Werden bei jeder Einlage oder Entnahme die Periodenrenditen berechnet und miteinander multipliziert, ist die Performance korrekt bestimmt.

Die zeitgewichtete Bestimmung von Portfoliorenditen gehört mehr und mehr zum Standard. Im Vermögensverwaltungsgeschäft der Banken und im Asset Management gehört die monatliche Bestimmung der Performance mit geometrischer Verknüpfung der Monatsrenditen zum Minimalstandard.

3.3.3 Global Investment Performance Standards

Die Global Investment Performance Standards (GIPS) des CFA Institute stellen international anerkannte Richtlinien zur Berechnung und Darstellung der Performance von Portfoliomanagern und Vermögensverwaltern dar. Seit ihrer ersten Veröffentlichung im Jahr 1999 sind die GIPS mehrmals überarbeitet und erweitert worden, letztmals im März 2010. Die Einhaltung der GIPS ist für die Mitglieder des CFA Institute nicht verbindlich vorgeschrieben. Allerdings haben sich die GIPS aufgrund der breiten internationalen Akzeptanz als Branchenstandard etabliert.

Das aktuelle Regelwerk (2010) besteht aus fünf Teilen. Der erste Teil enthält die eigentlichen Regelungen (Provisions) und gliedert sich in neun Sektionen (Sections). Diese umfassen die grundlegenden Aspekte der Compliance (Fundamentals of Compliance), die zugrunde zu legenden Eingangsdaten (Input Data), die anzuwendende Berechnungsmethodik (Calculation Methodology), die Bildung von Composites (Composite Construction), die Offenlegung von Informationen (Disclosure), die Präsentation und Berichterstattung (Presentation and Reporting) sowie Spezialvorschriften für Immobilien (Real Estate), Private Equity Funds (Private

Equity) und Portfolios mit besonderer Gebührenberechnung (Wrap Fee/Separately Managed Account Portfolios). Im zweiten Teil der GIPS sind die Grundsätze zur Bewertung (Valutation Principles) der Investments zusammengefasst. Der dritte Teil enthält Leitlinien zur Verwendung der GIPS (Advertising Guidelines). Im vierten Teil wird die Vorgehensweise zur Verifizierung (Verification) der Einhaltung der GIPS erläutert. Im fünften Teil findet sich eine Übersicht der verwandten Fachbegriffe (Glossary).

Ein Kernelement der GIPS ist die Zusammenfassung von Portfolios zu Composites. Diese Composites müssen auf Basis vergleichbarer Anlageziele oder Anlagestrategien (Investment Mandate, Objective or Strategy) gebildet werden. Der Ausweis der Renditen und weiterer statistischen Kennziffern erfolgt dann auf Ebene der gebildeten Composites. Die Berechnung der Renditekennziffern erfolgt grundsätzlich anhand der zeitgewichteten Renditemethode und setzt eine mindestens monatlich durchzuführende Bewertung der Vermögensgegenstände voraus. Auf dieser Basis unterscheiden die GIPS grundsätzlich zwischen einer Bruttorendite (Gross-of-Fees Returns) und einer Nettorendite (Net-of-Fees Returns). In der Berichterstattung ist die Entwicklung der Vermögenswerte sowie der dazugehörigen Renditen für wenigstens fünf Jahre offenzulegen. Zum Vergleich der Composite-Renditen ist ein geeigneter Vergleichsmassstab (Benchmark) zu definieren. Darüber hinaus sind die Anzahl der Portfolios, das Volumen der Composites sowie der gesamte Anteil der Composites am gesamten verwalteten Vermögen auszuweisen.

GIPS in der Praxis: aus der Website der Basler Kantonalbank

«Die Basler Kantonalbank hat die GIPS nicht nur für ihre institutionellen Kunden, sondern auch für sämtliche privaten Vermögensverwaltungsmandate eingeführt. Als Firma im Sinn der GIPS gilt das Stammhaus Basler Kantonalbank mit allen gebührenpflichtigen Vermögensverwaltungsmandaten von privaten und institutionellen Kunden der zentralen Organisationseinheiten. Somit kommen alle KundInnen der BKB mit einem Vermögensverwaltungmandat in den Genuss höherer Transparenz und fairer Performancemessung. Alle Vermögensverwaltungsmandate werden gemäss ihrer Strategie einem GIPS-Composite zugeteilt. So fallen z. B. alle Mandate mit einer reinen Aktienstrategie in das Composite ‹Aktien›. Von diesen Composites werden dann jährliche GIPS-konforme Performancezahlen rückwirkend bis 1997 berechnet. Gleichzeitig wird zu jedem Composite eine Benchmark definiert, die als Messlatte für die Performance dient.»

Quelle: http://www.bkb.ch/anlagekunden.htm

3.4 Zusammenfassung

Modernes Portfoliomanagement basiert auf einer erkennbaren Anlagepolitik oder Anlagephilosophie. Diese lässt sich vergleichen mit dem Leitbild einer Unternehmung. Die Anlagepolitik legt die Grundausrichtung bzw. die Werthaltungen des Portfoliomanagements – sei es einer Bank, einer Fondsleitung, oder eines privaten Vermögensverwalters – fest. Für den Investor ist es gut zu wissen, ob sein Portfolio aktiv oder passiv gemanagt wird, welche Analysemethoden Eingang finden, ob Value oder Growth Investing favorisiert wird, oder ob das Management mehr auf Diversifikation denn auf Stock Picking setzt.

Asset Allocation bedeutet soviel wie systematische Aufteilung von Finanzvermögen. Der Anlageprozess lässt sich dabei in vier Phasen aufteilen: Anlagestrategie, Anlagetaktik, Anlagetransaktionen, Anlageüberwachung.

Die strategische Asset Allocation legt die Grobstruktur eines Portfolios fest. Das Spektrum der Anlageklassen (Aktien, Obligationen, Geldmarkt usw.) wird definiert, die geografische Streuung (national, kontinental, global) bestimmt und die Diversifikation nach Währungen fixiert.

Die Anlagetaktik (taktische Asset Allocation) umfasst die Titelselektion, die Portfoliosteuerung und die Portfolioabsicherung. Im Rahmen der Titelselektion wird bestimmt, mit welchen Basis- und/oder Derivatprodukten die vordefinierten Portfoliogefässe (Assetklassen) «gefüllt» werden. Im Rahmen der Portfoliosteuerung und/oder der Portfolioabsicherung wird über taktische Abweichungen von der Anlagestrategie sowie über allfällige Massnahmen zur Verlustlimitierung entschieden. Die taktischen Entscheide lösen Anlagetransaktionen aus, die sofort und/oder nach einem bestimmten Plan realisiert werden.

Die Anlageüberwachung schliesst den Kreislauf ab und löst den Anlageprozess von Neuem aus.

Messlatte passiven oder aktiven Portfoliomanagements ist die Rendite des Benchmark-Portfolios. Diese entspricht der Summe der gewogenen Renditen aller Einzel-Benchmarks. Gewogen bedeutet, dass die Renditen mit ihren strategischen Portfolioanteilen gewichtet werden.

Aktives Portfoliomanagement setzt sich zum Ziel, seine Benchmark zu schlagen. Gelingt dies, spricht man von Outperformance, gelingt dies nicht, von Underperformance. Out- bzw. Underperformance sind Erscheinungsformen der sogenannten relativen Rendite, d.h. der Differenz zwischen Benchmark- und Portfoliorendite.

Das Pendant zur relativen Rendite ist das relative Risiko bzw. der Tracking Error. Er misst das Abweichungsrisiko zwischen Portfolio und Benchmark. Ein Tracking Error von bspw. 2,50 % und eine Benchmarkrendite von 4,00 % bedeuten, dass die Portfoliorendite mit einer Wahrscheinlichkeit von rund 68 % zwischen +1,50 % und +6,50 % (4,00 % −/+ 2,50 %) notiert.

Allgemein gilt: Je höher der Tracking Error, desto höher sollte die Outperformance im statistischen Mittel ausfallen. Mithilfe der Information Ratio lässt sich überprüfen, ob und in welchem Ausmass ein Portfoliomanagement diese Erwartungen zu erfüllen vermag. Rechnerisch entspricht die Information Ratio der Outperformance dividiert durch den Tracking Error.

Out- bzw. Underperformance aktiv gemanagter Portfolios basiert im Wesentlichen auf zwei Einflussfaktoren: dem Allokationsbeitrag und dem Selektionsbeitrag. Der Allokationsbeitrag entspricht jenem Teil der Mehr- bzw. Minderrendite, der aus der taktischen Über- bzw. Untergewichtung von Assetklassen resultiert. Der Selektionsbeitrag misst den Renditebeitrag aufgrund von Dispositionen innerhalb der einzelnen Assetklassen. Beispiele dafür sind die Über-/Untergewichtung einzelner Titel im Vergleich zu einer Aktien-Benchmark, die kürzere/ längere Duration im Vergleich zu einer Obligationen-Benchmark oder etwa die Über-/Untergewichtung von Währungen. Der Allokationsbeitrag und der Selektionsbeitrag lassen sich rechnerisch nicht vollständig isolieren. Es bleibt eine unbestimmbare «Schnittmenge», das sogenannte Kreuzprodukt.

Die Ermittlung von korrekten Periodenrenditen ist alles andere als einfach, insbesondere dann, wenn das Portfolio in der Berichtsperiode durch Einlagen erhöht und durch Entnahmen vermindert wird. Mathematisch kann das Problem mithilfe der kapitalgewichteten (money-weighted) oder aufgrund der zeitgewichteten (time-weighted) Methode gelöst werden. Die zeitgewichtete Performancemessung gehört heute zum Standard.

An den Global Investment Performance Standards (GIPS) führt heute kein Weg vorbei. Die GIPS-Richtlinien zur Berechnung und Darstellung der Performance werden von Anlageprofis weltweit beachtet. Sie haben sich als Branchenstandard etabliert.

4 Rechtliche und ergänzende Aspekte des Portfoliomanagements

Einführung und Lernziele

In diesem Kapitel greifen wir die rechtlichen und kundenspezifischen Aspekte des Portfoliomanagements auf. Wir betonen das Anlageberatungs- und das Vermögensverwaltungsgeschäft aus der Optik der Banken. Ergänzend thematisieren wir beispielhaft die Anlagerichtlinien und die Benchmarks im Vorsorgegeschäft (Pensionskassen, AHV/IV/EO).

Die klassische Anlageberatung und Vermögensverwaltung ist in den letzten 20 bis 30 Jahren mehr und mehr durch Zusatzdienstleistungen erweitert und ergänzt worden. Beispiele dafür sind die Steuerberatung, die Finanzplanung, die Nachlassplanung und das Family Office. Parallel dazu haben Banken und andere Finanzdienstleister ihre Strukturorganisation auf Kundengruppen ausgerichtet. Ausdruck dieser Fokussierung auf bestimmte Kundensegmente sind das Retail Banking und das Private Banking oder Geschäftsfelder wie das Wealth Management und das Asset Management.

Ein Versuch, die Beratungsdienstleistungen des Finance den einzelnen Kundensegmenten bzw. Geschäftsfeldern zuzuordnen, ergibt folgendes Bild:

Kundensegmente / Beratungsangebot	Privatkunden		Wealth Management	Institutionelle Kunden
	Retail Banking			Asset Management
	Standardkunden	Individualkunden	Private-Banking-Kunden	
Anlageberatung	x	x	x	x
Vermögensverwaltung		x	X	X
Steuerberatung	x	x	X	
Finanzplanung	x	x	X	
Nachlassplanung			X	
Family Office			X	

Tab. 61

Für das Privatkundensegment lässt sich sagen, dass die Beratungsintensität eng mit dem Kundenvermögen korreliert. Je höher das Kundenvermögen, desto breiter und tiefer ist das Beratungsangebot. Entsprechend wird unterschieden zwischen Standardkunden, Individualkunden und Private-Banking-Kunden.

Standardkunden zählen zur Gruppe der weniger vermögenden Privatkunden. Bei Kantonal-, Regional- und Raiffeisenbanken machen sie den weitaus grössten Teil der Kundschaft aus. Die Bankbeziehung konzentriert sich auf die Funktionen «zahlen», «sparen» und «vorsorgen». Die Anlagebedürfnisse von Standardkunden können in der Regel durch Standardprodukte (Bankeinlagen, Versicherungsprodukte, Anlagefonds) abgedeckt werden.

Individualkunden setzen einen Teil ihres Finanzvermögens direkt am Geld- und Kapitalmarkt ein und wagen sich von Fall zu Fall auch an Finanzderivate heran. Sie erhalten einen persönlichen Kundenberater zugeteilt und nutzen regelmässig die Dienstleistung Anlageberatung. Banken sprechen deshalb auch von Anlagekunden. Die Auszeichnung Individual- bzw. Anlagekunde wird ab einer Portfoliogrösse von CHF 250 000.00 verliehen.

Private-Banking-Kunden verfügen über bedeutende Depotvermögen und können auf eine umfassende Betreuung durch ihren Bankberater zählen. Man spricht auch von Wealth Management («wealth» steht im Englischen für Reichtum, Wohlstand oder Vermögen). Im Vordergrund steht die Dienstleistung Vermögensverwaltung. Bei Kantonal-, Regional- und Raiffeisenbanken verfügen Private-Banking-Kunden über ein Portfoliovermögen von wenigstens CHF 250 000.00 bis CHF 500 000.00. Bei Grossbanken und Vermögensverwaltungsbanken liegt die Schwelle meist deutlich über CHF 1 000 000.00.

Die Anlageberatung und Vermögensverwaltung für institutionelle Kunden (Versicherungen, Pensionskassen, Anlagefonds) läuft – allerdings nicht einheitlich – unter der Bezeichnung Asset Management.

Wie bereits erwähnt, haben die Banken ihr Beratungsangebot rund um die Anlageberatung und Vermögensverwaltung erweitert. Neben der Steuerberatung haben sich vor allem die Finanzplanung, die Nachlassplanung und das Family Office etabliert:

Finanzplanung ist die Analyse der aktuellen finanziellen Situation eines Kunden und die Planung der weiteren Entwicklung über die nächsten Jahre. Dabei wird die gesamte Vermögenssituation umfassend vernetzt und optimiert. Berücksichtigt werden rechtliche und steuerliche Aspekte, Vorsorgefragen sowie die güter- und erbrechtliche Situation. Die Finanzplanung ist kostenpflichtig. Ein Spezialfall der Finanzplanung ist die Vorsorgeplanung.

Die **Nachlassplanung** umfasst alle Aspekte des Ehegüter- und Erbrechts sowie der Willensvorstreckung. Zum Service gehören von Fall zu Fall die unterschriftsreife Ausarbeitung von Schriftsätzen für die erforderlichen Testamente, Erb-, Ehe- oder Konkubinatsverträge oder etwa die Errichtung von Stiftungen. Dazu kommen die Beratung bei der Bewertung des Nachlasses (insbesondere bei Geschäftsvermögen, Immobilien, Antiquitäten, Sammlungen) oder gar die Betreuung unmündiger Erben.

Das **Family Office** bietet eine integrierte Dienstleistung zur Verwaltung des Vermögens von wohlhabenden Familien, die ihren Wohlstand über mehrere Generationen hinweg erhalten möchten. Es handelt sich um ein spezielles Team, das solche Familien und ihre Berater beim Entwurf ihrer Strategien zur Vermögensplanung begleitet. Gestützt auf ausgefeilte Systeme organisiert es die globalen Vermögenswerte der Familie so, dass sie angemessen geschützt sind, sorgfältig kontrolliert und überwacht werden.

Wir beschränken uns im Folgenden auf die Anlageberatung und die Vermögensverwaltung. Auf die Finanzplanung, die Nachlassplanung, die Steuerberatung und das Family Office gehen wir nicht ein. Wie einleitend erwähnt, werfen wir am Schluss dieses Kapitels einen Blick auf die Anlage von Vorsorgegeldern der 1. (AHV/IV/EO) und der 2. Säule (Pensionskassen).

Lernziele

Nach dem Studium dieses Kapitels kann der Leser

- zwischen Anlageberatung und Vermögensverwaltung unterscheiden;
- die Informationspflichten der Effektenhändler nach BEHG, konkretisiert durch die Verhaltensrichtlinien der Bankiervereinigung, darlegen;
- die Bedeutung von MiFID und MiFID II für den Finanzplatz Schweiz skizzieren;
- die rechtlichen Anforderungen an die Anlageberatung von Banken aufzeigen;
- die gesetzlichen und standespolitischen Anforderungen an die Vermögensverwaltung von Banken darlegen;
- die Besonderheiten der bankexternen Vermögensverwaltung erläutern;
- die Rechtmässigkeit von Retrozessionen beurteilen;
- die Kernelemente des künftigen Finanzdienstleistungsgesetzes (FIDLEG) beschreiben und werten;
- die Herleitung des Anlegerprofils (Kundenprofils) begründen und dessen Bedeutung einordnen;
- die Rendite-/Risikomerkmale von Income-, Yield-, Balanced- und Growth-Portfolios aufzeigen;
- die Rahmendaten zur Objektivierung der Kundenanalyse begründen;
- die Anlagerichtlinien des Berufsvorsorgegesetzes (BVG, BVV2) in groben Zügen darlegen;
- die Pictet-Pensionskassen-Indizes und den CS-Pensionskassen-Index beschreiben.

4.1 Anlageberatung und Vermögensverwaltung

4.1.1 Informationspflichten des Effektenhändlers

Der Entscheid, das sichere Terrain des klassischen Bank- oder Versicherungssparens zu verlassen und sich ins unvertraute Gebiet des Effektensparens vorzuwagen, ist für viele – wenig versierte – Anleger ein eigentlicher Emanzipationsschritt. Das ruft geradezu nach Information und/oder Begleitung durch qualifizierte Finanzberater.

Gibt ein Kunde ein Effektengeschäft in Auftrag, löst dies beim Effektenhändler – sei dies eine Bank oder eine lizenzierte Nichtbank – grundsätzlich eine Informationspflicht aus. Art. 11, 1a des Bundesgesetzes über die Börsen und den Effektenhandel (kurz: BEHG oder Börsengesetz) weist den Effektenhändler an, seine Kunden auf die mit einem bestimmten Finanzprodukt (Geschäftsart) verbundenen Risiken hinzuweisen. Ergänzend schreibt BEHG 11,2 vor, dass bei der Erfüllung dieser Informationspflicht die Geschäftserfahrenheit und die fachlichen Kenntnisse des Kunden zu berücksichtigen sind. Primäres Ziel dieser Norm ist der Anlegerschutz. Unerfahrene Anleger sollen wissen, worauf sie sich einlassen.

Effekten im Sinn des Finanzmarktinfrastrukturgesetzes (FinfraG 2b) sind vereinheitlichte und zum massenweisen Handel geeignete Wertpapiere, Wertrechte, Derivate und Bucheffekten. Zu den Wertpapieren und Wertrechten gehören im Wesentlichen verbriefte und nicht verbriefte Anleihenobligationen, Anlagefondsanteilscheine und Aktien. Als Derivate gelten börsengehandelte Optionen und Futures sowie strukturierte Produkte. Nicht zu den Effekten zählen die Kassenobligationen sowie die Devisenkassa- und Devisentermingeschäfte.

Effektenhändler im Sinn des Börsengesetzes sind gemäss Art. 2 der Börsenverordnung (BEHV) Kundenhändler und Market Maker. Erfasst sind ausserdem Eigenhändler, Emissionshäuser und Derivathäuser, sofern sie hauptsächlich im Finanzbereich tätig sind. Ausdrücklich nicht als Effektenhändler gelten unter anderen die Fondsleitungen im Sinn des Kollektivanlagegesetzes und die Versicherungseinrichtungen im Sinn des Versicherungsaufsichtsgesetzes.

Kundenhändler – in der Schweiz sind es in der Regel Banken – spielen im Effektenhandel eine zentrale Rolle. Sie handeln im eigenen Namen, aber auf Rechnung von Kunden (Nichtbanken), gewerbsmässig mit Effekten. Sie führen die erforderlichen Transaktionskonti und bewahren die Effekten bei sich selber oder bei Dritten auf.

Am 22. Januar 1997 hat die Schweizerische Bankiervereinigung (SBVg) **Verhaltensrichtlinien für Effektenhändler bei der Durchführung des Effektenhandelsgeschäfts** erlassen. Diese konkretisieren als Standesregeln die Informationspflicht gemäss BEHG 11. Die Verhaltens-richtlinien sind im Jahr 2008 letztmals revidiert und per 1. Juli 2009 in Kraft gesetzt worden.

Die Richtlinien umschreiben zudem die in BEHG 11 verankerte Sorgfalts- und Treue-pflicht der Effektenhändler. Es handelt sich primär um Verfahrensregeln bei der Abwicklung von Börsentransaktionen. Wir gehen hier nicht näher darauf ein.

Grundsätzlich darf der Effektenhändler davon ausgehen, dass jeder Kunde die Risiken kennt, die üblicherweise mit dem Kauf, Verkauf und Halten von Effekten verbunden sind. Dazu gehören insbesondere die Bonitäts- und Kursrisiken von Aktien, Obligationen und Anlage-fondsanteilen. Die Informationspflicht beschränkt sich somit auf Risiken, die das übliche Mass überschreiten. Massgebend ist dabei nicht die Kaufs-/Verkaufsorder an sich, sondern das Finanzprodukt. Der Kauf von 100 Aktien Novartis Namen (NOVN) ist ein übliches Geschäft, der Kauf von fünf SMI-Futures-Kontrakten nicht.

Für Finanzprodukte, deren Risikopotenzial das übliche Mass überschreitet und/oder deren Konstruktion anspruchsvoll ist (Terminprodukte, strukturierte Produkte), kann der Effektenhändler seine Informationspflicht standardisiert oder individualisiert wahrnehmen. Erfüllt er sie standardisiert – was die Regel ist –, hat die Information in allgemein verständli-cher Form und für alle Kunden gleich zu erfolgen.

Um die Information der Anleger zu erleichtern, stellt die Schweizerische Bankiervereini-gung eine Sammlung von Risikoaufklärungsschriften (Risk Disclosure Statements) zur Ver-fügung. Auf dieser Grundlage haben die Banken Broschüren ausgearbeitet (z. B. «Chancen und Risiken im Wertschriftengeschäft», «Besondere Risiken im Effektenhandel»), die auf die Bedürf-nisse von wenig erfahrenen Kunden zugeschnitten sind. Die Broschüre ist dem Kunden bei erstmaliger Aufnahme der Effektenhandelstätigkeit zu überreichen.

Bei bestimmten Finanzprodukten (z. B. strukturierte Produkte) kann auch auf Prospekte, Inserate, rechtsverbindliche Verkaufsunterlagen oder auf gleichwertiges, allgemein zugäng-liches Informationsmaterial aus Emission oder Erstplacierung verwiesen werden, sofern darin über das Risikopotenzial informiert wird.

Der Effektenhändler nimmt seine Informationspflicht aktiv wahr. Er informiert den Kun-den rechtzeitig vor Ausführung des Effektengeschäfts. Die Information muss vollständig und materiell korrekt sein. Die wesentlichen Risiken des Finanzprodukts müssen transparent gemacht werden. Der Effektenhändler dokumentiert in geeigneter Form, wie er den Kunden informiert hat. Die Information muss aufdatiert (wiederholt) werden, wenn erkennbar ist, dass der Kunde die Risiken einer bestimmten Geschäftsart nicht kennt oder Geschäfte mit wesent-lich veränderten Risikostrukturen abschliessen will.

Den Effektenhändler trifft keine Pflicht, über die Risiken bestimmter Finanzprodukte zu informieren, wenn ein Kunde in einer besonderen schriftlichen Erklärung angibt, deren Risi-ken zu kennen und auf zusätzliche Informationen zu verzichten. Die Finanzprodukte sind in der Erklärung genau zu bezeichnen. Die Informationspflicht entfällt generell bei institutionel-len Kunden (z. B. Banken, Anlagefonds, Versicherungen, Pensionskassen) und gegenüber pro-fessionellen Vermögensverwaltern.

Im grenzüberschreitenden Geschäft (EU-Raum) müssen Schweizer Banken die **MiFID-Richtlinien** beachten. So kommen etwa im grenzüberschreitenden Geschäft mit deutschen

Kunden die strengen Umsetzungsvorschriften der MiFID in Deutschland (z. B. Protokollierungspflicht für Beratungsgespräche) zur Anwendung.

MiFID – Markets in Financial Instruments Directive

MiFID ist eine Richtlinie der Europäischen Union zur Harmonisierung der Finanzmärkte im europäischen Binnenmarkt. Zweck der Direktive ist die Verbesserung des Anlegerschutzes, eine erhöhte Transparenz der Finanzmärkte und die Sicherstellung höchster Integrität der Finanzdienstleister. Inhaltlich werden verschiedene Themen behandelt: Wohlverhaltensregeln, Organisationspflichten, Best Execution, mögliche Interessenkonflikte, die Anforderungen an das Betreiben von geregelten Märkten und Handelsplattformen, die systematische Internalisierung sowie die Anforderungen an Vor- und Nachhandelstransparenz. Die MiFID-Richtlinien gelten für die EU-/EWR-Mitgliedsstaaten und die dort ansässigen Finanzdienstleister.

Aufgrund von Fortschritten in der Informationstechnologie, einer Veränderung der Marktstrukturen und Erfahrungen aus der Finanzkrise wird die Finanzmarktrichtlinie MiFID zu MiFID II erweitert. Die erweiterten Richtlinien umfassen unter anderem einen verstärkten Anlegerschutz sowie neue Regeln für die Anlageberatung. In den Anwendungsbereich fallen neu auch Derivate, die unter aufsichtsrechtlichen Aspekten mit traditionellen Finanzinstrumenten vergleichbar sind. Zudem wird der ausserbörsliche Handel (OTC) erfasst und der algorithmische Hochfrequenzhandel stärker reguliert. Schliesslich wird der Zugang von Teilnehmern aus Drittstaaten wie der Schweiz oder den USA zum europäischen Binnenmarkt definiert. MiFID II soll am 3. Januar 2018 in Kraft treten. MiFID II ist der wichtigste Auslöser für das neue Schweizer Finanzdienstleistungsgesetz (FIDLEG). Wir gehen weiter hinten darauf ein.

Bei der Verwaltung eines Finanzvermögens im Allgemeinen und bei der Auslösung von Finanztransaktionen im Speziellen lassen sich folgende Fälle unterscheiden:
1. Der Anleger verwaltet sein Vermögen selber und verzichtet bei Finanztransaktionen auf den professionellen Rat Dritter (z. B. Bank).
2. Der Anleger verwaltet sein Vermögen selber und lässt sich bei der Auslösung von Finanztransaktionen von seiner Bank beraten.
3. Der Anleger übergibt die Verwaltung seines Vermögens in die Hände einer Bank.
4. Der Anleger übergibt die Verwaltung seines Vermögens in die Hände eines selbstständigen, bankexternen Vermögensverwalters.

Auf den Fall 2 (Anlageberatung), den Fall 3 (Vermögensverwaltung durch eine Bank) und den Fall 4 (Vermögensverwaltung durch einen selbstständigen Vermögensverwalter) gehen wir im Folgenden näher ein.

4.1.2 Anlageberatung

Anlageberatung ist die sorgfältige und adressatengerechte Beratung eines Anlegers. Den Anlageentscheid (Kauf, Verkauf) fällt der Kunde und nicht die Bank. Anlageberatung kann sich auf einzelne Transaktionen beziehen oder auf Dauer angelegt sein. Die fallweise (transaktionsbezogene) Anlageberatung ist in der Regel gratis, d. h. sie ist in der Depotgebühr und/oder in der Transaktionsgebühr (Courtage) enthalten. Die auf Dauer angelegte Anlageberatung wird in einem schriftlichen Beratungsvertrag (Advisory Agreement) vereinbart und ist kostenpflichtig. Die bezahlte Anlageberatung ist eine junge Entwicklung, scheint sich aber mehr und mehr zu etablieren.

Auf die Anlageberatung ist Auftragsrecht gemäss OR 394 ff. anwendbar. Die börsengesetzlichen Verhaltensregeln für Effektenhändler (Informationspflicht, Sorgfaltspflicht, Treuepflicht) widersprechen dem Auftragsrecht nicht. Sie doppeln quasi nach. Man spricht von einer Doppelnorm.

Kostenpflichtige Anlageberatung am Beispiel von UBS und St. Galler Kantonalbank
Im März 2013 hat die **UBS** die Dienstleistung «UBS Advice» für Anlagevermögen ab CHF 250 000.00 lanciert. Die UBS überwacht dabei die Risiken in den Kundendepots mittels einer speziellen Software. Stimmen diese nicht mehr mit dem vereinbarten Portfoliorisiko überein, nehmen die Bankberater mit den Kunden Kontakt auf und geben Empfehlungen ab. Dafür wird – je nach Anlagestrategie – ein Pauschalpreis in der Höhe von 0,70 % bis 1,80 % des Anlagewerts (Stand: April 2017) belastet. In der Pauschale sind neben dem Beratungsservice sämtliche Transaktionsgebühren (Courtage) und die Depotgebühr enthalten. Grosskunden mit einem Anlagevolumen von CHF 25 Mio. und mehr erhalten ein persönliches Angebot.

Die **St. Galler Kantonalbank** offeriert zwei Beratungspakete. Das Paket COMPACT entspricht im Prinzip der klassischen Aufteilung in eine kostenlose Basisberatung (in der Depotgebühr inbegriffen) und tarifgebundenen Ergänzungsleistungen. Im Paket CONSULT werden bestimmte Zusatzdienstleistungen (z. B. individuelle Strategiebestimmung, Titellimitenüberwachung) und Reportings (z. B. Performanceausweis «plus», Steuerauszug) zu einer Jahrespauschale von CHF 380.00 angeboten. Ergänzend werden Rabatte gewährt (z. B. für die Erstellung der Steuererklärung oder etwa für die Finanzplanung).

Anlageberatung muss sorgfältig sein. Auch wenn die persönliche Beratung nicht direkt in Rechnung gestellt wird, handelt es sich nicht bloss um eine Gefälligkeit. Ist die Beratung unsorgfältig, wird die Bank haftbar. Die Beratung ist unsorgfältig, wenn sie nicht wahr, nicht vollständig und nicht klar ist. Die Bank hat ausserdem die Pflicht, falsche, unwahre oder unklare Ratschläge zu berichtigen.

Anlageberatung muss adressatengerecht (kundengerecht) sein. Andernfalls wird die Bank – gleich wie bei unwahren, unvollständigen oder unklaren Ratschlägen – haftbar. Anlageberatung ist adressatengerecht, wenn sie auf die Anlagekompetenz, die Renditeziele und die Risikotoleranz des Kunden abgestimmt ist. Mit anderen Worten: Die Bank muss den Anlage-

kunden kennen. Dazu bedarf es einer Kundenanalyse bzw. eines Kundenprofils. Auf die besonderen Aspekte der Kundenanalyse gehen wir weiter hinten ein.

Auch wenn die Bank nicht um Rat gefragt wird, darf sie sich nicht unbesehen passiv
verhalten. Ganz im Gegenteil: Aus der Informationspflicht gemäss BEHG 11 ergibt sich ohne
Weiteres auch die Pflicht, den Kunden zu warnen, wenn er Transaktionen auslösen will, die mit
seinem Kundenprofil nicht in Einklang sind. Das schliesst auch Transaktionen in sehr illiqui-
den Investments ein. Hält der Kunde trotzdem an seiner Weisung fest, ist sie auszuführen.

Sorgfältige und adressatengerechte Anlageberatung stellt hohe Anforderungen an die
Qualifikation der Anlageberater und an die verfügbaren Finanzinformationen. Anlageberater
bedürfen einer hohen Fach-, Sozial- und Beratungskompetenz. Darüber hinaus müssen sie sich
auf aktuelle Kursinformationen und ein professionelles und unabhängiges – internes oder
externes – Research abstützen können. Das Research-Angebot umfasst Global-, Branchen- und
Unternehmensanalysen, Aktien- und Obligationen-Empfehlungslisten, Kommentare und Out-
looks auf Tages-, Wochen-, Monats- oder Quartalsbasis und vieles andere mehr. Das Research
erstellt auch eine sogenannte Masterlist. Für Effekten, die nicht auf der Masterlist stehen, gilt
in der Regel ein «Beratungsverbot». Auf die Problematik der Unabhängigkeit der Finanzanalyse
gehen wir weiter hinten ein.

4.1.3 Bankinterne Vermögensverwaltung

A Grundlagen

Bankinterne Vermögensverwaltung ist die selbstständige, entgeltliche, sorgfältige und getreue
Verwaltung von Kundenvermögen durch eine Bank. Diese trifft die Anlageentscheide im Rah-
men der vereinbarten Anlageziele oder Anlagestrategie. Vertragspartner des Kunden ist die
Bank und nicht etwa ein leitendes Bankorgan oder ein Bankmitarbeiter. Es gilt Auftragsrecht
(OR 394 ff.).

Vermögensverwaltungsmandate müssen gemäss OR 398,2 sorgfältig und getreu erfüllt werden:
Sorgfältig bedeutet, dass die Bank nach bestem Wissen und Gewissen handelt. Die Bank
haftet aber nicht für einen bestimmten Erfolg. Der Anleger darf nicht nur mit Gewinnen rechnen. Er hat auch Verluste in Kauf zu nehmen. Dagegen haftet die Bank, wenn ihr ein Verschul-
den am schlechten Ergebnis – sei es absichtlich oder fahrlässig – nachgewiesen werden kann.
Beispiele dafür sind die Nichteinhaltung von Weisungen des Kunden oder ein Abweichen von
der Anlagestrategie.

Zur getreuen Erfüllung des Vermögensverwaltungsauftrags gehören im Wesentlichen
die Pflicht zur Interessenwahrung und die Pflicht zur Rechenschaftsablage. Für Universalbanken kann die Pflicht zur Interessenwahrung hie und da zu Konfliktsituationen führen. Wichtig
ist in diesem Zusammenhang, dass das Interesse des Kunden stets im Vordergrund steht. Oder,
anders ausgedrückt: Interessenkonflikte dürfen nie zum Nachteil von Vermögensverwaltungskunden ausgehen.

Es lassen sich allgemeine und spezielle Vermögensverwaltungsaufträge unterscheiden.

B Allgemeiner Vermögensverwaltungsauftrag

Der Allgemeine Vermögensverwaltungsauftrag ist ein Standardvertrag. Der Kunde verzichtet darauf, der Bank besondere Weisungen zu erteilen.

Um Klagen wegen schlechter Beratung, Verletzung von Sorgfaltspflichten, Nichterfüllung eines Vermögensverwaltungsauftrags oder gar Veruntreuung von Kundengeldern gegen Banken zu verhindern, hat die Schweizerische Bankiervereinigung bereits im Jahr 1979 Richtlinien erlassen. Die **Richtlinien für Vermögensverwaltungsaufträge**, letztmals revidiert im März 2017, gelten als Standesregeln und sind als aufsichtsrechtlicher Mindeststandard anerkannt. Sie haben keine direkten Auswirkungen auf das Vertragsverhältnis zwischen den Banken und ihren Kunden. Die folgenden Ausführungen – auch jene zum speziellen Vermögensverwaltungsauftrag und zur Entschädigung der Bank – beziehen sich auf diese Richtlinien. Die Richtlinien der Bankiervereinigung für Vermögensverwaltungsaufträge definieren den Vermögensverwaltungsauftrag in Art. 1 wie folgt:

Art. 1

1 Durch den Vermögensverwaltungsauftrag wird die Bank ermächtigt, alle Handlungen auszuführen, die sie im Rahmen der üblichen bankmässigen Vermögensverwaltung als zweckmässig erachtet. Die Bank übt den Auftrag nach bestem Wissen und Gewissen aus, unter Berücksichtigung der persönlichen Verhältnisse des Kunden, soweit sie ihr bekannt sein können. Zu diesem Zweck erstellt sie ein Risikoprofil, das die Risikobereitschaft und Risikofähigkeit des Kunden festhält. Bei der Vermögensverwaltung handelt die Bank nach freiem Ermessen im Rahmen ihrer Anlagepolitik, der mit dem Kunden ermittelten Anlageziele, der zur Anwendung gelangenden Anlagestrategie und allfälliger Weisungen des Kunden (einschliesslich allfälliger Anlagebeschränkungen). Dagegen erlaubt der Vermögensverwaltungsauftrag nicht, Aktiven zurückzuziehen.

2 Im Vermögensverwaltungsauftrag oder dessen Anhängen sind u. a. die Referenzwährung und die Entschädigung der Bank (Art. 14–17 dieser Richtlinien) zu regeln.

Der Vermögensverwaltungsauftrag wird in schriftlicher oder in anderer durch Text nachweisbarer Form nach dem von der Bank festgelegten Text erteilt und vom Kunden unterzeichnet. Die mündliche Erteilung eines Vermögensverwaltungsauftrags genügt nicht. Auch eine Besprechungsnotiz, in der die Absicht des Kunden festgehalten ist, sein Vermögen von der Bank verwalten zu lassen, ist unzureichend. Ständige Weisungen, deren spätere Änderung, wie z. B. ein Wechsel der Anlagestrategie (z. B. von «Balanced» zu «Equity»), und ergänzende Aufträge bedürfen keiner Unterschrift des Kunden, sind jedoch von der Bank in geeigneter Form festzuhalten.

Mit der Unterzeichnung des Vermögensverwaltungsauftrags ermächtigt der Kunde die Bank, im Rahmen der zur Anwendung gelangenden Anlagestrategie alle zulässigen Anlagen zu tätigen, ohne dass es dazu weiterer Vereinbarungen, Aufklärungen oder Rücksprachen bedarf.

Die Gelder aus Vermögensverwaltungsauftrag dürfen ohne spezielle Weisung des Kunden nur in banktübliche Finanzinstrumente (Anlageinstrumente) investiert werden.

Banküblich und generell einsetzbar sind: Festgeld- und Treuhandanlagen; Edelmetalle; Geld- und Kapitalmarktanlagen in Form von Wertpapieren und Wertrechten (z. B. Geldmarktbuchforderungen, Obligationen, Notes, Aktien); Zins-, Devisen-, Edelmetall-, Aktien- und Aktienindexderivate; strukturierte Produkte; Kollektivanlagen (Anteile von Anlagefonds, bankinterne Sondervermögen, Unit Trusts usw.), soweit sie in bankübliche Anlagen oder Immobilien investieren.

Banküblich, jedoch nur zur Diversifikation des Gesamtportfolios einsetzbar sind: Nichtedelmetalle und Rohstoffe als Kollektivanlage, als Derivat oder als strukturiertes Produkt; nicht traditionelle Anlagen (Hedge Funds, Private Equity und Immobilien), sofern sie nach dem Fund-of-Funds- oder dem Multi-Manager-Prinzip verwaltet werden.

Nicht banküblich und somit ohne spezielle Weisung des Kunden unzulässig sind: Direktanlagen in Immobilien; Direktanlagen in Nichtedelmetallen und Rohstoffen.

Die Bank vermeidet Klumpen- und Liquiditätsrisiken. Sie sorgt für eine angemessene Risikoverteilung durch ausreichende Diversifikation und beschränkt sich auf leicht handelbare Finanzinstrumente. Kriterium für die leichte Handelbarkeit ist das Bestehen eines repräsentativen Markts (börslich, ausserbörslich), die Gewährleistung des Market Making durch den Emittenten (z. B. bei strukturierten Produkten) oder die erleichterte Kündbarkeit (vierteljährlich oder innert höchstens 60 Tagen). Gewisse im Publikum stark verbreitete Werte mit beschränkter Handelbarkeit wie z. B. Kassenobligationen sind zulässig, sofern der Kunde nicht klare gegenteilige Weisungen erteilt hat.

Transaktionen – besonders in Derivaten – dürfen keine Hebelwirkung auf das Gesamtportfolio entfalten. Der Verkauf von Calls und Financial Futures ist nur zulässig, wenn eine entsprechende Position in Basiswerten besteht. Handelt es sich um Calls oder Futures auf Börsenindizes, Devisen, Zinssätze, Nichtedelmetalle oder Rohstoffe, genügt es, wenn der Basiswert ausreichend repräsentiert wird. Im Fall des Verkaufs von Puts bzw. Financial Futures muss die Liquidität bereits beim Abschluss vollumfänglich vorhanden sein.

Securities Lending und vergleichbare Transaktionen (z. B. Repurchase Agreements) sind grundsächlich zulässig. Handelt die Bank als Agent, limitiert sie das Gegenparteirisiko, sei es durch Besicherung oder durch Fokussierung auf erstklassige Gegenparteien. Handelt die Bank als Prinzipal, d. h. in eigenem Namen und auf eigene Rechnung, gewährleistet sie die Risikostreuung unter Berücksichtigung der übrigen Anlagen.

Aufgrund des Vermögensverwaltungsauftrags dürfen weder Kredite aufgenommen noch potenzielle Sollpositionen eingegangen werden. Die Bank ist ohne ausdrückliche Zustimmung des Kunden nicht befugt, Kreditoperationen oder ähnliche Geschäfte zu tätigen, und zwar auch dann nicht, wenn die von der Bank intern festgelegte Sicherheitsmarge eingehalten bleibt. Von dieser Bestimmung können kurzfristige Kontoüberzüge ausgenommen werden, die durch in naher Zukunft eingehende Erträge oder angekündigte Rückzahlungen von Obligationen gedeckt sind oder durch Valutaverschiebungen bei Arbitragegeschäften entstehen.

Der Kunde erhält die ordentlichen Konto- und Depotauszüge vereinbarungsgemäss, jedoch mindestens jährlich. Die Zustellung erfolgt an die mit dem Kunden vereinbarte Adresse. Der Sinn dieser Bestimmung ist, dass der Kunde, auch wenn er nur sporadisch bei seiner Bank vorspricht, nicht in Unkenntnis der für ihn getätigten Bankgeschäfte bleibt.

Eine Bank, die Vermögensverwaltungsaufträge entgegennimmt, muss über eine professionelle und den Verhältnissen des Betriebs angemessene Organisation verfügen. Die Bank trifft zweckdienliche Massnahmen, um Interessenkonflikte zwischen ihr und ihren Kunden oder zwischen Mitarbeitern und Kunden zu vermeiden. Lassen sich bestimmte Interessenkonflikte nicht eliminieren, darf dies nicht zu einer Benachteiligung der Kunden führen. Können Benachteiligungen trotzdem nicht ausgeschlossen werden, weist die Bank ihre Kunden darauf hin. Die Bank unterlässt es insbesondere, aus eigener Initiative Kundenportfolios umzuschichten, ohne dass dies im Interesse der Kunden liegt und zum ausschliesslichen Zweck, dadurch ihre Provisionseinnahmen zu erhöhen (Churning).

Ergänzend zu den Richtlinien der Bankiervereinigung treffen die Banken weitere interne Vorkehrungen:

- Die rechtliche Beziehung zwischen Kunde und Bank wird sorgfältig geregelt und dem Kunden werden alle Vertragsdokumente ausgehändigt.
- Die Anlageberater und Vermögensverwalter werden angewiesen, gemäss der hauseigenen Anlagestrategie, im Rahmen der Masterlist und aufgrund der Empfehlungslisten zu beraten bzw. zu investieren.
- Sind die vom Kunden erteilten Weisungen in sich widersprüchlich oder sind sie unzweckmässig, sind die Vermögensverwalter aufgefordert, beim Kunden Rückfrage zu halten. Beim Kauf von Titeln auf ausdrücklichen Kundenwunsch, die nicht auf der Masterlist bzw. auf einer Empfehlungsliste figurieren, wird den Vermögensverwaltern empfohlen, dies mindestens in einer Besprechungsnotiz zu vermerken.
- Die Vermögensverwaltungskunden erhalten periodisch einen detaillierten Rechenschaftsbericht. Um sich gegen spätere Klagen abzusichern, verlangen die Banken in der Regel die Unterzeichnung von Richtigbefundanzeigen.

C Spezieller Vermögensverwaltungsauftrag

Im Rahmen eines speziellen Vermögensverwaltungsauftrags kann der Kunde der Bank besondere Weisungen erteilen. Diese können darin bestehen, dass der Kreis der aufgrund eines allgemeinen Vermögensverwaltungsauftrags möglichen Geschäfte eingeschränkt oder erweitert wird. Gehen mit der Umsetzung von Weisungen besondere Risiken einher, informiert die Bank den Kunden in geeigneter Form.

Als spezielle Vermögensverwaltungsaufträge gelten auch Mandate, die nach den Anlagestrategien wie «Income», «Yield», «Balanced» oder «Growth» gemanagt werden.

D Entschädigung der Bank

Vermögensverwaltungsmandate sind gebührenpflichtig. Die Entschädigung ist im Vermögensverwaltungsauftrag oder in dessen Anhängen zu regeln. In Gebrauch sind **Pauschalpreismodelle** und **erfolgsabhängige Preismodelle**. Die Depotgebühren und die Transaktionsgebühren sind in der Regel im Preis enthalten. Bei der UBS – als Beispiel – gelten Pauschalansätze von 0,85 % bis 2,15 % des Anlagevolumens.

In die Vermögensverwaltungsportfolios legen die Banken auch Anlagefonds und strukturierte Produkte, entweder solche von Drittanbietern oder solche eigener Konzerngesellschaften. Für den Produktvertrieb generieren die Banken bilateral vereinbarte **Vertriebsentschädigungen**. Anlagefonds leisten die Entschädigungen – man spricht von Bestandespflegekommissionen – zulasten der im Fondsreglement ausgewiesenen Verwaltungskommission (Management Fee). Die Kommissionen fallen periodisch an und sind in der Regel volumenabhängig. Bei strukturierten Produkten werden Vertriebsentschädigungen in Form von Rabatten auf dem Ausgabepreis, als Rückvergütung oder in Form einmaliger und/oder periodischer Gebühren geleistet.

Nach OR 400,1 muss der Beauftragte auf Verlangen des Auftraggebers jederzeit Rechenschaft ablegen und alle Vermögenswerte herausgeben, die mit der Auftragserfüllung direkt verknüpft sind. Darunter fallen auch Vertriebsentschädigungen. Nach der Rechtsprechung des Bundesgerichts ist die Pflicht zur Herausgabe jedoch nicht zwingend. Der Auftraggeber kann auf die Ablieferung bestimmter Werte verzichten, sei es erst im Nachhinein oder bereits im Voraus. Ein Verzicht im Voraus ist jedoch nur gültig, wenn der Auftraggeber über die zu erwartenden **Retrozessionen** vollständig und wahrheitsgetreu informiert ist. Der Wille des Auftraggebers, auf die Herausgabe von Vertriebsentschädigungen zu verzichten, muss aus der Vereinbarung deutlich hervorgehen.

Offenlegung von Vertriebsentschädigungen am Beispiel der St. Galler Kantonalbank
Die SGKB kann für den Vertrieb von Anlageprodukten wie kollektiven Kapitalanlagen oder strukturierten Produkten Vertriebsentschädigungen oder andere geldwerte Leistungen von Dritt- oder Gruppengesellschaften der SGKB erhalten («Drittvergütungen»). Die folgende Tabelle zeigt die Bandbreiten von Vertriebsentschädigungen, welche die SGKB für ihre Aufwendungen erhält:

- Geldmarktfonds   0 bis 0,40 %
- Obligationenfonds   0 bis 1,40 %
- Immobilienfonds   0 bis 0,50 %
- Übrige Anlagefonds   0 bis 1,50 %
- Strukturierte Produkte   0 bis 1,50 %

Quelle: St. Galler Kantonalbank, Dienstleistungen und Preise für Anlagegeschäfte

E Robo Advising

Ein neuer Ansatz im Vermögensverwaltungsgeschäft der Banken und anderer Finanzintermediäre ist das Robo Advising. So heisst die automatisierte Vermögensverwaltung, die auch Retailkunden die Möglichkeit eröffnet, das Ersparte individuell abgestimmt anzulegen. Um die richtige Anlagestrategie zu definieren, ermitteln Algorithmen für jeden Kunden die Risikofähigkeit. Eine Handvoll Fragen – zu Hause am PC beantwortet – reicht dazu aus. Ergänzend kann der Investor seine Anlagepräferenzen kundtun. Auf dieser Grundlage bestimmt die Software – oft abgestützt auf die Markowitz-Optimierung – einen Standard-Portfoliomix, der sich je nach Anbieter individuell justieren lässt. Die einzelnen Gefässe (Geldmarkt, Aktien, Obligationen, Rohstoffe, Immobilien usw.) werden mit Exchange-Traded Funds (ETFs) gefüllt und in der Folge automatisiert verwaltet. Auch hier kann der Anleger – je nach Anbieter – Präferenzen setzen, so etwa was Häufigkeit des Rebalancing angeht. ETFs sind bekanntlich börsengehandelte passive Indexprodukte mit vergleichsweise tiefen Fondsgebühren. Matchentscheidend ist jedoch die Verwaltungsgebühr. In der Schweiz sind derzeit (Sommer 2017) rund ein Dutzend Anbieter aktiv, darunter Swissquote, True Wealth und Decartes Finance, aber auch die Glarner und die Basler Kantonalbank. Die Mindesteinlage liegt zwischen CHF 500.00 und CHF 50 000.00 und die Verwaltungsgebühr zwischen 0,5 % und 1,5 % pro Jahr. Noch hält sich das Anlegerinteresse in Grenzen.

4.1.4 Bankexterne Vermögensverwaltung

Bankexterne Vermögensverwalter betreuen schätzungsweise 15 % bis 20 % aller in der Schweiz verwalteten Gelder. Etliche Banken haben sich darauf eingestellt und bieten den Intermediären ein sogenanntes Desk externe Vermögensverwalter an.

Gemäss Art. 7 der **Standesregeln des Verbands Schweizerischer Vermögensverwalter (VSV)** – von der FINMA anerkannt am 6. Dezember 2013 – definiert der schriftliche Vermögensverwaltungsvertrag den Umfang des Mandats, das Anlageziel, die strategische Anlagepolitik (Vermögensallokation), allfällige Anlagerestriktionen, Art, Periodizität und Umfang der Berichterstattung und der Rechenschaftsablage sowie die Entschädigung (inkl. Berechnungsgrundlage) für die Ausübung des Mandats. Es liegt Auftragsrecht gemäss OR 394 ff. vor.

Die Ausführungsbestimmungen zu Art. 7 (Ziff. 31) verlangen unter anderem, dass im Vermögensverwaltungsvertrag die Berechnungsweise des Honorars klar und eindeutig festgehalten wird. Für bankmässig verwahrte Vermögenswerte gelten folgende Richtlinien:

- ■ Verwaltungshonorar von maximal 1,50 % p. a. auf dem verwalteten Aktivvermögen oder
- ■ Erfolgshonorar von maximal 20,00 % der Nettokapitalzunahme oder
- ■ Verwaltungshonorar von maximal 1,00 % p. a. und Erfolgshonorar von maximal 10,00 %.

Der Vermögensverwaltungsauftrag hält auch fest, ob und gegebenenfalls inwieweit finanzielle Zuwendungen, die dem Vermögensverwalter im Zusammenhang mit den in Aussicht genommenen Dienstleistungen zufliessen, an den Kunden weitergeleitet werden. Wir verweisen auf die obigen Ausführungen zur «Entschädigung der Bank».

Typisch für die bankexterne Vermögensverwaltung ist ein Beziehungsdreieck Vermögensverwalter – Kunde – Bank wie folgt:

Beziehungsdreieck: Vermögensverwalter – Kunde – Bank

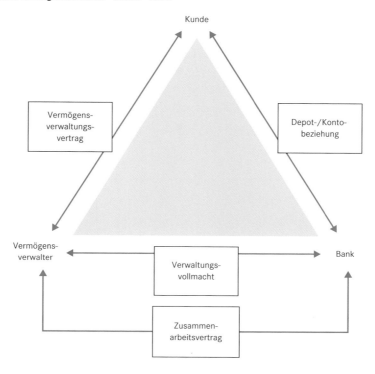

Abb. 76

In der Regel besteht zwischen Kunde und Bank eine Konto- und Depotbeziehung. Dies ist dann nicht der Fall, wenn der Vermögensverwalter das Konto und das Depot auf seinen Namen eröffnet hat.

Der Vermögensverwalter tritt gegenüber der Bank als Bevollmächtigter des Kunden auf. Die Banken lassen von Kunde (Vollmachtgeber) und Vermögensverwalter (Bevollmächtigter) eine besondere Verwaltungsvollmacht für externe Vermögensverwalter (Spezialvollmacht) unterzeichnen. Gesetzliche Grundlage bildet das Stellvertretungsrecht (OR 32 ff.).

Die Banken bieten Verträge mit und ohne Ermächtigung zur Kreditaufnahme an. Im einen wie im anderen Fall werden der Umfang der Verwaltungstätigkeit genau umschrieben und insbesondere die Grenzen festgelegt (keine Rückzüge von Wertpapieren oder Guthaben, keine Verpfändung zugunsten Dritter). Die Offenlegung von Retrozessionen (Volume Discounts) überträgt die Bank ausdrücklich dem Vermögensverwalter. Die Banken halten auch fest, dass sie in keiner Art verpflichtet sind, die Tätigkeit des Vermögensverwalters zu kontrollieren. Allerdings ergibt sich aufgrund des Depotvertrags (Hinterlegungsvertrag) eine Treuepflicht der Bank. Sie kann nicht tatenlos zusehen, wie ein externer Vermögensverwalter einen gemeinsamen Kunden unter Umständen zugrunde richtet.

Wie bereits erwähnt, bieten die Banken den externen Vermögensverwaltern professionelle Unterstützung an. Diese kann in einem Zusammenarbeitsvertrag festgehalten werden. Vereinbarungen über Volume Discounts, Finder's Fees (Beibringungskommissionen) runden den Vertrag ab.

4.1.5 Unabhängigkeit der Finanzanalyse

Anlageberater und Vermögensverwalter stützen ihre Empfehlungen und Dispositionen auf Recherchen Dritter, seien es Global-, Branchen oder Unternehmensanalysen. Unabhängig davon, ob die Analysen durch bankinterne oder bankexterne Spezialisten verfasst worden sind, müssen sich die Abnehmer – dazu zählen selbstredend auch die Investoren – darauf verlassen können, dass nach bestem Wissen und Gewissen recherchiert worden ist.

Unternehmens- bzw. Finanzanalysen sind eine besonders häufig benutzte Informationsquelle. Vorab in Universalbanken kann es durchaus sein, dass Finanzanalyseabteilungen gelegentlich in Interessenkonflikte geraten. Um solche Interessenkonflikte zu vermeiden und die Reputation des Finanzplatzes Schweiz im Allgemeinen sowie der Finanzanalyse im Besonderen zu bewahren und zu stärken, hat die Schweizerische Bankiervereinigung im Jahr 2003 **Richtlinien zur Sicherstellung der Unabhängigkeit der Finanzanalyse** in Kraft gesetzt. Diese Richtlinien gelten als Standesregeln und sind im Jahr 2008 revidiert worden. Anlage- und Finanzempfehlungen, die ausschliesslich bankinternen Zwecken dienen und nicht an Kunden abgegeben werden oder einem breiteren Publikum (z. B. durch Publikation auf Intranet- oder Internetseiten) zugänglich gemacht werden, fallen nicht in den Geltungsbereich dieser Bestimmungen.

Die Richtlinien umfassen innen- und aussengerichtete Vorkehrungen. Bankintern soll die Unabhängigkeit der Finanzanalyse gegenüber dem Investment Banking, dem Wertschriftenhandel und der Kreditabteilung sichergestellt werden. Die Entlöhnung der Finanzanalysten muss frei sein von falschen Anreizsystemen (z. B. Koppelung an Umsatzzahlen). Eigengeschäfte von Finanzanalysten in selbst analysierten Titeln auf eigene Rechnung werden untersagt. Im Verhältnis zum Bankkunden geht es vor allem darum, dass Studien und Empfehlungen allen Empfängern einer Kundenkategorie gleichzeitig mitgeteilt werden. Schliesslich gelten privilegierte Informationen von analysierten Gesellschaften zuhanden einzelner Finanzanalysten als verpönt.

4.1.6 Finanzdienstleistungsgesetz (FIDLEG)

A Grundlagen

Schon seit einiger Zeit sind die USA und die Europäische Union (EU) die Taktgeber bei der Schaffung international verbindlicher Finanzmarktstandards. Die jüngste Finanzmarktkrise (2007/08) hat diese Entwicklung akzentuiert. Für die Schweiz besonders wichtig sind die EU-Standards.

Um Schweizer Finanzintermediären als Drittstaatenanbieter den Zugang zum EU-Markt weiterhin offenzuhalten, hat die Schweiz – nolens volens – entschieden, ihr eigenes Regelwerk an den EU-Normen auszurichten. So wurde zunächst die OGAW- bzw. UCITS-Richtlinie ins Schweizer Kollektivanlagegesetz überführt. Ebenso wurden die Kernprinzipien der EU-Richtlinie über die Verwalter alternativer Investmentfonds, besser bekannt als AIFM-Richtlinie, ins KAG integriert. Seit dem 19. Juni 2015 verfügt die Schweiz – als Antwort auf die EU-Verordnung über die europäische Marktinfrastruktur (EMIR) – über ein Finanzinfrastrukturgesetz (FinfraG).

Bereits im Juni 2014 hat der Bundesrat einen ersten Entwurf zu einem Finanzdienstleistungsgesetz (FIDLEG) in die Vernehmlassung geschickt und im November 2015 – nach teils harscher Kritik – eine bereinigte Fassung veröffentlicht. Das geplante FIDLEG ist die schweizerische Umsetzung von MiFID II, der europäischen Richtlinie über Märkte für Finanzinstrumente. Das Gesetz wird voraussichtlich auf Beginn des Jahrs 2019 in Kraft treten. Dasselbe gilt für das Finanzinstitutsgesetz (FINIG), das neu sektorenübergreifend die Bewilligungsvoraussetzungen und die weiteren organisatorischen Anforderungen für Finanzinstitute in der Schweiz regeln soll.

B Aufbau

Der Entwurf zum Bundesgesetz über die Finanzdienstleistungen, kurz Finanzdienstleistungsgesetz (E-FIDLEG, umfasst acht Titel:

1. Allgemeine Bestimmungen
2. Anforderungen für das Erbringen von Finanzdienstleistungen
3. Anbieten von Finanzinstrumenten
4. Herausgabe von Dokumenten
5. Ombudsstellen
6. Aufsicht und Informationsaustausch
7. Strafbestimmungen
8. Schlussbestimmungen

Wir thematisieren im Folgenden die Kerninhalte des künftigen FIDLEG. Im Fokus sind vorab die im E-FIDLEG angestossenen Neuerungen. Grundlage bildet der Entwurf vom 4. November 2015.

C Allgemeine Bestimmungen

Das FIDLEG dient neben der Schaffung einheitlicher Wettbewerbsbedingungen und der Stärkung der Wettbewerbsfähigkeit des Finanzplatzes vorab der Verbesserung des Kundenschutzes. Es enthält für alle gewerbsmässig auf dem Finanzplatz tätigen Finanzdienstleister Regeln über die Erbringung von Finanzdienstleistungen sowie das Anbieten von Finanzinstrumenten.

Finanzdienstleister sind alle Personen, die gewerbsmässig Finanzdienstleistungen in der Schweiz oder für Kundinnen und Kunden in der Schweiz erbringen (E-FIDLEG 3e).

Als Finanzdienstleistungen gelten (E-FIDLEG 3d):

■ Erwerb oder Veräusserung von Finanzinstrumenten,
■ Annahme und Übermittlung von Aufträgen, die Finanzinstrumente zum Gegenstand haben,
■ Erteilung von persönlichen Empfehlungen, die sich auf Geschäfte mit Finanzinstrumenten beziehen (Anlageberatung),
■ Verwaltung von Vermögenswerten (Vermögensverwaltung),
■ Gewährung von Krediten für die Durchführung von Geschäften mit Finanzinstrumenten.

Zu den Finanzinstrumenten zählen Anleihenobligationen, Aktien- und aktienähnliche Papiere, kollektive Kapitalanlagen und Derivate (Terminprodukte, strukturierte Produkte). Erfasst sind ausserdem rückkaufsfähige Lebensversicherungen mit kursabhängigen Leistungen und ähnliche Produkte.

In Anlehnung an die MiFID-Vorgaben unterscheidet das FILDEG grundsätzlich zwischen Privatkunden und professionellen Kunden. Eine Untergruppe bilden je die vermögenden Privatkunden und die institutionellen Kunden. Vermögende Privatkunden im Sinn des Kollektivanlagegesetzes (KAG) verfügen über die notwendigen Kenntnisse und über ein Vermögen von mindestens CHF 500 000.00. Zu den institutionellen Kunden zählen Geschäfts- und Zentralbanken, Anlagefonds, Versicherungen sowie nationale und supranationale öffentlich-rechtliche Körperschaften mit professioneller Tresorerie. Vorsorgeeinrichtungen gelten nicht als institutionelle Kunden.

Die Kundensegmentierung ist nicht in Stein gemeisselt. Es besteht die Möglichkeit, zwischen den Segmenten zu wechseln. So können vermögende Privatkunden erklären, dass sie als professionelle Kunden gelten wollen (Opting-out). Professionelle und institutionelle Kunden können erklären, dass sie als Privatkunden gelten möchten (Opting-in). Institutionelle Kunden können erklären, dass sie nur als professionelle Kunden gelten wollen. Damit verbunden ist die individuelle Erhöhung bzw. Verringerung der Schutzbedürftigkeit.

D Anforderungen für das Erbringen von Finanzdienstleistungen

E-FIDLEG 6 schreibt fest, dass in der Schweiz tätige Kundenberater die FIDLEG-Verhaltensregeln hinreichend kennen und über das notwendige Fachwissen verfügen müssen. Die Finanzdienstleister definieren branchenspezifische Mindeststandards für die Aus- und Weiterbildung der Kundenberater. E-FIDLEG 30 bestimmt weiter, dass in der Schweiz nur als Kundenberater tätig sein darf, wer im (neu zu schaffenden) Kundenberaterregister eingetragen ist.

Vermögensverwalter und Anlageberater sollen inskünftig verpflichtet sein, bei Privatkunden eine Eignungs- (E-FIDLEG 13) und eine Angemessenheitsprüfung (E-FIDLEG 12) durchzuführen. Der Umfang dieser Abklärung bemisst sich nach der Art der Dienstleistung und ist modular aufgebaut:

Beschränkt sich die Finanzdienstleistung auf die reine Abwicklung (Execution-only-Geschäfte) oder werden Kundenaufträge ohne Beratung ausgeführt (Reverse-Solicitation-Geschäfte), muss der Finanzdienstleister keine Prüfung durchführen (E-FIDLEG 14). Auch wenn der Finanzdienstleister auf Anfrage die allgemeinen Erwartungen seines Instituts oder Dritter über die Entwicklung bestimmter Finanzinstrumente mitteilt, liegt ein Reverse-Solicitation-Geschäft und nicht Anlageberatung vor.

Berät der Finanzdienstleister den Kunden bei einer Einzeltransaktion (transaktionsbezogene Anlageberatung), muss er die einschlägigen Kenntnisse und Erfahrungen des Kunden abwägen.

Bezieht die Beratung bei einer Einzeltransaktion das gesamte Kundenportfolio mit ein (portfoliobezogene Anlageberatung und Vermögensverwaltung), darf der Finanzdienstleister nicht bloss auf die Kenntnisse und Erfahrungen des Kunden abstellen. Die Eignungsprüfung umfasst zusätzlich die finanziellen Verhältnisse und die Anlageziele des Kunden.

Bei professionellen Kunden darf ein Finanzdienstleister gemäss E-FIDLEG 15 ohne gegenteilige Anhaltspunkte davon ausgehen, dass deren Kenntnisse und Erfahrungen ausreichen. Ebenso darf der Finanzdienstleister davon ausgehen, dass die mit der Finanzdienstleistung einhergehenden Anlagerisiken finanziell tragbar sind. Für institutionelle Kunden sieht das E-FIDLEG weder eine Angemessenheits- noch eine Eignungsprüfung vor.

Kann der Finanzdienstleister die Angemessenheitprüfung aufgrund fehlender Angaben nicht durchführen, soll er den Kunden darüber in Kenntnis setzen (E-FIDLEG 16,1). Hält der Finanzdienstleister eine Transaktion für unangemessen oder ungeeignet, rät er dem Kunden davon ab (E-FIDLEG 16,2). Es handelt sich nicht um ein Ausführungsverbot, sondern eine Mahnpflicht.

In weiterer Überführung von MiFID-Standards müssen Finanzdienstleister gemäss E-FIDLEG 17 f. die mit den Kunden vereinbarten Leistungen, die über sie erhobenen Informationen, die ausgesprochenen Warnungen und die erbrachten Leistungen schriftlich dokumentieren. Vermögensverwalter und Anlageberater dokumentieren zusätzlich die Bedürfnisse der Kunden sowie die Gründe für jede Empfehlung, die zum Erwerb, zum Halten oder zur Veräusserung eines Finanzinstruments geführt haben. Die Kunden erhalten eine Kopie der Dokumentation oder können in anderer Weise auf die Dokumentation zugreifen (E-FIDLEG 18,1).

E-FIDLEG 18,2 verlangt, dass Finanzdienstleister über die erbrachten Dienstleistungen Rechenschaft ablegen. Diese umfasst insbesondere die ausgeführten Geschäfte, die Zusammensetzung, Bewertung und Entwicklung des Portfolios und die mit den Dienstleistungen verbundenen Kosten. E-FIDLEG 20 verankert eine Präzisierung der Pflicht zur bestmöglichen Ausführung von Kundenaufträgen (Best Execution), wobei Details noch vom Bundesrat zu präzisieren sind. Finanzdienstleister haben interne Weisungen betreffend die Ausführung von Kundenaufträgen zu erlassen (E-FIDLEG 20,3).

Die in den letzten Jahren mehrfach bekräftigte Auslegung des Auftragsrechts durch das Bundesgericht im Bereich der Vermögensverwaltung wird in E-FIDLEG 28 gesetzlich verankert. Die Entgegennahme von Vorteilen und deren Einbehalten ist für Finanzintermediäre nur zulässig, wenn die Kunden vorgängig ausdrücklich und im Wissen um die Art und den Umfang der Vorteile auf deren Herausgabe verzichtet haben. Ist dies nicht der Fall, hat der Finanzdienstleiter die Vorteile dem Kunden weiterzugeben. Die vorgeschlagene Bestimmung bezieht sich ausdrücklich auf alle Finanzdienstleistungen sowie auf alle Leistungen, die dem Finanzdienstleister im Zusammenhang mit der Erbringung einer Finanzdienstleistung von Dritten zufliessen.

E Anbieten von Finanzinstrumenten

E-FIDLEG 37 ff. enthält neue Bestimmungen, die bewirken, dass Effekten in der Schweiz grundsätzlich nur noch dann öffentlich angeboten werden dürfen, wenn dafür ein Prospekt nach den Vorgaben des FIDLEG erstellt und veröffentlicht wird. Dieser Prospekt bedarf der Überprüfung durch eine unabhängige Prüfstelle. Die Prospektpflichten orientieren sich in weiten Zügen an der EU-Prospektrichtlinie. Um für mögliche Entwicklungen in diesem Bereich gewappnet zu sein, wird dem Bundesrat die Kompetenz eingeräumt, die Ausnahmeregelungen bei Bedarf dem internationalen Umfeld anzupassen.

Gemäss E-FIDLEG 60 ist für Finanzinstrumente, die sich an Privatinvestoren richten, ein Basisinformationsblatt (BIB) zu erstellen und den Kunden vor Vertragsschluss kostenlos zu übergeben. Finanzinstrumente umfassen dabei nicht nur Effekten, sondern unter Umständen auch Anteile an kollektiven Kapitalanlagen und strukturierte Produkte. Keine Pflicht zur Erstellung eines Basisinformationsblatts ist für Aktien vorgesehen.

F Herausgabe von Dokumenten

Ein wesentliches Element der neuen FIDLEG-Vorgaben umfasst verschiedene Bestimmungen zur Durchsetzung allfälliger Ansprüche der Kunden von Finanzinstituten. Basis für die Rechtsdurchsetzung bildet die Herausgabepflicht der Finanzinstitute von Kundendossiers und aller den Kunden betreffenden Dokumente (E-FIDLEG 75 ff.). Im Fall gerechtfertigter Ansprüche verbessert sich dadurch die Beweislage.

G Ombudsstelle

Dem ordentlichen Schlichtungsverfahren, wie es im Zivilrecht vorgesehen ist, wird ein spezifisches Ombudsverfahren für Finanzdienstleistungen zur Seite gestellt (E-FIDLEG 77 ff.). Eine Entscheidkompetenz der Ombudsstelle ist nicht vorgesehen. Die Ombudsstelle soll lediglich vermitteln. Finanzinstitute gemäss FIDLEG haben grundsätzlich eine Pflicht, sich einer Ombudsstelle anzuschliessen (E-FIDLEG 80).

Das E-FIDLEG will das Prozesskostenrisiko für Privatkunden reduzieren. Konkret sollen Privatkunden bei zivilrechtlichen Streitigkeiten mit Finanzdienstleistern von der Pflicht zur Leistung von Prozesskostenvorschüssen und Sicherheiten befreit werden. Zudem sollen Finanzdienstleister auch im Fall ihres Obsiegens unter gewissen Voraussetzungen ihre eigenen Prozesskosten selber tragen müssen. Voraussetzung dafür ist insbesondere, dass der Streitwert CHF 250 000.00 nicht übersteigt und vorgängig ein Verfahren vor einer Ombudsstelle durchgeführt wird (ZPO 114a).

H Kritische Würdigung

Das FIDLEG baut auf den bestehenden aufsichtsrechtlichen Vorschriften auf. Bewährte Vorschriften des geltenden Rechts werden übernommen und – soweit erforderlich – sektorübergreifend aufeinander abgestimmt und zusammengeführt. Das macht Sinn.

Wie einleitend erwähnt, will das neue FIDLEG einheitliche Wettbewerbsbedingungen für alle Finanzintermediäre schaffen und den Kundenschutz verbessern. Gegen das erste Ziel gibt es wohl wenig einzuwenden. Ob und wie viel zusätzlichen Kundenschutz es wirklich braucht, ist dagegen strittig. Mehr Bürokratie wird zweifellos zu einem Kostenschub führen, den letztlich die Anleger bezahlen. Mehrkosten, die im besten Fall keinen Mehrwert generieren, sind allemal ein Ärgernis.

4.2 Kundenanalyse im Privatkundengeschäft

4.2.1 Aspekte der Kundenanalyse

Kundengerechte und verantwortungsvolle Anlageberatung bzw. Vermögensverwaltung setzt voraus, dass das Rendite-/Risikoprofil des Kunden objektiv ermittelt worden ist. Das Rendite-/Risikoprofil (auch Kunden- oder Anlegerprofil genannt) lässt sich mittels Fragebogen bestimmen. Im Zentrum stehen dabei die Renditeziele des Anlage- bzw. Vermögensverwaltungskunden in Relation zu dessen Risikotoleranz und persönlicher Anlagekompetenz. Wichtig ist, dass die Selbsteinschätzung des Kunden kritisch hinterfragt wird. Das persönliche Gespräch zwischen Kunde und Finanzberater bietet dazu die beste Plattform.

Einen wichtigen Beitrag zur Objektivierung des Rendite-/Risikoprofils leistet die Analyse der kundenspezifischen Rahmendaten. Im Vordergrund stehen vier Rahmenbereiche:
- Anlagetransaktionen/Anlagevolumen/Anlagemotive
  - Wie hoch ist das aktuelle bzw. potenzielle Anlagevolumen?
  - Welche Anlagetransaktionen stehen an?
  - In welcher Währung (Referenzwährung) denkt der Kunde?
- Vorsorgesituation
  - Wie komfortabel ist die berufliche Vorsorge (2. Säule)? Können Nachzahlungen geleistet werden?
  - Werden die Möglichkeiten der gebundenen Vorsorge (Säule 3a) genutzt?
- Lebenszyklus/-planung
  - In welcher Phase seines Lebenszyklus steht der Kunde?
  - Wie sieht die Lebensplanung des Kunden aus?
- Finanz-/Risikostatus
  - Ist das Einkommen nachhaltig?
  - Wie setzt sich das Finanz- und Sachanlagevermögen zusammen?
  - Wie ist das Finanz- und Sachanlagevermögen finanziert? Ist die Verschuldung angemessen?
  - Sind die Personenrisiken (Unfall, Krankheit, Tod) und die Sachrisiken angemessen abgedeckt?

Abbildung 77 macht die Aspekte der Kundenanalyse transparent:

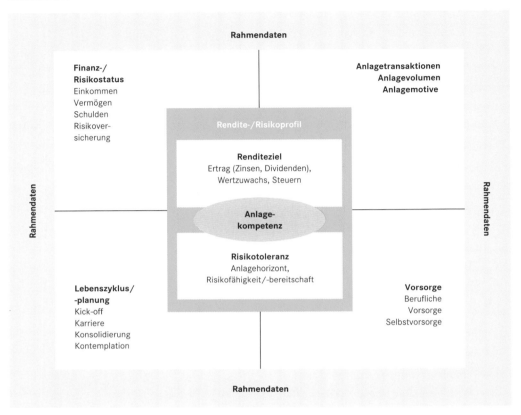

Abb. 77

Im Folgenden gehen wir auf die verschiedenen Aspekte der Kundenanalyse einzeln ein.

4.2.2 Rendite-/Risikoprofil, Anlegertypen und Anlagestrategien

Die Ermittlung des Rendite-/Risikoprofils erlaubt die Bestimmung des Anlegertyps (defensiv, progressiv, offensiv, aggressiv). Jede Bank und jeder Finanzdienstleister verfügt über entsprechende Checklists oder Fragebogen.

Denkbar ist ein Analysetool auf Punktbewertungsbasis wie folgt:

Kriterien	Gewicht	1	2	3	4	Total
Renditeziel (Anlageziel)						
Wie wichtig sind regelmässige, stabile Erträge (Zinsen, Dividenden)?	3	++++ ☐	+++ ☐	++ ☒	+ ☐	9
Wie wichtig ist, dass mit dem Investment Kurs-/Kapitalgewinne erzielt werden können?	3	+ ☐	++ ☒	+++ ☐	++++ ☐	6
Welches ist das nachhaltige Renditeziel (Total Return) pro Jahr?	3	3,0% ≤ 5,0% ☐	4,0% ≤ 6,0% ☐	5,0% ≤ 7,0% ☒	> 6,0% ☐	9
Wie wichtig ist die Vermeidung von Steuern (z. B. Verrechnungs-, Einkommensteuer)?	1	+ ☐	++ ☒	+++ ☐	++++ ☐	2
Risikotoleranz						
Wie lange kann die Anlagesumme entbehrt werden (Anlagehorizont)?	5	≤ 2 Jahre ☐	2 – 5 Jahre ☐	5 – 10 Jahre ☐	> 10 Jahre ☒	20
Welche maximalen Kurseinbussen pro Jahr kann der Kunde wirtschaftlich verkraften (Risikofähigkeit)?	3	≤ 2,50% ☐	≤ 5,00% ☐	≤ 15,00% ☒	> 20,00% ☐	9
Welche maximalen Kurseinbussen pro Jahr kann der Kunde psychisch verkraften (Risikobereitschaft)?	2	≤ 2,50% ☐	≤ 5,00% ☐	≤ 15,00% ☒	> 20,00% ☐	6
Anlagekompetenz						
Kann der Kunde das Geschehen an den Finanzmärkten angemessen interpretieren und nachvollziehen?	5	sehr schlecht ☐	schlecht ☐	gut ☒	sehr gut ☐	15
Total						76

++++ sehr wichtig, +++ wichtig, ++ nicht besonders wichtig, + unwichtig

Tab. 62

Aus der Gesamtpunktzahl lassen sich der Anlegertyp und die dazu passende Anlagestrategie ableiten:

Punktzahl von:	bis:	Anlegertyp	Anlagestrategie	Portfoliomix Geldmarkt	Obligationen	Aktien
25	37	Defensiver Anleger	Income	20,00%	80,00%	0,00%
38	55	Progressiver Anleger	Yield	20,00%	60,00%	20,00%
56	80	Offensiver Anleger	Balanced	20,00%	40,00%	40,00%
81	100	Aggressiver Anleger	Growth	20,00%	20,00%	60,00%

Tab. 63

Defensive Anleger setzen auf eine relativ bescheidene, aber kontinuierliche Mehrung ihres Finanzvermögens. Garant dafür sind periodische Zins- und Zinseszinserträge. Wertschwankungen werden in dem Mass in Kauf genommen, wie sie für mittel- bis langfristige Obligationen (Bonds) mit guter Schuldnerbonität typisch sind. Zinspapiere ausländischer Schuldner kommen infrage, wenn diese auf die Referenzwährung des Anlegers lauten (z. B. CHF-Auslandsobligationen für einen CH-Investor) und mit Steuervorteilen verknüpft sind (z. B. Befreiung von der Quellensteuer). Fremdwährungsrisiken werden in der Regel vermieden. Die spezifischen Bedürfnisse defensiver Anleger lassen sich mit Income-Portfolios abdecken.

Typische **Income-Portfolios** (Abb. 78) operieren im Schnitt mit 20 % kurzfristigen und mit 80 % mittel- bis langfristigen Zinsanlagen. Für den Zeitraum vom 31.12.1925 bis zum 31.12.2016 lässt sich für ein CHF-Income-Portfolio bei jährlichem Rebalancing (Wiederherstellung der strategischen Anteile) eine durchschnittliche Jahresrendite von 3,97 % und eine Jahresvolatilität von 2,83 % bestimmen.

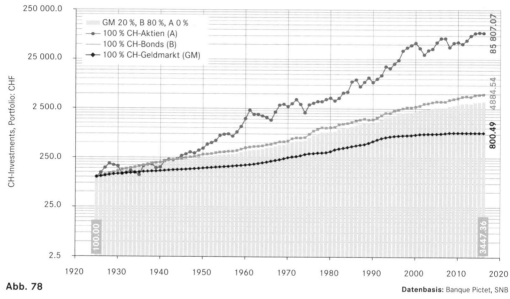

Income-Strategie: 1925–2016
Rendite = 3,97 %, Standardabweichung = 2,83 %

Abb. 78   Datenbasis: Banque Pictet, SNB

Am Beispiel eines CHF-Income-Portfolios (Abb. 79) lässt sich zeigen, dass das jährliche Verlustrisiko gering ist. Während 91 Jahren ergab sich fünfmal (1979, 1989, 1999, 2006, 2013) eine Negativrendite. Das entspricht einem historischen Verlustrisiko von 5,49 % (5/91 = 5,49 %). Bei einem Anlagehorizont von zwei Jahren ist das Verlustrisiko praktisch null. Mit einer theoretischen Wahrscheinlichkeit von rund 68 % dürfen Jahresrenditen zwischen 1,13(4) % und 6,80 % (3,97 % −/+ 2,83 %) erwartet werden. Renditen unterhalb/oberhalb dieser Bandbreite haben eine theoretische Wahrscheinlichkeit von je rund 16 %.

Progressive Anleger sind bereit, einen Teil ihrer Risikoaversion abzulegen und sich moderat in Aktien zu engagieren. Sie partizipieren am Kursgewinnpotenzial von Aktien, aber auch am Wachstumspotenzial der Dividendenausschüttungen. Dafür sind sie bereit, Wertschwankungen ihres Finanzvermögens in Kauf zu nehmen, die jene von reinen Zinsportfolios übersteigen. Progressive Anleger entscheiden sich für Yield-Portfolios.

Income-Strategie: 20 % Geldmarkt, 80 % Bonds, 0 % Aktien
Rendite = 3,97 %, Standardabweichung = 2,83 %

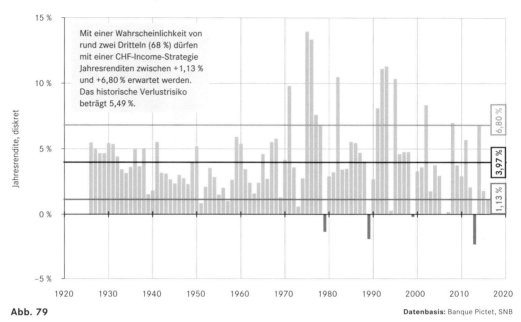

> Mit einer Wahrscheinlichkeit von rund zwei Dritteln (68 %) dürfen mit einer CHF-Income-Strategie Jahresrenditen zwischen +1,13 % und +6,80 % erwartet werden. Das historische Verlustrisiko beträgt 5,49 %.

Abb. 79   **Datenbasis:** Banque Pictet, SNB

Typische **Yield-Portfolios (Abb. 80)** operieren im Schnitt mit 20 % kurzfristigen und 60 % mittel- bis langfristigen Zinsanlagen. Der Aktienanteil liegt bei 20 %. Für den Zeitraum vom 31.12.1925 bis zum 31.12.2016 lässt sich für ein CHF-Yield-Portfolio bei jährlichem Rebalancing eine durchschnittliche Jahresrendite von 4,92 % und eine Jahresvolatilität von 4,73 % bestimmen.

Yield-Strategie: 1925–2016
Rendite = 4,92 %, Standardabweichung = 4,73 %

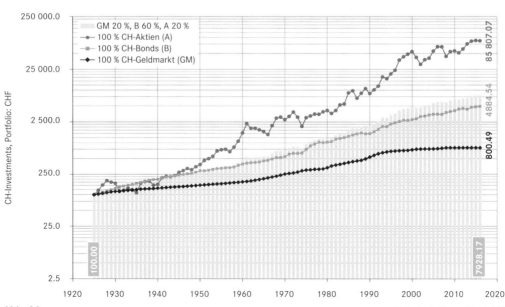

Abb. 80   **Datenbasis:** Banque Pictet, SNB

Am Beispiel eines CHF-Yield-Portfolios **(Abb. 81)** lässt sich zeigen, dass das jährliche Verlustrisiko moderat ist. Während 91 Jahren ergab sich zwölfmal eine Negativrendite. Das entspricht einem historischen Verlustrisiko auf Jahresbasis von 13,19 % (12/91 = 13,19 %). Bei
einem Anlagehorizont von fünf Jahren ist das Verlustrisiko praktisch null. Mit einer theoretischen Wahrscheinlichkeit von rund 68 % dürfen Jahresrenditen zwischen − 0,19 % und
+ 9,65(6) % (4,92 % −/+ 4,73 %) erwartet werden. Renditen unterhalb/oberhalb dieser Bandbreite haben eine theoretische Wahrscheinlichkeit von je rund 16 %.

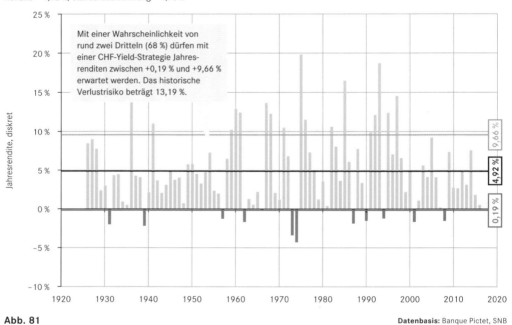

Abb. 81   **Datenbasis:** Banque Pictet, SNB

Offensive Anleger sind bereit und in der Lage, grössere Wertschwankungen ihres
Finanzvermögens in Kauf zu nehmen. Einerseits vertrauen sie darauf, dass das Eingehen von
Risiko auf lange Sicht belohnt wird und sympathisieren deshalb mit Aktienanlagen. Andererseits möchten sie das Wertschwankungsrisiko von Aktien deutlich abfedern und fahren deshalb eine Balanced-Strategie.

Typische **Balanced-Portfolios (Abb. 82)** operieren im Schnitt mit 20 % kurzfristigen Zinsanlagen. Der Aktien- und Obligationenteil beträgt je 40 %. Für den Zeitraum vom 31.12.1925 bis
zum 31.12.2016 lässt sich für ein CHF-Balanced-Portfolio bei jährlichem Rebalancing eine
durchschnittliche Jahresrendite von 5,74 % und eine Jahresvolatilität von 7,99 % bestimmen.

Am Beispiel eines CHF-Balanced-Portfolios **(Abb. 83)** lässt sich zeigen, dass das jährliche
Verlustrisiko bereits recht hoch ist. Während 91 Jahren ergab sich 22-mal eine Negativrendite.
Das entspricht einem historischen Verlustrisiko auf Jahresbasis von 24,18 % (22/91 = 24,18 %).
Bei einem Anlagehorizont von fünf Jahren beträgt das historische Verlustrisiko 4,6 % (4/87
= 4,6 %). Mit einer theoretischen Wahrscheinlichkeit von rund 68 % dürfen stetige Jahresrendi-

Balanced-Strategie: 1925–2016
Rendite = 5,74 %, Standardabweichung = 7,99 %

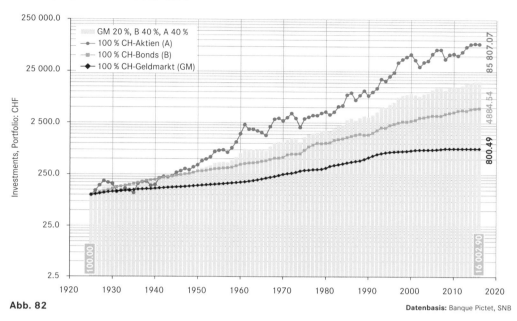

Abb. 82   **Datenbasis:** Banque Pictet, SNB

ten zwischen − 2,25 % und + 13,73 % (5,74 % +/− 7,99 %) erwartet werden. Renditen unterhalb/ oberhalb dieser Bandbreite haben eine theoretische Wahrscheinlichkeit von je rund 16 %.

Balanced-Strategie: 20 % Geldmarkt, 40 % Bonds, 40 % Aktien
Rendite = 5,74 %, Standardabweichung = 7,99 %

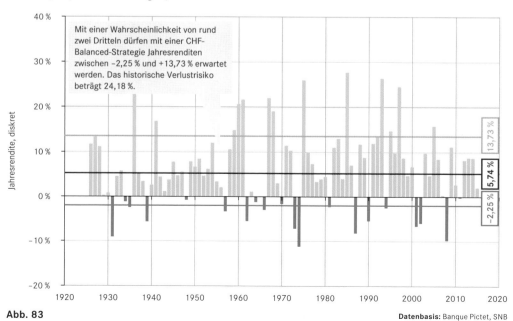

Abb. 83   **Datenbasis:** Banque Pictet, SNB

Aggressive Anleger sind aufgrund ihrer hohen Risikobereitschaft und aufgrund ihrer hohen Risikofähigkeit in der Lage, hohe Aktienanteile zu fahren. Sie können markante Kurseinbrüche psychisch und finanziell verkraften. Ihr langer Anlagehorizont und ihre hohe Anlagekompetenz qualifizieren sie für eine Growth-Strategie oder gar für eine Aktienstrategie.

Typische **Growth-Portfolios (Abb. 84)** operieren im Schnitt mit 20 % kurzfristigen und mit 20 % mittel- bis langfristigen Zinsanlagen. Der Aktienanteil beträgt 60 %. Für den Zeitraum vom 31.12.1925 bis zum 31.12.2016 lässt sich für ein CHF-Growth-Portfolio bei jährlichem Rebalancing eine durchschnittliche Jahresrendite von 6,41 % und eine Jahresvolatilität von 11,5 % bestimmen.

Growth-Strategie: 1925–2016
Rendite = 6,41 %, Standardabweichung = 11,50 %

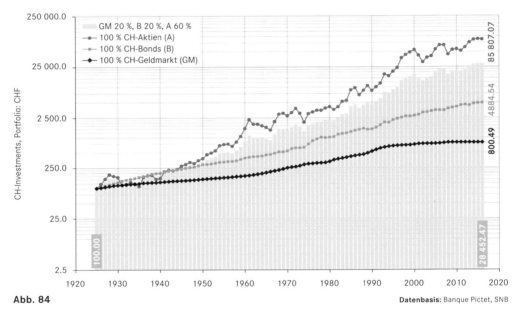

Abb. 84   **Datenbasis:** Banque Pictet, SNB

Am Beispiel eines CHF-Growth-Portfolios **(Abb. 85)** lässt sich zeigen, dass das jährliche Verlustrisiko nicht jedermanns Sache ist. Während 91 Jahren ergab sich 24-mal eine Negativrendite. Das entspricht einem historischen Verlustrisiko auf Jahresbasis von 26,37 % (24/91 = 26,37 %). Bei einem Anlagehorizont von fünf Jahren beträgt das historische Verlustrisiko 10,34 % (9/87 = 10,34 %). Erst bei einem Anlagehorizont von zehn Jahren ist das Verlustrisiko praktisch null. Mit einer theoretischen Wahrscheinlichkeit von 68 % dürfen Jahresrenditen zwischen − 5,09 % und + 17,90(1) % (6,41 % −/+ 11,50 %) erwartet werden. Renditen unterhalb/oberhalb dieser Bandbreite haben eine theoretische Wahrscheinlichkeit von je rund 16 %.

Die Rendite-/Risikoeigenschaften von Income-, Yield-, Balanced- und Growth-Portfolios sind in **Abbildung 86** zusammengefasst. Ergänzend sind die Rendite-/Risikoeigenschaften von CHF-Geldmarktanlagen, CHF-Bond-Investments und CHF-Aktienanlagen aufgeführt. Der erste Wert entspricht der jährlichen Standardabweichung, der zweite Wert der durchschnittlichen Jahresrendite für den Zeitraum vom 31.12.1925 bis zum 31.12.2016.

Growth-Strategie: 20 % Geldmarkt, 20 % Bonds, 60 % Aktien
Rendite: 6,41 %, Standardabweichung: 11,50 %

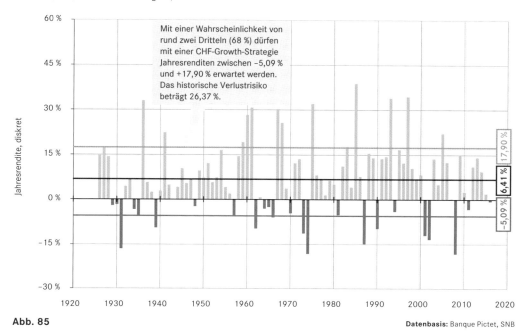

Abb. 85   **Datenbasis:** Banque Pictet, SNB

Rendite-/Risikoprofil ausgewählter Investments
31.12.1925–31.12.2016: Standardabweichung/Rendite

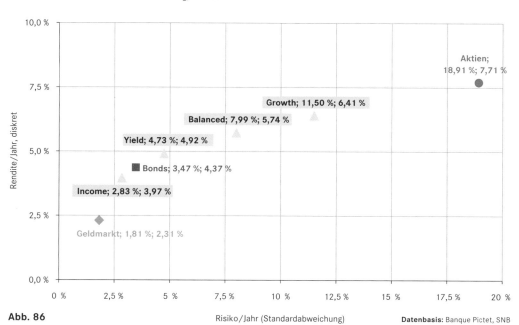

Abb. 86   Risiko/Jahr (Standardabweichung)   **Datenbasis:** Banque Pictet, SNB

Abbildung 87 legt die Verbindung zwischen Anlegertyp und Anlagestrategie offen.

Anlegertypen und Anlagestrategien

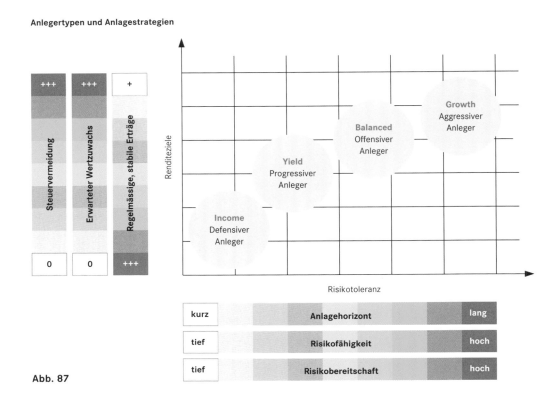

Abb. 87

Es versteht sich von selbst, dass die Unterscheidung von vier Anlegertypen und entsprechenden Anlagestrategien sehr grob ist. Mit zunehmender Grösse des Kundenvermögens sind individualisierte Anlagestrategien nicht nur möglich, sondern üblich.

4.2.3 Rahmendaten zur Objektivierung der Kundenanalyse

Zur Objektivierung der Kundenanalyse eignen sich – im Sinn eines schrittweisen Vorgehens – folgende vier Rahmenbereiche:

1. Anlagevolumen und Anlagetransaktionen,
2. Vorsorgesituation,
3. Lebenszyklus und Lebensplanung,
4. Finanz- und Risikostatus.

A Anlagevolumen und Anlagetransaktionen

Ob für Privatkunden ein Anlegerprofil (Kundenprofil) erstellt wird oder nicht, ist abhängig von Art und Höhe der Bankeinlagen und Depotwerte, von der Art der Anlagetransaktionen und vom Ausmass der vom Kunden gewünschten Beratung bzw. Betreuung.

Bei Privatkunden, die sich auf Bankeinlagen (Spar- und Anlagegelder, Sicht- und Zeitgelder, Kassenobligationen) beschränken, verzichten die Banken auf die Erhebung eines Anlegerprofils. Dasselbe gilt für Kunden mit kleinen Depotvermögen (z. B. weniger als CHF 50 000.00).

Für Vermögensverwaltungskunden sowie für Anlagekunden, die ihre Anlagetransaktionen (Wertschriften- und Derivatgeschäfte) auf den Rat ihres Bankberaters abstützen, ist die Definition eines Anlegerprofils zwingend. Nicht erforderlich ist ein Anlegerprofil für Kunden, die ihre Börsentransaktionen ausschliesslich über E-Banking abwickeln.

Um Missverständnisse zwischen Finanzberater und Auslandkunden von allem Anfang an zu vermeiden, muss die Referenzwährung definiert werden. Die Referenzwährung ist die Währung, in der der Kunde denkt, handelt und den Erfolg der Finanzberatung misst.

B Vorsorgesituation

Wie die Erfahrung zeigt, wissen Anlage- und Vermögensverwaltungskunden oft nicht, ob in ihrer Pensionskasse «Anlage- und Steuereinsparungspotenzial» schlummert. Im Sinn einer erweiterten Kundenanalyse macht es Sinn, Nachzahlungsmöglichkeiten zu prüfen und zu nutzen.

Die Analyse der Vorsorgesituation ist aber ganz generell bedeutungsvoll. Die Höhe der zu erwartenden Pensionskassenrente beeinflusst das Rendite-/Risikoprofil eines Kunden besonders stark.

C Lebenszyklus und Lebensplanung

Die Risikofähigkeit von Privatkunden ist primär – und unabhängig von der absoluten Einkommens- und Vermögenshöhe – eine Funktion der aktuellen Lebensumstände. Das ist auch der Hauptgrund für die herausragende Bedeutung der Finanzplanung. Der Einbezug der mittel- und langfristigen Kundenperspektive unter besonderer Berücksichtigung der steuerlichen Aspekte ist – vorab im mittleren Lebensabschnitt – eine Conditio sine qua non.

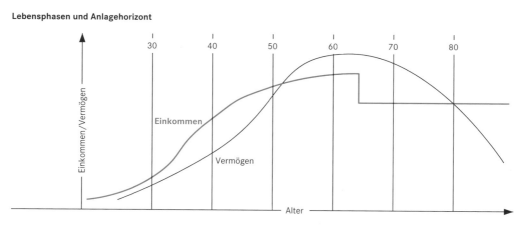

Lebensphasen und Anlagehorizont

Lebensphase	Kick-off	Karriere	Konsolidierung	Kontemplation (Pension, Ruhestand)
Merkmale	Weiterbildung, Freizeit, Fun, Familienplanung	Beruf, Familie, Eigenheim	Weiterbildung Kinder, Vorsorgeplanung	Erholung, Reisen, Kultur, Wellness, Pflege
	Konsumieren	**Investieren**	**Sparen**	**Entsparen**
Anlage-horizont	2–10 Jahre	2–10 Jahre	5–20 Jahre	2–5 Jahre

Abb. 88

Das Lebenszyklusmodell **(Abb. 88)** unterscheidet vier Phasen – vier **K** – im Leben einer erwachsenen Person: **K**ick-off, **K**arriere, **K**onsolidierung und **K**ontemplation.
Die einzelnen Lebensphasen lassen sich wie folgt umschreiben:

Die **Kick-off-Phase** beginnt mit Abschluss der beruflichen Weiterbildung oder des Studiums (Fachhochschule, Universität). Sie dauert etwa bis zum 30. Lebensjahr. Was nicht für den Lebensunterhalt und die Freizeitgestaltung verbraucht wird, hat primär den Charakter von Konsumsparen. Gespart wird für den Erwerb dauerhafter Konsumgüter (Auto, Wohnungseinrichtung, elektronische Geräte usw.). Der Anlagehorizont ist meist kurz- bis mittelfristig, je nachdem auch schon langfristig.

Die **Karrierephase** dauert vielleicht 15 Jahre. Das berufliche Fortkommen hat hohe Priorität. Der Traum von den eigenen vier Wänden soll Wirklichkeit werden.

Die **Konsolidierungsphase** erstreckt sich über rund 20 Jahre. Die Kinder stehen nach und nach auf eigenen Füssen und die Planung des eigenen Ruhestands wird mehr und mehr zum Thema. Die Zeit ist reif für eine eigentliche Vorsorgeplanung. Der Anlagehorizont ist lang.

In der **Kontemplationsphase** (Ruhestandsphase) wird der Kapitalstock nach und nach abgebaut. Dies gilt insbesondere für die Pensionskassengelder. Aber auch die freiwillig gebildeten Ersparnisse nehmen ab. Mögliche Gründe dafür sind die Abtretung von Vermögensteilen als

Finanz- und Risikostatus von Privatkunden

Einkommen	Erwerbs-/Renten-einkommen	Erwerbseinkommen: Haupterwerb/Nebenerwerb	Renteneinkommen: AHV, PK, Leibrenten usw.
	Vermögenseinkommen	Finanzvermögen: Zinsen, Dividenden	Sachvermögen: Mietzinsen
Vermögen	Finanzvermögen	Bank, Wertschriften, Edel-metalle, Lv-Policen usw.	Latentes Vermögen Anwartschaften
	Sachvermögen	Immobilien	Anderes Sachvermögen Auto, Boot, Kunst usw.
Finanzielle Verpflich-tungen	Schulden/ Verpflichtungen	Bank, Versicherung usw. Lombardkredit, Hypothek	Latente Schulden Bürgschaft, Drittpfand usw.
	Periodische Auslagen	Miete	Leasing	Kinder in Ausbildung	Alimente
Risikover-sicherungen	Todesfallrisiko	Unfallrisiko	Krankheitsrisiko
	Sach-/Haftpflicht-versicherung	Gebäude	Mobiliar	Auto	usw.

Abb. 89

Erbvorbezug an die Nachkommen oder die oft unterschätzten Pflegekosten. Der Anlagehorizont verkürzt sich mehr und mehr.

D Finanz- und Risikostatus

Je intensiver die Bank einen Kunden berät und je grösser das der Bank anvertraute Finanzvermögen ist, desto wichtiger ist es, dass der Finanzberater den Finanz- und Risikostatus eines Kunden kennt. Unsere Checklist (**Abb. 89**) ist der Kreditfähigkeitsprüfung von Privatkunden nachempfunden.

Es würde den Rahmen dieses Lehrbuchs sprengen, die einzelnen Facetten des «Finanz- und Risikostatus» zu beschreiben und zu kommentieren. Das Meiste dürfte aber selbsterklärend sein.

4.3 Anlagerichtlinien und Benchmarks im Vorsorgegeschäft

In Band 1 dieser Lehrbuchreihe haben wir uns aus der Anlegeroptik mit dem staatlich verordneten Vorsorgesparen beschäftigt. Dieses umfasst die gesetzlichen Beitragsleistungen an die Sozialversicherungen (AHV/IV/EO) und die obligatorischen Pensionskassenbeiträge von Arbeitnehmern und Arbeitgebern. Wir haben uns ausserdem mit dem streng regulierten Fondssparen, d. h. mit dem kollektiven Sparen durch die Vermittlung von Anlagefonds und anderen Kollektivanlagen, auseinandergesetzt.

Aus der Optik des Portfoliomanagements greifen wir an dieser Stelle das Vorsorgesparen nochmals auf. Im Fokus sind dabei die gesetzlichen Anlagerichtlinien für den AHV/IV/EO-Ausgleichsfonds sowie für die Pensionskassen. Wir thematisieren ausserdem die Pensionskassen-Benchmarks der Banque Pictet & Cie. SA sowie den Credit Suisse Schweizer Pensionskassen Index. Was die Anlagerichtlinien für Anlagefonds und andere Kollektivanlagen betrifft, verweisen wir auf Band 1, Kapitel 7.

Gesetzliche Anlagerichtlinien gelten auch für Versicherungsgesellschaften oder Krankenkassen. Wir gehen nicht weiter darauf ein.

4.3.1 AHV/IV/EO-Ausgleichsfonds

4.3.1.1 Fondsvermögen

Per 31.12.2016 summierten sich die kurz-, mittel- und langfristigen Anlagen von AHV, IV und EO auf CHF 35.252 Mia. Davon waren CHF 3.020 Mia. (8,57 %) in Geldmarktanlagen, CHF 2.839 Mia. (8,05 %) in Darlehen, CHF 4.327 Mia. (12,28 %) in CHF-Obligationen, CHF 10.319 Mia. (29,27 %) in Fremdwährungsobligationen, CHF 1.374 Mia. (3,90 %) in Aktien Schweiz, CHF 5.129 Mia. (14,55 %) in Aktien Ausland sowie CHF 8.244 Mia. (23,38 %) in Anlagefonds und anderen Anlagen investiert.

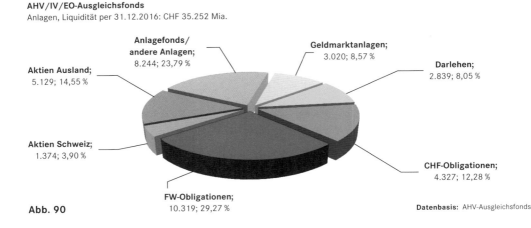

AHV/IV/EO-Ausgleichsfonds
Anlagen, Liquidität per 31.12.2016: CHF 35.252 Mia.

Anlagefonds/ andere Anlagen; 8.244; 23,79 %
Geldmarktanlagen; 3.020; 8,57 %
Aktien Ausland; 5.129; 14,55 %
Darlehen; 2.839; 8,05 %
Aktien Schweiz; 1.374; 3,90 %
CHF-Obligationen; 4.327; 12,28 %
FW-Obligationen; 10.319; 29,27 %

Abb. 90

Datenbasis: AHV-Ausgleichsfonds

Vom 31.12.2011 bis zum 31.12.2016 haben sich die Fondsaktiven wie folgt entwickelt:

Aktiven (in Mia. CHF)	2011	2012	2013	2014	2015	2016
Flüssige Mittel und Geldmarktpapiere	0.800	3.075	2.974	1.640	2.313	2.869
Festgelder	0.520	0.220	0.521	0.355	0.680	0.065
Geldmarktinstrumente	1.686	0.427	0.254	0.164	0.069	0.086
Reverse Repo	0.200	0.150	0.000	0.000	0.350	0.000
Flüssige Mittel und Geldmarktpapiere	**3.206**	**3.873**	**3.749**	**2.159**	**3.412**	**3.020**
Direkte Darlehen	2.545	2.917	3.257	3.087	3.189	2.839
Obligationen Schweizer Franken	6.672	6.054	6.892	6.911	4.938	4.327
Obligationen Fremdwährung	6.304	7.431	7.761	9.602	9.191	10.319
Aktien Schweiz	0.490	0.589	0.872	1.492	1.429	1.374
Aktien Ausland	3.184	3.446	3.520	4.617	4.775	5.129
Anlagefonds	2.868	5.031	3.894	5.368	6.720	7.866
Positive Wiederbeschaffungswerte	0.123	0.285	0.314	0.262	0.245	0.244
Anlageimmobilien	0.000	0.000	0.065	0.072	0.104	0.133
Anlagen	**22.186**	**25.752**	**26.575**	**31.410**	**30.592**	**32.232**
Verrechnungssteuer/Quellensteuer	0.015	0.018	0.017	0.021	0.020	0.017
Marchzinsen	0.187	0.190	0.198	0.197	0.156	0.144
Übrige Forderungen	0.001	0.007	0.001	0.001	0.001	0.000
Schwebende Geschäfte	0.000	0.000	0.000	0.464	0.115	0.000
Transitorische Aktiven	0.000	0.001	0.001	0.001	0.001	0.001
Debitoren	**0.203**	**0.216**	**0.217**	**0.684**	**0.292**	**0.162**
Verwaltungsliegenschaft	0.031	0.031	0.031	0.028	0.028	0.027
Andere Sachanlagen	0.002	0.004	0.004	0.004	0.003	0.003
Sachanlagen	**0.034**	**0.035**	**0.035**	**0.032**	**0.031**	**0.030**
Total Aktiven	**25.629**	**29.875**	**30.576**	**34.285**	**34.327**	**35.444**

Tab. 64

Stark rückläufig ist das Gewicht der CHF-Obligationen (2011: 26,03 %, 2016: 12,21 %). Deutlich höher ist dagegen der Anteil der Anlagefonds (2011: 11,19 %, 2016: 22,19 %).

4.3.1.2 Anlagerichtlinien

Gemäss Bundesgesetz über die Alters- und Hinterlassenenversicherung, AHVG 108,1, sind die Aktiven «des Ausgleichsfonds so anzulegen, dass ihre Sicherheit sowie ein marktkonformer Ertrag gewährleistet sind. Es sind jederzeit genügend Barmittel bereitzuhalten, damit den Ausgleichskassen die Abrechnungssaldi zu ihren Gunsten vergütet und ihnen Vorschüsse gewährt werden können.» Dieser Grundsatz gilt sinngemäss auch für die beiden anderen Sozialwerke, die Invalidenversicherung (IV) und die Erwerbsersatzordnung (EOMSE).

Grundlage des AHV/IV/EO-Portfoliomanagements bildet das vom Verwaltungsrat erlassene **Anlagereglement (ARL)**, letztmals revidiert am 25.8.2015.

Die zulässigen Anlageklassen und -instrumente sind wie folgt definiert:

a. **Geldmarktanlagen in Schweizer Franken:** Kontokorrentguthaben, Call- und Festgelder, andere klassische Geldmarktinstrumente, Reverse-Repurchase Agreements;

b. **Darlehen an inländische Schuldner**;

c. **verzinsliche Anlagen in Schweizer Franken:** Obligationen und Notes mit festem oder variablem Zinssatz (inkl. Optionsanleihen ex Optionsrecht), Pfandbriefe;

d. **verzinsliche Anlagen in Fremdwährungen:** Kontokorrentguthaben, Call- und Festgelder, andere klassische Geldmarktinstrumente, Obligationen mit festem oder variablem Zinssatz (inkl. Optionsanleihen ex Optionsrecht), Unternehmenskredite, verbriefte Anleihen;

e. **Aktien und andere Beteiligungspapiere:** börsenkotierte Aktien und andere Beteiligungspapiere (z.B. Partizipationsscheine nach schweizerischem Recht, Anlagefonds, usw.), Convertible und Exchangeable Bonds (sofern das unterliegende Beteiligungspapier börsenkotiert ist), börsenkotierte Aktien von Private-Equity-Anlagegesellschaften;

f. **Immobilien:** direkte Anlagen und indirekte Anlagen (Immobilienfonds, Aktien von reinen Immobiliengesellschaften, vergleichbare Anlagen nach schweizerischem oder ausländischem Recht);

g. **Commodities:** Edelmetalle, Industriemetalle, Energieträger, landwirtschaftliche Produkte. Die Anlagen erfolgen nur in definierten und rasch liquidierbaren Commodity Funds ohne Abnahmepflicht der physischen Rohwaren oder über derivative Instrumente (bspw. Futures und Total Return Swaps).

Investitionen in **kollektive Anlageinstrumente** (bspw. Anlagefonds, Beteiligungsgesellschaften, Anteile an Trusts, Limited Partnerships) nach schweizerischem und ausländischen Recht sind zugelassen, soweit dieselben den relevanten gesetzlichen Anforderungen genügen. Gestattet sind ausserdem Investitionen in **Zertifikate** (bspw. auf Anlagekörbe wie Aktien, Indizes usw.) sowie grundsätzlich der Einsatz von **Derivaten**.

Für ausgewählte Anlageklassen hat der Verwaltungsrat Kategorien- und Einzellimiten oder etwa Bonitätsanforderungen festgelegt.

Für die einzelnen Anlageklassen (Stand: 1.1.2015) gelten folgende Strategiegewichte und Bandbreiten:

Anlageklassen	Strategie	Bandbreiten
Geldmarktanlagen in CHF (Cash)	5,00%	0%–10%
Darlehen an inländische Schuldner	12,00%	7%–17%
Zinsanlagen in CHF	12,00%	7%–17%
Zinsanlagen in Fremdwährung	41,00%	34%–48%
Aktien und andere Beteiligungspapiere	22,00%	15%–29%
Immobilien	7,00%	5,5%–8,5%
Commodities	1,00%	0%–3,5%
Taktische Anlagen	0,00%	0%–20%

Tab. 65

Das folgende Diagramm fasst die Anlagerichtlinien für den AHV/IV/EO-Ausgleichsfonds zusammen.

Anlagerichtlinien für AHV/IV/EO-Ausgleichsfonds

Zulässige Anlagen			Kategorienlimiten, Anforderungen	Einzellimiten
Direkte Anlagen	Kollektivanlagen	Derivate		
Forderungen, Forderungspapiere ■ **Geldmarktanlagen in Schweizer Franken:** Kontokorrentguthaben, Call- und Festgelder bei der Eidgenossenschaft oder bei Banken, CDs, Treasury Bills erstklassiger Schuldner ■ **Darlehen an inländische Schuldner** Eidgenossenschaft, Kantone, Gemeinden, öffentlich-rechtliche Körperschaften und Anstalten, Kantonalbanken, Aktiengesellschaften mit mindestens 50%-Beteiligung der öffentlichen Hand ■ Zinsanlagen in Schweizer Franken ■ Zinsanlagen in Fremdwährungen			**Länderlimiten** ■ Schweizer Schuldner 70 % ■ OECD-Länder 20 % ■ Nicht-OECD-Länder 15 % **Anforderungen** Mindestrating BBB+ für Geldmarktanlagen bei Banken Mindestrating BBB- für Obligationen zum Erwerbszeitpunkt	**Schuldnerlimiten** ■ Eidgenossenschaft 70 % ■ Kanton 5 % (inkl. Gemeinden, Kantonalbank) ■ Kanton, Direktschuldner 3 % ■ G7-Land, Direktschuldner 5 % ■ Andere Schuldner 3 %
Aktien und andere Beteiligungspapiere Aktien, PS, Genussscheine, Genossenschaftsanteilscheine, usw.; Anlagefonds; Convertible/Exchangeable Bonds				**Aktien** maximal 5 % pro Titel, gemessen am Aktienengagement
Immobilien Inland, Ausland			direkte und indirekte Engagements zulässig	maximal 10% pro Immobilie vom Immobilienexposure
Commodities			nur indirekte Engagements (Fonds, Futures usw.) zulässig	
	Anlagefonds, SICAV, SICAF, Limited Partnerships usw.	Terminprodukte (gedeckt/ohne Hebel), Zertifikate		

Abb. 91

Im Jahr 2016 belief sich der Gesamtgewinn aus der Anlagebewirtschaftung (inkl. Liquidität) auf CHF 1.209 Mia. (Vorjahr: −0.313 Mia.), was vor Abzug der administrativen Kosten einer Rendite von 3,6 % entspricht (Vorjahr −0,92 %). Die ausgewiesene Rendite des Marktportfolios wurde mit einem Volatilitätsrisiko von 4,0 % erzielt.

4.3.2 Pensionskassen

4.3.2.1 Pensionskassenvermögen

Per 31.12.2015 summierten sich die Anlagen der Pensionskassen in der Schweiz **(Abb. 92)** auf CHF 788.082 Mia. Davon waren CHF 258.013 Mia. (32,74 %) in Obligationen investiert, CHF 232.352 Mia. (29,48 %) in Aktien, CHF 157.630 Mia. (20,00 %) in Immobilien/Hypotheken, CHF 64.271 Mia. (8,16 %) in alternativen Anlagen und CHF 75.816 Mia. (9,62 %) in liquiden Mitteln und übrigen Aktiven.

Pensionskassen in der Schweiz
Anlagen per 31.12.2015: CHF 788.082 Mia.

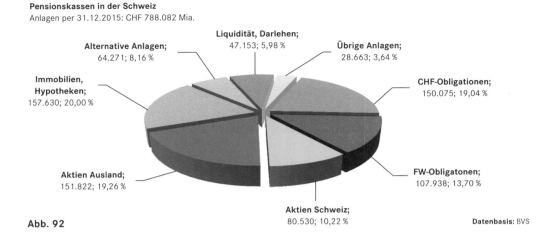

Abb. 92

Datenbasis: BVS

Vom 31.12.2010 bis zum 31.12.2015 haben sich die Schweizer Pensionskassenvermögen wie folgt entwickelt:

Aktiven (in Mia. CHF)	2010	2011	2012	2013	2014	2015
Direkte und kollektive Anlagen	**621.234**	**625.295**	**672.783**	**624.740**	**777.340**	**788.082**
Flüssige Mittel und kurzfristige Anlagen	46.843	46.154	51.772	58.349	56.593	43.842
Forderungen und Darlehen (inkl. VSt.)	3.602	3.154	3.098	3.190	3.208	3.311
Forderungen beim Arbeitgeber	9.436	8.390	8.914	11.613	10.777	12.317
Beteiligungen beim Arbeitgeber	2.265	1.783	2.079	2.285	1.837	1.712
Inlandsobligationen	103.423	109.115	108.078	103.763	110.346	108.943
CHF-Auslandsobligationen	53.371	49.215	46.085	47.166	48.147	41.132
Fremdwährungsobligationen	70.154	75.048	82.731	90.983	106.564	107.938
Hypothekardarlehen	15.593	15.296	14.656	14.344	13.652	13.715
Schweizerische Immobilien	94.986	101.837	108.425	14.148	121.271	131.059
Ausländische Immobilien	7.401	7.855	8.802	13.344	11.805	12.856
CH-Aktien	62.859	58.076	65.909	73.033	77.421	80.530
Auslandsaktien	106.236	102.546	119.307	134.982	150.206	151.822
Private Equity	6.150	6.889	7.720	8.676	10.265	11.163
Hedge Funds	15.578	15.775	15.980	15.912	17.209	17.799
Übrige alternative Anlagen	15.631	15.744	17.572	19.121	23.554	35.309
Mischvermögen bei kollektiven Anlagen	5.636	6.564	10.008	12.307	12.290	12.740
Übrige Aktiven	**2.070**	**1.854**	**1.647**	**1.524**	**2.195**	**1.894**
Davon aktive Rechnungsabgrenzung	1.866	1.665	1.501	1.386	0.179	1.777
Total Aktiven	**621.234**	**625.295**	**672.785**	**720.237**	**777.340**	**788.082**
Davon kollektive Anlagen	275.515	283.797	312.779	357.530	423.827	452.486

Tab. 66

Im Betrachtungszeitraum (2010–2015) haben die Pensionskassenvermögen um CHF 166.848 Mia. zugelegt. Den höchsten Zuwachs verzeichnen die Auslandaktien (+45.586 Mia.), die Fremdwährungsobligationen (+37.784 Mia.) und die schweizerischen Immobilien (+36.073 Mia.). Die alternativen Investments (Private Equity, Hedge Funds, übrige alternative Anlagen) haben sich von CHF 37.359 Mia. im Jahr 2010 auf CHF 64.271 Mia. im Jahr 2015 erhöht (+26.912 Mia.).

4.3.2.2 Anlagerichtlinien

Zur Vermögensverwaltung von Pensionskassen äussert sich das Bundesgesetz über die berufliche Alters-, Hinterlassenen- und Invalidenvorsorge (BVG) in Art. 71 kurz und prägnant wie folgt: «Die Vorsorgeeinrichtungen verwalten ihr Vermögen so, dass Sicherheit und genügender Ertrag der Anlagen, eine angemessene Verteilung der Risiken sowie die Deckung des voraussehbaren Bedarfes an flüssigen Mitteln gewährleistet sind. Die Verpfändung oder Belastung von Ansprüchen einer Vorsorgeeinrichtung aus Kollektivlebensversicherungsvertrag oder aus Rückversicherungsvertrag ist nicht zulässig.» Diese allgemeine Anlagevorschrift hat der Bundesrat in Art. 49 bis 59 der Verordnung über die berufliche Alters-, Hinterlassenen- und Invalidenvorsorge (BVV2) konkretisiert.

Gemäss BVV2 50 sind die Vorsorgeeinrichtungen gehalten, ihre Vermögensanlagen sorgfältig auszuwählen, zu bewirtschaften und zu überwachen. Die Beurteilung der Sicherheit erfolgt insbesondere in Würdigung der gesamten Aktiven und Passiven sowie der Struktur und der zu erwartenden Entwicklung des Versichertenbestands. Die Vorsorgeeinrichtungen müssen bei der Anlage des Vermögens die Grundsätze der angemessenen Risikoverteilung einhalten. Die Mittel müssen insbesondere auf verschiedene Anlagekategorien, Regionen und Wirtschaftszweige verteilt werden.

BVV2 51 verlangt die Orientierung an einem Ertrag, der jenem der Geld-, Kapital- und Immobilienmärkte entspricht.

Aufgrund von BVV2 52 müssen die Vorsorgeeinrichtungen darauf achten, dass sie die Versicherungs- und die Freizügigkeitsleistungen bei deren Fälligkeit erbringen können. Die Laufzeiten der Anlagen sind darauf auszurichten.

BVV2 53 definiert die zulässigen **Anlagekategorien** und **Anlagen** im Wesentlichen wie folgt:
  a. **Bargeld**
  b. **Forderungen**
     Postcheck- und Bankguthaben, Geldmarktanlagen bis zu zwölf Monaten, Anleihensobligationen (inkl. Wandel- und Options-Anleihen), schweizerische Grundpfandtitel, Schuldanerkennungen schweizerischer ÖrK, Rückkaufswerte aus Kollektivversicherungsverträgen, breit diversifizierte und weitverbreitete Bond-Index-Anlagen.
  c. **Immobilien**
     im Allein- oder Miteigentum, auch Bauten im Baurecht sowie Bauland.
  d. **Beteiligungspapiere**
     Aktien, Partizipationsscheine, Genussscheine, Genossenschaftsanteilscheine; die Papiere müssen an einer Börse kotiert sein oder an einem anderen geregelten, dem Publikum offenstehenden Markt gehandelt werden.

e. **Alternative Anlagen**

Hedge Funds, Private Equity, Insurance-Linked Securities, Rohstoffe und Infrastrukturen. Als alternative Anlagen gelten ausserdem: Forderungen, die nicht auf einen festen Geldbetrag lauten oder deren ganze oder teilweise Rückzahlung von Bedingungen abhängig ist (z. B. nachrangige Anleihen); Asset-Backed Securities, CDOs, Cat Bonds und vergleichbare Papiere; Senior Secured Loans (handelbare, besicherte Unternehmenskredite unterhalb Anlagequalität).

Die Anlagen a. bis d. können als Direktanlagen, Kollektivanlagen oder in Form von Derivaten gehalten werden. Alternativen Anlagen sind nur in Form diversifizierter kollektiver Anlagen, diversifizierter Zertifikate oder diversifizierter strukturierter Produkte statthaft.

BVV2 54, 54a und 54b legt im Wesentlichen folgende **Einzellimiten** fest:

- In **Forderungen eines einzelnen Schuldners** dürfen **maximal 10 %** des Gesamtvermögens investiert sein. Diese Begrenzung gilt nicht für Forderungen gegenüber der Eidgenossenschaft und gegenüber schweizerischen Pfandbriefinstituten. Ausgenommen sind zudem Forderungen aus Kollektivversicherungsverträgen mit einer Versicherungseinrichtung mit Sitz in der Schweiz oder im Fürstentum Liechtenstein sowie Forderungen gegenüber Kantonen und Gemeinden aus vorsorgerechtlichen Sachverhalten.
- In **Beteiligungspapiere einer einzelnen Gesellschaft** dürfen **maximal 5 %** des Gesamtvermögens investiert sein.
- **Anlagen in Einzelimmobilien** sind auf **5 %** des Gesamtvermögens **begrenzt.** Zur temporären Fremdmittelaufnahme darf eine einzelne Immobilie höchstens zu 30 % ihres Verkehrswerts belehnt werden.

Neben Einzellimiten legt die Verordnung auch **Kategorienlimiten** fest. Gemäss BVV2 55 gelten folgende Begrenzungen:

- a. **50 %:** für Anlagen in **Grundpfandtiteln (Hypothekardarlehen) und Pfandbriefen**; die Belehnung darf 80 % des Verkehrswertes der Immobilien nicht übersteigen;
- b. **50 %:** für Anlagen in **Aktien**;
- c. **30 %:** für Anlagen in **Immobilien**, wovon **maximal ein Drittel im Ausland**;
- d. **15 %:** für **alternative Anlagen**;
- e. **30 %:** für **Fremdwährungen ohne Währungssicherung**.

Anlagen beim Arbeitgeber sind grundsätzlich zulässig. BVV2 57 und 58 hält dazu Folgendes fest:

Das Vermögen, vermindert um Verbindlichkeiten und passive Rechnungsabgrenzungen, darf nicht ungesichert beim Arbeitgeber angelegt werden, soweit es zur Deckung der Freizügigkeitsleistungen sowie zur Deckung der laufenden Renten gebunden ist. Ungesicherte Anlagen und Beteiligungen beim Arbeitgeber dürfen zusammen 5 % des Vermögens nicht übersteigen. Anlagen in Immobilien, die dem Arbeitgeber zu mehr als 50 % ihres Werts für Geschäftszwecke dienen, dürfen 5 % des Vermögens nicht übersteigen. Die Forderungen der Vorsorgeeinrichtung gegenüber dem Arbeitgeber sind zu marktüblichen Ansätzen zu verzinsen.

Die Ansprüche gegen den Arbeitgeber müssen wirksam und ausreichend sichergestellt werden. Als Sicherstellung gelten:

a. die Garantie des Bundes, eines Kantons, einer Gemeinde oder einer dem Bankengesetz vom 8. November 1934 unterstehenden Bank; die Garantie muss auf die Vorsorgeeinrichtung lauten sowie unwiderruflich und unübertragbar sein;

b. Grundpfänder bis zu zwei Dritteln des Verkehrswerts; Grundpfänder auf Grundstücken des Arbeitgebers, die ihm zu mehr als 50 % ihres Werts für Geschäftszwecke dienen, gelten nicht als Sicherstellung.

Die Aufsichtsbehörde kann im Einzelfall andere Arten der Sicherstellung zulassen.

Die Anlagerichtlinien gemäss BVV2, Art. 50 bis 58, lassen sich wie folgt zusammenfassen:
Die **Beteiligung an kollektiven Anlagen** ist gemäss BVV2 56 zulässig, sofern:

a. diese ihrerseits in zulässige Anlagen investiert;

b. die Organisationsform der kollektiven Anlage bezüglich Festlegung der Anlagerichtlinien, Kompetenzregelung, Anteilsermittlung sowie Kauf und Rücknahme der Anteile so geregelt ist, dass die Interessen der daran beteiligten Vorsorgeeinrichtungen in nachvollziehbarer Weise gewahrt sind;

c. die Vermögenswerte im Konkursfall der Kollektivanlage oder deren Depotbank zugunsten der Anleger ausgesondert werden können.

An die Einzel- und Kategorienlimiten sind die in den kollektiven Anlagen enthaltenen direkten Anlagen mit einzurechnen.

Die schuldner-, gesellschafts- und immobilienbezogenen Begrenzungen gelten als eingehalten, wenn:

a. die direkten Anlagen der kollektiven Anlage angemessen diversifiziert sind
oder

b. die einzelne Beteiligung an einer kollektiven Anlage weniger als 5 % des Gesamtvermögens der Vorsorgeeinrichtung beträgt.

Die Vorsorgeeinrichtung darf nur **derivative Finanzinstrumente** einsetzen, die aus zulässigen Anlagen abgeleitet sind. Im Übrigen stellt BVV2 56a folgende Regeln auf:

■ Der Bonität der Gegenpartei und der Handelbarkeit ist entsprechend der Besonderheit des eingesetzten Derivats Rechnung zu tragen.

■ Sämtliche Verpflichtungen, die sich aus derivativen Finanzgeschäften ergeben oder sich im Zeitpunkt der Ausübung des Rechts ergeben können, müssen gedeckt sein.

■ Der Einsatz derivativer Finanzinstrumente darf auf das Gesamtvermögen keine Hebelwirkung ausüben.

■ Die Einzel- und Kategorienlimiten sind unter Einbezug der derivativen Finanzinstrumente einzuhalten.

- Für die Einhaltung der Deckungspflicht und der Begrenzungen sind die Verpflichtungen massgebend, die sich aus den Derivatgeschäften bei Wandlung in die Basisanlage im extremsten Fall ergeben können.
- In der Jahresrechnung müssen alle laufenden Derivatgeschäfte vollumfänglich dargestellt werden.

Abbildung 93 fasst die Anlagerichtlinien gemäss BVV2 (Art. 50–58) zusammen.

Anlagerichtlinien für Pensionskassen (BVV2)

Zulässige Anlagen (BVV2 53)			Kategorienlimiten (BVV2 55, 57, 58)	Einzellimiten (BVV2 54, 54a, 54b)
Direkte Anlagen	Kollektivanlagen	Derivate		
Bargeld				
Forderungen ■ Postcheck-, Bankguthaben ■ Anleihenobligationen ■ Schweizerische Grundpfandtitel ■ Schuldanerkennungen schweizerischer ÖrK ■ Rückkaufswerte aus Kollektivversicherungs- verträgen ■ Bondindizes			Grundpfandtitel, Pfandbriefe: ■ Maximal 50 % ■ Maximal 80 % Belehnung Anlagen beim Arbeitgeber: ■ Maximal 5 % ungesichert	Maximal 10 % pro Schuldner ausgenommen Forderungen: ■ ggü. Eidgenossenschaft ■ ggü. CH-Pfandbriefinstituten ■ ggü. Versicherungen aus Kollektivversicherungsverträgen ■ ggü. Kantone oder Gemeinden aus vorsorgerechtlichen Sachverhalten
Immobilien			Maximal 30 %, wovon maximal ⅓ im Ausland Maximal 5 % in Immobilien, die dem Arbeitgeber zu mehr als 50 % zu Geschäftszwecken dienen	Maximal 5 % pro Immobilie, maximal 30 % Belehnung
Beteiligungspapiere, börsenkotiert Aktien, PS, Genussscheine, Genossenschafts- anteilscheine usw.			Maximal 50 %	Maximal 5 % pro Beteiligung
Alternative Anlagen Hedge Funds, Private Equity, ILS, Rohstoffe, ABS, CDOs usw.			Maximal 15 %	
Abb. 93	Anlagefonds, SICAV, SICAF, Limited Part- nerships usw.	Terminprodukte (gedeckt/ ohne Hebel), strukturierte Produkte	**Fremdwährung ohne Währungssicherung** maximal 30 %	

4.3.3 Pensionskassen-Benchmarkindizes

4.3.3.1 Pictet-BVG-Indizes

Bereits im Jahr 1985 hat die Banque Pictet & Cie. SA den Pictet-BVG-Index 93 eingeführt. Die Revision des BVV2 im Jahr 2000 verstärkte die Eigenverantwortung der Kassen. Sie wurden verpflichtet, eine Anlagestrategie zu wählen, die ihrem Risikoprofil entspricht. Deshalb wurde der BVG-93-Index durch die Pictet-BVG-Indizes 2000 ergänzt, konkret um die drei Indizes BVG-25, BVG-40 und BVG-60. Im Jahr 2005 wurde die Palette um die Pictet-BVG-Indizes 2005 erweitert. Sie laufen unter den Bezeichnungen BVG-25 plus, BVG-40 plus und BVG-60 plus.

Zehn Jahre später lancierte die Banque Pictet & Cie. SA die BVG-Indizes 2015 (BVG-25-2015, BVG-40-2015 und BVG-60-2015).

Wir gehen im Folgenden auf die Pictet-BVG-Indizes 2000, 2005 und 2015 einzeln ein. Der Pictet-BVG-Index 93 ist nicht mehr verfügbar. Dessen Fortführung wurde Ende 2015 eingestellt.

A Pictet-BVG-Indizes 2000

Die Zusammensetzung und Gewichtung der Pictet-BVG-Indizes 2000 präsentiert sich wie folgt:

Anlageklassen	BVG-25	BVG-40	BVG-60
Obligationen	**75,00 %**	**60,00 %**	**40,00 %**
▪ CHF	60,00 %	45,00 %	25,00 %
▪ EUR	10,00 %	10,00 %	10,00 %
▪ Welt	5,00 %	5,00 %	5,00 %
Aktien	**25,00 %**	**40,00 %**	**60,00 %**
▪ Schweiz	10,00 %	15,00 %	20,00 %
▪ Welt	15,00 %	25,00 %	40,00 %

Tab. 67

Für alle drei Indizes sind Datenreihen ab 31.12.1984 verfügbar. Das erlaubt eine Analyse seit Einführung des BVG-Obligatoriums in der Schweiz.

Pictet-BVG-Indizes 2000, Basis 100.00
Monatsendwerte: 31.12.1984–31.3.2017

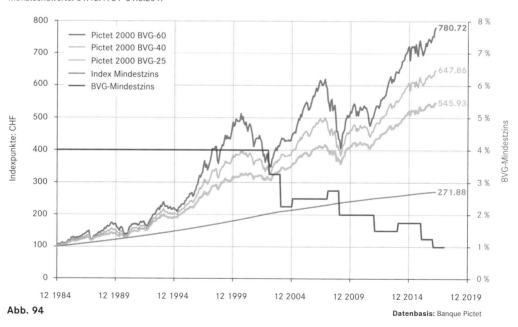

Abb. 94

Datenbasis: Banque Pictet

Vom 31.12.1984 bis zum 31.3.2017 bzw. vom 31.12.1999 bis zum 31.3.2017 rechnen sich folgende Performancekennzahlen:

Kennzahlen	BVG-25	BVG-40	BVG-60	BVG-Zins
31.12.1984–31.3.2017				
Jahresperformance	5,40%	5,96%	6,58%	3,15%
Jahresvolatilität	4,97%	7,11%	10,24%	
Sharpe Ratio (BVG-Zins)	0.45	0.40	0.34	
31.12.1999–31.3.2017				
Jahresperformance	3,19%	3,07%	2,79%	2,42%
Jahresvolatilität	4,33%	6,33%	9,33%	
Sharpe Ratio (BVG-Zins)	0.18	0.10	0.04	

Tab. 68

Im gesamten Betrachtungszeitraum (31.12.1984–31.3.2017) ist es allen drei Indizes gelungen, den BVG-Zins recht komfortabel zu schlagen. Das äussert sich in relativ hohen Sharpe Ratios. Pro Einheit Standardabweichung hat bspw. der BVG-25-Index den BVG-Zins um 0.45 Prozentpunkte übertroffen [(5.40−3.15)/4.97 = 0.45].

Für die Zeit nach dem 31.12.1999 fallen alle drei Sharpe Ratios recht ernüchternd aus. Risikoadjustiert erreicht bspw. der BVG-60-Index gerade einmal eine Sharpe Ratio von 0.04. Recht eigentlich frustrierend ist die Tatsache, dass sich das Eingehen von Risiko nicht gelohnt hat. Je höher die Standardabweichung und mithin das Risiko, desto tiefer die Rendite. Das zeigt, wie garstig das Umfeld für Pensionskassen im neuen Jahrtausend wirklich war.

B Pictet-BVG-Indizes 2005

Die Zusammensetzung und Gewichtung der Pictet-BVG-Indizes 2005 präsentiert sich wie folgt:

Anlageklassen	BVG-25 plus	BVG-40 plus	BVG-60 plus
Obligationen	**65,00%**	**50,00%**	**30,00%**
▪ CHF	40,00%	30,00%	15,00%
▪ Welt	25,00%	20,00%	15,00%
Aktien	**20,00%**	**30,00%**	**45,00%**
▪ Schweiz	7,50%	10,00%	15,00%
▪ Welt	12,50%	20,00%	30,00%
Immobilien	**10,00%**	**10,00%**	**10,00%**
▪ Schweiz	7,50%	5,00%	2,50%
▪ Welt	2,50%	5,00%	7,50%
Hedge Funds	**2,50%**	**5,00%**	**7,50%**
Private Equity	**2,50%**	**5,00%**	**7,50%**

Tab. 69

Für die BVG-Indizes 2005 sind Datenreihen seit Ende 1989 verfügbar:

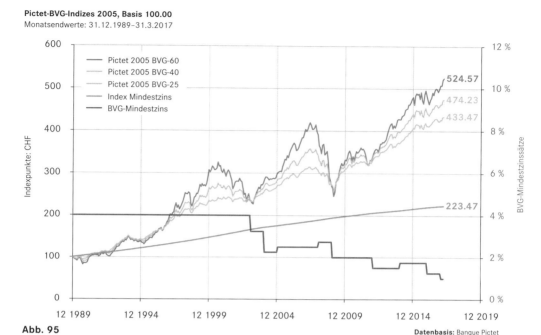

Pictet-BVG-Indizes 2005, Basis 100.00
Monatsendwerte: 31.12.1989–31.3.2017

Abb. 95

Datenbasis: Banque Pictet

Wie **Tabelle 70** zeigt, haben die 2005er-Indizes seit Ende 1999 besser abgeschnitten als die 2000er-Indizes. Das dürfte der breiteren Diversifikation geschuldet sein. Der Grundtenor bleibt allerdings derselbe: Das Eingehen von Risiko ist im neuen Jahrtausend nicht belohnt worden.

Gleich wie die 2000er-Indizes legen auch die 2005er-Indizes nahe, dass das Anlageumfeld vor der Jahrtausendwende um einiges einfacher gewesen sein muss. Und tatsächlich: Vom 31.12.1989 bis zum 31.12.1999 generierten 2005er-Indizes markant bessere Rendite-/Risikowerte (BVG-25 plus = 8,91 % / 5,42 %; BVG-40 plus = 10,22 % / 7,53 %; BVG-60 plus = 11,87 % / 10,54 %).

Kennzahlen	BVG-25 plus	BVG-40 plus	BVG-60 plus	BVG-Zins
31.12.1989–31.3.2017				
Jahresperformance	5,53 %	5,88 %	6,27 %	3,08 %
Jahresvolatilität	4,73 %	6,92 %	10,02 %	
Sharpe Ratio (BVG-Zins)	0.52	0.40	0.32	
31.12.1999–31.3.2017				
Jahresperformance	3,62 %	3,44 %	3,15 %	2,42 %
Jahresvolatilität	4,20 %	6,47 %	9,63 %	
Sharpe Ratio (BVG-Zins)	0.29	0.16	0.08	

Tab. 70

C Pictet-BVG-Indizes 2015

Die Zusammensetzung und Gewichtung der Pictet-BVG-Indizes 2015 präsentiert sich wie folgt:

Anlageklassen	BVG-25 2015	BVG-40 2015	BVG-60 2015
Obligationen	**65,00 %**	**50,00 %**	**30,00 %**
Obligationen CHF	45,00 %	30,00 %	10,00 %
Obligationen Industrieländer	10,00 %	10,00 %	10,00 %
Obligationen Schwellenländer	5,00 %	5,00 %	5,00 %
Obligationen Unternehmen	5,00 %	5,00 %	5,00 %
Aktien	**25,00 %**	**40,00 %**	**60,00 %**
Aktien Schweiz	10,00 %	15,00 %	20,00 %
Aktien Welt	15,00 %	20,00 %	30,00 %
Aktien Small Caps	0,00 %	5,00 %	10,00 %
Immobilienfonds Schweiz	**5,00 %**	**5,00 %**	**5,00 %**
Absolute Return	**5,00 %**	**5,00 %**	**5,00 %**

Tab. 71

Die jüngste Indexreihe hat die Banque Pictet bis zum 31.12.1993 zurückgerechnet:

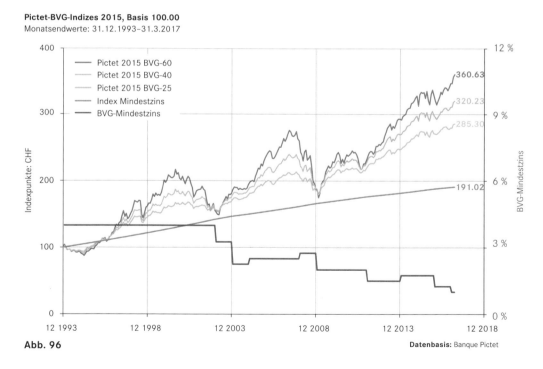

Pictet-BVG-Indizes 2015, Basis 100.00
Monatsendwerte: 31.12.1993–31.3.2017

Abb. 96   **Datenbasis:** Banque Pictet

Vom 31.12.1993 bis zum 31.3.2017 bzw. vom 31.12.1999 bis zum 31.3.2017 rechnen sich folgende Performancekennzahlen:

Kennzahlen	BVG-25 2015	BVG-40 2015	BVG-60 2015	BVG-Zins
31.12.1993–31.3.2017				
Jahresperformance	4,61%	5,13%	5,67%	2,82%
Jahresvolatilität	4,89%	7,02%	10,13%	
Sharpe Ratio (BVG-Zins)	0.37	0.33	0.28	
31.12.1999–31.3.2017				
Jahresperformance	3,39%	3,51%	3,46%	2,42%
Jahresvolatilität	4,37%	6,48%	9,55%	
Sharpe Ratio (BVG-Zins)	0.22	0.17	0.11	

Tab. 72

Auch die 2015er-Indizes machen deutlich, wie schwierig es bislang im neuen Jahrtausend war, eine angemessene risikoadjustierte Performance zu erzielen. Im Vergleich hat der Index BVG-40 2015 besser abgeschnitten als die «Pendants» 2000 und 2005. Dasselbe gilt für den Index BVG-60 2015.

4.3.3.2 Credit Suisse Schweizer Pensionskassen Index

Die Berechnung des Credit Suisse Schweizer Pensionskassen Index basiert auf den erzielten Renditen von schweizerischen Vorsorgeeinrichtungen (vor Abzug der Verwaltungskosten), deren Vermögenswerte bei der Credit Suisse im Rahmen eines Global Custody verwahrt werden. Die Vermögensverwaltung bzw. Beratung hingegen erfolgt durch die Pensionskassen selbst oder durch Dritte. Auf die Performance der jeweiligen Vorsorgeeinrichtungen hat die Credit Suisse in der Rolle als Global Custodian keinen Einfluss.

Credit Suisse Schweizer Pensionskassen Index
Monatsendwerte: 31.12.1999–31.3.2017

Abb. 97

Datenbasis: Banque Pictet

Vom 31.12.1999 bis zum 31.3.2017 (siehe **Abb. 97**) lag die Performance der erfassten Pensionskassen über weite Strecken deutlich unterhalb der geforderten BVG-Mindestverzinsung. Abbildung 97 zeigt ausserdem die vergleichsweise Entwicklung der Pictet-Indizes BVG-25 plus und BVG-40 plus. Man darf wohl sagen, dass dieser Vergleich nicht wirklich positiv ausfällt.

Die folgende Tabelle hält die Performancekennzahlen des CS Pensionskassen Index im Vergleich zum Index BVG-25 plus und zum Index BVG-40 plus fest, zunächst für die Zeit vom 31.12.1999 bis zum 31.3.2017, danach für die Zeit vom 28.2.2009 bis zum 31.3.2017. Der 28. Februar 2009 markiert das Tief nach dem Ausbruch der Finanzmarktkrise.

Kennzahlen	CS-PK-Index	BVG-25 plus	BVG-40 plus	BVG-Zins
31.12.1999–31.3.2017				
Jahresperformance	2,91%	3,62%	3,44%	2,42%
Jahresvolatilität	4,94%	4,20%	6,47%	
Sharpe Ratio (BVG-Zins)	0.10	0.29	0.16	
28.2.2009–31.3.2017				
Jahresperformance	5,50%	6,41%	7,91%	1,69%
Jahresvolatilität	3,72%	3,63%	5,35%	
Sharpe Ratio (BVG-Zins)	1.03	1.30	1.16	

Tab. 73

Sowohl in der langen als auch in der kurzen Sicht kann das Ergebnis der im CS-PK-Index erfassten Schweizer Pensionskassen mit den beiden Benchmarks nicht mithalten. Auffallend ist – vor allem risikoadjustiert – das gute Abschneiden des BVG-25 plus.

4.4 Zusammenfassung

Anlageberatung ist die sorgfältige und adressatengerechte Beratung eines Anlegers. Den Anlageentscheid (Kauf, Verkauf) fällt der Kunde und nicht die Bank. Anlageberatung kann sich auf einzelne Transaktionen beziehen oder auf Dauer angelegt sein. Die fallweise (transaktionsbezogene) Anlageberatung ist in der Regel gratis, d. h. sie ist in der Depotgebühr und/oder in der Transaktionsgebühr (Courtage) enthalten. Die auf Dauer angelegte Anlageberatung wird in einem schriftlichen Beratungsvertrag (Advisory Agreement) vereinbart und ist kostenpflichtig. Auch wenn die persönliche Beratung unentgeltlich ist, handelt es sich nicht bloss um eine Gefälligkeit. Ist die Beratung unsorgfältig oder nicht adressatengerecht, wird die Bank haftbar. Die Beratung ist unsorgfältig, wenn sie nicht wahr, nicht vollständig und nicht klar ist.

Bankinterne Vermögensverwaltung ist die – schriftlich vereinbarte – selbstständige, entgeltliche, sorgfältige und getreue Verwaltung von Kundenvermögen. Die Anlageentscheide fällt die Bank im Rahmen der gemeinsam festgelegten Anlageziele. Es lassen sich allgemeine und spezielle Vermögensverwaltungsverträge unterscheiden. Im ersten Fall bestimmt der Vermögensverwalter die Anlagestrategie aufgrund der vereinbarten Anlageziele selbst. Im zweiten Fall (spezielle Vermögensverwaltung) operiert der Vermögensverwalter aufgrund besonderer Weisungen des Kunden, bspw. im Rahmen einer Balanced-Strategie.

Um Klagen wegen schlechter Beratung, Verletzung von Sorgfaltspflichten, Nichterfüllung eines Vermögensverwaltungsauftrags oder gar Veruntreuung von Kundengeldern gegen Banken zu verhindern, hat die Schweizerische Bankiervereinigung Richtlinien für Vermögensverwaltungsaufträge erlassen. Sie gelten als Standesregeln und halten fest, wie Mandate abzuschliessen und abzuwickeln sind.

Im Vermögensverwaltungsgeschäft haben sich auch bankexterne Vermögensverwalter etabliert. Gegenüber der Bank tritt der externe Vermögensverwalter als Bevollmächtigter des Kunden auf. Viele Banken bieten den externen Vermögensverwaltern auch professionelle Unterstützung an. Diese kann in einem Zusammenarbeitsvertrag festgehalten werden.

Viel zu reden geben die sogenannten Vertriebsentschädigungen (Drittentschädigungen, Retrozessionen), die den Vermögensverwaltungsbanken und den bankexternen Vermögensverwaltern aus Anlagefonds oder strukturierten Produkten zufliessen. Grundsätzlich stehen die Vertriebsentschädigungen dem Vermögensverwaltungskunden zu. Nach der Rechtsprechung des Bundesgerichts ist die Pflicht zur Herausgabe jedoch nicht zwingend. Der Auftraggeber (Kunde) kann darauf verzichten. Die Gültigkeit eines solchen Vorabverzichts setzt jedoch voraus, dass der Auftraggeber über die zu erwartenden Retrozessionen vollständig und wahrheitsgetreu informiert ist.

Anlageberatung und Vermögensverwaltung stützen ihre Empfehlungen und Dispositionen auf Recherchen Dritter. Als Informationsquelle werden dabei Finanzanalysen besonders beachtet. Es ist unabdingbar, dass diese unvoreingenommen und nach bestem Wissen und Gewissen erstellt worden sind. Die Richtlinien der Schweizerischen Bankiervereinigung zur Sicherstellung der Unabhängigkeit der Finanzanalyse sind ein Beitrag dazu.

Kundengerechte und verantwortungsvolle Anlageberatung bzw. Vermögensverwaltung setzt voraus, dass das Rendite-/Risikoprofil des Kunden objektiv ermittelt worden ist. Das Rendite-/Risikoprofil (auch Kunden- oder Anlegerprofil genannt) lässt sich mittels Fragebogen bestimmen. Im Zentrum stehen die Renditeziele des Anlage- bzw. Vermögensverwaltungskunden in Relation zu dessen Risikotoleranz und persönlicher Anlagekompetenz. Im Rahmen der Risikotoleranz hat der Anlagehorizont des Kunden einen besonders hohen Stellenwert. Der Anlagehorizont ist hauptsächlich eine Funktion der aktuellen Lebensumstände. Das Lebenszyklusmodell kann die Analyse unterstützen und erleichtern.

Voraussichtlich auf Beginn des Jahrs 2019 wird das neue Finanzdienstleistungsgesetz (FIDLEG) in Kraft treten. Das FIDLEG ist die schweizerische Antwort auf MiFID II, die europäische Richtlinie über Märkte für Finanzinstrumente. Es soll einheitliche Wettbewerbsbedingungen schaffen, die Wettbewerbsfähigkeit des Finanzplatzes Schweiz stärken und den Anlegerschutz verbessern. Im Zentrum stehen höhere (formelle) Anforderungen an die Kundenberater (Aus- und Weiterbildung, Eintrag in ein Beraterregister), differenzierte Informations-/Abklärungsauflagen, minutiöse Dokumentationspflichten und die Schaffung einer Ombudsstelle. Heute (Frühjahr 2017) darf man davon ausgehen, dass der Entwurf des Bundesrats vom November 2015 im parlamentarischen Prozess nicht mehr gross korrigiert wird. Ob das FIDLEG den Praxistest bestehen und für Kunden und Finanzdienstleister echten Mehrwert schaffen wird, ist schwer absehbar. Übertriebene Hoffnungen sind wohl fehl am Platz.

In der standardisierten Anlageberatung und Vermögensverwaltung vereinbaren Kunde und Bank auf der Basis des Anlegerprofils meist eine bestimmte Anlagestrategie. Typisch sind die Anlagestrategien Income für defensive Anleger, Yield für progressive Anleger, Balanced für offensive Anleger und Growth für aggressive Anleger. Um abzuschätzen, was in Zukunft sein kann, ist das aufmerksame Studium historischer Datenreihen unabdingbar. Seriöse Kundenberatung erfordert – neben hoher Fach- und Sozialkompetenz – ein ausgeprägtes Mass an Risikokompetenz.

Institutionelle Investoren wie Pensionskassen, Versicherungsgesellschaften oder Anlagefonds sind bei der Vermögensanlage an gesetzliche Vorgaben gebunden. Für Pensionskassen setzt das Berufsvorsorgegesetz (BVG) die Leitplanken, konkretisiert in der Verordnung über die berufliche Alters-, Hinterlassenen- und Invalidenvorsorge (BVV2).

Für Pensionskassen hat die Banque Pictet & Cie. SA viel beachtete Benchmarks entwickelt. Bereits im Jahr 1985 hat sie den BVG-Index 93 lanciert. Später folgten die Indexfamilien BVG 2000 (BVG-25, BVG-40, BVG-60), BVG 2005 (BVG-25 plus, BVG-40 plus, BVG-60 plus) und BVG 2015 (BVG-25 2015, BVG-40 2015, BVG-60 2015). Eine wertvolle Ergänzung ist der Credit Suisse Schweizer Pensionskassen Index. Er basiert auf den erzielten Renditen von schweizerischen Vorsorgeeinrichtungen.

5 Technische Analyse

Einführung und Lernziele

In diesem Kapitel thematisieren wir die Grundzüge der Technischen Analyse. Technische Analyse ist das Studium von Marktbewegungen, in erster Linie durch den Einsatz von Kursbildern, um künftige Kurstrends vorherzusagen. Der Begriff «Marktbewegung» umfasst zwei Aspekte: Kurs und Umsatz. Bei Futures und Optionen kommt der Faktor «Open Interest» dazu. Open Interest bezeichnet die Summe aller offenen Positionen in einem Termin- oder Optionskontrakt.

Der Markttechniker

Noch erfüllen Sonova die Kaufkriterien nicht ganz

Warum bin ich immer noch der Auffassung, dass die Aktienmärkte einen Boden bilden, der von einem mittelfristigen Aufwärtstrend abgelöst werden wird? Wegen der Art, wie sie auf den Nachrichtenfluss reagieren. Ein Blick auf die wichtigsten Indizes zeigt es: ein Ausverkauf, eine Erholung bis zum fallenden gleitenden 20- oder 40-Wochen-Durchschnitt, gefolgt von einem weiteren Rückschlag.

Dieser ist der wichtige Informant: Er folgt, nachdem die Bollinger-Bänder eine Blase ausgebildet haben, was besagt, dass ab diesem Zeitpunkt die gleitenden Durchschnitte nicht mehr beachtet werden sollen, und weil sie auf negative Reaktionen nicht nach unten durchstarten, sondern sich nach deutlichen Rückschlägen während weniger Tage erholen.

Was sie erwarten und mögen

Die Aktienmärkte sind durchaus noch volatil, aber aus ihren Reaktionen lässt sich recht klar herauslesen, was sie erwarten und was sie mögen: Sie erwarten ein pragmatisches Vorgehen in Bezug auf die die westliche Welt bedrückenden Schuldenprobleme, salopp gesagt à la Barry Eichengreen und nicht dogmatisch à la Jürgen Stark. Die Mehrheit der Marktteilnehmenden begrüsst dieses Vorgehen, wie z. B. der Kurssprung vom 30. November demonstriert.

Einzelne von uns mögen die Rezeptur gerne sehen oder nicht. Unsere Aufgabe besteht jedoch nicht darin, die Schuldenkrise zu regeln, sondern, dafür zu sorgen, dass weder wir noch, wenn wir für Drittparteien handeln, unsere Klienten in Probleme geraten. Dafür müssen wir in den Märkten navigieren und nicht prognostizieren, und dazu müssen wir eben die Märkte systematisch beobachten und die Signale, die sie senden, aufnehmen.

Die Stammleserschaft dieser Kolumne weiss, dass es eine grosse Rolle spielt, ob sich die meisten Aktien ähnlich verhalten (homogenes Muster) oder stark divergieren (heterogenes Muster). Das kann nicht an den Indizes abgelesen werden, weil sie kapitalgewichtet sind. Es geht nur über die Erfassung der einzelnen Aktien.

Bollinger-Bänder

Um Ähnlichkeit zu erkennen, ist es notwendig, Instrumente wie die Bollinger-Bänder einzusetzen, die sowohl Trends als auch die für Trendwenden typische Veränderung der Volatilität in vergleichbarer Weise dokumentieren. Bei meiner Vorgehensweise kommen 76% der Aktien im Sektor Health Care auf die Einstufung «attraktiv», 31% sind attraktiver als S&P 500 und DJ Stoxx 600.

Sonova gehören zur Industriegruppe Health Care Equipment & Supplies, von der nur 20% attraktiver als die genannten Indizes sind. Die Industriegruppe schneidet auf dem letzten Platz im Sektor Health Care ab. Die Titel Sonova weisen eine positive relative Attraktivität von 1,01 zu S&P 500 und DJ Stoxx 600, von 1,03 zum Sektor und 1,04 zur Industriegruppe und zum SPI auf. Eine Regel lautet, dass eine Aktie eine relative Attraktivität von 1,1 aufweisen muss, um gekauft zu werden. Diese Zahl ist so hoch, damit man in einem positiven Markttumfeld nicht mit Kaufkandidaten überschwemmt wird.

Zum Schluss stelle ich fest, dass die Valoren Sonova zwar durchaus attraktive Papiere sind, aber gegenwärtig nicht ganz die Kriterien erfüllen, die ich für den Kauf einzelner Titel aufgestellt habe.

ALFONS CORTES www.alfonscortes.com

Die Meinung des Autors muss nicht mit jener der Redaktion übereinstimmen.

Abb. 98   Beispiel eines technischen Kommentars aus der *Finanz und Wirtschaft* vom 7. Dezember 2011

Die Technische Analyse beruht auf drei Grundannahmen:

1. Die Marktbewegung diskontiert alles.
2. Kurse bewegen sich in Trends.
3. Die Geschichte wiederholt sich selbst.

Technische Analysten glauben daran, dass alles, was die Kurse beeinflussen kann, im Marktpreis reflektiert wird. Wenn dem so ist, genügt es, die Kursbewegungen als solche zu analysieren. Nach den Ursachen zu forschen, weshalb Märkte oder Kurse steigen bzw. fallen, überlassen die Techniker gerne den Fundamentalisten.

Technische Analysten versuchen, vorherrschende Trends zu bestimmen. Sie folgen diesen Trends, bis die Anzeichen für eine Trendumkehr überwiegen. Ein Trend in Bewegung, so die Argumentation, setzt sich mit grösserer Wahrscheinlichkeit fort, als dass er sich umkehrt.

Marktteilnehmer sind lernresistent. Sie ändern ihr Verhalten – vor allem, wenn es von Gier und Angst begleitet wird – kaum. Bestimmte Verhaltensweisen von Marktteilnehmern generieren typische Kursformationen. Spürt der Techniker solche Formationen auf, geht er davon aus, dass sich diese in bekannter Manier ausbilden. Wenn sich Kursgeschichten tatsächlich wiederholen, sind Prognosen möglich.

Das Studium von Kursbildern (Charts) steht im Zentrum der Technischen Analyse. Wir machen uns deshalb zunächst mit den verschiedenen Darstellungsformen vertraut. Danach lernen wir ausgewählte Analysetechniken kennen. Wir unterscheiden dabei zwischen Gesamtmarktanalyse und Einzelwertanalyse. Obschon die Technische Analyse «universell» einsetzbar ist, betonen wir die Aktienmarktanalyse.

Lernziele

Nach dem Studium dieses Kapitels kann der Leser

- arithmetisch und logarithmisch skalierte Charts erkennen;
- zwischen Liniencharts, Balkencharts, Kerzencharts und Point & Figure Charts unterscheiden;
- die Adjustierung von Aktienkursen und die charttechnischen Implikationen beschreiben;
- die Dow-Theorie und die Elliott-Wellen-Theorie in ihren Grundzügen erklären;
- die Herleitung der Advance-Decline Line erläutern;
- die verschiedenen Ausprägungen gleitender Durchschnitte (ungewichtete, gewichtete, Prozentbänder, Bollinger-Bänder) beschreiben und interpretieren;
- die Konstruktion von Oszillatoren (Momentum, RSI, Stochastik, MACD) darlegen und interpretieren;
- die Bedeutung von Trendlinien und Trendkanälen sowie von Unterstützungs- und Widerstandslinien erörtern;
- wichtige Trendbestätigungs- und Trendumkehrformationen skizzieren.

5.1 Charts (Kursbilder)

Kursbilder (Charts) stellen die historische Entwicklung von Aktienindizes, Aktienkursen, Wechselkursen, Edelmetallnotierungen oder etwa von Warenpreisen (z. B. Kaffee, Baumwolle, Weizen, Rohöl) grafisch dar.

Charts umfassen wenigstens drei Elemente: eine Preisachse, eine Zeitachse und die Preisnotierungen. Je nach Gestaltung dieser Elemente ergeben sich unterschiedliche Arten von Charts:

Im Folgenden gehen wir zunächst auf die Skalierung der Preis- und der Zeitachse näher ein. Danach beschreiben wir die Linien-, Balken- und Kerzencharts sowie die Point & Figure Charts. Ergänzend thematisieren wir die Adjustierung von Aktienkursen bzw. von Aktiencharts.

5.1.1 Skalierung der Preisachse

Die Preisachse (y-Achse) von Charts kann arithmetisch oder logarithmisch skaliert sein.

Bei **arithmetisch (linear) skalierten Charts (Abb. 99)** sind die Abstände zwischen den Notierungen (z. B. CHF 100.00, CHF 200.00, CHF 300.00 usw.) gleich lang. Ein Preisanstieg von 100.00 auf 200.00 kommt deshalb optisch gleich daher wie ein solcher von 600.00 auf 700.00. Ebenso wirkt ein Kursrückgang von 400.00 auf 300.00 gleich gravierend wie ein solcher von 700.00 auf 600.00.

Tatsächlich sind gleich hohe Kursgewinne/-verluste (z. B. +/− 100.00) auf unterschiedlichen Preisniveaus prozentual nicht dasselbe. Ein Kursrückgang von 400.00 auf 300.00 entspricht einem Minus von 25 %, ein solcher von 700.00 auf 600.00 einem Minus von 14,29 %. Diesen Nachteil heben **logarithmisch skalierte Charts (Abb. 100)** auf. Sie basieren auf stetigen Renditen und geben Kursgewinne/-verluste – unabhängig vom Preisniveau – optisch gleich wieder. Kursveränderungen werden prozentual dargestellt. Logarithmisch skalierte Charts stehen vor allem bei Trendanalysen im Vordergrund. Langfristcharts lassen sich in der Regel nur auf logarithmischer Basis sinnvoll interpretieren.

Charts auf Excel-Basis lassen sich durch Doppelklick der y-Achse und Aktivierung/Deaktivierung der logarithmischen Skalierung problemlos konvertieren. Auch die Charts von Finanzdienstleistern und Datenprovidern sind in aller Regel arithmetisch und logarithmisch verfügbar.

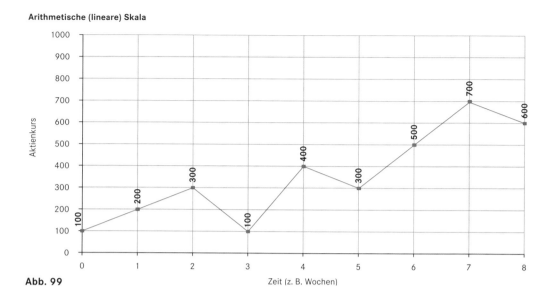

Abb. 99

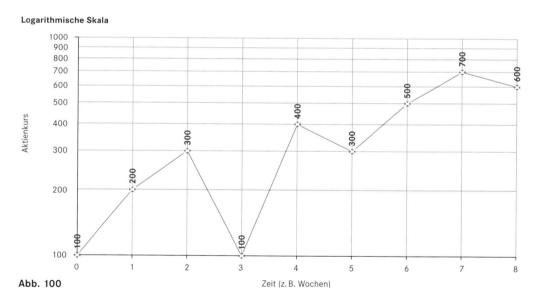

Abb. 100

5.1.2 Skalierung der Zeitachse

Im Sinn eines Top-down-Ansatzes beginnt die Technische Analyse in der Regel auf der Basis von Langfristcharts. John J. Murphy, einer der bekanntesten Technischen Analysten der USA und Autor eines Standardwerks, empfiehlt als Ausgangsbasis einen 20-Jahres-Chart mit monatlichen Kursdaten, danach einen 5-Jahres-Chart mit Wochendaten und schliesslich einen Sechs-Monats-Chart mit Tagesdaten. Wer noch weiter gehen will, kann Intraday Charts heranziehen und die jüngsten Kursbewegungen quasi mikroskopisch untersuchen.

Langfristcharts (logarithmisch skaliert) zeichnen sich dadurch aus, dass sie vorherrschende Trends am besten erkennen lassen. Wer übergeordnete Trends ignoriert und nur auf mittel- oder kurzfristige Charts abstellt, darf sich nicht wundern, wenn er mit seinen Analysen zu oft daneben liegt.

Gelegentlich wird darüber gestritten, ob Langfristcharts um die aufgelaufene Teuerung oder Wechselkurseffekte zu bereinigen sind. Aus der Optik der Technischen Analyse macht die Inflations- oder Währungsbereinigung wenig Sinn. Sie widerspräche einem Kernpunkt der Technischen Analyse, wonach Kurse alles diskontieren. Das schliesst die Inflation oder Währungseffekte ein.

Auch die Zeitachse lässt sich notabene logarithmisch skalieren. Für die Chartanalyse ergibt sich daraus kaum ein Zusatznutzen.

5.1.3 Linien-, Balken- und Kerzencharts

Liniencharts (englisch: Line Charts) entstehen, indem die Schlusskurse aufeinanderfolgender Zeiteinheiten (Tage, Wochen, Monate, Quartale usw.) durch eine Linie miteinander verbunden werden. Der arithmetisch (linear) skalierte Linienchart für NOVN **(Abb. 101)** basiert auf Tagesschlusskursen. Er wird ergänzt durch die täglichen Börsenumsätze. Charttechniker widmen

Abb. 101

der Zu- bzw. Abnahme von Börsenumsätzen vor allem bei der Analyse von Chartformationen besondere Aufmerksamkeit.

Balkencharts (englisch: Bar Charts) geben für jede Zeiteinheit (Tage, Wochen, Monate, Quartale usw.) den Eröffnungskurs, den Höchstkurs, den Tiefstkurs und den Schlusskurs an. Das obere Ende jedes Balkens symbolisiert den Höchstkurs, das untere Ende den Tiefstkurs. Ein Querstrich rechts eines Balkens kennzeichnet den Schlusskurs, ein Querstrich links den Eröffnungskurs. Der arithmetisch (linear) skalierte Bar Chart für NOVN **(Abb. 102)** basiert auf Wochendaten. Er wird ergänzt durch das Momentum. Wir gehen weiter hinten darauf ein.

Die Bezeichnung **Kerzenchart** (englisch: Candlestick Chart) leitet sich aus der speziellen Darstellungsform ab, die an das Bild einer Kerze erinnert. Die Höhe der Kerze wird durch die Differenz von Schlusskurs und Eröffnungskurs bestimmt. Ist die Differenz positiv (Aufwärtsbewegung), wird die Kerze weiss oder grün, andernfalls (Abwärtsbewegung) schwarz oder rot gezeichnet. Der Höchstkurs wird durch eine obere vertikale Linie kenntlich gemacht (Docht), der Tiefstkurs durch eine untere Linie (Lunte). Mithilfe von Kerzencharts wird unter anderem versucht, beginnende Aufwärts- und Abwärtstrends zu orten. Ein Kaufsignal wird z. B. angenommen, wenn eine fallende Abfolge schwarzer Kerzen in eine Aufwärtsbewegung weisser Kerzen übergeht. Der arithmetisch skalierte Kerzenchart für NOVN **(Abb. 103)** basiert auf Wochendaten. Er wird ergänzt durch den Relative Strength Index (RSI). Wir werden den RSI weiter hinten erläutern.

Balkenchart

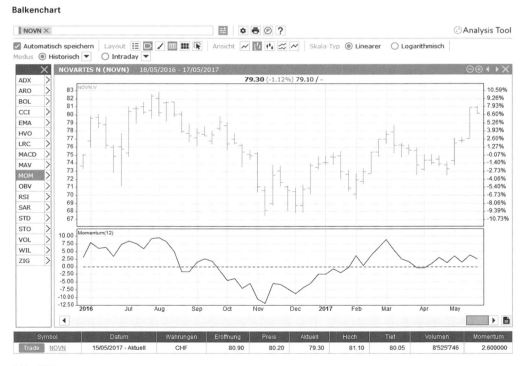

Abb. 102

Kerzenchart

Abb. 103

Wie ersichtlich, haben wir für die Balken- und Kerzencharts eine Wochenbasis gewählt. Dies empfiehlt sich ab einer Zeitspanne von sechs bis neun Monaten. Balken- und Kerzencharts auf Monatsbasis sind bei einem Betrachtungszeitraum ab fünf Jahren angezeigt. Für sehr lange Zeiträume eignen sich generell nur Charts auf Jahres- oder allenfalls auf Quartalsbasis.

5.1.4 **Point & Figure Charts**

Point & Figure Charts gelten als die älteste Form der Chartdarstellung in der westlichen Welt. Sie werden auf Papier gezeichnet, das in gleich grosse Kästchen eingeteilt ist. Aufgebaut sind die Point & Figure Charts aus «X»-Säulen, die steigende Kurse darstellen, und «O»-Säulen, die für fallende Kurse stehen.

Die Höhe eines Kästchens symbolisiert eine minimale Kursbewegung. Die Kästchenhöhe («box size») kann z. B. mit CHF 0.50, CHF 1.00 oder CHF 5.00 definiert sein. Kursbewegungen werden nur registriert, wenn sie aus dem Kästchen nach oben oder nach unten ausbrechen. Ist die Kästchenhöhe z. B. mit CHF 1.00 bestimmt, zieht ein Kursanstieg von CHF 68.00 auf CHF 68.99 keinen Eintrag nach sich. Ein «X» (bei 69.00) wird erst notiert, wenn die Marke von CHF 69.00 erreicht oder überschritten wird. Sinkt bspw. der Kurs einer Aktie von CHF 78.50 auf CHF 77.99, wird ein «O» bei 77.00 generiert. Ein weiteres «O» (bei 76.00) wird erst fällig, wenn der Kurs die Marke von CHF 77.00 unterschreitet.

Point & Figure Charts sind so angelegt, dass sie Kursbewegungen nach oben oder nach unten nur dann offenlegen, wenn sie zwei oder mehr Kästchen umfassen. Typisch sind mindestens drei Kästchen. Steigt – bei einer «box size» von CHF 1.00 – der Aktienkurs von bspw. von CHF 66.80 auf CHF 69.80, werden drei «X» übereinander eingezeichnet (bei 67.00, 68.00 und 69.00). Sinkt der Kurs zwischenzeitlich z. B. auf CHF 67.20 und erholt er sich wieder auf CHF 69.50, wird der Kurstaucher ignoriert. Nur wenn der Kurs unter CHF 67.00 sinkt, wird eine neue «O»-Säule (bei 68.00, 67.00 und 66.00) eröffnet.

Der (fiktive) Point & Figure Chart **(Abb. 104)** ist ein sogenannter 1x3-Chart. Die Kästchenhöhe («box size») beträgt CHF 1.00 und es werden nur Kursbewegungen dargestellt, die mindestens drei Kästchen umfassen. Wie sich leicht nachvollziehen lässt, würde bspw. ein 2x5-Chart (Kästchenhöhe = CHF 2.00, Offenlegung ab mindestens fünf Kästchen) deutlich weniger Kursbewegungen registrieren.

Steigt eine neue «X»-Säule über das Top der vorherigen «X»-Säule, löst dies ein Kaufsignal aus. Ein Verkaufssignal ergibt sich dagegen, wenn eine neue «O»-Säule unter die vorherige «O»-Säule fällt.

Point & Figure Charts lassen dreierlei besonders gut erkennen: Trends, Unterstützung und Widerstand. Im mittleren Bereich unseres Chart-Beispiels wird ersichtlich, wie sich von Mai bis August 2016 ein Widerstand zwischen CHF 70.00 und CHF 71.00 ausbildet. Die Lows steigen dagegen an. Als der Widerstand bricht und der Aktienkurs über CHF 71.00 steigt,

Point & Figure Chart

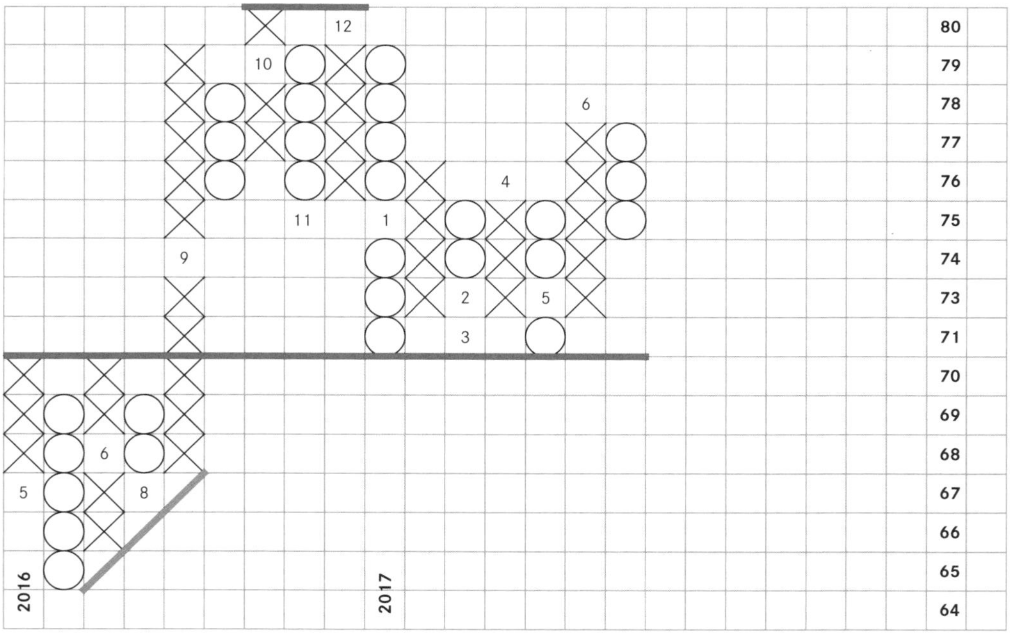

Abb. 104

ergibt sich ein Kaufsignal. Zwischen CHF 80.00 und CHF 81.00 bildet sich dann im letzten Quartal 2016 ein neuer Widerstand aus. Die anschliessende Korrektur wird im Bereich der alten Widerstandslinie gestoppt. Aus dem ursprünglichen Widerstand ist eine Unterstützung geworden.

5.1.5 Adjustierung von Aktienkursen

Nach Kapitalerhöhungen, Gewinnausschüttungen in Form von Gratisaktien (Stockdividenden), Aktienteilungen (Splits) usw. sind die Aktienkurse nicht mehr mit den Kursen vor solchen Operationen vergleichbar. Um dennoch vergleichbare Zahlenreihen zu erhalten, adjustiert man die Aktienkurse nach einem Verfahren, das davon ausgeht, dass ein seinerzeit investiertes Kapital über die ganze Periode gleich bleibt.

Bei **Kapitalerhöhungen** werden die historischen Kurse vor dem Bezugsrechtsabgang um einen Adjustierungsfaktor wie folgt korrigiert:

$$\text{Adjustierungsfaktor} = \frac{\text{Kurs ex Bezugsrecht}}{\text{Kurs inklusive Bezugsrecht}}$$

Beim Kurs inklusive Bezugsrecht ist es in der Schweiz üblich, den an der Börse für ein Bezugsrecht bezahlten Preis zum Kurs ex Bezugsrecht hinzuzuzählen.

Beispiel

Die Y AG hat ihr Aktienkapital von CHF 50 Mio. auf CHF 60 Mio. erhöht. Der Bezugspreis für eine neue Namenaktie wurde mit CHF 600.00 angesetzt. Am Tag vor dem Bezugsrechtsabgang notierte die Namenaktie (Nennwert CHF 100.00) mit CHF 920.00, am Ende des ersten Tages des Bezugsrechtshandels zu CHF 860.00. Für ein Bezugsrecht wurden CHF 65.00 bezahlt. Welches ist der adjustierte Vortageskurs?

Lösung

$$\text{Adjustierter Vortageskurs} = \frac{860}{860 + 65} \cdot 920 = \mathbf{855.35}$$

Bei **Splits** und **Gratisaktien** gibt es keine Bezugsrechte. Die historischen Kurse werden deshalb nach folgendem theoretischen Verfahren adjustiert:

$$\text{Adjustierungsfaktor} = \frac{\text{bisherige Anzahl Aktien}}{\text{neue Anzahl Aktien}}$$

Beispiel

Die Z AG hat den Nennwert ihrer Namenaktien von bisher CHF 200.00 auf CHF 10.00 reduziert. Am Tag vor dem Split notierte die Namenaktie mit CHF 2400.00. Welches ist der adjustierte Vortageskurs?

Lösung

Adjustierter Vortageskurs $= \dfrac{1}{20} \cdot 2400 = $ **CHF 120.00**

Bei **Nennwertrückzahlungen** werden die historischen Kurse wie bei Dividenden in der Regel nicht um einen Adjustierungsfaktor korrigiert. Eine Korrektur erfolgt nur dann, wenn es sich um eine – bezüglich Höhe – ausserordentliche Ausschüttung handelt. In einem solchen Fall wird auch die Ermittlung der relevanten Indizes angepasst.

5.2 Verfahren der Technischen Analyse

Ähnlich der Fundamentalanalyse kann auch bei der Technischen Analyse zwischen Gesamt-marktanalyse und Einzelwertanalyse unterschieden werden. Wie die folgende Übersicht zeigt, sind die meisten charttechnischen Methoden – davon ausgenommen ist etwa die Advance-Decline Line – sowohl bei der Gesamtmarktanalyse als auch bei der Einzelwertanalyse anwendbar.

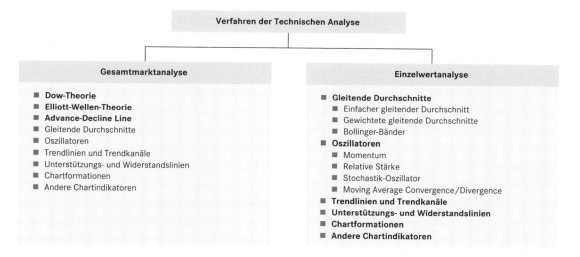

Wir führen zunächst in die Verfahren der Gesamtmarktanalyse ein. Diese beziehen sich auf Aktienmärkte bzw. auf Aktienindizes. Im Zentrum stehen die Dow-Theorie und die Elliott-Wel-len-Theorie. Ergänzend beschreiben wir das Konzept der Advance-Decline Line. Anschliessend widmen wir uns einer Auswahl von Techniken, die «universell» anwendbar sind: gleitende Durchschnitte, Oszillatoren usw.

5.2.1 Dow-Theorie

Aus der Beobachtung des von ihm entwickelten Index glaubte Charles H. Dow drei grundsätz-liche Trends ausmachen zu können. Er bezeichnete sie als Primärtrend, Sekundärtrend und Tertiärtrend. Primärtrends sind langfristige Trends, die ein Jahr oder länger dauern. Sekundär-trends dauern in der Regel drei Wochen bis drei Monate. Tertiärtrends sind kurzfristige Trends, die normalerweise weniger als drei Wochen dauern. Dow konzentrierte seine Aufmerksamkeit auf primäre bzw. langfristige Trends.

Die Dow-Theorie **(Abb. 105)** besagt, dass sich Trendwenden aus der Kursentwicklung erkennen lassen. Bei einem Abwärtstrend liegt nach der Dow-Theorie typischerweise jedes Tief unter dem vorhergehenden Tief und jedes Hoch unter dem vorhergehenden Hoch. Entspre-chend liegt in einem Aufwärtstrend jedes Hoch über dem vorhergehenden Hoch und jedes Tief

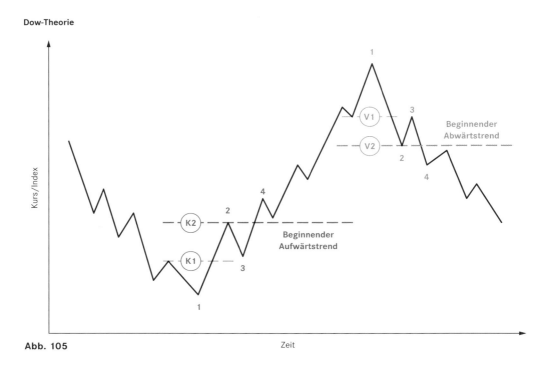

Abb. 105

über dem vorhergehenden Tief. Liegt nach einem Abwärtstrend nun plötzlich ein Tief über dem vorhergehenden Tief und das darauffolgende Hoch über dem vorhergehenden Hoch, geht man davon aus, dass sich der Abwärtstrend in einen Aufwärtstrend gewandelt hat. Umgekehrt ist ein Aufwärtstrend in einen Abwärtstrend umgeschlagen, wenn nach einer Aufwärtsbewegung ein Tief unter dem vorhergehenden Tief liegt und ein Hoch unter dem vorhergehenden Hoch. Dieses Signal für einen Trendwechsel wird nach der Dow-Theorie dann als signifikant angesehen, wenn es nicht nur beim Index für Industriewerte (DJIA), sondern auch beim Index für Transportwerte (DJTA) auftritt.

Im Sinn der Dow-Theorie sind Handelsvolumen ein wichtiger Zusatzindikator. In einem primären Aufwärtstrend werden steigende Kurse von anziehenden Umsätzen begleitet und umgekehrt. Anders bei einem primären Abwärtstrend. Hier steigen die Volumen bei sinkenden Kursen und lassen bei steigenden Kursen nach.

Anhänger der Dow-Theorie sind sich nicht immer einig, wann der Kursverlauf **(Abb. 105)** ein echtes Umkehrsignal markiert. Während die einen schon beim Durchbrechen der Linien K1 bzw. V1 ein- bzw. aussteigen, tun dies andere erst beim Durchstossen der Linien K2 bzw. V2. So oder so liefert die Dow-Theorie relativ späte Signale. Ob Charles H. Dow seine Theorie wirklich so interpretiert haben wollte, ist allerdings fraglich.

5.2.2 Elliott-Wellen-Theorie

Ralph Nelson (R. N.) Elliott entwickelte seine Theorie in den späten 1930er-Jahren. Gleich wie Charles H. Dow war er der Ansicht, Aktienmärkte entwickelten sich wellenförmig. Anders als Dow glaubte Elliott jedoch an einen Aktienmarktverlauf, der quasi naturgesetzlich einem wellenförmigen Schema folgt.

In ihrer einfachsten Form besagt die Elliott-Wellen-Theorie, dass Aktienmärkte einem sich wiederholenden Rhythmus von Impuls- und Korrekturwellen folgen. Ein Haussezyklus (Bull Market) umfasst drei Impuls- und zwei Korrekturwellen, ein Baissezyklus (Bear Market) zwei Korrektur- und eine Impulswelle. Ein kompletter Zyklus umfasst demnach acht Wellen.

Die fünf Wellen eines **Haussezyklus** werden mit 1 bis 5 nummeriert. Die aufwärts gerichteten Wellen 1, 3 und 5 qualifizieren sich als Impulswellen, die zwei – gegen den Trend – abwärts gerichteten Wellen 2 und 4 als Korrekturwellen. Die drei Wellen eines **Baissezyklus** werden mit Buchstaben (a, b, c) bezeichnet. Die abwärts gerichteten Wellen a und c qualifizieren sich als Korrekturwellen, die – gegen den Trend – aufwärts gerichtete Welle b als Impulswelle.

Elliott-Wellen-Muster – so die Theorie – lassen sich auf jeder «Zeitebene» beobachten, seien es mehrere Jahrzehnte, Jahre, Monate, Wochen, Tage oder bloss ein paar Stunden. In diesem Sinn ist jede Impuls- bzw. Korrekturwelle Teil einer über- bzw. untergeordneten Struktur. So versteht sich der Haussezyklus in **Abbildung 106** als übergeordnete Impulswelle und der Baissezyklus als Korrekturwelle. Ebenso lässt sich Welle 1 als Oberstruktur eines Haussezyklus und Welle 2 eines Baissezyklus interpretieren. In gleicher Weise überlagert Welle a einen Baissezyklus und Welle b einen Haussezyklus.

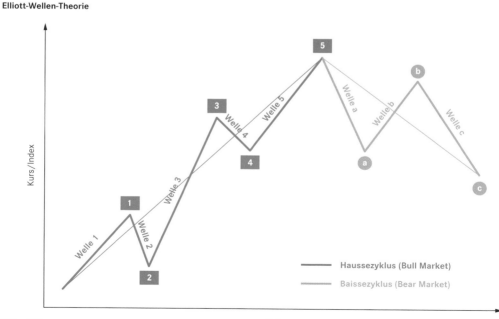

Abb. 106

Elliott-Wellen-Theorie

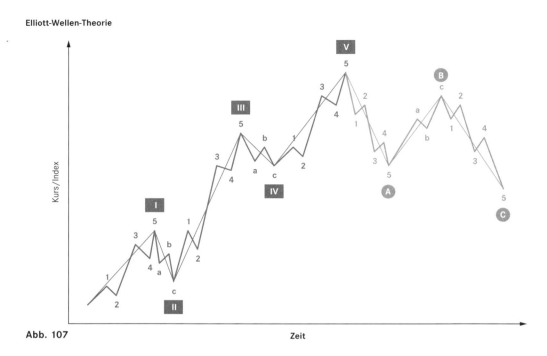

Abb. 107   Zeit

Abbildung 107 macht den eben aufgezeigten Zusammenhang deutlich. Wie ersichtlich, entspricht die Primärstruktur jener von **Abbildung 106**. Um die Hierarchie hervorzuheben, haben wir den Haussezyklus mit römischen Zahlen (I bis V) und den Baissezyklus mit Grossbuchstaben (A, B, C) markiert. Welle I besteht aus drei untergeordneten Impuls- und zwei Korrekturwellen. Welle II überlagert zwei Korrekturwellen und eine Impulswelle.

Bei genauerem Hinsehen wird deutlich, dass Welle A fünfteilig und Welle B dreiteilig ist. Grund dafür ist die von Elliott vertretene Einschätzung, wonach Wellen, die mit dem Trend laufen, fünfteilig und jene, die gegen den Trend laufen, dreiteilig sind. Entsprechend ist auch Welle C fünfteilig.

Nimmt man die Elliott-Wellen-Theorie zum Nennwert, kann ein fünfteiliger Abschwung in Anschluss an einen Bull Market nicht das Ende einer Korrektur bedeuten. Vielmehr ist er als erste Korrekturwelle (A) eines nach wie vor geltenden Bear Market zu interpretieren.

Ein vollständiger Elliott-Zyklus besteht aus fünf Hausse- und drei Baissewellen, also insgesamt acht Wellen. Bricht man den Zyklus auf die nächsttiefere Ebene herunter, ergeben sich insgesamt 34 Wellen. Die Zahlen 3, 5, 8, 34 sind sogenannte Fibonacci-Zahlen, benannt nach deren «Erfinder» Leonardo Fibonacci. Sie spielen in der Elliott-Wellen-Theorie eine ganz besondere Rolle.

Leonardo Pisano und die Fibonacci-Zahlenreihe

Über das Leben von Leonardo Pisano, den man heute praktisch nur noch unter seinem Beinamen Fibonacci kennt, ist wenig bekannt. Vermutungen führen zum Geburtsjahr um 1170. Das Todesjahr wird nach 1240 angenommen. Der Geburts- und Todesort ist wahrscheinlich Pisa. Für viele gilt Fibonacci als der bedeutendste Mathematiker des Mittelalters. Seine nach ihm benannte Zahlenreihe hat damit allerdings wenig zu tun.

Die Fibonacci-Zahlenfolge beginnt wie folgt: 1, 1, 2, 3, 5, 8, 13, 21, 34, 55, 89, 144 usw. Dabei gilt: $1 + 1 = 2$, $1 + 2 = 3$, $2 + 3 = 5$, $3 + 5 = 8$, $5 + 8 = 13$, $8 + 13 = 21$, $13 + 21 = 34$, $21 + 34 = 55$, $34 + 55 = 89$, $55 + 89 = 144$ usw. Das Besondere an dieser Zahlenfolge ist, dass sie mit einem praktisch konstanten Faktor von 1.618 wächst. Zumindest ist es so, dass die Division einer Fibonacci-Zahl durch die nächst tiefere mehr und mehr den Wert 1.618 annimmt ($21 \div 13 = 1.615$, $89 \div 55 = 1.618$, $144 \div 89 = 1.618$, $233 \div 144 = 1.618$, usw.). Auch die Division der kleineren durch die grössere Zahl ergibt einen praktisch konstanten Wert von 0.618 ($55 \div 89 = 0.618$, $89 \div 144 = 0.618$ usw.). Teilt man eine Fibonacci-Zahl durch die vorletzte (z. B. $144 \div 55$), rechnet sich jeweils ein Wert von ziemlich genau 2.618. Der reziproke Wert davon ist 0.382 (z. B. $55 \div 144$).

Die Fibonacci-Zahlen und die Fibonacci-Quotienten bilden die Grundlage eines komplexen Regelwerks, das für Outsider nur schwer ergründbar ist. Es umfasst, neben der bereits aufgezeigten Wellenstruktur, Regeln über die Wellenhöhe und deren Verhältnisse untereinander (Ratio-Analyse), aber auch Hinweise über die Wellenlänge (Zeitanalyse). Eine einfache Zeitregel besagt etwa, dass Kurstiefs und Kurshochs einem Fibonacci-Muster folgen, also in Abständen einer entsprechenden Anzahl Tage, Wochen, Monate oder Jahre eintreten. In das Elliott-Regelwerk eingebettet ist die Analyse bzw. Interpretation von Chartformationen, auf die wir weiter hinten eingehen werden.

Ausgewählte Regeln der Elliott-Wellen-Theorie

Aus einer Unmenge von Regeln seien hier einige herausgepickt:

- Verglichen mit Welle 1 und 5 darf Welle 3 niemals die kürzeste sein.
- Welle 2 korrigiert Welle 1 häufig entweder zu 23,6 %, 38,2 % oder 61,8 %.
- Welle 1 beträgt oft entweder 61,8 % von Welle 5 oder Welle 5 beträgt 61,8 % von Welle 1.
- Welle 3 beträgt in ihrer Verlängerung oftmals mehr als 161,8 % oder 261,8 % von Welle 1.
- Welle 2 und 4 sollten jeweils mindestens 23,6 % von Welle 1 bzw. Welle 3 korrigieren.
- Welle b muss mindestens 38,2 % von Welle a korrigieren; häufig reagiert Welle b mehr als 61,8 %
- Oft ähneln sich die Längenverhältnisse von Welle a, b und c oder Welle c weist eine Länge von 161,8 % von Welle a auf.
- Gleiche Bewegungsmuster treten niemals hintereinander auf.

Quelle: Werner H. Heussinger, Elliott-Wave-Finanzmarktanalyse

Der Versuch des Autors, für den Swiss Market Index ein Elliott-Wellen-Muster zu erkennen, führte am Abend des 17. Mai 2017 zu folgendem Zwischenergebnis:

SMI: Elliott-Wellen-Theorie
Tagesschlusswerte: 31.12.2009–17.5.2017

Abb. 108   **Datenbasis:** SIX Swiss Exchange

5.2.3 Advance-Decline Line

Die Advance-Decline Line (ADL) ist ein Frühindikator für Trendwenden an den Aktienmärkten. Sie misst die Differenz zwischen der Anzahl Aktien, die in einem bestimmten Zeitraum (z. B. Tag, Woche) gestiegen, und der Anzahl Aktien, die im Wert gesunken sind. Dem Konzept liegt die Beobachtung zugrunde, wonach hoch kapitalisierte Titel den Index noch stützen, während die Mehrzahl der tief kapitalisierten Titel bereits an Wert verliert und umgekehrt.

Ausgangspunkt einer Advance-Decline Line ist ein Wert von z. B. 100. In der Folge wird periodisch (z. B. täglich, wöchentlich) die Differenz aus höher und tiefer notierenden Titeln ermittelt. Ist die Zahl der Titel mit einer höheren Notiz grösser als jene mit tieferer Notiz, nimmt der ADL-Wert zu und umgekehrt. Die folgende Tabelle veranschaulicht die Berechnung anhand eines Index mit 50 Titeln:

Börsentage	Gestiegen	Gefallen	Unverändert	Differenz	ADL-Wert
Basis					**100**
1. Tag	30	10	10	+20	**120**
2. Tag	23	20	7	+3	**123**
3. Tag	18	25	7	−7	**116**
4. Tag	15	30	5	−15	**101**
5. Tag	20	20	10	0	**101**

Tab. 74

Die Advance-Decline Line (z. B. jene der New York Stock Exchange) wird stets mit einem Index (z. B. DJIA, S&P 500) verglichen. Entwickeln sich AD-Linie und Index in dieselbe Richtung, gilt dies als Bestätigung des Markttrends. Sinkt die AD-Linie, während der Index (noch) steigt, deutet dies auf eine bevorstehende Baisse hin. Umgekehrt darf ein Aufschwung erwartet werden, wenn die AD-Linie ansteigt, obschon der Index (noch) sinkt.

Abbildung 109 veranschaulicht die Entwicklung der Advance-Decline Line der New York Stock Exchange im Vergleich zum Dow Jones Industrial Average (DJIA) vom 30.9.2016 bis zum 17.5.2017.

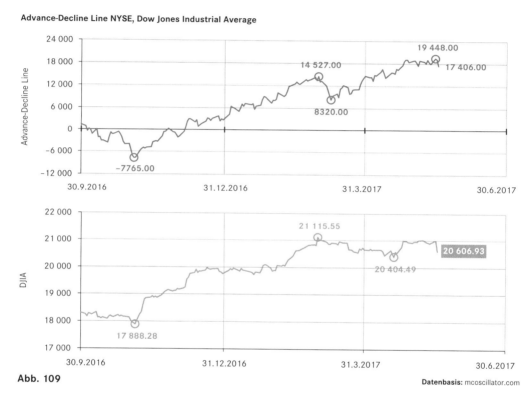

Abb. 109   **Datenbasis:** mcoscillator.com

5.2.4 Gleitende Durchschnitte

Gleitende Durchschnitte (englisch: Moving Average) sind die vielseitigsten und am häufigsten benutzten technischen Indikatoren. Im Vordergrund steht der einfache gleitende Durchschnitt. Charttechniker setzen von Fall zu Fall auch auf gewichtete Durchschnitte.

5.2.4.1 Einfacher gleitender Durchschnitt

Der einfache Durchschnitt entspricht dem arithmetischen Mittel einer bestimmten Anzahl zurückliegender Kurse (Notierungen). In der Regel werden Schlusskurse (z. B. Tages-, Wochen- oder Monatsschlusskurse) verwendet. Am meisten beachtet werden die Durchschnitte der letzten 20, 50 und 200 Tage. Bildet man aus diesen Durchschnitten eine Zeitreihe, ergeben sich entsprechend gleitende 20-Tage-, 50-Tage- oder 200-Tage-Linien.

NOVN: gleitende Durchschnittslinien
Tagesschlusswerte, 20-/50-/200-Tage-Linie: 31.7.2014–17.5.2017

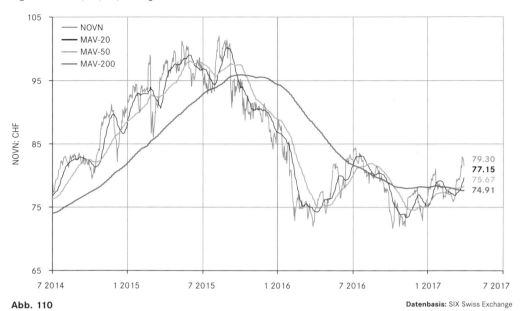

Abb. 110   **Datenbasis:** SIX Swiss Exchange

NOVN: gleitende Durchschnittslinien
Tagesschlusswerte, 50-Tage-Linie: 30.6.2016–17.5.2017

Abb. 111   **Datenbasis:** SIX Swiss Exchange

Die Kurvenpunkte einer 200-Tage-Linie werden wie folgt ermittelt: Die letzten 200 Schlusskurse einer Aktie oder etwa eines Aktienindex werden addiert und durch 200 geteilt, was den Durchschnitt für den 200. Tag ergibt. Am 201. Tag ersetzt der Schlusskurs des 201. Tages den ältesten Schlusskurs. Auf dieser neuen 200-Tage-Basis bestimmt sich der Durchschnitt des 201. Tages.

Gleitende Durchschnittslinien sind weniger volatil als das zugrunde liegende Investment (**Abb. 110**). Ebenso ist die 20-Tage-Linie (MAV-20) volatiler als die 50-Tage-Linie (MAV-50) und diese wiederum volatiler als die 200-Tage-Linie (MAV-200). Dies hat zur Folge, dass sich die Linien von Zeit zu Zeit kreuzen. Diese Kreuzpunkte lassen sich als Kauf- bzw. Verkaufssignale interpretieren.

Durchstösst der Kurs der Aktie Novartis Namen (NOVN) bspw. die 50-Tage-Linie (**Abb. 111**) von unten nach oben, interpretiert dies die Charttechnik als Kaufsignal. Umgekehrt wird ein signifikantes Durchstossen der 50-Tage-Linie von oben nach unten als Verkaufssignal gedeutet. Signifikant bedeutet, dass die Überschneidung ein bestimmtes – individuell festgelegtes – Mindestmass (z. B. 3,00 %) aufweisen muss.

Oft werden die Kreuzpunkte der 20-, 50- oder 200-Tage-Linien als Kauf- bzw. Verkaufssignale genutzt. Kauf- bzw. Verkaufssignale ergeben sich dann, wenn die kürzere Linie (z. B. 50-Tage-Linie) die längere Linie (z. B. 200-Tage-Linie) schneidet. **Abbildung 112** ist ein Beispiel dazu.

Für Analyse- und Tradingzwecke kann es wertvoll sein, die Abstände von der einen zur anderen Durchschnittslinie zu messen und deren Entwicklung zu beobachten. **Abbildung 113** ist ein Beispiel dafür. Der untere Teil des Diagramms visualisiert den Abstand zwischen der 20-

Abb. 112   **Datenbasis:** SIX Swiss Exchange

NOVN: gleitende Durchschnittslinien
Tagesschlusswerte, 50-/200-Tage-Linie: 31.12.2007–17.5.2017

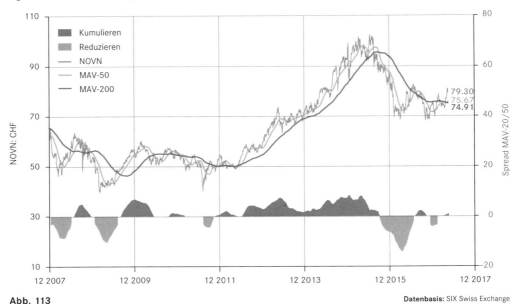

Abb. 113   **Datenbasis:** SIX Swiss Exchange

und der 50-Tage-Linie. Besonders hohe positive bzw. negative Abweichungen können als Verkaufs- bzw. Kaufsignal gelten.

«Das goldene Kreuz glänzt weiter.» Dies die Überschrift eines Artikels von Michael Rasch in der NZZ vom 27. Januar 2014. Angesprochen wurde die 50/200-Crossover-Regel für Aktienmärkte bzw. Aktienindizes. Dabei gilt: Kreuzt die 50-Tage-Linie die 200-Tage-Linie von unten nach oben, ist ein Baissetrend zu Ende und es bahnt sich eine Hausse an. Durchstösst die 50-Tage-Linie die 200-Tage-Linie von oben nach unten, ist ein Haussetrend zu Ende und eine Baisse steht bevor. Im ersten Fall (Ende der Baisse bzw. Kaufsignal) spricht man vom goldenen Kreuz (englisch: Golden Cross), im zweiten Fall (Ende der Hausse bzw. Verkaufssignal) vom Todeskreuz (englisch: Death Cross). **Abbildung 114** macht die Kauf- bzw. Verkaufssignale am Beispiel des Swiss Market Index (SMI) seit Ende 2005 transparent.

Abbildung 114 erweckt den Anschein, als stecke wirklich etwas hinter dieser Crossover-Regel. Tatsächlich zeigt ein kleiner Test, dass die Strategie im Betrachtungszeitraum recht erfolgreich war. Am 28. August 2006 durchstiess die SMI-50-Tage-Linie die 200-Tage-Linie von unten nach oben. Das war ein Kaufsignal. Nach einem Verkaufssignal am 20. August 2007 wird die Position versilbert und das nächste Kaufsignal abgewartet. Dieses ergibt sich am 21. Juli 2009. Am 23. Juni 2010 wird die Position erneut versilbert. Der Wiedereinstieg erfolgt am 8. Dezember 2010 usw. **Tabelle 75** macht die einzelnen Schritte transparent. Wie ersichtlich, waren das Verkaufssignal vom 23. Juni 2010 und das Kaufsignal vom 8. Dezember 2010 nicht wirklich zielführend. Falsche Signale gab es auch am 6. September 2016 und am 23. November 2016. Trotzdem: Alles in allem schlägt die Crossover-Strategie die Buy-and-Hold-Strategie im Betrachtungszeitraum deutlich.

SMI: gleitende Durchschnittslinien
Tagesschlusswerte, MAV 50/200: 31.12.2005–17.5.2017

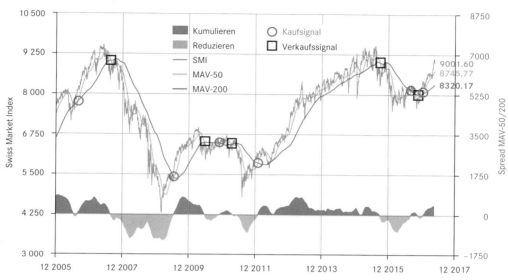

Abb. 114

Datenbasis: SIX Swiss Exchange

Datum	Buy and Hold		50/200-Crossover-Regel		
	SMI/CHF	Periodenrendite	Signal	CHF	Periodenrendite
28.08.2006	8118.64		kaufen	8118.64	
20.08.2007	8594.33	5,86 %	verkaufen	8594.33	5,86 %
21.07.2009	5627.93	−34,52 %	kaufen	8594.33	0,00 %
23.06.2010	6381.85	13,40 %	verkaufen	9745.63	13,40 %
08.12.2010	6508.13	1,98 %	kaufen	9745.63	0,00 %
26.04.2011	6476.59	−0,48 %	verkaufen	9698.40	−0,48 %
01.02.2012	6069.91	−6,28 %	kaufen	9698.40	0,00 %
28.09.2015	8381.22	38,08 %	verkaufen	13 391.37	38,08 %
06.09.2016	8304.34	−0,92 %	kaufen	13 391.37	0,00 %
23.11.2016	7752.24	−6,65 %	verkaufen	12 501.07	−6,65 %
16.01.2017	8362.60	7,87 %	kaufen	12 501.07	0,00 %
17.05.2017	9001.60	7,64 %	halten	13 456.30	7,64 %
Gesamtrendite		**10,88 %**	**Gesamtrendite**		**65,75 %**

Tab. 75

Wer jetzt meint, es lasse sich mit der Crossover-Regel auf die Dauer Mehrwert generieren, muss wohl enttäuscht werden. Für den Swiss Market Index ergeben sich seit dem 30.6.1988 36 Signale. Davon waren 21 falsch. Per 17.5.2017 generierte die Buy-and-Hold-Strategie eine Gesamtrendite von 468,93 % und die Crossover-Strategie eine solche von 404,86 %. In Märkten, die sich (zu) wenig bewegen, funktionieren gleitende Durchschnitte schlecht.

Wichtig ist, dass der (einfache) gleitende Durchschnitt nicht antizipiert, sondern bloss reagiert. Er ist ein sogenannter Trendfolgeindikator. Entsprechend zeigt er auf, ob ein Trend noch intakt ist oder ob ein alter durch einen neuen Trend abgelöst wird.

5.2.4.2 Gewichtete gleitende Durchschnitte

Der einfache gleitende Durchschnitt deckt nur eine bestimmte Zeitperiode ab (z. B. die letzten 20 Tage) und gewichtet alle Kurse gleich. Das wird gelegentlich kritisiert.

Der zweite Kritikpunkt (Gleichgewichtung der Kurse) hat dazu geführt, dass manche Analysten **linear gewichtete gleitende Durchschnitte** bevorzugen. Dabei werden die jüngeren Kurse stärker gewichtet als die älteren. Bei einem 20-Tage-Durchschnitt erhält der Kurs des 20. Tages ein Gewicht von 20, jener des 19. Tages ein Gewicht von 19 und der 1. Tag entsprechend ein Gewicht von 1. Die Summe wird anschliessend durch 210 (20 + 19 + 18 + ...) dividiert.

Der **exponentiell geglättete gleitende Durchschnitt** trägt beiden Kritikpunkten Rechnung. Zum einen muss keine Zeitperiode (z. B. letzte 200 Tage) bestimmt werden. Zum anderen legt ein individueller Faktor das Gewicht des jüngsten Werts und mithin den Wert der bis dahin ermittelten Zeitreihe fest. Wir wollen die Berechnung am Beispiel des exponentiell geglätteten SMI aufzeigen. Als Ausgangspunkt nehmen wir den 30. Juni 1988, d. h. die älteste SMI-Notierung.

Tabelle 76 veranschaulicht die ersten sechs Tage eines exponentiell geglätteten SMI, basierend auf einem sogenannten Gegenwartsfaktor von 0.25. Entsprechend wird der aktuelle SMI-Wert mit 0.25 gewichtet und der exponentiell geglättete SMI-Wert mit 0.75.

Datum	30.6.88	1.7.88	4.7.88	5.7.88	6.7.88	7.7.88
SMI	1500.00	1507.50	1516.20	1529.00	1549.70	1542.60
Exponentielle Glättung	1500.00	1501.88	1505.46	1511.34	1520.93	1526.35

Tab. 76

Die exponentiell geglätteten SMI-Werte ergeben sich wie folgt:

Datum	Berechnung	Exponentiell geglätteter SMI
1.7.1988	(0.25 · 1507.50) + (0.75 · 1500.00)	**1501.88**
4.7.1988	(0.25 · 1516.20) + (0.75 · 1501.88)	**1505.46**
5.7.1988	(0.25 · 1529.00) + (0.75 · 1505.46)	**1511.34**
6.7.1988	(0.25 · 1549.70) + (0.75 · 1511.34)	**1520.93**
7.7.1988	(0.25 · 1542.60) + (0.75 · 1520.93)	**1526.35**

Tab. 77

Der Gegenwartsfaktor von 0.25 entspricht dem Äquivalent eines 8-Tage-Durchschnitts ($1 \div 8 = 0.125$), wobei der jüngste Wert doppelt gewichtet wird (2 · 0.125). Für den 20-, 50- und 200-Tage-Durchschnitt gelten Gegenwartsfaktoren von 0.10, 0.04 und 0.01. **Tabelle 78** zeigt die Entwicklung des einfachen und des exponentiell geglätteten gleitenden 20- bzw. 50-Tage-Durchschnitts für den SMI vom 10. bis 17. Mai 2017. Wie ersichtlich, reagieren die exponentiell geglätteten Durchschnitte stärker.

Datum	10.5.17	11.5.17	12.5.17	15.5.17	16.5.17	17.5.17
SMI	9089.80	9064.88	9123.41	9108.25	9127.61	9001.60
Einfache 20-Tage-Linie	8784.96	8807.37	8831.46	8853.68	8878.61	8902.29
Exponentielle 20-Tage-Linie	8858.20	8878.87	8903.32	8923.81	8944.19	8949.93
Einfache 50-Tage-Linie	8697.91	8708.806	8720.35	8729.82	8739.14	8745.77
Exponentielle 50-Tage-Linie	8706.57	8720.90	8737.00	8751.85	8766.88	8776.27

Tab. 78

Wie **Abbildung 115** belegt, hat die Crossover-Regel auf der Basis exponentiell gleitender Durchschnitte in jüngster Zeit erstaunlich gut funktioniert.

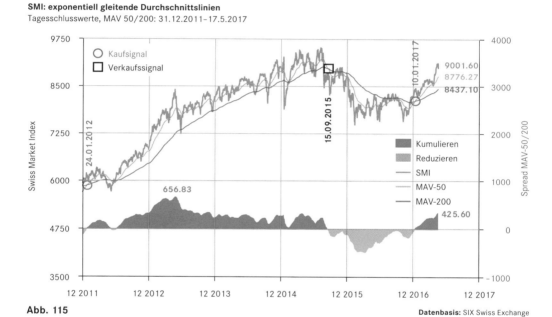

SMI: exponentiell gleitende Durchschnittslinien
Tagesschlusswerte, MAV 50/200: 31.12.2011–17.5.2017

Abb. 115

Datenbasis: SIX Swiss Exchange

5.2.4.3 Prozent- und Bollinger-Bänder

Um die gleitenden Durchschnittslinien lassen sich auch Prozentbänder legen. Bewegungen über die Bänder hinaus signalisieren einen überdehnten Markt.

Während Prozentbänder die Bewegungen des gleitenden Durchschnitts «eins zu eins» mitmachen, verändert sich die Bandbreite der von John Bollinger in den 1980er-Jahren entwickelten Bollinger-Bänder laufend. Massgebend ist die doppelte Standardabweichung auf der Basis der absoluten Kursentwicklung über eine bestimmte Zeitperiode (z. B. letzte 50 Tage). **Abbildung 116** veranschaulicht das 50-Tage-Bollinger-Band für die Aktie NOVN vom 31.7.2014 bis zum 17.5.2017.

Berührt ein Kurs das obere bzw. das untere Band, wird dies als Überdehnung interpretiert. Das Investment gilt als überkauft (oberes Band) bzw. als überverkauft (unteres Band). Wenn der Kurs am unteren Band abprallt und die Durchschnittslinie durchbricht, wird das

NOVN: Bollinger -Bänder
Tagesschlusswerte, 50-Tage-Band: 31.7.2014–17.5.2017

Abb. 116

Datenbasis: SIX Swiss Exchange

obere Band zum Kursziel nach oben. Schlägt der Kurs am oberen Band an und durchstösst die Durchschnittslinie von oben nach unten, wird das untere Band zum Kursziel nach unten.

5.2.5 Oszillatoren

Oszillatoren sind charttechnische Indikatoren, die um eine Mittelpunktlinie schwanken. Sie werden in der Technischen Analyse genutzt, um Wendepunkte zu erkennen. Die wichtigsten Oszillatoren sind das Momentum, der Relative Strength Index (RSI), der Stochastik-Oszillator und der Moving Average Convergence/Divergence (MACD).

5.2.5.1 Momentum

Das Momentum zeigt die Geschwindigkeit der Auf- und Abwärtsbewegungen von Kursen. Es misst fortlaufend die Differenz zwischen dem aktuellen Schlusskurs und einem älteren Schlusskurs. Das kann der Vortagesschlusskurs, aber auch der Schlusskurs von vor zehn Tagen sein. Selbstverständlich kann das Momentum auch auf der Basis von Wochen- oder etwa von Monatsschlusskursen bestimmt werden. Auch die weiter vorn angesprochene Differenz zwischen der 50- und der 200-Tage-Durchschnittslinie ist eine Form des Momentums. Gelegentlich wird das Momentum als prozentuale Veränderung wiedergegeben. Man spricht in diesem Fall vom relativen Momentum.

Abbildung 117 veranschaulicht das 10-Tage-Momentum für die Aktie NOVN vom 30.6.2015 bis zum 17.5.2017. Gemessen wird also die Differenz zwischen dem jeweils aktuellen Schlusskurs und jenem vor zehn Tagen.

NOVN: Momentum
Tagesschlusswerte, 10-Tage-Momentum: 30.6.2015– 17.5.2017

Abb. 117

Datenbasis: SIX Swiss Exchange

Solange sich das Momentum im positiven Bereich befindet, liegen absolute Kursgewinne vor. Das fallende positive Momentum weist jedoch auf eine Verlangsamung der Aufwärtsbewegung hin. Sobald die Momentum-Linie die Abszisse (Nulllinie) durchbricht, hat sich die Trendumkehr vollzogen. Umgekehrt fängt eine im negativen Bereich befindliche Momentum-Kurve bereits zu steigen an, wenn die Intensität der Kursverluste nachlässt. Die Abszisse wird geschnitten, sobald eine Aufwärtsbewegung der Kurse einsetzt.

Die Momentum-Linie läuft der Kursbewegung immer voraus. Sie eignet sich deshalb besonders gut für Trading-Zwecke. Kreuzt die Momentum-Linie die Abszisse von unten nach oben, kann das als Kaufsignal interpretiert werden. Es lassen sich aber auch obere oder untere Interventionspunkte festlegen.

5.2.5.2 Relative Strength Index (RSI)

Der Relative Strength Index (RSI) wurde von J. Welles Wilder Jr. in der zweiten Hälfte der 1970er-Jahre entwickelt. Zur Bestimmung des RSI wird in der Spezialliteratur in der Regel folgende Formel angegeben:

$$\mathbf{RSI} \quad = 100 - \frac{100}{1 + RS}$$

$$RS \quad = \frac{\text{Durchschnitt der Schlusskurse von x Tagen mit steigenden Kursen}}{\text{Durchschnitt der Schlusskurse von x Tagen mit fallenden Kursen}}$$

Es geht aber auch ein wenig einfacher:

$$\text{RSI} = \frac{\text{Summe der Kursgewinne der letzten x Tage}}{\text{Summe der Kursgewinne} + \text{Summe der Kursverluste}}$$

Beispiel

Für Aktie Z wurden in der Woche zuvor folgende Tagesgewinne/-verluste notiert: -7.00, $+20.00$, $+10.00$, -5.00, $+8.00$. Welches ist aufgrund dieser Datenbasis der RSI?

Lösung

$$\text{RSI} = 100 - \frac{100}{1 + \frac{(20+10+8) \div 5}{(7+5) \div 5}} = 76 \quad \text{oder} \quad \frac{20+10+8}{7+20+10+5+8} = 0.76$$

Hinweis

Die Kursverluste (-7.00, -5.00) erhalten ein positives Vorzeichen.

Wilder legt bei der Berechnung des RSI eine Zeitreihenlänge von 14 Tagen zugrunde. In der Praxis werden auch andere Zeitreihenlängen verwendet (z.B. neun oder elf Tage).

Gegenüber dem Momentum-Ansatz weist der RSI insbesondere zwei Vorteile auf:
- Extreme tägliche Kursausschläge werden geglättet.
- Die RSI-Werte sind auf ein Intervall von 0 bis 100 bzw. von 0 bis 1 normiert. Anders als gewöhnliche Momentum-Werte sind RSI-Werte verschiedener Investments (z.B. Aktien) unmittelbar vergleichbar.

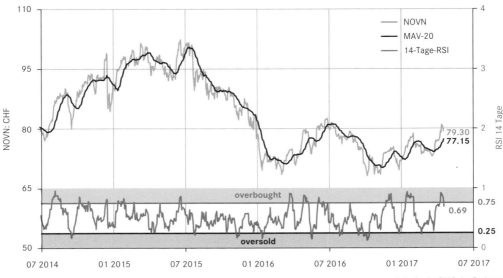

NOVN: Relative Strength Index (RSI)
Tagesschlusswerte, 14-Tage-RSI: 31.7.2014–17.5.2017

Abb. 118

Datenbasis: SIX Swiss Exchange

Werte zwischen 30 und 70 (oft auch zwischen 25 und 75) werden weithin als neutral angesehen. Werte höher als 70 (75) gelten als Verkaufssignal. Man spricht vom Overbought-Bereich (überkaufter Bereich). Werte tiefer als 30 (25) werden als Kaufsignal interpretiert. Analog spricht man vom Oversold-Bereich (überverkaufter Bereich).

Abbildung 118 zeigt die Entwicklung des 14-Tage-RSI für die Aktie NOVN vom 31.7.2014 bis zum 17.5.2017. Zum Vergleich ist ausserdem die gleitende 20-Tage-Linie ersichtlich. Mit einem Wert von 0.69 (17.5.2017) notiert der 14-Tage-RSI für NOVN im neutralen Bereich. Am 9. Mai 2017 zeigte der RSI (0.91) eine überkaufte Konstellation an.

5.2.5.3 Stochastik-Oszillator

Dem Stochastik-Oszillator – er wurde von George C. Lane entwickelt – liegt die Überlegung zugrunde, dass die Schlusskurse in Aufwärtstrends zu ihren Höchstkursen und in Abwärtstrends zu ihren Tiefstkursen tendieren.

Die Stochastik arbeitet mit zwei Linien, der %K-Linie und der %D-Linie. Zur Bestimmung der **%K-Linie** werden für ein kurzes Zeitintervall (z.B. 14 Tage) der letzte (L), der höchste (H) und der tiefste Kurs (T) verwendet. Der Wert für %K wird wie folgt bestimmt:

$$\%K = 100 - \frac{L - T}{H - T}$$

Die **%D-Linie** entspricht dem gleitenden Durchschnitt der %K-Linie. Dafür muss ein Zeitraum festgelegt werden (z.B. drei Tage). Neben diesem als schnelle Stochastik bezeichneten Indika-

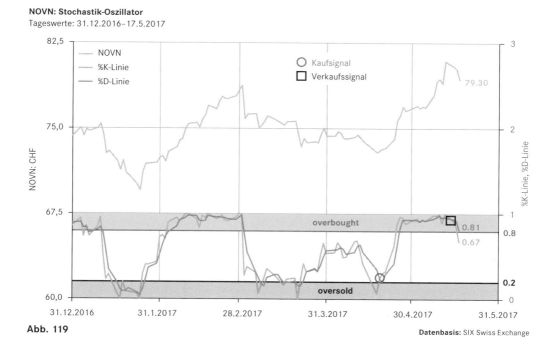

NOVN: Stochastik-Oszillator
Tageswerte: 31.12.2016–17.5.2017

Abb. 119

Datenbasis: SIX Swiss Exchange

tor wird zusätzlich die langsame Stochastik ermittelt. Sie entspricht dem gleitenden Durchschnitt (z. B. für drei Tage) der %D-Linie.

Die %K-Linie und die %D-Linien (schnell, langsam) schwanken auf einer Skala zwischen 0 und 100 oder zwischen 0.0 und 1.0. Sehr hohe Werte (über 80 bzw. 0.80) deuten auf einen überkauften, sehr tiefe Werte (unter 20 bzw. 0.20) auf einen überverkauften Markt hin. Das eigentliche Kauf- oder Verkaufssignal wird ausgelöst, wenn die schnellere %K-Linie die langsamere %D-Linie kreuzt. **Abbildung 119** veranschaulicht den Stochastik-Oszillator am Beispiel der Aktie Novartis (NOVN).

5.2.5.4 Moving Average Convergence/Divergence (MACD)

Der Moving-Average-Convergence/Divergence-Indikator (MACD) besteht aus drei Elementen: der MACD-Linie, der Signallinie und einem Histogramm. Das Histogramm zeigt an, wie stark die MACD- und die Signallinie zusammen- bzw. auseinanderlaufen. Der MACD wurde 1979 von Gerald Appel vorgestellt und wird wegen seiner Vielseitigkeit stark beachtet.

Die MACD-Linie selbst basiert wiederum auf zwei Linien: einer exponentiell gleitenden Durchschnittslinie auf der Basis von zwölf und einer auf der Basis von 26 Schlusskursen. Wie in der Charttechnik üblich, kann es sich dabei um Tages-, Wochen- oder etwa um Monatsschlusskurse handeln. Subtrahiert man den 26-Tage-Wert vom 12-Tage-Wert, erhält man den MACD-Wert und durch das Aneinanderreihen der Folgewerte die MACD-Linie. Der exponentiell gleitende 9-Perioden-Durchschnitt der MACD-Linie ergibt die Signallinie. Das ist alles reichlich kompliziert. Besonders Interessierte finden auf der Website des Autors (www.ibf-chur.ch) unter ibf-excel-finance-tools eine Anleitung. Dasselbe gilt notabene auch für den Stochastik-Oszillator.

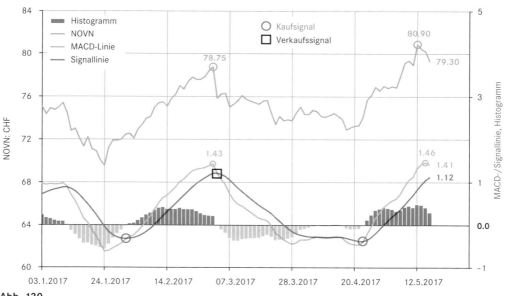

NOVN: Moving Average Convergence/Divergence (MACD)
Tageswerte: 3.1.2017–17.5.2017

Abb. 120

Datenbasis: SIX Swiss Exchange

Wie **Abbildung 120** zeigt, reagiert die MACD-Linie schneller als die Signallinie. Kreuzen sich die beiden Linien, werden Kauf- bzw. Verkaufssignale generiert. Ein Kaufsignal entsteht, wenn die MACD-Linie die Signallinie von unten nach oben durchstösst. Umgekehrt entsteht ein Verkaufssignal, wenn die MACD-Linie die Signallinie von oben nach unten durchbricht.

MACD-Linie und Signallinie fluktuieren um eine Nulllinie. Je mehr sich MACD-Linie und Signallinie von der Nulllinie nach oben absetzen, desto mehr zeichnet sich eine überkaufte Situation (overbought) ab. Andersherum ergibt sich eine überverkaufte Situation (oversold), je stärker MACD-Linie und Signallinie in den Minusbereich sinken. Als beste Kauf- bzw. Verkaufssignale gelten jene weit unterhalb bzw. weit oberhalb der Nulllinie.

Das Histogramm misst den Abstand zwischen der MACD-Linie und der Signallinie. Kauf- bzw. Verkaufssignale sind also gleichbedeutend mit einem Wechsel des Histogramms vom negativen in den positiven Bereich bzw. vom positiven in den negativen Bereich. Aufschlussreich sind die Hoch- bzw. Tiefpunkte des Histogramms. Dreht sich dieses in Richtung Nulllinie, wird der Auf- bzw. Abwärtstrend schwächer.

Eine weitere Verwendung findet die MACD-Linie bei der sogenannten Divergenz-Analyse. Hier wird nach neuen Extremwerten gesucht, die vom MACD nicht bestätigt werden. Erreicht der Kurs höhere Hochs und werden diese nicht durch neue MACD-Hochs bestätigt, spricht man von einer bärischen Divergenz. Von einer bullischen Divergenz spricht man dann, wenn neue Kurstiefs nicht durch neue MACD-Tiefs bestätigt werden. Im einen wie im anderen Fall zeichnet sich eine Trendwende ab.

5.2.6 Trendlinien und Trendkanäle

Trendlinien und Trendkanäle sind – gleich wie gleitende Durchschnittslinien – Instrumente zur Diagnose vorherrschender Kurstrends.

Untere Trendlinien entstehen, indem ein Kurstief mit einem höher liegenden Kurstief **(Abb. 121)** oder ein Kurstief mit einem tiefer liegenden Kurstief verbunden wird. Bei oberen Trendlinien werden zwei Hochpunkte verbunden. Verlaufen die obere und die untere Trendlinie parallel nach oben oder nach unten, spricht man von einem Trendkanal **(Abb. 122)**.

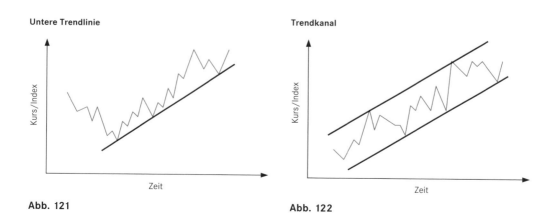

Abb. 121   Abb. 122

Schneidet die Kurskurve eine Trendlinie, wird dies als Chartsignal gedeutet. Der (positive, negative) Trend wird entweder verstärkt oder gebrochen.

Trends können trügerisch sein. Die folgenden beiden Zitate sind ein «Beleg» dafür.

«Binnen 170 Jahren hat sich der untere Mississippi um 240 Meilen verkürzt. Das macht im Durchschnitt 1⅓ Meilen pro Jahr. Daher sieht jeder Mensch, es sei denn, er ist blind oder ein Idiot, dass vor einer Million Jahren der untere Mississippi mehr als eine Million dreihunderttausend Meilen lang gewesen ist und in den Golf von Mexiko hinausragte wie ein Angelstock. Genauso sieht man sofort, dass heute in 742 Jahren der untere Mississippi nur noch eine Meile und dreiviertel messen wird. ... Das ist das Faszinierende an der Wissenschaft: man erhält die tollsten Ergebnisse aus so gut wie nichts ...» (Mark Twain)

«Trendextrapolierer sind Autofahrer, die nachts ohne Licht auf einer geraden Strasse fahren – sie haben nur so lange Glück, wie keine Kurve kommt. Spätestens dann zeigt sich der grosse Nachteil der Trendverlängerung: dass sie nur so lange die wahre Richtung zeigt, wie der Trend nicht bricht.» (Walter Krämer)

Für den **Schweizer Aktienmarkt** lässt sich seit Ende 1925 ein fast idealtypischer Trendkanal (**Abb. 123**) ausmachen. Die Datenbasis vor 1987 entspricht jener der bekannten Pictet-Studie, umgerechnet in die besser vertrauten Werte des Swiss Performance Index (SPI).

Nimmt man die historischen Kurstiefs in den Jahren 1935 und 1974 als Ausgangspunkt, ergibt sich für den Aktienmarkt Schweiz ein Trendkanal-Wachstum von 7,865 %. Berechnet von der Kanalmitte, hat der Trendkanal eine Breite von (stetigen) +/− 54,65 %. Dies entspricht der 2,89-fachen jährlichen Standardabweichung von 18,91 %. Die theoretische Wahrscheinlichkeit, dass der CH-Aktienmarkt den Trendkanal nach oben bzw. nach unten verlässt, beträgt je 0,20 %. Tatsächlich notierte der CH-Aktienmarkt (SPI) viermal (1997, 1998, 1999, 2000) ausser- bzw. oberhalb des Trendkanals. Das konnte als veritable Überbewertung bzw. als Ausdruck irrationalen Überschwangs interpretiert werden.

Glaubt man daran, dass für den Aktienmarkt Schweiz so etwas wie ein Trendkanal existiert und dass sich dieser in die nähere Zukunft fortschreiben lässt, kann man daraus eine Art **Aktienbarometer** kreieren. Der Autor hat dies vor rund 20 Jahren versucht. Bis anhin, so meint er, habe sich das Instrument als ziemlich wertvoll erwiesen. Durchaus möglich, dass er sich einer Selbsttäuschung hingibt.

Mit 8965.70 notierte der Swiss Performance Index (SPI) per 31.12.2016 fast genau in der Kanalmitte, d. h. beim «trendneutralen Wert» von 8916.97. Im Sinn des Trendkanal-Konzepts war demnach der CH-Aktienmarkt per 31.12.2016 praktisch fair bewertet.

Auf seiner Website (www.ibf-chur.ch) führt der Autor sein Barometer zum Aktienmarkt Schweiz auf der Basis von Tageswerten laufend (in der Regel monatlich) nach. **Abbildung 125** zeigt den Stand am Mittwochabend, 17. Mai 2017. Zu diesem Zeitpunkt rechnet sich eine Überbewertung von rund 11 %. An dieser Stelle sei auf das P/E-Konzept zur Einschätzung des Aktienmarkts Schweiz in Band 1, Kapitel 5, dieser Lehrbuchreihe verwiesen.

Trendkanal CH-Aktien: 1925–2016
Basis 31.12.1925: 9.08, Wachstum: 7,865 %, STAW: 18,91 %, N-W: 2.90

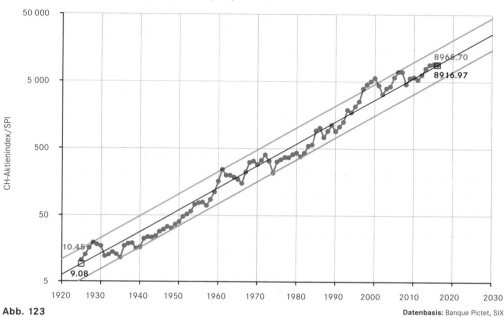

Abb. 123

Datenbasis: Banque Pictet, SIX

Aktienbarometer Schweiz: Trendkanal-Konzept
Jahreswerte (stetige Renditen): 31.12.1925–31.12.2016

Abb. 124

Datenbasis: Banque Pictet, SIX

Aktienbarometer Schweiz: Trendkanal-Konzept
Tageswerte (stetige Renditen): 31.12.1987–17.5.2017

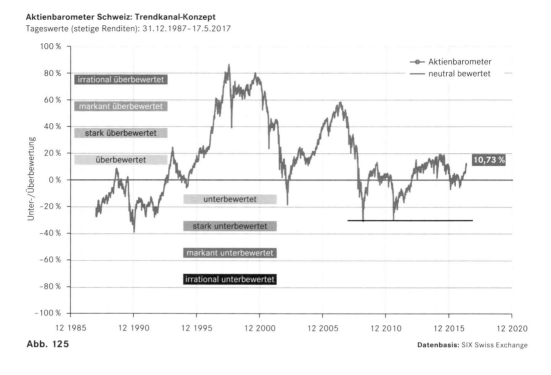

Abb. 125   **Datenbasis:** SIX Swiss Exchange

5.2.7 Unterstützungs- und Widerstandslinien

Unterstützungs- und Widerstandslinien sind einfache und häufig benutzte Chartinstrumente:

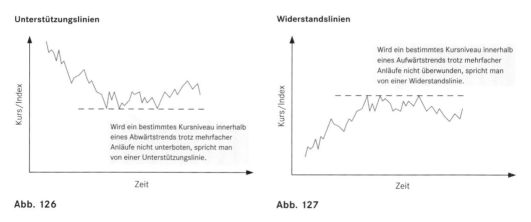

Abb. 126   **Abb. 127**

   In einem Aufwärtstrend markieren Widerstandslinien eine Unterbrechung des Trends,
der über kurz oder lang fortgesetzt wird. In einem Abwärtstrend erweisen sich Unterstützungslinien als blosser Zwischenhalt auf dem Weg nach unten. Werden Widerstandslinien signifikant durchbrochen, können sie sich als künftige Unterstützungslinien erweisen. Mit umge-
kehrten Vorzeichen gilt das auch für Unterstützungslinien.

Unterstützungs- und Widerstandslinien können sich, wie so manches in der Technischen Analyse, als selbsterfüllende Prophezeiungen erweisen. Je mehr Marktteilnehmer daran glauben, desto eher werden Unterstützung bzw. Widerstand bestätigt. **Abbildung 128** macht – am Beispiel des Swiss Market Index – ausgewählte Unterstützungs- (7250, 7500, 7600) und Widerstandslinien (8300, 9000, 9500) transparent. Weitere Indikatoren (50-Tage-Durchschnittslinie, RSI) und ein (aufgehobener) Trendkanal komplettieren den Chart.

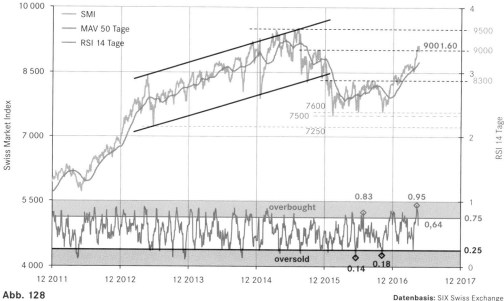

Abb. 128 **Datenbasis:** SIX Swiss Exchange

5.2.8 Chartformationen

Innerhalb der Chartanalyse sind die Formationen besonders beliebt. Mit Formationen sind Kursbilder gemeint, die in ihrer Form einem Gegenstand aus dem täglichen Leben ähneln. Unterschieden wird zwischen Trendbestätigungsformationen und Trendumkehrformationen.

5.2.8.1 Trendbestätigungsformationen

Den Trendbestätigungsformationen **(Abb. 129)** ist gemeinsam, dass die bisherige Kursentwicklung durch einen Konsolidierungsprozess unterbrochen wird. Der Konsolidierungsprozess stellt eine Erholungs- und Korrekturphase zu hektischen und erratischen Ausschlägen dar. Er wird quasi als ein Kraftsammeln für die Fortsetzung der begonnenen Entwicklung gedeutet. Zu den Trendbestätigungsformationen zählen das aufsteigende Dreieck, das absteigende Dreieck, der Wimpel, das Rechteck, der Keil und die Flagge.

Auf- bzw. absteigende **Dreiecke** werden oben bzw. unten durch eine horizontale Linie begrenzt. Das Auf und Ab der Kurse wird immer geringer. Nach Vollendung von rund zwei Dritteln der Formation sollte der Ausbruch nach oben bzw. nach unten erfolgen. Parallel sollten

Trendbestätigungsformationen

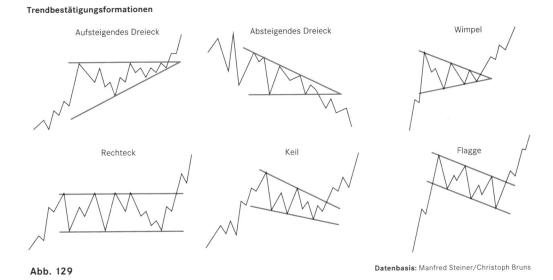

Abb. 129   **Datenbasis:** Manfred Steiner/Christoph Bruns

hohe Umsätze zu beobachten sein. Als Trendbestätigungsformation gelten auch sogenannt symmetrische Dreiecke. Hier verläuft die untere Linie nach oben und die obere Linie nach unten.

Wimpel und **Flaggen** können sich nach einem starken Kursanstieg herausbilden. Der Kursanstieg wirkt optisch wie ein Mast. Der Kursausbruch nach oben sollte von steigenden Umsätzen begleitet sein.

Abb. 130   **Datenbasis:** SIX Swiss Exchange

Rechtecke lassen sich – gleich wie Wimpel und Flaggen – vor allem in aufwärts tendierenden Märkten beobachten und gehen in der Regel mit sinkenden Umsätzen einher. Nehmen die Umsätze wieder zu und bricht der Kurs nach oben aus, gilt dies als Kaufsignal.

Keile zeichnen sich dadurch aus, dass die obere und die untere Linie unterschiedlich stark steigen bzw. sinken. Bei einem sinkenden Keil fällt die obere Linie stärker als die untere, bei einem steigenden Keil steigt die untere Linie stärker als die obere. Die Richtung der Keile läuft dem Trend typischerweise entgegen. Für einen Aufwärtstrend sind sinkende Keile typisch. In einem Abwärtstrend zeigt die Richtung der Keile in der Regel nach oben. Steigende Keile in der Mitte oder am Ende eines Haussezyklus gelten dagegen als «bearish», lassen also eine Abwärtskorrektur erwarten.

5.2.8.2 Trendumkehrformationen

Zu den Trendumkehrformationen **(Abb. 131)** zählen die Kopf-Schulter-Formation, die M-Formation, die W-Formation, die V-Formation, die umgekehrte V-Formation, die Untertassenformation und die umgekehrte Untertassenformation.

Die **Kopf-Schulter-Formation** weist das Profil «Schulter-Kopf-Schulter» auf. Man spricht deshalb auch von Schulter-Kopf-Schulter-Formation. Sie gilt als die bekannteste und verlässlichste aller Trendumkehrformationen. Zieht man durch die Tiefpunkte der Schultern eine Linie, generiert man eine sogenannte Nackenlinie. Durchbricht die rechte Schulter die Nackenlinie – in der Regel begleitet von höheren Umsätzen –, gilt dies als Verkaufssignal. Der vertikale Abstand zwischen Kopf und Nackenlinie gilt als Richtwert für die Kurskorrektur, gemessen vom Punkt des Durchbruchs. Es lassen sich auch inverse Kopf-Schulter-Formationen beobachten.

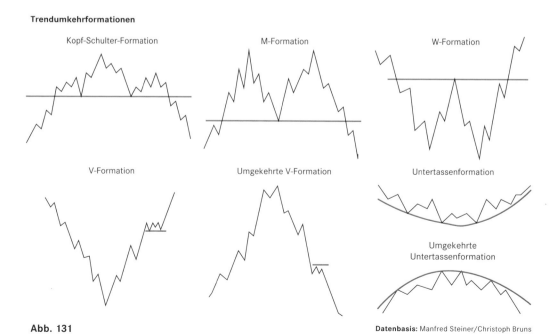

Trendumkehrformationen

Kopf-Schulter-Formation · M-Formation · W-Formation · V-Formation · Umgekehrte V-Formation · Untertassenformation · Umgekehrte Untertassenformation

Abb. 131

Datenbasis: Manfred Steiner/Christoph Bruns

SMI: Kopf-Schulter-Formation
Tagesschlusswerte: 30.3.2005–30.3.2009

Datenbasis: SIX Swiss Exchange

Abb. 132

Die Entwicklung des Swiss Market Index vom Herbst 2005 bis zum Herbst 2009 **(Abb. 132)** dürfte einer typischen Kopf-Schulter-Formation recht nahe kommen.

M- bzw. W-Formationen werden auch als Doppelhoch- bzw. Doppeltiefformation bezeichnet. Die M-Formation signalisiert einen Wechsel vom Aufwärts- zum Abwärtstrend. Umgekehrt weist die W-Formation auf einen Wechsel vom Abwärts- zum Aufwärtstrend hin. Beim Durchbruch der Basislinien sollten die Umsätze sowohl bei der M- wie bei der W-Formation anziehen.

Typisch für **V-Formationen** sind der steile Ab- und Aufstieg. Der Abwärtstrend gleicht einem sogenannten Wash-out. Es findet ein regelrechter Kurseinbruch statt. Der anschliessende Kursanstieg endet typischerweise in einer Plattform. Deren Verlassen – begleitet von höheren Umsätzen – gilt als Kaufsignal. Umkehrte V-Formationen weisen dieselben Charakteristika auf.

Die **Untertassenformation** ist verwandt mit der V-Formation. Anders als bei der V-Formation geht ein nachlassender Abwärtstrend fliessend in einen Aufwärtstrend über. Die Umsätze lassen mehr und mehr nach und steigen erst wieder, wenn der Aufwärtstrend einsetzt. Während die Untertassenformation ein Kaufsignal auslöst, generiert die umgekehrte Untertassenformation ein Verkaufssignal.

5.2.9 Andere Chartindikatoren

Neben den dargestellten Analyseinstrumenten gibt es noch eine Vielzahl weiterer Konzepte. Dazu gehören etwa die Put-Call Ratio oder der Odd-Lot-Indikator.

Die **Put-Call Ratio** misst das Verhältnis von gehandelten Puts zu gehandelten Calls. Sie ist ein Indikator für die Stimmung der Marktteilnehmer am Optionsmarkt. Eine hohe Put-Call Ratio kann ein Zeichen für vorhandenen Pessimismus am Markt sein. Eine tiefe Put-Call Ratio deutet Optimismus an. Allerdings dient die Put-Call Ratio auch als Kontraindikator, d. h. eine pessimistische Stimmung wird positiv gedeutet und umgekehrt. Die unterschiedliche Interpretation kommt nicht zuletzt daher, weil am Optionsmarkt neben den Tradern auch Arbitrageure und Hedger teilnehmen.

Der **Odd-Lot-Indikator** misst die Einstellung der Kleinanleger zum Markt. Werden an der Börse viele Fraktionen (englisch: Odd Lot) in Auftrag gegeben, wird dies als Kontraindikator gedeutet. Seit mehreren Jahren existieren an der SIX Swiss Exchange keine Odd Lots mehr. Jeder «Trade» führt zu einem bezahlten Kurs. Nichtsdestotrotz kann man die einzelnen «Trades» bzw. deren Grösse analysieren.

5.2.10 Aktienmarktvolatilität

Einen besonderen Einblick in die Verfassung eines Aktienmarkts vermittelt die Entwicklung der Aktienkursvolatilität:

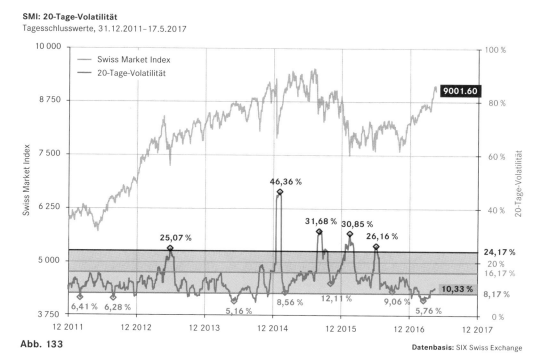

SMI: 20-Tage-Volatilität
Tagesschlusswerte, 31.12.2011– 17.5.2017

Abb. 133

Datenbasis: SIX Swiss Exchange

Wie **Abbildung 133** veranschaulicht, verhalten sich der Swiss Market Index (SMI) und die rollende 20-Tage-Volatilität gegenläufig. Bemerkenswert ist, dass Aktienmarktvolatilitäten vor grösseren Börsenkorrekturen oft besonders tief notieren. Sind die Marktteilnehmer sehr sorglos, kann dies allemal «gut» für eine Börsenkorrektur sein. Umgekehrt ist bei besonders hohen Volatilitäten das Schlimmste bald vorbei.

Historische und implizite Volatilität

In **Abbildung 133** wird per 17.5.2017 eine historische 20-Tage-Volatilität von 10,33 % ausgewiesen. Auf der Basis der letzten Tagesschlusskurse (19.4.–7.5.2017) rechnet sich ein Mittelwert der stetigen Tagesrenditen von 0,2695 % und die Tagesvolatilität von 0,6469 %. Hochgerechnet auf 255 Börsentage ergibt sich eine Jahresvolatilität von 10,33 %. Als Faustregel gilt: Tagesvolatilität mal 16 (Wurzel von 256) gleich Jahresvolatilität.

Die implizite Volatilität – wir gehen in Band 3 darauf ein – ist die aus den bezahlten Optionspreisen gewonnene Volatilität. Gilt bspw. für eine SMI-Call-Option-at-the-Money (Ausübungspreis und SMI-Notierung = 9000 Punkte) ein Optionspreis von 100 Punkten, lässt sich bei einer Restlaufzeit von 20 Tagen und einem risikolosen Zinssatz von 0 % eine implizite Volatilität (Jahresvolatilität) von 11,80 % zurückrechnen. Implizite und historische Volatilitäten korrelieren zwar recht hoch, können in turbulenten Börsenzeiten jedoch recht stark voneinander abweichen.

5.3 Zusammenfassung

Die Technische Analyse konzentriert sich auf das Studium von Kursverläufen, gleitenden Durchschnittslinien, Oszillatoren, Transaktionsvolumen usw. Im Zentrum steht die These, dass Marktteilnehmer erfahrungsresistent sind; sie verhalten sich in ähnlichen Situationen meist gleich. Als Folge davon bilden sich an den Finanzmärkten immer wieder typische Kursmuster aus. Ziel der Charttechnik ist es demnach, Kursverlaufsmuster rechtzeitig zu erkennen, von denen angenommen wird, dass sie sich in der Zukunft wiederholen.

Diagramme (englisch: Charts) sind quasi der Forschungsgegenstand der technischen Analyse. Charts umfassen wenigstens drei Elemente: eine Zeitachse, eine Preisachse und die Preisnotierungen.

Aufgrund der Preisachse lassen sich arithmetisch und logarithmisch skalierte Charts unterscheiden. Logarithmisch skalierte Charts verbessern vor allem die Aussagekraft von stark wachsenden, volatilen Zeitreihen. Weil die Kursveränderungen prozentual dargestellt werden, weist etwa ein Indexanstieg von 100.00 auf 120.00 dieselbe Steigung auf wie – viele Jahre später – ein solcher von 50 000.00 auf 60 000.00.

Aufgrund der Preisnotierungen lassen sich Liniencharts (Line Charts), Balkencharts (Bar Charts) und Kerzencharts (Candlestick Charts) unterscheiden. Liniencharts verbinden die Schlusskurse miteinander. Balken- und Kerzencharts machen Eröffnungs-, Schluss-, Tiefst- und Höchstkurse transparent.

Point & Figure Charts gelten als die älteste Form der Chartdarstellung in der westlichen Welt. Sie sind etwas für Chart Freaks und für den Normalverbraucher eher schwer verständlich.

Bei der Technischen Analyse kann – ähnlich wie bei der Fundamentalanalyse – zwischen Gesamtmarkt- und Einzelwertanalyse unterschieden werden. Die Gesamtmarktanalyse bezieht sich auf Aktienmärkte bzw. auf Aktienindizes. Die Einzelwertanalyse befasst sich mit der charttechnischen Analyse von Aktien, Bonds, Wechselkursen, Edelmetallen, Zinssätzen usw.

Instrumente der Gesamtmarktanalyse sind die Dow-Theorie, die Elliott-Wellen-Theorie und die Advance-Decline Line. Die Dow-Theorie macht Aussagen darüber, ob ein Kurstrend intakt ist und wie sich ein Trendwechsel ankündigt. Anhänger der Elliott-Theorie glauben, dass Börsenzyklen quasi einem naturgesetzlichen Schema mit fünf Impuls- und drei Korrekturwellen folgen. Wer imstande ist, die Schemata von Hausse- und Baissezyklus aus dem Kursverlauf herauszulesen, erkennt – so die Theorie –, wann die Zeit für einen Ein- bzw. Ausstieg gekommen ist. Die Advance-Decline Line ist ein Frühindikator für Trendwenden. Sie misst die Differenz zwischen der Anzahl Aktien, die in einem bestimmten Zeitraum gestiegen, und der Anzahl Aktien, die im Wert gesunken sind. Dem Konzept liegt die Beobachtung zugrunde, wonach hoch kapitalisierte Titel den Index noch stützen, während die Mehrzahl der tief kapitalisierten Titel bereits an Wert verliert und umgekehrt. Entwickeln sich AD-Linie und Index in dieselbe Richtung, gilt dies als Bestätigung des Markttrends. Sinkt die AD-Linie, während der Index (noch) steigt, deutet dies auf eine bevorstehende Baisse hin und umgekehrt.

Wichtige Instrumente der Einzelwertanalyse sind die gleitenden Durchschnitte, die Oszillatoren, Trendlinien- und Trendkanäle, Unterstützungs- und Widerstandslinien, Chartformationen oder etwa Indikatoren wie die Put-Call Ratio oder der Odd-Lot-Indikator.

Gleitende Durchschnittslinien bilden die Kursentwicklung in geglätteter Form ab. Einfache gleitende Durchschnitte entsprechen dem arithmetischen Mittel über eine bestimmte Zeitperiode (z. B. 20, 50, 200 Tage). Die Durchschnittslinien ergeben sich, indem fortlaufend der älteste Kurs durch den aktuellen Kurs ersetzt wird. Die unterschiedliche Volatilität von Kurs- und Durchschnittslinien hat zur Folge, dass sich diese von Zeit zu Zeit kreuzen. Durchstösst die kürzere die längere Linie von unten nach oben, gilt dies als Kaufsignal. Ein Verkaufssignal ergibt sich, wenn die kürzere die längere Linie von oben nach unten durchstösst. In der Praxis werden auch linear gewichtete und exponentiell geglättete Durchschnittslinien verwendet.

Um die gleitenden Durchschnitte lassen sich Bänder legen. Im einfachsten Fall sind es Prozentbänder. Eine besondere Form haben die Bollinger-Bänder. Die Bänder weiten sich bei steigender Kursvolatilität aus und verengen sich, wenn die Volatilität abnimmt.

Oszillatoren sind charttechnische Indikatoren, die um eine Mittelpunktlinie schwanken. Die wichtigsten Oszillatoren sind das Momentum, der Relative Strength Index (RSI), der Stochastik-Oszillator und der Moving Average Convergence/Divergence (MACD). Der RSI, der Stochastik-Oszillator und der MACD weisen auf sogenannt überdehnte Kurse hin. Wird eine obere bzw. untere Trennlinie durchstossen, gilt das Investment als überkauft (overbought) bzw. als überverkauft (oversold). Entsprechend werden Verkaufs- bzw. Kaufsignale ausgelöst.

Trendlinien und Trendkanäle weisen darauf hin, ob ein Kurstrend noch intakt ist. Das Durchbrechen von Trendlinien und Trendkanälen löst Kauf- bzw. Verkaufssignale aus. Widerstands- und Unterstützungslinien markieren Unterbrechungen von Trends.

Chartformationen weisen darauf hin, ob – trotz Konsolidierung – Aussicht auf eine Trendfortsetzung besteht oder ob sich eine Trendumkehr abzeichnet. Zu den Trendbestätigungsformationen zählen das aufsteigende Dreieck, das absteigende Dreieck, der Wimpel, das Rechteck, der Keil und die Flagge. Zu den Trendumkehrformationen zählen die Kopf-Schulter-Formation, die M-Formation, die W-Formation, die V-Formation, die umgekehrte V-Formation, die Untertassenformation und die umgekehrte Untertassenformation.

Einführung und Lernziele

Die Behavioral Finance ist eine junge Wissenschaft. Ihre Anfänge gehen zurück auf die 1970er-Jahre. Wissenschaftler wie Daniel Kahneman und Amos N. Tversky – sie haben zusammen die Prospekttheorie entwickelt – haben die Behavioral Finance stark geprägt. Kahneman ist für seine Arbeiten im Jahr 2002 mit dem Nobelpreis für Wirtschaftswissenschaften ausgezeichnet worden. Tversky blieb diese Ehre versagt; er starb im Jahr 1996. Bedeutsam ist auch der Beitrag von Leon Festinger (1919–1989), dessen Theorie der kognitiven Dissonanz in die Behavioral Finance eingeflossen ist.

Die Behavioral Finance stellt das mechanistische Menschenbild der klassischen Ökonomie infrage und meint, es stehe im Widerspruch zum tatsächlichen Verhalten der Menschen an den Finanzmärkten. Ihre Erkenntnisse gewinnt die Behavioral Finance durch Laborforschung, durch Hirnforschung, aber auch durch Auswertung von Marktdaten. Aufgrund ihrer Forschungsergebnisse kommt die Behavioral Finance zum Schluss, Marktteilnehmer (Investoren, Trader, Hedger usw.) verhielten sich zu oft unvernünftig. Verhaltensfehler bildeten eher die Regel als die Ausnahme. Ob es gar so schlimm ist, wie **Abbildung 134** suggeriert, lassen wir offen.

Der emotionale Investor

Abb. 134   **Datenbasis:** Thorsten Hens

Unsere kleine Einführung in die Behavioral Finance ist ein Versuch, die wichtigsten Erkenntnisse der Behavioral Finance zusammenzufassen und auf den Punkt zu bringen. Eine besondere Hilfe waren das Buch von Goldberg/Nitzsch sowie eine Publikation von UBS Wealth Management Research, beide Quellen mit dem Titel «Behavioral Finance».

Lernziele

Nach dem Studium dieses Kapitels kann der Leser

- folgende Verhaltensfehler bei der Wahrnehmung und Verarbeitung von Informationen beschreiben und erklären: Mental Accounting, Verfügbarkeitsheuristik, Ankerheuristik, Repräsentativitätsheuristik, selektive Wahrnehmung, selektives Entscheiden;
- folgende Verhaltensfehler bei der Ergebnisbewertung beschreiben und erklären: Reflection Effect, Dispositionseffekt, Sunk Cost Effect;
- andere Verhaltensfehler (Harmoniebedürfnis, Attributionsverzerrung, Selbstüberschätzung, Herdenverhalten) beschreiben und erklären.

6.1 Grundlagen

Investoren machen Fehler. Sie machen sogar ziemlich oft Fehler. So kann es nicht überraschen, dass im Schnitt rund 80 % aller aktiven Investoren ihre Benchmark verfehlen. Überraschend ist dagegen, dass sich die Anleger dessen offenbar auch bewusst sind. So führte eine in 24 Ländern durchgeführte Studie aus dem Jahr 2006 zutage, dass rund 80 % der Anleger mit sich selber nicht zufrieden sind (Quelle: Alliance Bernstein Global Investor Literacy Research) und sich als «nicht erfolgreich» einstufen.

Investoren machen oft dumme Fehler. Dumme Fehler sind ärgerlich. Besonders ärgerlich und eigentlich unverzeihlich sind wiederholt begangene dumme Fehler. Salopp formuliert beschäftigt sich die Behavioral Finance mit der Frage, weshalb Investoren dumme Fehler machen und diese nicht selten wiederholen. Korrekt ausgedrückt beschäftigt sich die Behavioral Finance mit der Frage, weshalb sich Investoren häufig irrational, d. h. unlogisch bzw. vernunftwidrig, verhalten.

Die Behavioral Finance stellt im Kern das Menschenbild des Homo oeconomicus infrage. Im Sinn der klassischen und neoklassischen Wirtschaftstheorie handelt der Mensch rational. Er ist lückenlos informiert; er kennt sämtliche Entscheidungsalternativen und deren Konsequenzen. Der Homo oeconomicus entscheidet und handelt nutzenorientiert; er maximiert seinen Nutzen. Kennt der Homo oeconomicus die Eintretenswahrscheinlichkeit von Ereignissen, kann er den Erwartungswert bestimmen und auf dieser Grundlage sachlogisch entscheiden.

Beispiel

Bei einem Würfelspiel erhält ein Spieler CHF 100.00, wenn er eine Eins, eine Zwei oder eine Drei würfelt. Er bezahlt dagegen CHF 50.00, wenn der Würfel eine Vier, eine Fünf oder eine Sechs anzeigt. Welches ist der Erwartungswert und die entsprechend logische Entscheidung?

Lösung

Erwartungswert: $(0.5 \cdot 100.00) + (0.5 \cdot -50.00) = + \mathbf{25.00}$

Die Wahrscheinlichkeit, entweder eine Eins, eine Zwei oder eine Drei zu würfeln, ist 50 %. Die Eintretenswahrscheinlichkeit entweder einer Vier, einer Fünf oder einer Sechs ist ebenfalls 50 %. Mit einer Wahrscheinlichkeit von 50 % ergibt sich ein Gewinn von CHF 100.00 und mit einer Wahrscheinlichkeit von 50 % ein Verlust von CHF 50.00. Entsprechend ist der Erwartungswert CHF 25.00 (50.00−25.00). Spielt der Spieler lange genug, z. B. 500-mal, gewinnt er mit hoher Wahrscheinlichkeit CHF 12 500.00. Es ist klar, dass der rational handelnde Homo oeconomicus bei diesem Spiel mitspielt.

Das wirkliche Leben ist kaum ein Würfelspiel. So meint auch Einstein: «Die Theorie liefert viel, aber dem Geheimnis des Alten (gemeint ist Gott) bringt sie uns doch nicht näher. Jedenfalls bin ich überzeugt davon, dass der nicht würfelt.» Wenn das wirkliche Leben kein Würfelspiel ist, sind Eintretenswahrscheinlichkeiten nur schwer bestimmbar. Im Zeitablauf sind sie zudem nicht konstant. Entscheidungen werden demnach nicht bei Sicherheit, sondern bei Unsicherheit gefällt.

Jeder Entscheid basiert grundsätzlich auf Informationen. Informationsprozesse lassen sich dabei in drei Phasen aufteilen: Wahrnehmung, Verarbeitung, Bewertung. Wenn Investoren, wie die Behavioral Finance behauptet, irrational handeln, können Fehler in Phase 1 (Informationswahrnehmung), Phase 2 (Informationsverarbeitung) und Phase 3 (Ergebnisbewertung) gemacht werden. Wir folgen dieser Logik und beschäftigen uns zunächst mit den Erkenntnissen der Behavioral Finance zur Informationswahrnehmung und -bewertung und danach mit den Irrationalitäten bei der Ergebnisbewertung. Abschliessend bringen wir eine Auswahl allgemeiner Anlegerfehler zur Sprache.

6.2 Fehler bei der Informationswahrnehmung/ -verarbeitung

Investoren beklagen heute nicht ein Zuwenig, sondern ein Zuviel an Informationen. Selbst wenn sie sich grösste Mühe gäben und ausreichend Zeit hätten, wären Investoren nicht in der Lage, die Informationsflut angemessen zu bewältigen. Kommt dazu, dass Informationen oft widersprüchlich sind und ohne Weiteres auch falsch sein können. Mit anderen Worten: Menschen im Allgemeinen und Investoren im Besonderen kommen nicht umhin, ihre Entscheidungsfindung zu vereinfachen. Sie benutzen bspw. Faustregeln. Die Behavioral Finance spricht von Heuristiken und meint damit Regeln oder Strategien zur Informationsverarbeitung, die mit geringem Aufwand einen – zumindest vordergründig – plausiblen Entscheid erlauben. Heuristik stammt übrigens vom altgriechischen «heurisko», zu Deutsch «ich finde».

Die Verwendung von Faustregeln kann durchaus Sinn machen. Das gilt vor allem dann, wenn diese auf langjähriger Erfahrung beruhen und immer wieder kritisch hinterfragt werden. Neben bewusst verwendeten Faustregeln bzw. Heuristiken gibt es aber auch solche, die unbewusst unser Entscheidungsverhalten bestimmen. Unbewusste Heuristiken bzw. Verhaltensmuster sind ein wichtiges Forschungsgebiet der Behavioral Finance. Die Forschungsergebnisse machen deutlich, dass unbewusste Heuristiken irrationale Entscheidungen begünstigen und im Ergebnis den Anlageerfolg mindern. Der Weg zu besseren Anlageergebnissen könnte demnach darin bestehen, problematische Verhaltensmuster bei sich selber und anderen zu erkennen und diese im Rahmen eines ständigen Lernprozesses abzulegen.

Die wichtigsten Heuristiken laufen unter den Bezeichnungen Mental Accounting, Verfügbarkeitsheuristik, Ankerheuristik und Repräsentativitätsheuristik. Wir gehen auf diese Heuristiken einzeln ein. Ergänzend behandeln wir das Phänomen der selektiven Wahrnehmung.

6.2.1 Mental Accounting

Das Phänomen des Mental Accounting wird in der Fachliteratur regelmässig anhand einer empirischen Untersuchung von Tversky und Kahneman aus dem Jahr 1981 aufgezeigt.

Situation A

Sie haben eine Eintrittskarte für ein Konzert zum Preis von CHF 150.00 erworben. Vor dem Konzerthaus angekommen bemerken Sie, dass Sie Ihre Karte verloren haben. An der Abendkasse gibt es noch Karten derselben Preiskategorie. Kaufen Sie eine neue Karte?

Situation B

Sie haben sich an der Abendkasse eine Eintrittskarte für CHF 150.00 reservieren lassen. Dort angekommen stellen Sie fest, dass CHF 150.00 aus Ihrem Portemonnaie «verschwunden» sind. Kaufen Sie eine Karte, sofern Sie noch genügend Geld dabei haben?

Rein ökonomisch betrachtet sind Situation A und Situation B identisch. In beiden Fällen wird an der Abendkasse ein Verlust von CHF 150.00 konstatiert und es gilt zu entscheiden, ob erneut CHF 150.00 investiert werden sollen oder der Weg nach Hause angesagt ist. Die Untersuchungen von Tversky und Kahneman ergaben, dass im ersten Fall mehr als 60 % der Testpersonen von einem Konzertbesuch absahen, im zweiten Fall jedoch mehr als 70 % die reservierten Konzertkarten einlösten.

Das abweichende Verhalten lässt sich wie folgt erklären: Die potenziellen Konzertbesucher führen zwei mentale (geistige) Konti, ein «Konzertkonto» einerseits und ein «übriges Geldkonto» andererseits. In Situation A ist der Preis für die Eintrittskarte bereits auf dem Konzertkonto verbucht. Ein erneuter Kartenkauf würde das Konto mit zusätzlichen CHF 150.00, insgesamt also mit CHF 300.00, belasten. In Situation B wird der Verlust von CHF 150.00 mental auf dem übrigen Geldkonto verbucht. Das Konzertkonto ist dagegen noch nicht belastet. Dem Kauf der Eintrittskarten steht somit nichts entgegen.

Das Phänomen des Mental Accounting ist Ausdruck einer ziemlich verqueren Budgetlogik. Sie bestimmt nicht nur das Ausgabenverhalten privater Haushalte, sondern auch jenes von öffentlichen Haushalten und privaten Unternehmen. So werden Ende Jahr frisch fröhlich unnötige Anschaffungen gemacht, nur weil eine Budgetposition noch nicht ausgeschöpft ist. Die Tatsache, dass andere Budgetpositionen bereits überzogen sind, wird dabei geflissentlich übersehen.

Auch Investoren legen geistige Konti an. So wird bspw. jeder Assetklasse oder gar jedem Einzeltitel ein mentales Konto zugeordnet. Als Folge davon werden – ohne Blick nach links oder rechts – Kauf- und Verkaufsentscheide gefällt, die aus der Portfoliooptik wenig Sinn machen und – mit anderen Worten – als irrational zu werten sind.

6.2.2 Verfügbarkeitsheuristik

Informationsbeschaffung kostet Zeit und/oder Geld. Wer genügend Zeit aufwenden kann und will, findet im Internet fast alles zum Nulltarif. Die Betonung liegt dabei auf «fast». Sieht man davon ab, dass Zeit auch Geld ist, kann Informationsbeschaffung wirklich ins Geld gehen. Das gilt etwa für die Beschaffung besonderer Benchmarkdaten. Der Autor kann ein Lied davon singen.

Investoren – das sind beileibe nicht nur Privatinvestoren – sind immer wieder mit der Tatsache konfrontiert, dass sie unvollständig und unpräzise informiert sind. Sie kommen folglich nicht darum herum, Informationslücken auf der Basis ihres Wissens und ihrer Erfahrungen, d. h. aus dem Gedächtnis, zu füllen. In unserem Gedächtnis sind nicht alle Informationen gleich gut verankert und verfügbar. Sind wir damit konfrontiert, die Häufigkeit von Ereignissen oder deren Eintretenswahrscheinlichkeit abzuschätzen, gilt folgende allgemeine Regel: Die subjektive Wahrscheinlichkeit für ein Ereignis ist umso grösser, je leichter und schneller man in der Lage ist, sich Beispiele für das Ereignis vorzustellen oder in Erinnerung zu rufen. Mit anderen Worten: «Wenn mir ein Ereignis leicht einfällt oder wenn ich mir ein Ereignis leicht vorstellen kann, dann wird es wohl auch häufig vorkommen.» Diesen Gedächtniszugriff auf schnell und leicht verfügbare Informationen bezeichnet man als Verfügbarkeitsheuristik (englisch: Availability Heuristic). Welche Faktoren bewirken aber, dass wir uns Ereignisse leicht vorstellen können und dass sie uns leicht einfallen?

Ein erster Faktor ist die Anzahl der beobachteten Ereignisse. Je häufiger ein Ereignis in der Vergangenheit aufgetreten ist, desto leichter können wir uns vorstellen, dass es wieder eintritt. Ereignisse, die noch nicht eingetreten sind, können wir uns nicht so gut vorstellen; sie werden daher für weniger wahrscheinlich gehalten. Die Verfügbarkeitsheuristik ist einer der Gründe, warum es für innovative Unternehmer so schwierig ist, Risikokapital zu finden.

Andererseits wird die Wahrscheinlichkeit höchst unwahrscheinlicher Ereignisse wie die eines Lottogewinns oft überschätzt, da es ja stets Gewinner gibt, sodass das Ereignis nach unserer Vorstellung eher im Bereich des Möglichen zu liegen scheint.

Beispiel

Im schweizerischen Zahlenlotto werden aus 42 Zahlen (1 bis 42) sechs Gewinnzahlen ermittelt.
a. Wie viele Kombinationen sind im schweizerischen Zahlenlotto möglich?
b. Welches ist die Wahrscheinlichkeit, zufällig sechs «Richtige» zu tippen?

Lösung

a. $_kC_n = \binom{n}{k}$

$$_6C_{42} = \binom{42}{6} = \frac{42 \cdot 41 \cdot 40 \cdot 39 \cdot 38 \cdot 37}{1 \cdot 2 \cdot 3 \cdot 4 \cdot 5 \cdot 6} = \frac{3\,776\,965\,920}{720} = \mathbf{5\,245\,786}$$

b. $P(6 \text{ Richtige}) = \dfrac{1}{5\,245\,786} = \mathbf{0.0000001906}$ bzw. 0,00001906 %

Die Wahrscheinlichkeit für sechs «Richtige» ist 0,00001906 %.

In diesem Zusammenhang sei der Hinweis erlaubt, wie unwahrscheinlich es ist, aus einem Titelspektrum die besten Titel auszuwählen. Investoren, die an Selbstüberschätzung (siehe Seite 314) leiden, werden das folgende Beispiel wohl ignorieren:

Beispiel

Der Swiss Market Index (SMI) umfasst die 20 bedeutendsten Schweizer Aktien. Ein Investor setzt sich zu Beginn eines Jahrs zum Ziel, jene 5 Aktien zu kaufen, die in den nächsten 12 Monaten am besten performen.

a. Wie viele Titelkombinationen sind möglich?

b. Welches ist die Wahrscheinlichkeit, dass unser Investor zufällig die 5 besten SMI-Aktien ausgewählt?

Lösung

a. $_kC_n = \begin{pmatrix} n \\ k \end{pmatrix}$

$= {}_5C_{20} = \begin{pmatrix} 20 \\ 5 \end{pmatrix} = \dfrac{20 \cdot 19 \cdot 18 \cdot 17 \cdot 16}{1 \cdot 2 \cdot 3 \cdot 4 \cdot 5} = \dfrac{1\,860\,480}{120} = \mathbf{15\,504}$

b. $P(5\ \text{Top-Performer}) = \dfrac{1}{15\,504} = \mathbf{0.000064}$ bzw. 0,006450 %

Die Wahrscheinlichkeit, die fünf Top-Performer herauszupicken, ist 0,006450 %.

Ein zweiter Faktor ist die Aktualität eines Ereignisses. Menschen neigen dazu, neuere Informationen stärker zu gewichten als ältere. Bestätigt eine neue Information unsere bisherige Einschätzung, messen wir dieser Information noch grössere Bedeutung zu. Man spricht von Bestätigungsneigung (englisch: Confirmation Bias). Sogar der Aufbau einer Nachricht kann eine Rolle spielen. In der Regel wird der letzte Teil einer Nachricht besser beachtet als der erste. Man spricht vom Rezenzeffekt (englisch: Recency Effect). Wird allerdings der erste Teil der Nachricht besonders betont, werden nachfolgende Begründungen meist nur noch wenig beachtet. Man spricht vom Primäreffekt (englisch: Primacy Effect). In der Werbung werden der Primär- und der Rezenzeffekt gerne kombiniert, indem Werbeschwerpunkte an den Anfang und an den Schluss gesetzt werden.

Ein dritter Faktor ist die emotionale Besetzung eines Ereignisses. Menschen neigen dazu, negative Erfahrungen schneller zu vergessen als positive. Das erklärt möglicherweise, weshalb ältere Menschen oft meinen, früher sei alles besser gewesen.

Beispiel

In einer Untersuchung (1974) haben Tversky und Kahneman den Testpersonen unter anderem folgende Fragen gestellt:

a. Wodurch kommt man in den USA eher zu Tode – durch herabstürzende Flugzeugteile oder durch Haie?

b. Welches ist jeweils die häufigere Todesursache in den USA: Diabetes oder Mord, Autounfälle oder Magenkrebs?

Lösung

a. Kommen Menschen durch einen Haiangriff zu Tode, berichten die Medien prominent darüber. Weil solche Berichte gut im Gedächtnis haften bleiben, wird die Häufigkeit dieser Todesursache überschätzt. Die Wahrscheinlichkeit, in den USA durch herabstürzende Flugzeugteile getötet zu werden, ist rund 30-mal höher.

b. Auch hier gilt, dass die Todesursachen Mord und Autounfälle in der Regel überschätzt werden. Mord und Autounfälle erregen viel Aufmerksamkeit. Aber weitaus mehr Menschen sterben in den USA an Diabetes und Magenkrebs.

Wenn wir Todeswahrscheinlichkeiten danach beurteilen, wie prominent bestimmte Todesarten in den Medien behandelt werden, neigen wir auch dazu, die Wahrscheinlichkeit von medial stark aufgemachten Ereignissen an den Finanzmärkten falsch einzuschätzen. Noch heute gelten bspw. Hedge Funds aufgrund des LTCM-Debakels im Jahr 1998 bei vielen Privatinvestoren als Hochrisikoinvestition. Die Verfügbarkeitsheuristik wird aller Voraussicht auch dafür sorgen, dass bspw. Bankaktien noch lange gemieden werden.

Die Verfügbarkeitsheuristik vermag auch das Phänomen des Home Bias (auch Domestic Bias) zu erklären. Wie wir wissen, legt die Portfoliotheorie nicht nur eine Depotstreuung nach Assetklassen, Branchen oder Titeln nahe, sondern auch die Diversifikation nach Währungen und Ländern. Überprüft man bspw. die Aktienportfolios privater oder institutioneller Investoren, konstatiert man regelmässig eine starke Übergewichtung des Heimmarkts. Man bevorzugt jene Aktien, die man kennt und die einem leicht einfallen. Aus der Optik Schweiz darf man für die letzten Jahrzehnte immerhin bemerken, dass eine ausgeprägte Swissness in den Depots nicht unbedingt ein Fehler war.

Die Arbeitsweise unseres Gedächtnisses begünstigt auch den «Ich-habe-es-immer-schon-gewusst-Effekt». Man spricht vom Rückschaufehler (englisch: Hindsight Bias). Nach einem bestimmten Ereignis gibt es immer wieder Leute, die behaupten, schon die ganze Zeit gewusst und prophezeit zu haben, dass es so kommt. Es kann durchaus ernüchternd und heilsam sein, wenn man gelegentlich die Motive einer bestimmten Transaktion schriftlich festhält und sich die Aufzeichnungen einige Zeit später zu Gemüte führt.

6.2.3 Ankerheuristik

Wenn wir etwas schätzen sollen, was wir nicht sicher bestimmen können, suchen wir nach einem Ankerwert als Ausgangspunkt. Das Problem dabei ist, dass sich viele Menschen durch völlig irrelevante, ja gar abstruse Ankerwerte beeinflussen lassen.

Das meistzitierte Beispiel für die Verwendung von irrationalen Ankerwerten (englisch: Anchoring) ist ein von Tversky und Kahneman im Jahr 1974 durchgeführtes Experiment:

Ausgangslage

Zwei Gruppen wurde ein Glücksrad mit Nummern von 1 bis 100 gezeigt. Nach dem Drehen landete die Nadel bei der ersten Gruppe auf der 65 und bei der zweiten Gruppe auf der 10. Anschliessend sollten alle Teilnehmer aufschreiben, ob der Anteil afrikanischer Länder in den Vereinten Nationen grösser oder kleiner sei als 65 bzw. 10. Als Nächstes wurden sie gebeten, den genauen Anteil der afrikanischen Länder aufzuschreiben.

Ergebnis

Die Gruppe, bei der das Glücksrad auf der 65 stehen blieb, schätzte diesen Anteil auf durchschnittlich 45 %, während die Schätzung der Gruppe, die vom Glücksrad die Bezugszahl 10 erhalten hatte, bei durchschnittlich 25 % lag. Obwohl die Referenzzahl absolut zufällig war, hinderte das die Teilnehmer nicht daran, diese als Ankerwert zu verwenden. Die Korrektur vom Ankerwert aus war unzureichend; ein Resultat, das durch mehrere ähnliche Studien bestätigt wird.

Wirtschafsprognosen (BIP-Wachstum, Arbeitslosenquote, Teuerungsrate, Ertragsbilanz, Staatsdefizit), Zins- und Wechselkursprognosen, Branchenperspektiven, erwartete Unternehmensgewinne usw. basieren auf fundierten Schätzungen. Oft sind es Konsensschätzungen. In der Regel hat jedes Prognoseinstitut, jedes Analyseteam und jeder Finanzchef eines Unternehmens dieselben Prognosewerte schon wiederholt bestimmt und veröffentlicht. Sobald es neue Informationen gibt, sollten diese Anlass für eine unvoreingenommene Neubewertung sein. Das ist oft nicht der Fall.

Auch Prognosespezialisten oder etwa Finanzchefs sind Gefangene ihrer früheren Prognosen und korrigieren ihre alten Werte nur unzureichend nach oben oder unten. Das ist mit ein Grund, weshalb Unternehmen in Aufschwungphasen oft bessere Ergebnisse vorlegen als prognostiziert und in Abschwungphasen oft (noch) schlechtere.

Die Ankerheuristik lässt sich auch mit der Tendenz zum Status quo in Verbindung bringen. Man spricht von Status-quo-Bias. Entscheider finden es leichter, bei einer früher getroffenen Entscheidung zu bleiben, als eine neue Entscheidung zu treffen. Mit anderen Worten: Menschen wollen, dass die Dinge ungefähr so bleiben, wie sie sind.

6.2.4 Repräsentativitätsheuristik

Menschen neigen dazu, von einer Einzelinformation oder aufgrund einer Einzelerfahrung auf das Ganze zu schliessen. Wer bspw. mit seinem ersten Reverse Convertible Geld verloren hat, wird möglicherweise alle strukturierten Produkte für «des Teufels Werk» halten. Wer einmal von einem Bankberater schlecht beraten worden ist, wird unter Umständen allen Bankberatern mangelnde Kompetenz vorhalten.

Menschen neigen aber auch dazu, ihr Wissen oder ihre Erfahrungen vom Ganzen unbesehen auf den Einzelfall zu übertragen. So ist allgemein bekannt, dass es etwa gleich viel Mädchen- wie Knabengeburten gibt. Kommen bspw. in einem Frauenspital hintereinander sechs

Mädchen zur Welt (Reihenfolge: MMMMMM), halten wir diese Reihenfolge für unwahrscheinlicher als eine in der Art KMMKMK. Dabei wissen wir, dass das Geschlecht eines neugeborenen Babys unabhängig ist vom Geschlecht der vorangegangenen Neugeburt. Die Reihenfolge MMMMMM ist genauso wahrscheinlich wie die Reihenfolge KMMKMK. Die erste Reihenfolge widerspricht einfach unserer Erfahrung, wonach Knaben- und Mädchengeburten alles in allem etwa gleich wahrscheinlich sind. Tatsächlich kommen Knabengeburten etwas häufiger vor als Mädchengeburten.

Wenn Menschen unbesehen vom Einzelnen auf das Ganze schliessen oder meinen, das Ganze müsse sich auch in jedem Einzelfall widerspiegeln, spricht man von Repräsentativitätsheuristik. Die Behavioral Finance kann durchaus mit weiteren Varianten von Urteilsverzerrungen aufwarten. Beispiele dafür sind die Conjunction Fallacy, die Gambler's Fallacy und die Conditional Probability Fallacy. Auf diese drei Varianten der Repräsentativitätsheuristik gehen wir einzeln ein.

A Conjunction Fallacy

Die Conjunction Fallacy steht für die Beobachtung, dass viele Menschen schlecht in der Lage sind, die Wahrscheinlichkeit von zwei oder mehreren unabhängigen Ereignissen einzuschätzen. Das in der Literatur am häufigsten zitierte Beispiel ist jenes von Linda (Tversky und Kahneman 1983).

Beispiel

Linda ist 31 Jahre alt, sehr intelligent und nimmt kein Blatt vor den Mund. Sie hat Philosophie studiert. Als Studentin hat sie sich auch intensiv mit Fragen sozialer Gerechtigkeit und Diskriminierung auseinandergesetzt. Ausserdem hat sie an Anti-Kraftwerk-Demonstrationen teilgenommen. Welche Feststellung ist wahrscheinlicher?
1. Linda ist Bankangestellte,
2. Linda ist Bankangestellte und aktiv in der Frauenbewegung.

Lösung

Feststellung 1 ist wahrscheinlicher.

Die Mehrheit der Testpersonen (ca. 90 %) im Experiment von Tversky und Kahneman hielt fälschlicherweise die zweite Aussage für wahrscheinlicher. Weshalb ist Feststellung 2 unwahrscheinlicher?

Die Wahrscheinlichkeit (WS) von k Ereignissen, die sich gegenseitig nicht beeinflussen – man spricht von wechselseitiger Unabhängigkeit –, ist gleich dem Produkt der Wahrscheinlichkeiten dieser Ereignisse. Die Einschätzung, ob zwei Ereignisse wirklich voneinander unabhängig sind, ist oft gar nicht so einfach. Unbestritten dürfte etwa sein, dass das Ereignis «platter Veloreifen auf einer Biking-Tour» kaum davon beeinflusst wird, ob der Biker gerade seinen roten oder seinen blauen Biking-Dress trägt.

Am Beispiel zweier Ereignisse A **und** B lautet der sogenannte einfache Multiplikationssatz wie folgt:

P(A und B) bzw. $P(A \cap B) = P(A) \cdot P(B)$

Beklagt unser Biker im Schnitt auf jeder 50. Tour einen platten Veloreifen und trägt er abwechselnd den roten und den blauen Dress, beträgt die Wahrscheinlichkeit «roter Dress und platter Veloreifen» 1,00 % ($0.5 \cdot 0.02 = 0.01$).

Unser «Biker-Beispiel» macht deutlich, dass die gemeinsame Wahrscheinlichkeit zweier Ereignisse nie grösser sein kann als die Wahrscheinlichkeit jedes einzelnen Ereignisses. Um so mehr verwundert es, dass viele Menschen diesen grundlegenden Zusammenhang entweder nicht kennen oder schlicht und einfach übersehen. Sie tun dies, weil sie davon ausgehen, dass gemeinsame Ereignisse eine höhere Repräsentativität besitzen als eines der Einzelereignisse. Am Beispiel von Linda könnten sich die Testpersonen folgende Überlegungen gemacht haben: «Wer Philosophie studiert und sich mit sozialen Fragen und Diskriminierung beschäftigt, kann auch durchaus in der Frauenbewegung aktiv sein.»

Das Linda-Beispiel kritisch hinterfragt
Allen Lesern, die beim Linda-Beispiel falsch gelegen sind, spendet Gerd Gigerenzer in seinem Bestseller *Bauchentscheidungen* Trost. Er führt die Ergebnisse von Tversky und Kahneman auf die missverständliche Fragestellung zurück. Gigerenzer spricht die Mehrdeutigkeit der beiden Wörter «wahrscheinlich» sowie «und» an. Seiner Meinung hätte man die Frage wie folgt stellen müssen: «Es gibt 100 Personen, auf die die Beschreibung von Linda zutrifft. Wie viele von ihnen sind a) Bankangestellte? b) Bankangestellte und in der Frauenbewegung aktiv?»

Die Conjunction Fallacy wollen wir an einem weiteren Beispiel aufzeigen (UBS, *Behavioral Finance*, S. 46):

Beispiel
Welches der folgenden Szenarien ist wahrscheinlicher?
1. Die US-Wirtschaft könnte in eine Rezession geraten.
2. Wachsende Inflationssorgen könnten die Zinsen hochtreiben, wodurch der US-Häusermarkt unter Druck gerät. Korrekturen bei den Hauspreisen belasten den Konsum. Die US-Wirtschaft könnte so in eine Rezession geraten.

Lösung
Szenario 1 ist wahrscheinlicher.

Die meisten Menschen halten das zweite Szenario für wahrscheinlicher, weil es mit eingängigen Argumenten und Details unterlegt ist. Je mehr wir ein Szenario mit Einzelheiten anreichern, desto mehr wird es repräsentativ für ein Bild, das wir im Kopf haben. Dies widerspricht jedoch einer Grundregel der Wahrscheinlichkeitstheorie: Ein Ereignis wird umso unwahrscheinlicher, je mehr Details wir hinzufügen. Es ist ohne Frage wahrscheinlicher, dass eine Rezession aus irgendeinem beliebigen Grund eintritt als aus den speziellen Gründen, die im obigen Beispiel angegeben wurden.

B Gambler's Fallacy

Die Gambler's Fallacy ist wohl eine der häufigsten Fallen, in die Investoren immer wieder reintappen. Gleich wie der Roulettespieler, der nach einer Serie von bspw. neun Mal hintereinander Rot fest davon überzeugt ist, dass die Wahrscheinlichkeit Weiss grösser sei als zu Beginn der Serie, gehen Investoren davon aus, dass mit jedem Tagesverlust die Wahrscheinlichkeit eines Tagesgewinns zunehme.

Beispiel
Nehmen wir an, eine Münze wird dreimal geworfen, und jedes Mal landet sie auf Kopf. Welche Seite würden Sie wählen, wenn Sie CHF 100.00 auf den nächsten Wurf wetten müssten?
1. Kopf
2. Zahl
3. Keine Präferenz

Lösung
Wir sollten keine Seite bevorzugen. Die meisten Leute unterliegen jedoch dem «Spielerfehlschluss» (Gambler's Fallacy) und glauben, dass sich der Zufall selbst ausgleicht. In Wirklichkeit bedeutet eine Pechsträhne keineswegs, dass danach eine Glückssträhne folgen muss.

In einem Experiment (Maital 1986) konnten die Versuchspersonen Spielaktien kaufen, deren Kursentwicklung zufällig war. Dabei zeigte sich, dass die Mehrheit der Versuchspersonen Aktien, die eine längere Abwärtsbewegung hinter sich hatten, überdurchschnittlich lange hielten, weil sie wieder mit steigenden Kursen rechneten.

Es ist offensichtlich, dass die Gambler's Fallacy einen guten Teil der Charttechnik infrage stellt.

C Conditional Probability Fallacy

Die Conditional Probability Fallacy steht für die Beobachtung, dass Menschen die Wahrscheinlichkeit bedingter Ereignisse häufig falsch einschätzen und gelegentlich Bedingung und Ereignis vertauschen.

Von bedingten Wahrscheinlichkeiten spricht man dann, wenn der Eintritt eines zufälligen Ereignisses B durch ein Ereignis A beeinflusst wird. Das Ereignis A hat den Charakter einer Zusatzannahme im Sinn einer Voraussetzung oder einer Bedingung. Eine mögliche Problemstellung aus dem Alltagsleben könnte lauten: «Welches ist die Wahrscheinlichkeit, dass ein zufällig ausgewählter erwachsener Mann grösser ist als 180 cm?» Im Finance ist folgende Fragestellung denkbar: «Mit welcher Wahrscheinlichkeit lassen CH-Obligationen eine Jahresrendite von mehr als 10 % erwarten?» In beiden Fällen ist die Bedingung versteckt. Die Zusatzannahme in Fall 1 heisst «erwachsener Mann» und in Fall 2 «CH-Obligationen». Männer sind im Durchschnitt grösser als Frauen. Obligationen rentieren im Durchschnitt schlechter als Aktien.

Das folgende Beispiel aus dem Bankkreditgeschäft soll die Besonderheiten der bedingten Wahrscheinlichkeit veranschaulichen:

Beispiel

Angenommen, bei Bank V werden im Durchschnitt 75 % «gute» und 25 % «schlechte» Kreditgesuche von Firmenkunden eingereicht. Das Bonitätsprüfungssystem (Ratingsystem) von Bank V erkennt «gute» bzw. «schlechte» Kreditrisiken mit einer Wahrscheinlichkeit von 95 %.

a. Welches ist die Wahrscheinlichkeit, dass ein «schlechter» Kredit gutgeheissen (bewilligt) wird?
b. Welches ist die Wahrscheinlichkeit, dass ein «guter» Kredit abgelehnt wird?
c. Welches ist die Wahrscheinlichkeit, dass ein abgelehntes Kreditgesuch «gut» ist?

Lösung

a. $P(A2 \cap B1) \qquad = 0.25 \cdot 0.05 \quad = \mathbf{0.0125}$
   Die Wahrscheinlichkeit, dass ein «schlechter» Kredit bewilligt wird, ist 1,25 %.
b. $P(A1 \cap B2) \qquad = 0.75 \cdot 0.05 \quad = \mathbf{0.0375}$
   Die Wahrscheinlichkeit, dass ein «guter» Kredit abgelehnt wird, ist 3,75 %.
c. $P(\text{gut} \mid \text{abgelehnt}) \quad = \dfrac{0.75 \cdot 0.05}{(0.75 \cdot 0.05) + (0.25 \cdot 0.95)} = \mathbf{0.136364}$

   Die Wahrscheinlichkeit, dass ein abgelehnter Kredit «gut» ist, beträgt 13,64 %.

Der schlechteste Börsenmonat, so liest und hört man immer wieder, sei der Oktober. Mark Twain sah das allerdings ein wenig anders:

«Für Börsenspekulanten ist der Februar einer der gefährlichsten Monate. Die anderen sind Januar, März, April, Mai, Juni und Juli, bis Dezember.» (Mark Twain)

Zieht man die Monatsschlusskurse des Dow Jones Industrial Average (DJIA) vom 31.12.1896 bis zum 31.12.2016 heran, liegt nicht nur Mark Twain falsch; auch der Oktober geniesst seinen schlechten Ruf zu Unrecht. Als Beleg dafür machen wir für den Betrachtungszeitraum – es sind 120 Jahre – die Verteilung der Monatsverluste von mehr als 5,00 % (Referenzwährung USD) transparent:

Monat	J	F	M	A	M	J	J	A	S	O	N	D
Verlust > −5,00 %	14	9	11	10	16	13	13	14	25	16	17	6
164 Ereignisse	8,54 %	5,49 %	6,71 %	6,10 %	9,76 %	7,93 %	7,93 %	8,54 %	15,24 %	9,76 %	10,37 %	3,66 %

Tab. 79

Der mit Abstand schlechteste Börsenmonat in den USA ist der September. 25 der insgesamt 164 Monatsverluste von 5,00 % und mehr fallen auf den September. Mit einer historischen Wahrscheinlichkeit von 15,24 % finden Börsenkorrekturen von mehr als 5,00 % im September statt. Der voreilige Schluss könnte nun lauten, dass ein starker Einbruch der US-amerikanischen Börse im September eine Wahrscheinlichkeit von rund 15 % hat. Diese Fehleinschätzung wäre ein Anwendungsfall der Conditional Probability Fallacy. Tatsächlich ist das Crash-Risiko im September höher, nämlich 20,83 %. In 120 Jahren lag die September-Performance 25-mal unterhalb von −5,00 %. Die korrekten Wahrscheinlichkeiten lauten wie folgt:

Monat	J	F	M	A	M	J	J	A	S	O	N	D
Verlust > −5,00 %	14	9	11	10	16	13	13	14	25	16	17	6
120 Jahre	11,67 %	7,50 %	9,17 %	8,33 %	13,33 %	10,83 %	10,83 %	11,67 %	20,83 %	13,33 %	14,17 %	5,00 %

Tab. 80

Der schlechte Ruf des Börsenmonats Oktober lässt sich übrigens mit der Verfügbarkeitsheuristik erklären. Tatsächlich fanden die grössten Tagesverluste im Oktober statt. Beispiele dafür sind der 19. Oktober 1987 (−22,61 %), der 28. und der 29. Oktober 1929 (−12,82 % bzw. −11,73 %), der 15. Oktober 2008 (−7,87 %) oder etwa der 27. Oktober 1997 (−7,18 %). Der Monat Oktober steht aber auch für besonders grosse Tagesgewinne, so der 6. Oktober 1931 (+14,87 %, der 30. Oktober 1929 (+12,34 %), der 13. Oktober 2008 (+11,08 %), der 28. Oktober 2008 (+10,88 %) und der 21. Oktober 1987 (+10,15 %).

Bemerkenswert ist, dass der September auch bei den besonders erfolgreichen Börsenmonaten deutlich untervertreten ist. Vom 31.12.1896 bis zum 31.12.2016 gehen nur neun von 219 Monatsgewinnen von mehr als 5,00 % auf das Konto des Monats September:

Monat	J	F	M	A	M	J	J	A	S	O	N	D
Gewinn >5,00 %	24	13	20	20	10	15	27	16	9	22	27	16
219 Ereignisse	10,96 %	5,94 %	9,13 %	9,13 %	4,57 %	6,85 %	12,33 %	7,31 %	4,11 %	10,05 %	12,33 %	7,31 %
120 Jahre	20,00 %	10,83 %	16,67 %	16,67 %	8,33 %	12,50 %	22,50 %	13,33 %	7,50 %	18,33 %	22,50 %	13,33 %

Tab. 81

Nimmt man die obigen Ergebnisse – sie basieren übrigens auf Recherchen des Autors – zum Nennwert, ist der Januar einer der attraktivsten Börsenmonate. Das Verlustrisiko ist klein und die Gewinnchancen sind hoch.

Dow Jones Industrial: Monatsperformance
Mittelwert: 31.12.1896–31.12.2016

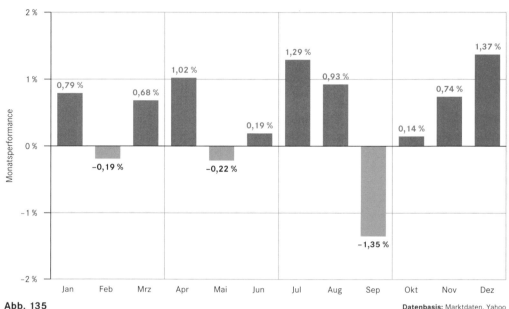

Abb. 135   **Datenbasis:** Marktdaten, Yahoo

Dow Jones Industrial: höchste/tiefste Monatsrenditen
31.12.1896–31.12.2016

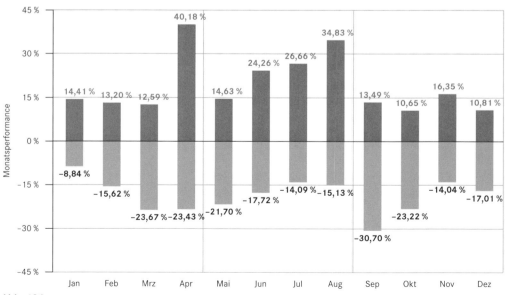

Abb. 136   **Datenbasis:** Marktdaten, Yahoo

Die **Abbildungen 135** und **136** runden das Bild ab. Sie relativieren teilweise die bisherigen Befunde. Für den Monat September gilt dies allerdings nicht. Irgendwie scheint das Septemberklima der Börse nicht zu bekommen.

6.2.5 Selektive Wahrnehmung

Wie wir bereits festgestellt haben, sind Investoren immer wieder mit der Tatsache konfrontiert, dass sie unvollständig und unpräzise informiert sind. Dafür gibt es objektive und subjektive Gründe. Im ersten Fall scheitert der Informationszugriff an der fehlenden Zeit, am fehlenden Beziehungsnetz oder schlichtweg am Geld. Oft sind die Informationen bloss subjektiv nicht verfügbar. Sie sind aufgrund der beschränkten Aufnahmekapazität unseres Gehirns verschüttet. Die Verfügbarkeitsheuristiken spielen uns einen Streich.

Menschen neigen dazu, gewisse Informationen schlicht und einfach zu ignorieren. Besonders gerne vernachlässigt werden Informationen, die nicht ins Bild passen. Wir sehen die Dinge gerne so, wie wir sie haben möchten, und nicht so, wie sie wirklich sind. Man spricht von selektiver Wahrnehmung.

Kippbilder **(Abb. 137)** zeigen besonders eindrücklich, wie dieselben Dinge unterschiedlich wahrgenommen werden. Sie belegen zudem, wie sehr unsere Fähigkeit begrenzt ist, mehrere

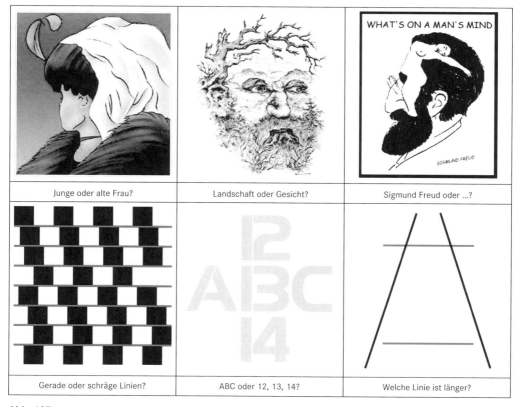

Abb. 137

Dinge gleichzeitig wahrzunehmen. So gelingt es uns bei Kippbildern nicht, im selben Augenblick beide Figuren zu erkennen. Die wenigsten Menschen können überdies von sich sagen, sie seien noch nie einer optischen Täuschung unterlegen.

Die Art, mit der wir Dinge wahrnehmen, ist abhängig von unseren Erfahrungen, aber auch von unseren Hoffnungen und Ängsten. Wir lassen uns zudem von unserer aktuellen Stimmung und vom aktuellen Kontext beeinflussen. Bei Informationen spielt es ausserdem eine Rolle, von wem wir die Information erhalten und wie die Information verpackt wird. Urteilsverzerrungen aufgrund des Kontextes oder der Art der Präsentation bezeichnet man in der Fachsprache als Framing.

Wir neigen dazu, Informationen, die uns in unserer Meinung bestärken, zu bevorzugen und Informationen, die unsere Haltung infrage stellen, zu vernachlässigen oder gar abzulehnen. Wir haben ausserdem die Tendenz, vergangene Beobachtungen und Erfahrungen relativ unkritisch auf neue Situationen zu übertragen. Ist die Übereinstimmung zwischen alter und neuer Situation gering, scheuen wir uns nicht, für einen vermeintlichen Einklang zu sorgen.

Die momentanen Bedürfnisse, Stimmungen und Gefühle beeinflussen unsere Wahrnehmung. So nimmt ein Durstiger die Getränkewerbung verstärkt wahr. Einem Frierenden werden vor allem die Werbeplakate für warme Winterkleider auffallen. Verliebte sehen alles in Rosa, Verhärmte alles in Schwarz.

Neben der Information selbst hat auch ihre Quelle einen grossen Einfluss. Der Börsenausblick einer angesehenen Privatbank oder einer renommierten Fachzeitschrift findet grössere Beachtung als jener in einem Boulevardblatt. Der Artikel eines bekannten Wirtschaftsprofessors wird aufmerksamer gelesen als der Artikel eines jungen Wirtschaftsjournalisten. Die süffig aufgemachte Unternehmensreportage bleibt eher haften als der trockene Geschäftsbericht.

Das folgende Beispiel – es ist einer sehr lesenswerten Publikation von UBS Wealth Management Research zum Thema Behavioral Finance aus dem Jahr 2008 entnommen – stellt anschaulich den «selektiven Wahrnehmer» S einem rational handelnden Investor R gegenüber:

Ausgangslage	Denken und Handeln von Investor S	Denken und Handeln von Investor R
Beide, R und S, verfolgen die Aktien eines Unternehmens namens QRS, und beide entscheiden sich zu Beginn, je 100 Aktien zu je USD 100.00 zu kaufen.	«Diese Aktie ist wirklich attraktiv. Die Zukunftsperspektiven sind grossartig, und ich bin überzeugt, dass das Unternehmen eine starke Performance erzielen wird.»	«QRS ist für die Zukunft gut aufgestellt. Zu einem guten Teil ist dies jedoch schon im aktuellen Aktienkurs eingepreist. Ich werde bei minus 15 % (USD 85.00) ein Stop-Loss setzen.»
QRS gibt die Zahlen für das erste Quartal bekannt, die den Erwartungen entsprechen. Die Gewinne sind gegenüber dem Vorjahr um 8 % gewachsen, und das Unternehmen bestätigt seine Vorgaben für das Gesamtjahr. Die Aktie gibt um 5 % auf USD 95.00 nach.	«Wer verkauft denn diese Aktie? Es sieht alles gut aus, und QRS hat seine Ziele für dieses Jahr bestätigt. Wenn sie weiter fällt, werde ich noch einige Aktien kaufen.»	«Entweder hat der Markt von QRS bessere Zahlen erwartet oder es gibt auf dem Markt einige, die mehr wissen als ich. Ich werde bei meinem Stop-Loss bei USD 85.00 bleiben und die Situation genau beobachten.»

Ausgangslage	Denken und Handeln von Investor S	Denken und Handeln von Investor R
Das Unternehmen gibt bekannt, dass ein Mitglied des Vorstands kürzlich 250 000 Aktien verkauft hat. Der Aktienkurs ist jetzt auf USD 85.00 gesunken.	«Was für eine Überreaktion. Es bedeutet nichts Schlechtes; auch Manager müssen ihre Portfolios diversifizieren. Bei diesem Kurs ist das Unternehmen ein echtes Schnäppchen. Ich werde weitere 100 Aktien kaufen und so meinen durchschnittlichen Einstandspreis senken.»	«Das ist kein gutes Zeichen. Ich weiss nicht, ob da tatsächlich etwas nicht stimmt, aber ich verkaufe meine Position, zumal mein Stop-Loss bei minus 15 % des Kaufpreises nun erreicht ist.»
Die Ergebnisse des zweiten Quartals werden veröffentlicht, und QRS berichtet, dass sowohl Umsätze als auch Gewinne hinter den Erwartungen zurückbleiben. Das Unternehmen spricht von kleineren Betriebsproblemen, die jedoch innerhalb der nächsten zwei Quartale gelöst sein sollen. Die Vorgaben für das Gesamtjahr werden nach unten korrigiert. Der Aktienkurs fällt auf USD 75.00.	«Das ist in der Tat ärgerlich. Aber die Probleme scheinen nicht sonderlich gross zu sein, und das Unternehmen hat gesagt, dass sie bald gelöst sein werden. Bei so einem niedrigen Kurs zu verkaufen, wäre ein grosser Fehler.»	«Der Markt hat offenbar immer recht; irgendetwas stimmt da nicht. Glücklicherweise habe ich mich an meine Stop-Loss-Marke gehalten.»
QRS verkündet seine Ergebnisse für das dritte Quartal; die Gewinne sind erneut gesunken. Das Unternehmen erklärt jedoch, dass die Betriebsprobleme gelöst sind und bestätigt seine Jahresziele. Der Markt reagiert negativ, und der Aktienkurs gibt auf USD 68.00 nach.	«Die Gewinne gehen erneut nach unten, und der Aktienkurs fällt weiter. Dieses lausige Management hält uns wohl zum Narren. Ich habe es satt und werde meine Aktien verkaufen.»	«Angesichts der Probleme war der Gewinnrückgang zu erwarten. Positiv ist, dass QRS die Ganzjahresvorgaben bestätigt hat. Jetzt sieht die Bewertung sehr attraktiv aus. Ich werde abwarten, bis der Rückgang der Aktie beendet ist, und sie dann kaufen.»
Die Resultate des vierten Quartals entsprechen den Erwartungen, und die Aktie erreicht wieder einen Stand von USD 75.00.	«Ich traue diesem Unternehmen nicht mehr. Ein gutes Quartal heisst gar nichts.»	«Sie scheinen nun wieder auf Kurs zu sein, und die Bewertung ist immer noch sehr niedrig. Vielleicht ist es zu früh, aber ich werde jetzt 150 Aktien kaufen und meine Stop-Loss-Marke wieder auf minus 15 % setzen.»
Das Unternehmen kündigt an, in den schnell wachsenden asiatischen Markt zu gehen, und erhöht seine Gewinnvorgaben. Der Aktienkurs springt auf USD 88.00.	«Heutzutage geht jeder in den asiatischen Markt. Das heisst nicht, dass sie dort auch erfolgreich sind. Ich weiss nicht, warum die Käufer alle an diese Sache glauben.»	«QRS expandiert enorm. Seine Wachstumsschätzung erscheint jetzt geradezu konservativ. Ich werde weitere 100 Aktien kaufen.»
Die Ergebnisse des ersten Halbjahrs liegen erheblich über den Erwartungen. QRS ist in Asien stark gewachsen, und die Aktie wird von der Mehrheit der Analysten mit «kaufen» eingestuft. Der Kurs klettert auf USD 115.00.	«Wie konnte ich das verpassen? Ich kann es nicht fassen. Ich werde mich nach einem anderen unterbewerteten Unternehmen umsehen. Nächstes Mal werde ich es halten, wenn ich daran glaube.»	«Super — das war grossartig. Ein Glück, dass ich noch mehr gekauft habe, als sie ihre Expansion ankündigten. Ich werde mein Stop-Loss-Limit jetzt auf USD 100.00 heraufsetzen, um meine Gewinne zu sichern.»

Tab. 82

Während das Engagement des «selektive Wahrnehmers» S mit einem Verlust von USD 4900.00 endet, weist der rationale Investor einen Gewinn von USD 7200.00 aus:

Phase	Investor S				Investor R			
	Titel	Kurs	Wert	Ergebnis	Titel	Kurs	Wert	Ergebnis
0	100	100.00	10 000.00		100	100.00	10 000.00	
1	100	95.00	9 500.00	− 500.00	100	95.00	9 500.00	− 500.00
2	200	85.00	17 000.00	− 1 500.00	100	85.00	8 500.00	− 1 500.00
3	200	75.00	15 000.00	− 3 500.00	0	75.00	0.00	− 1 500.00
4	0	68.00	0.00	− 4 900.00	0	68.00	0.00	− 1 500.00
5	0	75.00	0.00	− 4 900.00	150	75.00	11 250.00	− 1 500.00
6	0	88.00	0.00	− 4 900.00	250	88.00	22 000.00	450.00
7	0	115.00	0.00	− 4 900.00	250	115.00	28 750.00	7 200.00

Tab. 83

6.2.6 Selektives Entscheiden

Knox und Inkster (1968) haben gezeigt, dass Menschen, nachdem sie sich festgelegt haben, dazu neigen, ihre Erfolgsaussichten zu überschätzen. Sie befragten 141 Pferdewetter. 72 davon hatten innerhalb der letzten 30 Sekunden einen kleinen Betrag gesetzt. 69 Pferdewetter hatten vor, in den nächsten 30 Sekunden zu wetten.

Die Leute wurden gebeten, ihre Gewinnchance auf einer Skala von 1 (= geringe Gewinnchance) bis 7 (= hervorragende Gewinnchance) zu bewerten. Vor der Wettabgabe lag der durchschnittliche Wert bei 3,48. Nach der Wettabgabe ergab sich ein Durchschnittswert von 4,81. Die Pferdewetter wechselten demnach, sobald sie sich entschieden hatten, von einer realistischen zu einer überoptimistischen Einschätzung ihrer Wettchancen.

Pferdewetten lassen sich mit dem Kauf einer Aktie vergleichen. Sobald der Entscheid zum Aktienkauf umgesetzt ist, entwickeln die Investoren ein noch grösseres Vertrauen in die positive Entwicklung des Unternehmens und mithin ihrer Aktie. Das ist Ausfluss des Harmoniebedürfnisses bzw. das Ergebnis reduzierter kognitiver Dissonanz (siehe weiter hinten).

6.3 Fehler bei der Ergebnisbewertung

Wenn in der Stille eines Waldes plötzlich ein Vogel zwitschert, fällt das auf. Anders an einer Autobahnraststätte: Hier wird man den Gesang eines Vogels kaum hören. Diese Beobachtung kommt in der Sprache des Wissenschaftlers in allgemeiner Form wie folgt daher: Ein akustischer Reiz mit einer bestimmten Lautstärke wird umso stärker wahrgenommen, je geringer das Grundgeräusch ist. Oder: Je höher ein Grundreiz ist, desto stärker muss ein zusätzlicher Reiz ausfallen, damit er wahrgenommen wird.

Grundlage der Wahrnehmung sind demnach keine absoluten Grössen, sondern Differenzen zwischen verschiedenen Reizen. In diesem Sinn ist alles relativ. Der Mensch nimmt seine Umwelt aber nicht nur relativ wahr; er bewertet sie auch relativ. Relative Wahrnehmung und relative Bewertung erfordern einen Bezugspunkt. Man spricht auch vom Referenzpunkt. Positive Abweichungen vom Referenzpunkt qualifizieren sich als relative Gewinne, negative Abweichungen als relative Verluste. Basierend auf dem Konzept relativer Gewinne und Verluste haben Tversky und Kahneman eine Theorie, die sogenannte Prospect Theory entwickelt. Auf die Kernelemente dieser Theorie gehen wir im Folgenden näher ein.

6.3.1 Wertfunktion
Am Anfang der Prospect Theory steht die Wertfunktion:

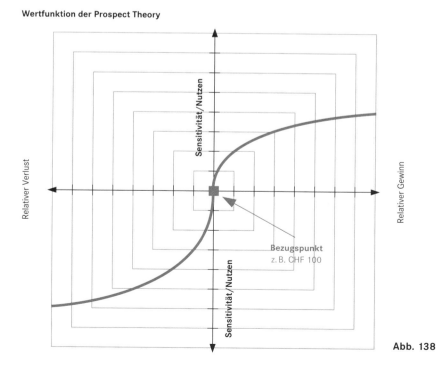

Wertfunktion der Prospect Theory

Abb. 138

Ausgangspunkt der Wertfunktion ist der Bezugs- bzw. der Referenzpunkt. Das kann der Einstandspreis von CHF 100.00 für Aktie Z sein. Steigt der Kurs von Aktie Z auf CHF 105.00, wird man sich über den Gewinn von CHF 5.00 ganz besonders freuen. Steigt der Kurs von Aktie Z weiter auf CHF 110.00, wird das dem Anleger sicher passen. Die Begeisterung wird aber schon etwas kleiner sein als jene beim Kursanstieg von CHF 100.00 auf CHF 105.00. Mit jedem weiteren Kursanstieg wird die Euphorie nach und nach abnehmen. Im Extremfall wird ein Kursanstieg praktisch nicht mehr wahrgenommen und als selbstverständlich betrachtet. Sinkt der Kurs von Aktie Z von CHF 100.00 auf CHF 95.00, wird das den Investor ganz besonders ärgern. Je weiter der Kurs sinkt, desto geringer wird der Ärger sein, bis man schliesslich einen weiteren Verlust fatalistisch hinnimmt.

Dem aufmerksamen Betrachter der Wertfunktion wird aufgefallen sein, dass die Kurve im Verlustbereich steiler verläuft als im Gewinnbereich. Dieses Phänomen wird als Verlust-aversion (englisch: Loss Aversion) bezeichnet. Verluste werden demnach stärker bewertet als Gewinne in gleicher Höhe.

6.3.2 Reflection Effect

Angenommen, Sie stehen vor der Wahl, CHF 100.00 sicher zu erhalten oder an einem Spiel teilzunehmen, bei dem Sie mit 50 % Wahrscheinlichkeit einen Gewinn von CHF 200.00 erzielen können. Wenn Sie sich für den sicheren Gewinn entscheiden, verhalten Sie sich so, wie das eine Reihe von empirischen Untersuchungen nahelegt. Die Wertfunktion macht deutlich, dass ein Gewinn von CHF 200.00 nicht doppelt so hoch bewertet wird wie ein Gewinn von CHF 100.00. Zieht man zudem in Betracht, dass der Gewinn von CHF 200.00 bloss eine Eintretenswahr-scheinlichkeit von 50 % hat, wird klar, dass der sichere Gewinn von CHF 100.00 höher einge-stuft wird. Es handelt sich um typisches risikoaverses Verhalten.

Wiederholt man das Spiel mit unterschiedlichen Vorzeichen, führt dies zu einem über-raschenden Ergebnis. Testpersonen verhalten sich plötzlich risikofreudig. Sie entscheiden sich gegen den sicheren Verlust von CHF 100.00 und für den Verlust von CHF 200.00, der mit einer Wahrscheinlichkeit von 50 % eintritt. Auch hier macht die Wertfunktion deutlich, dass ein Ver-lust von CHF 200.00 nicht doppelt so hoch bewertet wird wie ein Verlust von CHF 100.00. Zieht man wiederum in Betracht, dass der Verlust von CHF 200.00 bloss eine Eintretenswahrschein-lichkeit von 50 % hat, wird klar, dass dem unsicheren Verlust von CHF 200.00 ein höherer subjektiver Wert zugemessen wird als dem sicheren Verlust von CHF 100.00.

Die Beobachtung, wonach sich Menschen beim Übergang von Gewinnen zu Verlusten genau umgekehrt verhalten, bezeichnen Tversky und Kahneman als Reflection Effect. Ein sol-cher Umschwung bei der Risikoeinstellung kann dramatische Folgen haben.

Nick Leeson ist ein bekanntes Beispiel für einen professionellen Anleger, dem diese Verhaltensfalle zum Verhängnis wurde. Als Leeson, ein Derivathändler der Barings Bank in Singapur, mit seinen Geschäften Verluste einfuhr, versuchte er, diese durch eine Erhöhung des Risikoniveaus auszugleichen. Das führte zu einem noch grösseren Verlust, zu dessen Deckung noch umfangreichere Abschlüsse erforderlich waren. Am Ende wurden die Verluste so gross, dass die Barings Bank die entstandenen Verbindlichkeiten nicht mehr decken konnte und schliesslich Konkurs anmelden musste.

6.3.3 Dispositionseffekt

Der besondere Verlauf der Wertfunktion liefert eine Erklärung dafür, weshalb Investoren dazu neigen, Gewinne zu früh zu realisieren und Verluste auszusitzen. Man spricht vom Dispositionseffekt.

Wie wir wissen, verläuft die Wertfunktion im Gewinnbereich zunehmend flacher. Der Zusatznutzen weiterer Gewinne nimmt somit ab. Entsprechend lassen sich Investoren relativ schnell dazu bewegen, ihre Gewinne zu realisieren bzw. zu sichern. Umgekehrt nimmt das Schmerzempfinden bei sinkenden Kursen nach und nach ab. Man schaut einfach nicht mehr hin. Investoren halten die Aktien in der Hoffnung auf eine Kurserholung. Je mehr sich der Kurs wieder in Richtung des Bezugspunkts bewegt, desto höher wird der emotionale Gewinn des Investors sein.

Pride Effect, Regret Aversion, Verlustaversion

Die Tendenz, Gewinne zu früh zu realisieren, wird als Pride Effect bezeichnet. Gewinne machen stolz; der Investor fühlt sich bestätigt. Der Stolz ist umso grösser, je mehr der Investor den Entscheid für das gewinnträchtige Investment sich selber zuschreiben kann. Das ergibt sich aus der Theorie der kognitiven Dissonanz, die wir weiter hinten unter dem Titel Harmoniebedürfnis kennenlernen werden.

Regret Aversion wird häufig mit Verlustaversion (Loss Aversion) gleichgesetzt. Es handelt sich jedoch um unterschiedliche Verhaltensanomalien. Regret Aversion steht für das Bestreben, möglichst keine Fehlentscheidungen zu treffen. Menschen fürchten sich davor, Entscheidungen im Nachhinein bedauern zu müssen. Dieses Motiv spielt bei der Verlustaversion zweifellos mit. Der Unterschied wird deutlich, wenn man berücksichtigt, dass Bedauern auch die Folge eines entgangenen Gewinns sein kann. Ist man bspw. einer Kaufempfehlung nicht gefolgt, die sich alsbald als Renner entpuppt, bedauert man unweigerlich den entgangenen Gewinn. Auch nichts zu tun ist eine Entscheidung. Man kann nicht nicht entscheiden.

Der Einsatz von Stop-Loss-Limiten ist ein probates Mittel, um dem Dispositionseffekt wirkungsvoll zu begegnen. Bei steigenden Kursen kann die Stop-Loss-Limite nach und nach erhöht werden.

Wichtig ist, dass der Einstandspreis keinesfalls der richtige Bezugs- bzw. Referenzpunkt sein muss. Bspw. kann auch ein bestimmtes Kursziel als Referenzpunkt dienen. Es kann sogar angebracht sein, einen zweiten Referenzpunkt zu fixieren. Ein Beispiel dafür ist eine existenzielle Wertuntergrenze.

6.3.4 Sunk Cost Effect

Sunk Costs sind versunkene Kosten. Der Sunk Cost Effect wiederum steht für die Bereitschaft von Investoren, in ein Projekt, das schon sehr viel Geld verschlungen hat, weiteres Geld zu investieren.

Beispiel

Sie haben als Präsident eines militärischen Flugzeugbauers 10 Mio. USD der Firmengelder in ein Forschungsprojekt investiert. Damit sollte ein Flugzeug gebaut werden, das von konventionellen Radargeräten nicht entdeckt werden kann. Als das Projekt zu 90 % abgeschlossen ist, bringt eine andere Unternehmung ein Flugzeug auf den Markt, das nicht vom Radar entdeckt werden kann. Zudem ist dieses Konkurrenzflugzeug offensichtlich erheblich schneller und wirtschaftlicher als das von Ihrer Unternehmung gebaute.

Es stellt sich nun die Frage: Sollten Sie die restlichen 10 % der Forschungsmittel zur Fertigstellung Ihres nicht vom Radar zu entdeckenden Flugzeugs aufwenden?
1. Nein – es macht keinen Sinn, weiter Geld für das Projekt auszugeben.
2. Ja – wenn die 10 Mio. USD bereits investiert sind, kann ich das Projekt ebenso gut zu Ende bringen.

Das Beispiel stammt aus einer Untersuchung von Arkes und Blumer (1985), in der 85 % die Vollendung des Projekts empfahlen. Bei der Befragung einer zweiten Gruppe, die nicht über die anfangs getätigten Investitionen informiert wurde, sprachen sich dagegen nur 17 % für die Fertigstellung aus. Die Erwähnung der Vergangenheitskosten in Höhe von USD 10 Mio. gab den Ausschlag. Man spricht in diesem Zusammenhang von der Vergangenheitskostenfalle.

Investoren tappen immer wieder in die Vergangenheitskostenfalle. Wenn private oder institutionelle Anleger nach einem Börseneinbruch weitere Aktien kaufen, um den durchschnittlichen Einkaufspreis zu senken, dann kann das durchaus ein Fehlentscheid sein.

6.3.5 Relative Bewertung im Licht des Mental Accounting

Stellen Sie sich vor, ein Investor habe sein Traumhaus gefunden und müsse zu dessen Finanzierung einen Teil seines Aktiendepots versilbern. Zur Disposition stehen die Aktien A, B und C. Aktie A (aktueller Wert: CHF 45 000.00) ist stark im Plus (Buchgewinn: CHF 20 000.00), Aktie B schön im Plus (aktueller Wert: CHF 20 000.00, Buchgewinn: CHF 5 000.00) und Aktie C stark im Minus (aktueller Wert: CHF 30 000.00, Buchverlust: CHF 25 000.00). Der Investor benötigt CHF 50 000.00. Welche Titel wird er versilbern?

Vor dieser Frage stand der Autor vor bald 20 Jahren. Hat er sich rational verhalten? Die Wertfunktion bzw. die Verlustaversion legt nahe, dass sich der Autor von Aktie C nicht lösen wollte. Die Trennung fiel ihm umso schwerer, weil er für jede Aktie – wie er heute weiss – ein eigenes mentales Konto führte. Folgerichtig realisierte er den Gewinn auf Aktie A, indem er 90 % der Titel verkaufte und dafür rund CHF 40 000.00 löste. Von Aktie B verkaufte er die

Hälfte und kam so auf den erforderlichen Betrag von CHF 50 000.00. Aktie C liegt heute noch im Depot. Der Wert hat sich seither kaum verändert. Zum Trost wirft der Titel wenigstens eine akzeptable Dividende ab. Der Kurs von Aktie A – es handelt sich notabene um den PS der Graubündner Kantonalbank – hat sich zwischenzeitlich rund vervierfacht!

Der Schmerz des Autors hält sich in Grenzen. Die relative Bewertung von Gewinnen und Verlusten nimmt ab, je mehr man sich vom Bezugszeitpunkt entfernt.

6.3.6 Exkurs: die «Zürich-Axiome»

Aus der *Neuen Zürcher Zeitung* vom 4. April 2011 hat der Autor einen Artikel beiseite gelegt mit der Überschrift «Die Zukunft ist ausser Kontrolle: Die ‹Zürich-Axiome› zeigen zwölf alternative Regeln für das Agieren an der Börse auf». Den Vorsatz, die Zürich-Axiome irgendwie in die Lehrbuchreihe zur Theorie und Praxis der Geldanlage einzubauen, setzt der Autor an dieser Stelle um.

Die «Zürich-Axiome» sind von einer Gruppe von Schweizer Aktien- und Rohstoffspekulanten entwickelt worden, die an der Wall Street arbeiteten. Die Männer und Frauen trafen sich in den 1950er-, 1960er- und 1970er-Jahren in unregelmässigen Abständen in Oscar's Delmonico und anderen Bars im New Yorker Finanzdistrikt für Gespräche über Geldanlage. Hauptsächlich diskutierten sie über Risiken. Aufgeschrieben wurden die Axiome schliesslich von Max Gunther, dem Sohn eines der Initianten.

Zwölf abstrakte Regeln der Geldanlage

1. Risiko

Besorgnis ist keine Krankheit, sondern ein Zeichen von Gesundheit. Wer sich keine Sorgen macht, riskiert nicht genug.

2. Gier

Nehmen Sie Gewinne immer zu früh mit.

3. Hoffnung

Wenn das Schiff zu sinken beginnt, sollten Sie nicht beten, sondern abspringen.

4. Prognosen

Menschliches Verhalten ist nicht prognostizierbar. Misstrauen Sie jedem, der behauptet, die Zukunft zu kennen.

5. Muster

Das Chaos ist ungefährlich, solange es nicht beginnt, geordnet auszusehen.

6. Mobilität

Schlagen Sie keine Wurzeln, denn diese schränken Ihre Bewegungsfreiheit ein.

7. Intuition

Man darf auf eine Ahnung vertrauen, wenn man sie erklären kann.

8. Religion und Okkultes

Es ist unwahrscheinlich, dass Gottes Plan für das Universum vorsieht, Sie reich zu machen.

9. Optimismus und Pessimismus

Optimismus bedeutet, das Beste zu erwarten. Zuversicht bedeutet das Wissen, dass man auch mit dem Schlechtesten umgehen kann. Gehen Sie nie ein Engagement ein, weil Sie optimistisch sind.

10. Konsens

Missachten Sie die Meinung der Mehrheit. Sie ist meistens falsch.

11. Sturheit

Wenn es beim ersten Mal nicht funktioniert, vergessen Sie es.

12. Planung

Langfristige Pläne führen zu dem gefährlichen Glauben, die Zukunft sei unter Kontrolle. Es ist wichtig, langfristige Pläne niemals ernst zu nehmen.

Die «Zürich-Axiome» beargwöhnen nicht nur die Charttechnik. Auch die Erkenntnisse der Behavioral Finance werden teilweise infrage gestellt.

6.4 Andere Fehlerquellen

6.4.1 Harmoniebedürfnis

Menschen geraten bei vielen Entscheidungen in einen Zwiespalt. Wer zwischen zwei oder mehreren guten Varianten auswählen muss, verpasst möglicherweise die beste. Wer sich für eine von zwei oder drei mittelprächtigen Varianten entscheiden muss, läuft Gefahr, ausgerechnet auf die schlechteste zu setzen. Das Grundproblem besteht meist darin, dass die Entscheidungsgrundlagen nicht eindeutig sind. Die Informationen sind unvollständig, unpräzise oder gar widersprüchlich.

Entscheide auf unsicherer Basis zu fällen und allenfalls gegen die eigene Überzeugung zu handeln, erzeugt Unbehagen. Man spricht von Dissonanz, genauer von kognitiver Dissonanz. Kognition steht für wahrnehmen oder erkennen. Wer Widersprüche in seinem Denken und Handeln erkennt, erlebt kognitive Dissonanz. Kognitive Dissonanz wird als unangenehm empfunden. Sie widerspricht dem menschlichen Bedürfnis nach Harmonie. Wer bspw. feststellt, «ich rauche und Rauchen ist gesundheitsschädlich», erlebt kognitive Dissonanz. Wer dagegen feststellt, «ich rauche und Rauchen beruhigt mich», erlebt kognitive Konsonanz. Er ist mit sich selber im Reinen.

Wer einen Entscheid getroffen hat und im Nachhinein feststellt, dass es ein Fehlentscheid war, hat grundsätzlich zwei Möglichkeiten. Er korrigiert seinen Entscheid oder er sucht nach Rechtfertigungsgründen. Die Tendenz zur Rechtfertigung nennt man Confirmation Bias. Entweder redet der Investor den falschen Entscheid schön oder er macht den richtigen Entscheid schlecht. So könnte es einem Investor ergehen, der sich für Aktie X entschieden hat, obschon der Kauf von Aktie Y angezeigt gewesen wäre. Der Entscheid könnte zwar durch den Verkauf von Aktie X revidiert werden. Das wäre allerdings mit Transaktionskosten verbunden. Hat der Kurs von Aktie X nachgegeben, müsste ausserdem ein Verlust realisiert werden. Es liegt nahe, dass die Trennung von Aktie X schwer fällt. Entsprechend sucht der Investor nach Argumenten und/oder Informationen, die den Kauf von Aktie X rechtfertigen und ein Engagement in Aktie Y in einem schlechten Licht erscheinen lassen. Informationen zugunsten von Aktie Y wird er ebenso ignorieren wie solche zuungunsten von Aktie X. Das Phänomen der selektiven Wahrnehmung kennen wir bereits.

Die gefühlte Dissonanz ist umso grösser, je mehr der Entscheider in der Pflicht steht. Man spricht von Selbstverpflichtung oder Commitment. Es gilt: Je stärker eine Person am Entscheid mitgewirkt hat, je mehr sie sich selbst oder Dritten gegenüber in der Verantwortung fühlt, je höher die irreversiblen Kosten (Sunk Costs) sind und je stärker der Entscheid von der Norm abweicht, desto höher ist die gefühlte Dissonanz.

Anleger, die auf Empfehlung ihres Beraters handeln, fühlen in der Regel keine Dissonanz. Sollte das Investment schlecht laufen, kann man ihm die Schuld zuweisen. Umgekehrt wird der Berater Dissonanz empfinden, weil er die Verantwortung trägt. Die Dissonanz wird hoch sein, wenn sich der Fehlentscheid in der Rückschau als dummer Fehler erweist. Die empfundene Dissonanz wird umso höher ausfallen, je stärker ein Engagement ins Minus gefallen ist. Um Dissonanz von vornherein zu reduzieren, hüten sich viele Berater – und selbstverständlich auch Anleger –, gegen den Strom zu schwimmen.

6.4.2 Attributionsverzerrung

Positive Ergebnisse im Allgemeinen und Anlageerfolge im Besonderen (z. B. eine gute Titelauswahl, ein gutes Timing bei der Über- bzw. Untergewichtung von Assetklassen) führen wir gerne auf unser eigenes Können zurück. Wir sind ohne zu Zögern bereit, dafür die volle Verantwortung zu übernehmen. Dabei spielt es keine Rolle, ob die gute Performance mehr den glücklichen Umständen und weniger den besonderen Dispositionen des Investors oder des Portfoliomanagers zu verdanken ist. Es sei hier auch an den Pride Effect erinnert.

Auf der anderen Seite – wir haben es oben bereits erwähnt – führen wir Misserfolge gerne auf das Versagen anderer und weniger auf die Begleitumstände zurück. Allgemein gilt: Für den Erfolg sind wir selber verantwortlich, für den Misserfolg die anderen. Diese Beobachtung, wonach Menschen sich gerne die guten Attribute zuschreiben und die schlechten Attribute den anderen, bezeichnet man als Attributionsverzerrung (auch Attributionsfehler). Man spricht auch von Self-Attribution Bias. Frauen scheinen übrigens den Attributionsfehler seltener zu begehen als Männer.

6.4.3 Selbstüberschätzung

Die Attributionsverzerrung ist eine Folge der Selbstüberschätzung (englisch: «overconfidence»). Selbstüberschätzung basiert auf dem Glauben, die Lage in aller Regel richtig einzuschätzen, die richtigen Schlussfolgerungen zu ziehen und die richtigen Entscheide zu fällen.

Selbstüberschätzung hat mit der oft zitierten Kontrollillusion zu tun. Kontrollillusion liegt vor, wenn Menschen fälschlicherweise glauben, eine bestimmte Situation jederzeit im Griff zu haben. Im Extremfall sehen sich Menschen selbst am Steuer und merken nicht, dass sie es sind, die gesteuert werden.

Eigentlich müsste man meinen, dass wenig kompetente Menschen eher zur Selbstüberschätzung neigen. Zumindest für die Finanzmärkte scheint das nicht zuzutreffen. So wurde das viel zitierte LTCM-Debakel im Jahr 1998 nicht von Zauberlehrlingen, sondern von eigentlichen Cracks verursacht. Drei namhafte Partner bei LTCM waren damals John Merriwether, der die Fixed Income Arbitrage bei Solomon Brothers einführte, sowie Myron Scholes und Robert Merton, zwei Nobelpreisträger.

6.4.4 Herdenverhalten

Wird ohne eigene Überzeugung das Verhalten anderer nachgeahmt, spricht man von Herdenverhalten. Wie der Name schon andeutet, ist der Herdentrieb ein Phänomen, das im Tierreich zu beobachten ist. Fischschwärme und grosse Antilopenherden zeigen ein bemerkenswert koordiniertes Verhalten. Die Individuen handeln im Einklang, als folgten sie einer Choreografie, ohne dass ein offensichtlicher Anführer oder ein geplanter Handlungsverlauf erkennbar ist.

Auch Menschen haben einen Herdentrieb. Ist ein Restaurant fast leer, das Restaurant nebenan aber gut besetzt, tendieren wir dazu, das volle Restaurant zu betreten. Es könnte ja sein, dass man im ersten Restaurant schlecht und im zweiten gut isst. Wird in einem Katastrophenfall ein Gebäude evakuiert, neigen wir dazu, auf jenen Fluchtweg zu setzen, der von den meisten anderen auch benutzt wird. Wir nehmen dabei ungewollt in Kauf, dass die Fluchtwege verstopfen und die Evakuierung in einem Fiasko endet.

Das Herdenverhalten an den Finanzmärkten kann durchaus rationale Ursachen haben. Es erscheint rational, das eigene Anlegerverhalten an das der anderen anzupassen, sofern man glaubt, deren Handlungen beruhten auf relevanten Informationen, über die man selber nicht verfügt. Das Fatale daran ist, dass man die übrigen Finanzmarktteilnehmer nachahmt, ohne selber zu recherchieren oder eigene Informationen auszuwerten. Je mehr passive Investoren (Herdenmitglieder) es gibt, desto grösser erscheint die Gefahr, auf einen Abgrund zuzusteuern und gemeinsam abzustürzen.

Wir erinnern in diesem Zusammenhang an das Informationsparadoxon. Danach ist die Preisbildung an den Finanzmärkten am effizientesten, wenn möglichst wenig Marktteilnehmer an die Effizienzhypothese glauben. Der Herdentrieb wäre demnach geeignet, Fehlbewertungen zu verstärken und die Volatilität der Märkte zu erhöhen. Man spricht von Market Overreaction oder Excess Volatility.

Noise, Noise Trader, Herder, Fad, Feedback Trader, Bluffer

Noise (deutsch: Rauschen) steht für die nicht objektiv nachprüfbare Preisbildungskomponente an den Finanzmärkten. Noise ist in dem Sinn das Gegenstück zur Information. Ein Noise Trader lässt sich von theoretisch unfundierten Marktstimmungen leiten.

Der Herder verzichtet auf die Beschaffung von Informationen und imitiert die Anlageentscheidungen anderer Anleger. Fads und Feedback Traders sind Herders besonderer Art. Der Fad ist besonders anfällig für Anlegermoden. Der Feedback Trader hält steigende Kurse für Kauf- und fallende Kurse für Verkaufssignale.

Der Bluffer ist das Gegenstück zum Herder. Er baut strategisch auf das Verhalten der Herder auf, manipuliert Preise und verursacht so Kursschwankungen ohne fundamentalen Hintergrund.

6.4.5 Mean Reversion

Wenn Märkte überreagieren, d.h. stark über- bzw. unterschiessen, taucht in den Marktkommentaren unweigerlich der Begriff «Mean Reversion» auf. Mean Reversion (deutsch: Mittelwertrückkehr) steht für die empirische Beobachtung, wonach makroökonomische Grössen (z.B. BIP-Wachstum, Inflation, Zinsen, Wechselkurse) im Allgemeinen sowie die Preis- und Renditeentwicklung von Finanz- oder Sachinvestments (z.B. Aktien, Obligationen, Immobilien, Rohstoffe) im Besonderen mit der Zeit zu ihren langfristigen Mittelwerten oder auf ein fundamental gerechtfertigtes Preisniveau zurückfinden.

Am Beispiel der Wechselkursentwicklung **(Abb. 139)** lässt sich die Mean Reversion in Verbindung mit der Kaufkraftparitätentheorie (siehe Band 1 dieser Lehrbuchreihe) gut veranschaulichen.

Trifft die These der Mean Reversion zu, lassen sich daraus Handlungsstrategien ableiten. Ein Beispiel dafür wäre die Handlungsregel «Buy Losers, Sell Winners». Demnach sollten sich Aktienportfolios aus einem Mix von aktuellen «Underperformern» besser entwickeln als solche aus einem Mix von aktuellen «Outperformern».

Die praktische Umsetzung der Mean-Reversion-These ist alles andere als einfach. Einerseits sind die Mittelwerte selbst volatil, andererseits ist der faire Wert bzw. das fundamental gerechtfertigte Preisniveau meist nicht so «leicht» bestimmbar wie etwa bei der Kaufkraftparität von Wechselkursen.

Kaufkraftparität, Paritätskurs AUD/CHF
Basis November 1991; Tracking Error: 22,02 %; 31.1.1979–31.5.2017

Abb. 139   **Datenbasis:** SNB, RB Australia

6.5 Zusammenfassung

Die Behavioral Finance ist eine recht junge Wissenschaft. Ihre Anfänge gehen zurück auf die 1970er-Jahre. Daniel Kahneman, einer ihrer Protagonisten, ist im Jahr 2002 mit dem Nobelpreis für Wirtschaftswissenschaften geehrt worden.

Die Behavioral Finance beschäftigt sich mit der Frage, weshalb sich Investoren oft unlogisch bzw. vernunftwidrig verhalten. Sie stellt im Kern das wirtschaftswissenschaftliche Menschenbild des stets rational handelnden Homo oeconomicus infrage.

Menschen im Allgemeinen und Investoren im Besonderen verwenden oft sogenannte Heuristiken. Das sind Regeln oder Strategien zur Informationsverarbeitung, die uns schnelle und auf den ersten Blick plausible Entscheide erlauben. Die wichtigsten Heuristiken laufen unter den Bezeichnungen Mental Accounting, Verfügbarkeitsheuristik, Ankerheuristik und Repräsentativitätsheuristik:

Das Phänomen des Mental Accounting erklärt, weshalb menschliche Entscheide oft einer Buchhalterlogik folgen. Wir führen eine Vielzahl von geistigen Konti und entscheiden – ohne Blick auf das Ganze – auf Kontoebene. Das erklärt, weshalb sich viele Investoren schwer damit tun, die Erkenntnisse der modernen Portfoliotheorie praktisch umzusetzen.

Verfügbarkeitsheuristik steht für die Beobachtung, wonach Menschen gerne und vorschnell auf jene Informationen zugreifen, die am leichtesten verfügbar sind. Dinge, an die wir uns am besten und leichtesten erinnern, halten wir für bedeutsam. Die Bedeutung von Ereignissen, die gut im Gehirn verankert sind, wird so überbewertet; was weniger gut im Gedächtnis sitzt, wird vernachlässigt. Als Folge davon werden Chancen und Risiken an den Finanzmärkten oft falsch eingeschätzt.

Wenn wir etwas schätzen sollen, was wir nicht sicher bestimmen können, suchen wir nach einem Ankerwert als Ausgangspunkt. Das Problem dabei ist, dass sich viele Menschen durch völlig irrelevante, ja gar abstruse Ankerwerte beeinflussen lassen. Ein Beispiel dafür wäre eine Prognose für den SMI, die vom kurz zuvor eingegebenen Zahlungsverkehr-Code (z. B. 6492) beeinflusst wird. Man spricht von Ankerheuristik.

Menschen neigen dazu, von einer Einzelinformation oder aufgrund einer Einzelerfahrung auf das Ganze zu schliessen. Umgekehrt übertragen Menschen ihr Wissen oder ihre Erfahrungen vom Ganzen oft unkritisch auf den Einzelfall. Sogenannte Repräsentativitätsheuristiken hindern uns daran, Wahrscheinlichkeiten richtig einzuschätzen. Beispiele dafür sind die Gambler's Fallacy (Stichwort: Roulettespieler), die Conjunction Fallacy (Stichwort: Linda-Experiment) und die Conditional Probability Fallacy (Stichwort: gute und schlechte Börsenmonate).

Menschen neigen dazu, gewisse Informationen schlicht und einfach zu ignorieren. Besonders gerne vernachlässigt werden Informationen, die nicht ins Bild passen. Wir sehen die Dinge gerne so, wie wir sie haben möchten, und nicht so, wie sie wirklich sind. Die sogenannte selektive Wahrnehmung ist ein besonders häufiger Investorenfehler.

Die von Kahneman und Tversky entwickelte Prospect Theory geht von der Beobachtung aus, wonach Menschen vieles relativ wahrnehmen und bewerten. Menschen setzen Bezugspunkte. Abweichungen davon werden als relative Gewinne bzw. relative Verluste erlebt.

Im Zentrum der Prospect Theory steht die Wertfunktion. Sie vermag zu erklären, weshalb Investoren ihre Risikoeinstellung im Übergang vom Gewinn- zum Verlustbereich ändern, d. h. ihr risikoscheues Verhalten ablegen und sich plötzlich risikofreudig verhalten (Reflection Effect). Die Prospect Theory vermag auch zu begründen, weshalb Investoren dazu neigen, Gewinne zu früh zu realisieren und Verluste auszusitzen (Dispositionseffekt). Schliesslich wird auch der Sunk Cost Effect nachvollziehbar. Er steht für die oft unverständliche Bereitschaft von Investoren, in ein Projekt, das schon sehr viel Geld verschlungen hat, weiteres Geld zu investieren.

Die «Zwölf abstrakten Regeln der Geldanlage», die sogenannten «Zürich-Axiome», dürfen ohne Weiteres als Beitrag zur Behavioral Finance verstanden werden. Sie beargwöhnen nicht nur die Charttechnik. Auch die Erkenntnisse der Behavioral Finance werden teilweise infrage gestellt.

Als besondere Investorenfallen hat die Behavioral Finance das Harmoniebedürfnis, die Attributionsverzerrung, die Selbstüberschätzung und das Herdenverhalten ausgemacht.

Menschen sind gerne mit sich selber im Reinen. Sie haben ein Harmoniebedürfnis. Widersprüche im Denken und Handeln – man spricht von kognitiver Dissonanz – werden deshalb nach Möglichkeit ausgeblendet. So wird ein Fehlentscheid (z. B. der Kauf von Aktie X) schöngeredet und der an sich richtige Entscheid (z. B. Kauf von Aktie Y) schlecht gemacht.

«Für den Erfolg bin ich selber verantwortlich, für den Misserfolg die anderen.» Diese Aussage steht für das, was die Psychologie als Attributionsverzerrung bezeichnet. Menschen schreiben sich mit einer gewissen Vorliebe die guten Attribute zu und die schlechten Attribute eher den anderen.

Selbstüberschätzung basiert auf dem Glauben, die Lage in aller Regel richtig einzuschätzen, die richtigen Schlussfolgerungen zu ziehen und die richtigen Entscheide zu fällen. Selbstüberschätzung kann auch professionelle Investoren ereilen, mithin solche, die es eigentlich besser wissen müssten.

Das Herdenverhalten von Finanzmarktteilnehmern ist ein Grund dafür, dass Märkte über- bzw. unterschiessen. Es ist einfacher, mit dem Strom als gegen den Strom zu schwimmen.

Mean Reversion steht für die empirische Beobachtung, wonach über- bzw. unterschiessende Märkte mittel- bis langfristig auf ihren Mittelwert bzw. auf ihr fundamental gerechtfertigtes Preisniveau zurückfinden. Trifft die These der Mean Reversion zu, kann es klug sein, kühlen Kopf zu bewahren und Fehlbewertungen für Kauf- bzw. Verkaufsentscheidungen zu nutzen.

Anhang

Literaturverzeichnis und ausgewählte Literaturhinweise

Adelmeyer Moritz: CALL & PUT, Einführung in Optionen aus wirtschaftlicher und mathematischer Sicht, Zürich 2000.

Alig Katrin: Das Repo-Geschäft – Eine Innovation am Schweizer Finanzmarkt, in: Finanzmarkt und Portfoliomanagement, Nr. 1, 1999, S. 27–38.

ATAG Ernst & Young Versicherungsberatung AG: Die Sozialversicherungen, Basel 2000.

Auckenthaler Christoph: Mathematische Grundlagen des modernen Portfolio-Managements, Bern/Stuttgart 1991.

Auckenthaler Christoph: Trust Banking, Theorie und Praxis des Anlagegeschäftes, Bern/Stuttgart 1991.

Baltensberger Ernst: Der Schweizer Franken – Eine Erfolgsgeschichte, 3., überarbeitete Auflage, Zürich 2016.

Bank Vontobel: Vontobel Mini Futures, Zürich.

Bank Vontobel, SWX Swiss Exchange: Handbuch der Investment-Zertifikate, 1. Auflage, Zürich 2006.

Bär Hanspeter, Laternser Stefan, Sarasin David B., Varnholt Burkhard P.: Asset-Backed Securities, in: Innovative Finanzierungsformen unter neuen Vorzeichen, Handels Zeitung Fachverlag AG, Zürich 1999, S. 13–42.

Bärtschi Harald: Die rechtliche Umsetzung des Bucheffektengesetzes, in: AIP/PIA 9/2009, S. 1071–1087.

Berger Hansruedi: Vorsorgen und Steuern sparen, Zürich 1999.

Bernet Beat: Institutionelle Grundlagen der Finanzintermediation, Oldenburg 2003.

Bernet Beat: Zwischen Rendite und Risiko, Zürich 2014.

Böckli Peter: Schweizer Aktienrecht, 4., völlig überarbeitete und erweiterte Auflage, Zürich 2009.

Boemle Max, Gsell Max, Jetzer Jean-Pierre, Nyffeler Paul, Thalmann Christian: Geld-, Bank- und Finanzmarkt-Lexikon der Schweiz, Zürich 2002.

Boemle Max, Stolz Carsten: Unternehmungsfinanzierung, Band 1, Grundlagen der Kapitalbeschaffung, 14. Auflage, Zürich 2012.

Brauchli Werner, Duran Ercan: Besteuerung von Obligationen – Optimierungsmöglichkeiten für den Privatanleger, in: Steuer Revue Nr. I/2005, S. 66–77.

Braun Alexander Michael: So geht Gold, München 2016.

Bruns Christoph, Meyer-Bullerdiek Frieder: Professionelles Portfoliomanagement, 4. Auflage, Stuttgart 2008.

Clavadetscher Silvio: Optionspreistheorie, Alternativen zu Black & Scholes, Semesterarbeit an der HTW Chur, 1998.

CREDIT SUISSE: Chancen nutzen im Devisen- und Zinsgeschäft, Zürich April 2006.

CREDIT SUISSE: Credit Suisse Global Investment Returns Yearbook 2017.

Daxhammer Rolf J., Facsar Máté: Behavioral Finance, München 2012.

Den Otter Matthäus: Investmentfonds, Zürich 2003.

Emch Urs, Renz Hugo, Arpagaus Reto: Das Schweizerische Bankgeschäft, 7. Auflage, Zürich 2011.

Ferber Michael: Was Sie über Geldanlagen wissen sollten, 3., überarbeitete und aktualisierte Auflage, Zürich 2015.

Finanz und Wirtschaft: Aktienführer Schweiz.

FISCH.ASSET MANAGEMENT: Terminologie der Wandelanleihen.

FISCH.ASSET MANAGEMENT: Wandelanleihen – Eine Einführung.

FISCH.ASSET MANAGEMENT: Wandelanleihen – Strategien & Konzepte.

Gigerenzer Gerd: Risiko, Wie man die richtigen Entscheidungen trifft, München 2014.

Gigerenzer Gerd: Bauchentscheidungen, Die Intelligenz des Unbewussten und die Macht der Intuition, München 2008.

Goldberg Joachim, Nitzsch Rüdiger von: Behavioral Finance, München 2004.

Goldman Sachs: Mini-Futures, Frankfurt.

Graham Benjamin, Dodd David L: Die Geheimnisse der Wertpapieranalyse, 1. Auflage, München 2009.

Hafner Wolfgang: Im Schatten der Derivate, Frankfurt am Main 2002.

Hartmann André: Aktionärsdemokratie stärken, in: Finanz und Wirtschaft, 24. März 2010, Nr. 23, S. 25.

Hauser Marcus A., Turnes Ernesto: Unternehmensbewertung und Aktienanalyse, 3. Auflage, Zürich 2017.

Heri Erwin W.: Was Anleger eigentlich wissen sollten, Basel 1991.

Heri Erwin W.: Was Anleger auch noch wissen sollten, Basel 1996.

Heri Erwin W.: Die acht Gebote der Geldanlage, München 2000.

Heri Erwin W.: Das verlorene Jahrzehnt – und was Anleger daraus lernen sollten, Zürich 2011.

Heussinger Werner H.: Elliott-Wave-Finanzmarktanalyse, 3. Auflage, Wiesbaden 2002.

Hewlett Packard: Personal Investment and Tax Planning, Step-by-Step Solutions for Your HP-17B, HP-19B, or HP-27S Calculator, Juni 1988.

Hirsowicz Christine: Schweizerische Bankpolitik, 5. Auflage, Bern 2003.

Hockmann Heinz-Josef, Thiessen Friedrich (Hrsg.): Investment Banking, 2. Auflage, Stuttgart 2007.

HSBC Trinkaus & Burkhardt AG (Hrsg.): Fragen und Antworten zu Anlagezertifikaten und Hebelprodukten, Düsseldorf 2008.

HSBC Trinkaus & Burkhardt AG (Hrsg.): Zertifikate und Optionsscheine, Düsseldorf 2007.

Hull John C.: Optionen, Futures und andere Derivate, München 2012.

Ihrig Holger, Pflaumer Peter: Finanzmathematik, München 2006.

Jaeger Hans-Joachim, Weber Markus: Besteuerung von derivativen Finanzinstrumenten im Privatvermögen, in: Der Schweizer Treuhänder 11/2007, S. 881–885.

Keiser Rudolph: Akte Sozialversicherungen 2017, Luzern 2017.

Klein Marc, Grimm Martin: Der grosse Index Guide, München 2006.

KPMG: Umsetzung der MiFID in der Schweiz, Zürich 2011.

Krämer Walter: Statistik verstehen, 2., verbesserte Auflage, Frankfurt am Main 1994.

Krämer Walter: So lügt man mit Statistik, 7., überarbeitete und abermals erweiterte Auflage, Frankfurt am Main 1997.

Krämer Walter: Kalte Enteignung, Frankfurt am Main 2013.

Krumnow Jürgen, Gramlich Ludwig, Lange Thomas A., Dewner Thomas M. (Hrsg.): Gabler Bank Lexikon, Wiesbaden 2002.

Landert Rainer: Fonds und andere Kollektivanlagen, 3. Auflage, Zürich 2015.

Lauber-Steinhauer Susan, Gennari Franco: Spezialfälle im Bereich der modernen Finanzinstrumente, in: Steuer Revue Nr. 9/2002, S. 510–546.

Loderer Claudio, Wälchli Urs: Handbuch der Bewertung, Band 1 und 2, 5., vollständig überarbeitete Auflage, Zürich 2010.

Lüscher-Marty Max: Grundlagen der Finanzmathematik/-statistik, 3., überarbeitete und ergänzte Auflage, Zürich 2016.

Lüscher-Marty Max: Theorie und Praxis des Bankkredits 1, Grundlagen und Privatkundenkredite, 5., überarbeitete Auflage, Zürich 2015.

Lüscher-Marty Max: Theorie und Praxis des Bankkredits 2, Kreditrisikomanagement und Firmenkundenkredite, 4., überarbeitete Auflage, Zürich 2015.

Lütolf Philipp, Neumann Andreas: Going Private vs. Staying Public, Luzern 2004.

Malkiel Burton G.: Börsenerfolg ist kein Zufall, München 2000.

Mäusli-Allenspach Peter, Oertli Mathias: Das schweizerische Steuerrecht, 8., überarbeitete, aktualisierte und ergänzte Auflage, Muri bei Bern 2015.

Maute Wolfgang, Steiner Martin, Rufener Adrian: Steuern und Versicherungen, 2., überarbeitete und erweiterte Auflage, Muri bei Bern 1999.

Meier-Hayoz Arthur, Forstmoser Peter: Schweizerisches Gesellschaftsrecht, 11., vollständig neu bearbeitete Auflage, Bern 2012.

Meier-Hayoz Arthur, von der Crone H. C.: Wertpapierrecht, 2., überarbeitete Auflage, Bern 2000.

Meier Martin F., Vanini Paolo, Béguelin Philippe, Manser Daniel, Wasescha Eric: Die Welt der strukturierten Produkte, Zürich 2010.

Meier Richard T., Sigrist Tobias: Der helvetische Big Bang, Zürich 2006.

Mondello Enzo: Aktienbewertung, Wiesbaden 2015.

Monka Michael, Voss Werner: Statistik am PC, 5., aktualisierte und erweiterte Auflage, München 2008.

Montier James: Die Psychologie der Börse, München 2010.

Mostowfi Mehdi, Meier Peter: Alternative Investments, Zürich 2013.

Mühlemann Daniel, Müller Fritz: Steuern und Kapitalanlage, 2. Auflage, Zürich 1999.

Müller-Möhl Ernst: Optionen, Grundlagen und Strategien, Zürich 2002.

Murphy John J.: Technische Analyse der Finanzmärkte, München 2011.

Nison Steve: Technische Analyse mit Candlesticks, München 2002.

Nobel Peter: Schweizerisches Finanzmarktrecht und internationale Standards, 3. Auflage, Bern 2010.

Novello Pierre: Die Börsenfibel, 2., vollständige überarbeitete und erweiterte Auflage, Zürich 2009.

O'Shaughnessy James P.: Die besten Anlagestrategien aller Zeiten, Landsberg am Lech 1998.

Ottinger Jacqueline: Risikokennzahlen in der Vermögensverwaltung – ein Leitfaden für die Praxis, Diplomarbeit an der Verwaltungsfachschule für Personalvorsorge, Zürich 2002.

Pedergnana Maurice: Perspektiven für die Vermögensverwaltung, Zug 2016.

Pedergnana Maurice, Nicolas Bürkler, Aldo Greca: Finanzmarktkrise – Auslöser, Ursachen, Wirkungen, Zug 2009.

Pensionskasse des Bundes: Die Folgen einer Scheidung für die berufliche Vorsorge, Bern 2002.

Pictet & Cie.: Die Performance von Aktien und Obligationen in der Schweiz seit 1925, Genf/Zürich.

Pilz Gerald: Zertifikate, München 2006.

Rasch Michael, Ferber Michael: Die (un)heimliche Enteignung, Zürich 2016.

Rieger Marc Oliver: Optionen, Derivate und strukturierte Produkte, Zürich 2009.

Roth Monika: Die Spielregeln des Private Banking in der Schweiz, 4., überarbeitete und aktualisierte Auflage, Zürich 2016.

Roth Monika: Für die Selbstregulierung ist das Feld der Retrozessionen zu weit, in: NZZ Nr. 99, 29. April 2008, S, 27.

Sal. Oppenheim: Bonus-Zertifikate, Zürich 2007.

Sal. Oppenheim: Express-Zertifikate und Cash-Collect-Zertifikate, Frankfurt am Main 2006.

Sal. Oppenheim: Discount-Zertifikate, Zürich 2008.

Sal. Oppenheim: Reverse-Convertibles, Zürich 2007.

Sal. Oppenheim: Optionsscheine und Turboscheine, Frankfurt am Main 2006.

Sal. Oppenheim: Outperformance-Zertifikate und Sprint-Zertifikate, Frankfurt am Main 2006.

Sal. Oppenheim: Twin-Win-Zertifikate und Victory-Zertifikate, Frankfurt am Main 2006.

Sattler Ralf R.: Aktienkursprognose, München 1999.

Schriek Raimund: Besser mit Behavioral Finance, München 2009.

Schweizerische Bankgesellschaft: Aktien- und Obligationenindizes, Februar 1992.

Schweizerische Kreditanstalt: Gold, Heft 66 der Schriftenreihe der Schweizerischen Kreditanstalt, Zürich 1996.

Schweizerische Kreditanstalt: Handbuch über das Devisen- und Geldmarktgeschäft, Heft 80 der Schriftenreihe der Schweizerischen Kreditanstalt, Zürich 1991.

Schweizerische Nationalbank: Die schweizerische Nationalbank 1907–2007, Zürich 2007.

Schweizerische Vereinigung privater Lebensversicherer: Kleines ABC der Lebensversicherung, Bern 1996.

Scoach: Anlageprodukte – Investieren mit strukturierten Produkten, Zürich 2008.

Scoach: Hebelprodukte – Warrants, Minis und Knock-outs, Zürich 2008.

Scoach: SVSP Swiss Derivative Map.

Seppelfricke Peter: Handbuch Aktien- und Unternehmensbewertung, 3. Auflage, Stuttgart 2007.

Shiller Robert J.: Irrationaler Überschwang, Frankfurt am Main 2000.

SIX Swiss Exchange: Exchange Traded Funds (ETFs), Zürich 2009.

SIX Swiss Exchange: Handel an der SIX Swiss Exchange, Zürich 2010.

Solenthaler Erich: Ist die Peg Ratio die nächste Zauberformel?, in: Finanz- und Wirtschaft Nr. 35, 3. Mai 2000, S. 17.

Spremann Klaus: Finance, International management and finance. 4., grundlegend überarbeitete Auflage, München 2010.

Spremann Klaus: Portfoliomanagement. 4., überarbeitete Auflage, München 2014.

Spremann, Klaus, Ernst Dietmar: Unternehmensbewertung, Grundlagen und Praxis. International Management and Finance (IMF), 2., überarbeitete und erweiterte Auflage, München 2010.

Spremann, Klaus, Scheurle Patrick: Finanzanalyse, International Management and Finance. München 2010.

Steiner Manfred, Bruns Christoph: Wertpapier-Management, 7. Auflage, Stuttgart 2000.

Stelter Daniel: Eiszeit in der Weltwirtschaft, Frankfurt am Main 2016.

Stoffel Sanktgallen: Attraktive Einkäufe in die Pensionskasse für Angestellte und Selbständigerwerbende, St. Gallen 2006.

Swisscanto: Swisscanto Pensionskassen-Monitor.

Swiss Fund Association (SFA): Kennzahlen von Immobilienfonds, Zürich 2010.

SWX Swiss Exchange: Asset-Backed Securities, Zürich 1998.

SWX Swiss Exchange: Repo SWX, Der elektronische Repomarkt, Zürich 1998.

Taleb Nassim Nicholas: Der Schwarze Schwan, Die Macht höchst unwahrscheinlicher Ereignisse, 6. Auflage, München 2013.

Taleb Nassim Nicholas: Der Schwarze Schwan, Konsequenzen aus der Krise, 3. Auflage, München 2014.

Tolle Steffen, Hutter Boris, Rüthemann Patrik, Wohlwend Hanspeter: Strukturierte Produkte in der Vermögensverwaltung, 5. Auflage, Zürich 2011.

Trautmann Siegfried: Investitionen, Bewertung, Auswahl und Risikomanagement, Berlin/Heidelberg 2007.

UBS: Education Note: Subprime verstehen, Zürich 2008.

UBS: Investment Theme: Subprime und darüber hinaus – ein Update für Anleihen-Investoren, Zürich 2007.

UBS: Strukturierte Produkte – was Sie wissen sollten, Zürich 2007.

UBS AG: UBS Currency Certificate, Von der Dynamik des Devisenmarktes profitieren, Zürich 2005.

UBS: UBS Fund Facts.

UBS Wealth Management Research: Behavioral Finance, Zürich 2008.

Uszczapowski Igor: Optionen und Futures verstehen, 7., überarbeitete Auflage, München 2012.

Vereinigung österreichischer Investmentgesellschaften: Global Investment Performance Standards.

Volkart Rudolf: Corporate Finance, 6., überarbeitete und erweiterte Auflage, Zürich 2014.

Volkart Rudolf: Unternehmensbewertung und Akquisition, 3., überarbeitete Auflage, Zürich 2010.

Von der Crone H. C. Bilek Eva: Aktienrechtliche Querbezüge zum geplanten Bucheffektengesetz, in: SWZ/RSDA 2/2008, S. 193–207.

Weber Thomas: Das Einmaleins der Hedge Funds, Frankfurt/New York 1999.

Winzeler Christoph: Banken- und Börsenaufsicht, Aspekte des öffentlichen Bank- und Kapitalmarktrechts in der Schweiz, Basel 2000.

Wohlwend Hanspeter, Rüthemann Patrik, Hutter Boris: Die steuerliche Behandlung von strukturierten Produkten, in: Steuer Revue Nr. 7-8/2004, S. 490–505.

Zais Group, LLC: Innovative Zinsinstrumente, Eine Einführung in die Instrumentenklasse der Collateralized Debt Obligations, New Jersey 1999.

Zimmermann Heinz: Finance derivatives, Zürich 2005.

Zimmermann Heinz (Hrsg.): Finance compact, 4. Auflage, Zürich 2014.

Zimmermann Heinz, u.a.: Finanzmärkte und Umfeld der Banken, in: Die Bank – Unternehmung im Spannungsfeld ihrer Märkte, 2. Auflage, Basel 1997.

Zimmermann Heinz, Bill Markus, Dubacher René: Finanzmarkt Schweiz: Strukturen im Wandel, Schriftenreihe Wirtschaft und Gesellschaft der Zürcher Kantonalbank, Nr. 4, Zürich 1989.

Zimmermann Heinz, Jaeger Stefan, Staub Zeno: Asset- und Liability-Management, Zürich 1995.

Zürcher Kantonalbank (Hrsg.): Die Zukunft der beruflichen Vorsorge, Zürich 2003.

Register

A

Abweichungsrisiko **176**

Adjustierung von Aktienkursen **253 f.**

Advance-Decline Line, ADL **260 f.**

Aggressive(r) Anleger 74, 126, **214 ff.**, 220

Aktienbarometer Schweiz, **274 f.**

Aktienmarkt Schweiz, Performance 35, 41, 43, **50 ff.**, 162, **216 ff.**, **274 ff.**

Aktienmarktvolatilität **282 f.**

Aktienrendite, erwartete **64**, 74, **77 f.**, 122

Aktienrendite, titelspezifische **122 ff.**, 130

Aktiensplit **253 f.**

Aktienvarianz **122 ff.**

Aktienvarianz, titelspezifische 122, **126 f.**, 130

Allokationsbeitrag **179 ff.**

Alpha 19, **63 ff.**, **71 f.**, 77 f., **124 ff.**

Alternative Investments 139, **141**, 143, 153, 159, **229 ff.**

Anchoring **295 f.**

Angemessenheitsprüfung **210 f.**

Ankerheuristik 291, **295 f.**

Anlageberatung 15, 80, 135, 193 f., **200 ff.**, 210, 213

Anlagehorizont allgemein 139, **144**, 154, **214 ff.**, **223 ff.**

Anlagehorizont und Ausfallrisiko **51 ff.**, 57, 58 ff., 214 ff.

Anlagehorizont und Diversifikation **54 f.**

Anlagehorizont und Durchschnittsrendite **56 f.**

Anlagehorizont und Value at Risk **58 ff.**

Anlageklassen 135 f., 139, **140 f.**, **157 ff.**, **167 ff.**, 172, 173, 179, 228 ff., **235 ff.**

Anlagekompetenz 200, 213, **215**, 220

Anlagekunden 194, 200 ff., 223

Anlagephilosophie 135, 139

Anlagepolitik 15 f., 135 f., **139 ff.**, **152 ff.**, 202, 206, 226 ff.

Anlageprozess 135 f., **157 f.**

Anlagerichtlinien 135 f., 152, 172, 193, **226 ff.**

Anlagerichtlinien, AHV/IV/EO **227 ff.**

Anlagerichtlinien, Pensionskassen **231 ff.**

Anlagestil 139, 144, 155

Anlagestrategie 135 f., 143, 152, 154, 157, **158 ff.**, 168, 171 f., 187, 201 ff., 204 f., **214 ff.**, 221 f.

Anlagetaktik 135 f., 152 f., 157, **167 ff.**, 171 f., **179 ff.**

Anlageüberwachung 135 f., 157

Anlageuniversum **140 f.**, 153, 157

Anlagevolumen 172, 200, 205, 213 f., **222 f.**

Anlageziel(e) 172, 188, 201 f., 206, 210, **215 ff.**

Anlegertyp(en) **214 ff.**, 220

Arbitrage Pricing Theory, ATP **76 ff.**

Arithmetisches Mittel von Renditen 19, **28 ff.**

Asset Allocation 15, 107, 135 f., **157 ff.**

Asset Allocation, Beurteilung des Ansatzes **171 f.**

Asset Allocation, strategische 107, 135 f., 143, 152 ff., 157, **158 ff.**, 168 f., 171 f., **179 ff.**, 206, **214 ff.**, 219, 223 ff.

Asset Allocation, taktische 135 f., 152 f., 157, **167 ff.**, 171 f., **179 ff.**

Assetklassen 135 f., 139, **140 f.**, **157 ff.**, **167 ff.**, 172, 173, 179, 292, 295, 314

Attribution 19, 143, **179 ff.**

Attributionsfehler, Attributionsverzerrung **314**

Aus- und Weiterbildung, Kundenberater **210**

Ausfallrisiko und Anlagehorizont **51 ff.**, 57

Ausfallrisiko, Ausfallwahrscheinlichkeit 19, **47 ff.**

Ausgleichsfonds (AHV/IV/EO) **227 ff.**

B

Backtesting **167**

Baissezyklus **257 ff.**

Balanced-Strategie, Performance **218 f.**, 220 f.

Balkencharts, Bar Charts 247, **250**

Barwert 55, 148 ff.

Basisprodukte 135, 139 f., **141**, 153, 157 f., 169

Behavioral Finance 15, 135, 140, 147, 152, 168 f., 172, **287 ff.**

Benchmarkindizes (Pensionskassen) **234 ff.**

Benchmarkindizes **159 f.**

Benchmarking **173 ff.**

Benchmark-Portfolio **173 ff.**, 181

Benchmarkrendite 81 f., 142 f., 175

Benchmarks, Anforderungen **159**

Beraterregister **210**

Best execution 199, 211

Bestätigungsneigung **294**

Bestimmungsmass R2 19, 63, 67, **70 ff.**, 77 f., 125 f.

Beta, Beta-Faktor 19, **64 ff.**, 124 ff.

Beta-Faktor im CAPM-Modell **74 ff.**

Beta-Faktoren ausgewählter SMI-Titel **71 ff.**

Beta-Faktoren im Zeitablauf **70**

Bezugsrecht **253**

Bias **294 f.**, 313 f.

Bluffer **315**

Bollinger-Bänder 255, **267 f.**

Bondmarkt Schweiz, Performance
35, 50, **216 ff.**

Börsenbarometer Schweiz, **274 ff.**

Börsenmonate, gute/schlechte
300 ff.

Börsensegmente 140, **145 f.**, 155

Branche, Branchenanalyse 15, 77 ff.,
140, **145 f.**, 153, 155, 169,
201, 296

Bruttorendite, Gross Return 19, **21**,
188

BVG-Indizes **234 ff.**

C

Candle Stick Charts, Kerzencharts
247, **250 f.**

Capital Market Line **119 ff.**

Capital-Weighted Return 19, **183 ff.**

CAPM (Capital Asset Pricing Model)
74 ff., 82, 84, **118 ff.**

Chartformationen 250, **277 ff.**

Charts **247 ff.**

Churning **204**

Commitment, Selbstverpflichtung
313

Conditional Probability Fallacy 297,
299 ff.

Confirmation Bias **313**

Conjunction Fallacy **297 f.**

Constant Proportion Portfolio
Insurance (CPPI) 140,
149 f., 170

Contrary Opinion 140, **147 f.**

Core-Satellite-Ansatz **143**, 157

Country Allocation **158 f.**, 171

CPPI (Constant Proportion Portfolio
Insurance) 140, **149 f.**, 170

Credit Suisse Schweizer Pensionskassen Index **239 f.**

Currency Allocation **158 f.**, 171

Cushion **149 ff.**

D

Death Cross, Todeskreuz **264 ff.**

Defensive(r) Anleger **214 ff.**

Depotgrössenproblematik **172**

Derivate, Derivatprodukte 135 f.,
139 f., **141**, 148 f., 153 f.,
157 f., **169 ff.**, 179, 194,

197 f., 203, 209, 223., 228 f.,
232 ff.

Differential Return Ratio **84 f.**

Direkte Anlagen 139 f., **141**, 153 f.,
157 f., 169, 172, 203, 228 f.,
230 ff.

Dispositionseffekt **309**

Dissonanz, kognitive 287, 306, 309,
313 f.

Diversifikation allgemein 153 f., 157,
171 f., 203, 237, 295

Diversifikation, Indexmodell **127 ff.**

Diversifikation, titelspezifisches
Risiko **72 f.**

Diversifikationseffekt, Mehr-Anlagen-Fall **107 ff.**, **163 ff.**

Diversifikationseffekt, Zwei-Anlagen-Fall **95 ff.**

Dokumentationspflicht **221 f.**

Domestic Bias **295**

Dow Jones Industrial Average, DJIA
160, 261, **301 ff.**

Downside Risk **63**

Dow-Theorie **255 f.**

Dreieck, auf-/absteigend **277 f.**

Durchschnittsrendite **25 ff.**, **28 ff.**,
56 ff., 108 ff.

E

Effekten **197**

Effektenhändler **197 ff.**

Efficient Frontier, CAPM **118 ff.**

Efficient Frontier, Indexmodell
128 ff.

Efficient Frontier, Mehr-Anlagen-
Fall **113 ff.**, **163 ff.**

Efficient Frontier, Zwei-Anlagen-Fall
102 ff., **106 f.**

Effiziente Portfolios 73, 95, **102 f.**,
113 ff., 117, **163 ff.**

Effizienzhypothese **93 f.**, 142, **315**

Effizienzkurve/-linie, CAPM **118 ff.**

Effizienzkurve/-linie, Indexmodell
128 ff.

Effizienzkurve/-linie, Mehr-Anlagen-Fall **113 ff.**, **163 ff.**

Effizienzkurve/-linie, Zwei-Anlagen-Fall **102 ff.**, **106 f.**

Eignungsprüfung **210 f.**

Elliott-Wellen-Theorie 169, 255,
257 ff.

Endkapital einer Periode **22 ff.**, 55,
182 ff.

Enhanced Indexing 139, **143**, 177

Erwartungswert, erwartete Rendite
19 ff., **47 ff.**, **63 ff.**, **95 ff.**,
107 ff., **118 ff.**, **122 ff.**,
173 ff., 289

Eskomptieren, eskomptiert **93 f.**

Eulersche Zahl 30, 59, 174,

Excess Volatility **315**

Execution-only-Geschäft **210**

F

Fad **315**

Familiy Office 193, **194**

Feedback Trader **315**

Fibonacci-Zahlenreihe **258 f.**

FIDLEG **208 ff.**

Finanz- und Risikostatus, Privatkunden 213 f., 222, **224 f.**

Finanzanalyse 16, 152, 201, **208**

Finanzanalyse, Unabhängigkeit der
208

Finanzdienstleistungsgesetz,
FIDLEG **208 ff.**

Finanzinfrastrukturgesetz, FinfraG
197, 208

Finanzplanung 193 f., 200, 223 ff.

Finder's Fee **207**

Flagge **278**

Floor-Barwert **149 ff.**

Forwards **141**

Framing **304**

Fundamentalanalyse 15 f., 19, 94,
140, **152**, 255

Futures 140, **141 f.**, 155, **170 f.**,
197 f., 203, 228 f., 245

G

Gambler's Fallacy 297, **299**

Geometrisches Mittel 19, **25 ff.**, 28,
31

Gesamtmarktanalyse 15, 246, 255

Gesamtrendite 19, **22 f.**, 125

GIPS, Global Investment Performance Standards **187 f.**

Gleitende Durchschnitte (einfach, gewichtet) 255, **261 ff.**

Goldenes Kreuz, Golden Cross **264 ff.**

Gross-of-Fees Returns 188

Growth Investing 139, 144

Growth-Strategie, Performance 204, 215, **220 ff.**

Grundstrategie, Bestimmung 153, **158 f., 161 ff.**

H

Harmoniebedürfnis 306, 309, **313 f.**

Haussezyklus **257 ff.**

Hebelprodukte **141**, 148

Hedge Funds 139, 141, 153, **157 ff.**, 203, 230 ff., 236, 295

Hedging 140, **148 ff.**, 172

Herdenverhalten, Herding **314 f.**

Heuristik, Heuristiken 117, **291 ff.**

Hindsight Bias **295**

Home Bias **295**

Homo oeconomicus **289**

I

Immobilienfonds 16, 141, 153 f., 160, 169, 205, 228, 238

Implizite Volatilität **282**

Income-Strategie, Performance 204, **215 ff.**, 220 f.

Indexmodell von Sharpe **122 ff.**

Indifferenzkurve(n) **105 ff.**

Indirekte Anlagen 139, **141**

Individualkunden **193 f.**

Information Ratio 19, 143, **178 ff.**

Informationsparadoxon **94**, 315

Informationspflichten des Effektenhändlers **197 ff.**

Insiderinformation 93, 142

Institutionelle Investoren 135 f., 139, 146, **157 ff.**, 172, 193 f., **226 ff.**, 295, 310

Interner Zinsfuss **184**

Investment Grade 140, **146**, 155

Investmentstil 135, **144**

J

Jensen-Alpha 19, 21, **84 f.**

K

Kapitalgewichtete Rendite 19, **183 ff.**

Kapitalmarktlinie **119 ff.**

Kapitalmarkttheorie 15 f., 19, **63 ff.**

Kapitalschutzprodukte 141

Karrierephase **223 f.**

Kaufkraftparitätentheorie **316**

Kaufsignal 250, 252 f., **262 ff.**, 269 f., 272 f., 279, 281

Keil **278 f.**

Kerzencharts, Candle Stick Charts 247, **250 f.**

Kick-off-Phase **223 f.**

Kognitive Dissonanz 287, 306, 309, **313 f.**

Konsolidierungsphase **223 f.**

Kontemplationsphase **223 f.**

Kopf-Schulter-Formation **279 f.**

Korrelation 19 ff., **44 ff.**, **64 ff.**, **70 ff.**, 76 ff., **95 ff.**, **112 ff.**, 124 ff., **162 ff.**, 282

Korrelationsmatrix **112**, 162

Kovarianz 19 ff., **44 ff.**, **64 ff.**, 95 ff., 107 ff., 124 ff.

Kreuzprodukt **180 ff.**

Kundenanalyse, Privatkunden 201, **213 ff.**

Kundenanalyse, Rendite-/Risikoprofil **213 ff.**

Kundenberater 194, **210**

Kundenberaterregister **210**

Kundenhändler **197**

Kursbilder **247 ff.**

L

Länderallokation **158 f.**, 171

Large Caps 140, 141, **145 f.**

Lebenszyklus 213 f., **222 ff.**

Linencharts, Line Charts 247, **249 ff.**

Logarithmische Skala **247 ff.**

Logarithmus naturalis **29**, 174

Long-Term **144**

M

MACD 255, **272 f.**

Managementstil **142**, 153

Markowitz-Optimierung, Asset Allocation **163 ff.**

Markowitz-Optimierung, Mehr-Anlagen-Fall **107 ff.**, **163 ff.**

Markowitz-Optimierung, Zwei-Anlagen-Fall **95 ff.**

Marktrendite **65 ff.**, **74 ff.**, 122 f.

Markttrends 140, **147**, 155

Marktvarianz **123 f.**

Maximum Drawdown **62**

Mean Reversion, Mittelwertrückkehr **315 f.**

Mean-Variance-Bewertungsregel **104 ff.**

Medienallokation **158 f.**, 171

Megaschocks 147

Megatrends 147

Mehr-Anlagen-Fall, Markowitz-Optimierung **107 ff.**, **163 ff.**

Mental Accounting, mentale Konti **291 f.**, 310 f.

M-Formation **279 ff.**

Mid Caps 140, 141

MIFID (Markets in Financial Instruments Directive) **198 f.**, 209 ff.

Mittelwert 25, **32 ff.**, 64 ff., 175 f

Mittelwertrückkehr, Mean Reversion **315 f.**

Modern Portfolio Theory, MPT 15, 25, 32, 37, 93, 102, 113, 136

Momentum 250, 255, **268 f.**, 270

Money-Weighted Return 19, **183 ff.**

Moving Average 169, **261 ff.**

Moving Average Convergence/Divergence 255, **272 f.**

N

Nachlassplanung **193 f.**

Natürlicher Logarithmus **29**

Net-of-Fees Returns 188

Nettorendite, Net Return 19, **21**, 188

Noise, Noise Trader **315**

Nominalrendite **21**

Normalverteilungshypothese **33 ff.**

Nutzenindikator **104 ff.**

N-Wert **40 ff.**

O

Odd-Lot-Indikator **281**

Offensive(r) Anleger 215, **218 ff.**,
222

Ombudsstelle **212**

Open Interest **245**

Opportunity Set **113**

Optionen 140, **141**, 153, 170, 197,
203, 245

Oszillatoren 255, **268 ff.**

Outperformance 19, 142 f., 156, 168,
177 f., 181

Overconfidence, Selbstüberschätzung **314**

Overreaction, Market Overreaction
315

P

Partizipationsprodukte 141

Pensionskassen-Benchmarkindizes
234 ff.

Performance, Performancemessung
15, 19, 21 f., 80, 135 f., 156,
173 ff.

Periodenertrag **23**

Periodenrendite 19, **22 f.**, **25 ff.**,
28 ff., 32, 109, **174 f.**, **182 ff.**

Pictet-BVG-Indizes **234 ff.**

Point & Figure Charts 247, **251 ff.**

Portfolioabsicherung, Portfolio-
Insurance 135, 140, 148 ff.,
155, **170 f.**

Portfolio-Alpha **127 f.**

Portfolioanteile, Begrenzung **115 ff.**

Portfolio-Insurance, Portfolioabsicherung 135, 140, **148 ff.**,
155, **170 f.**

Portfoliomanagement, aktives 139,
142 f., 152, 178

Portfoliomanagement, passives 139,
142

Portfoliomanagementprozess **135**

Portfoliorendite, Mehr-Anlagen-Fall
108 ff., **163 ff.**

Portfoliorendite, Zwei-Anlagen-Fall
96 ff.

Portfoliorisiko, Mehr-Anlagen-Fall
108 ff., **163 ff.**

Portfoliorisiko, Zwei-Anlagen-Fall
97 ff.

Portfolio-Selection-Modell 19, 44,
63, 73, 91, **95 ff.**, **130**

Portfoliosteuerung 135, 157, **167 ff.**

Portfoliovarianz **127**

Presentation Standards, 135, **187 f.**

Price Return 19, 22, 160

Pride Effect **309**, 314

Primär-Research 140, 152

Private-Banking-Kunden **193 f.**,
213 ff.

Privatkunden 210, 212, 213 ff.

Professionelle Kunden **210**

Progressive(r) Anleger 214 f., **216 f.**,
222

Prospect Theory **307 ff.**

Prozentbänder **267 f.**

Put-Call Ratio **281**

R

R Quadrat, R² 19, 63, 67, **70 ff.**, 77 f.,
125 f.

Random-Walk-Prozesse **94**

Realrendite **21**

Recency effect **294**

Rechteck **278 f.**

Recovery-Periode **62**

Referenzpunkt **307 ff.**

Reflection Effect **308**

Regressionsgerade, Trendlinie **45 f.**,
67 f., 71

Regret Aversion, Verlustaversion
309

Relative aktive Rendite, 19, 178

Relative Bewertung **310 f.**

Relative Stärke (RSI) 169, 250, 255,
268, **269 ff.**

Rendite, diskrete 19, **25 ff.**, 37 f.,
97 f., 173 ff., 179 f., 186 f.,
217 ff.

Rendite, marktspezifische 19, **64 ff.**

Rendite, relative aktive 19, **178 ff.**

Rendite, stetige 19, 25, **28 ff.**, 44 ff.,
47 ff., 63 ff., 95 ff., 107 ff.,
122 ff., 162 ff., 173 f., 176 f.,
186 f., 247, 275 f., 282

Rendite, titelspezifische 19, 124

Rendite, zeitgewichtete 19, 136, 183,
186 f.

Renditeoptimierungsprodukte 141

Renditeziel 63, 135, 200, **214 ff.**,
222

Repo, Reverse Repo 227

Reporting 135, 156 f., 187

Repräsentativitätsheuristik 291,
296 f.

Research 94, 140, 152, 201

Retail Banking 15, 193

Retrozessionen **205**, 207, 211

Reward-to-Variability Ratio **80 f.**

Reward-to-Volatility Ratio **82 f.**

Rezenzeffekt **294**

Richtlinien für Vermögensverwaltungsaufträge **202 ff.**

Richtlinien, Unabhängigkeit der
Finanzanalyse **208**

Risiko allgemein, Risikokennzahlen
19 f., **32 ff.**, **47 ff.**, **63 ff.**,
80 ff., **95 ff.**, **118 ff.**, 122 ff.,
173 ff.

Risiko, marktspezifisches 19, **70 ff.**

Risiko, relatives aktives 19, 136,
176

Risiko, systematisches **70 ff.**

Risiko, titelspezifisches 19, **71 ff.**

Risikoadjustierte Performance 19,
21, **80 ff.**, 153, 159, 172

Risikoaversion **103 ff.**, 216

Risikofreude **103 f.**

Risikolose Anlage im CAPM-Modell
118 ff.

Risikominimales Portfolio **98 ff.**,
113 ff., 128 f., **164 ff.**

Risikominimales Portfolio,
Indexmodell **128 f.**

Risikoneigung **103 ff.**

Risikoneutralität **103 f.**

Risikooptimales Portfolio **103 ff.**

Risikopräferenz **103 ff.**

Risikoprämie **75 f.**, 121, 155

Risikotoleranz 32, **103 ff.**, 112, 115,
120, 135, 200, **213 ff.**

Robo Advising **206**

RSI (Relative Stärke) 169, 250, 255,
268, **269 ff.**

Rückschaufehler **295**

S

Schweizer Pensionskassen Index 226, **239 f.**

Securities Lending 155, **203**, 227

Security Market Line **74 ff.**, 121

Sekundär-Research 140, 142

Selbstüberschätzung, Overconfidence 293, **314**

Selbstverpflichtung, Commitment **313**

Selektionsbeitrag **179 ff.**

Selektive Wahrnehmung **303 ff.**

Selektives Entscheiden **306**

Self-Attribution Bias **314**

Sharpe Ratio 19, 21, **80 ff.**, 236 ff.

Shortfall Risk 19, **47 ff.**

Shortfall Risk und Anlagehorizont **51 ff.**, 57

Short-Term **144**

Skalierung (Diagramme, Charts), arithmetisch **247 ff.**

Skalierung (Diagramme, Charts), logarithmisch **247 ff.**

Small Caps 140, 141, **145 f.**

Standardabweichung 19 ff., **32 ff.**, 47 ff., 63 ff., 80 ff., 95 ff., 118 ff., 122 ff., 163 ff., 175 ff., 216 ff., 236 ff., 267

Standardabweichung von Durchschnittsrenditen **56 f.**

Standardabweichung, Umrechnung 37, **39**

Standardkunden **193**

Standardnormalverteilung, Tabellen **40 ff.**

Standesregeln 135, 197 ff., 202, 206 f., 208

Status-quo-Bias **296**

Stochastik-Oszillator 255, 268 **271 f.**

Stop-Loss-Limite 148, 296, 304 f., 309

Stop-Loss-Strategie **148 f.**, 170

Strategisches Portfolio **168**

Strukturierte Produkte 139, 141

Sunk Cost Effect **310**, 313

T

Taktisches Portfolio **168**

Tangentialportfolio **119 ff.**

Technische Analyse 135, **140 ff.**, 152

Terminprodukte 139, 141

Time-Weighted Return 19, 136, 183, **186 f.**

Timing 117, 135, 142, 157, **172**, 314

TIPP, Time-Invariant Portfolio Protection **151**, 170

Titelselektion 135, 157, **169 f.**

Todeskreuz, Death Cross **264 ff.**

Total Return 19, **22 ff.**, 63 ff., 95 ff., 145, **160 ff.**, 215

Tracking Error, relatives aktives Risiko 19, 142 ff., **175 ff.**

Traditionelle Anlagen 139, **141**, 143, 153, 158 f.

Trendbestätigungsformationen **277 ff.**

Trendkanäle 169, 255, **273 ff.**

Trendkanal-Konzept **274 ff.**

Trendlinien 45 f., 67, 255, **273 f.**

Trendsetting 140, **147 f.**

Trendumkehr 269

Trendumkehrformationen **279 ff.**

Treynor Ratio 19, 21, **82 ff.**

U

Underperformance 19, 143, 147, **178 f.**

Unterstützungslinien **276 f.**

Untertassenformation **279 f.**

Upside Risk **63**

V

Value at Gain 19, **61 f.**

Value at Risk 19, 37, 47, **58 ff.**, 168

Value Investing 139, **144**, 148, 155

Varianz 19 ff., **32 ff.**, 65, 68, 70, 77 f., 95, 97, 104, 108, 110, 122 ff.

Verfügbarkeitsheuristik **292 ff.**, 301, 303

Vergangenheitskostenfalle **310**

Verkaufssignal, Ausstiegssignal **262 ff.**, **269 ff.**, 280

Verlustaversion, Regret Aversion **309**

Vermögensverwaltung, bankextern **206 ff.**

Vermögensverwaltung, bankintern **201 ff.**

Vermögensverwaltungsauftrag, allgemeiner **201 ff.**

Vermögensverwaltungsauftrag, spezieller **204**

Vermögensverwaltungsgebühren 21, 135, **205 ff.**

V-Formation **279 f.**

Volatilität 20, **33**, 54, 60, 70 f., 77, 95 ff., 118 ff., 145 f., 153, 163, 168, 171, 216 ff., 229, 236 ff., **281 f.**, 315

W

Wahrscheinlichkeitsniveau, VaR **58 ff.**

Währungsallokation 158 f., 171

Wealth Management **193 f.**

Wertfunktion **307 ff.**

Wertpapierlinie **74 ff.**, 121

W-Formation **279 f.**

Widerstandslinien 253, 255, **276 f.**

Wimpel **278**

Y

Yield-Strategie, Performance **217 f.**, 221 f.

Z

Zeitgewichtete Rendite 19, 136, 183, **186 f.**

Zinsfuss, interner **184**

Zürich Axiome **311 f.**

Zwei-Anlagen-Fall, Markowitz-Optimierung **95 ff.**

Der Autor

Max Lüscher-Marty, geboren 1950, lic. oec. HSG, hat während rund zehn Jahren als Ausbildungsleiter und Filialdirektor im Bankwesen gearbeitet. In den 1990er-Jahren baute er die HWV Chur auf und führte diese als Direktionsmitglied der HTW Chur in den Fachhochschulkontext. Von 1980 bis 2007 betreute er die Vorbereitungskurse «Banking and Finance» auf die Eidgenössischen Berufsprüfungen in der Südostschweiz und im Fürstentum Liechtenstein. Lange Jahre stellte er sich als Hauptexperte in den Dienst der Eidgenössischen Bankfachprüfungen. 2002 gründete Max Lüscher-Marty sein Institut für Banken und Finanzplanung. Seither ist er verstärkt als Finanzbuchautor tätig, ohne allerdings seine Leidenschaft als Dozent zu vernachlässigen. Ergänzend wirkt Max Lüscher-Marty als Coach und als Vortragsredner. Während gut 15 Jahren präsidierte er eine kleine Raiffeisenbank.

Weitere Fachliteratur zum Thema Geldanlage bei NZZ Libro

Michael Ferber
Was Sie über Geldanlage wissen sollten
Ein Wegweiser der «Neuen Zürcher Zeitung» für Privatanleger
3., überarbeitete Auflage
384 Seiten, gebunden
ISBN 978-3-03810-033-1

«In verständlicher Sprache stellt der Autor die gängigen Anlageformen vor und beleuchtet deren Vor- und Nachteile. Viel Platz räumt er den komplizierten strukturierten Produkten ein und warnt vor Kommissionen, Courtagen und versteckten Gebühren, die massiv an der Rendite zehren. Ein Buch mit viel Nutzwert.» *Saldo*

«Dieser verständliche Ratgeber ermutigt seine Leser, zu emanzipierten Anlegern zu werden und ihre Geldanlagen selbst in die Hand zu nehmen.» *VZ-News*

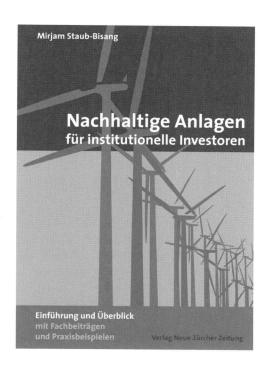

Mirjam Staub-Bisang
Nachhaltige Anlagen für institutionelle Investoren
Einführung und Überblick mit Fachbeiträgen und Praxisbeispielen
296 Seiten, gebunden
ISBN 978-3-03823-710-5

«Das Werk zeigt sich fast durchgängig leicht verständlich; eine Vielzahl an Grafiken, Tabellen und Charts rundet den positiven Gesamteindruck ab. Damit dürfte sich das Buch zum Standardwerk mausern.»
Stocks

NZZ Libro – Buchverlag Neue Zürcher Zeitung
www.nzz-libro.ch